Ariadne Krimis: Inwiefern anders?

Ariadnes Spezialität ist spannender Lesestoff mit literarischem *und* aufrührerischem Anspruch. Für uns muss ein *guter* Krimi folgende Kriterien erfüllen: Der Suspense muss auf mehreren Ebenen stattfinden. Also nicht nur: wer hat gekillt bzw. wird er oder sie überführt?, sondern zusätzliche Rätsel, Fragen, Unklarheiten, Gefahren, Ängste und Nöte. Der Erzählkosmos darf keine heile Welt sein, die nur durch ein einsames Verbrechen gestört und mit der Lösung des Falls wieder blitzsauber wird – vielmehr zieht ein guter Krimi seine Spannung auch aus den Lücken, Grauzonen und Fehlern herrschender Moral und Rechtsvorstellung. Gerade hier sehen wir die Herausforderung einer zeitgemäßen Krimikultur: eingängig und spannend Geschichten zu erzählen, die gesellschaftliche Widersprüche und Ungerechtigkeiten ausleuchten, Zweifel an kulturellen, moralischen, sozialen Selbstverständlichkeiten wecken, kritischen Argwohn gegenüber den gängigen Glücks-, Erfolgs- und Wohlstandsversprechungen schüren, zum Misstrauen gegen blinde Ideologien, Dogmen und Normen anregen.

Ariadne Krimis neigen zum Subversiven. Dass Frauen darin stets die Hauptrollen besetzen, war vor zwölf Jahren ein mittlerer Skandal, heute stehen wir damit nicht mehr so allein. Dass die Hälfte unserer Protagonistinnen Sex mit Frauen bevorzugt, ist schon weniger gängig und entspricht dem Off-Mainstream-Anspruch der Ariadne Krimis. Die Heldinnen und Antiheldinnen sind meist Figuren, die an den üblichen Rollenmustern rütteln und neue Wege zu gehen versuchen. Bei den deutschsprachigen Autorinnen suchen und fördern wir diejenigen, die mit dem Genre experimentieren, über den Tellerrand spähen, sich dreist auf neues Terrain wagen. Krimis sind für uns eine Art Widerstandskultur. Das muss man natürlich nicht genauso sehen, man kann auch einfach die spannenden Bücher genießen, die wir verlegen.

Zu diesem Buch

Kriminalpolizistin Bettina Boll hat es nicht leicht. Ihre Ludwigshafener Kollegen ermitteln in einem spektakulären Fall, während sie mal wieder zu leidiger Beinarbeit eingeteilt ist. Als neueste Schikane ihres Chefs soll sie die Provinzvariante eines Kunstraubes aufklären: In Lautringen hat ein finsterer Zeitgenosse öffentlich ausgestellte Plakate geklaut. Ein Lausbubenstreich? Die müßige Tat von unterforderten Studenten? Oder steckt doch mehr dahinter, wie einer von Bettinas Vorgesetzten unter der Hand durchblicken lässt? Dann aber wartet die Lautringer Uni mit einer bösen Überraschung auf: Ein eiskalt inszenierter Mord erschüttert die Architekturfakultät …

Monika Geier, *1970, wurde in Ludwigshafen geboren. Nach dem Abitur folgte eine Ausbildung zur Bauzeichnerin. Für ihr Krimi-Debüt wurde Geier mit dem *Marlowe* geehrt. Inzwischen ist sie Diplomingenieurin für Architektur, freie Künstlerin und Schriftstellerin. Wissenswertes und Unterhaltsames über die in Kaiserslautern lebende Autorin finden Sie im Internet unter www.geiers-mor.de

Monika Geier

Stein sei ewig

Ariadne Krimi 1150
Argument Verlag

Ariadne Krimis
Herausgegeben von Else Laudan
www.ariadnekrimis.de

Lektorat: Ulrike Wand

Von Monika Geier bei Ariadne bisher erschienen:
Wie könnt ihr schlafen *(Ariadne Krimi 1110)*
Neapel sehen *(Ariadne Krimi 1136)*
Stein sei ewig *(Ariadne Krimi 1150)*

Deutsche Originalausgabe
Alle Rechte vorbehalten
© Argument Verlag 2003
Eppendorfer Weg 95, 20259 Hamburg
Telefon 040/4018000 – Fax 040/40180020
www.argument.de
Umschlaggestaltung: Martin Grundmann, herstellungsbuero-hamburg.de,
unter Verwendung eines Fotos von Monika Geier
Satz: Martin Grundmann
Druck: Koninklijke Wöhrmann
ISBN 3-88619-880-4
Erste Auflage 2003

Das Problem, das er mit dem Tal hatte, war: der Mönch glaubte im Augenblick, dass das Tal und alles in dem Tal und um es herum, den Mönch und das Pferd des Mönchs eingeschlossen, einheitlich blassrosa sei. Das erklärte eine gewisse Schwierigkeit, jedes Ding von einem anderen Ding zu unterscheiden.

Douglas Adams
aus: Dirk Gently's Holistische Detektei

1

Oben am Himmel, rechts neben dem Fußballstadion, hing, mehr hell als rot, der Mars. Er stand, wie Ella aus der Bildzeitung wusste, gerade auf dem erdnächsten Punkt seiner Bahn, was ihn besonders hell scheinen ließ. In der *Bild* war das dann fast ein Kollisionskurs: *Roter Planet dicht wie nie.* Außerdem warnte eine schlichte Schlagzeile: *Aufgepasst, Männer: Mars-Strahlen lassen Sex-Hormone schäumen.* Oder so ähnlich. Ella hatte die Zeitung nur morgens beim Bäcker auf der Theke liegen sehen. Sie blickte auf die leere Straße vor sich, eine riesige, gelb erleuchtete Kreuzung mit zig Spuren, völlig ausgestorben, für sie war Rot. (Marsstrahlen, wahrscheinlich.) Kurz blinzelte Ella durch ihre Brillengläser – die spielten ihr manchmal Streiche – und zog ihr Fahrrad trotz des Haltesignals nach links, rüber auf die kreuzende Straße, schrammte knapp am Bordstein vorbei – Gott, sie brauchte so dringend neue Gläser für die Brille! – und trat ein paarmal kräftig in die Pedale. Damit hatte sie dann genug Schwung, um sich elegant am Messeplatz vorbeirollen zu lassen.

Das war so ein Phänomen in der Baubranche: die *Bild*. Jeder wusste, was drinstand. Viele sträubten sich irgendwann dagegen, das jedoch waren, wie Ella mit ihren inzwischen elf Semestern Architektur und diversen Baupraktika wusste, nur vorübergehende Phasen, die höchstens in geschützten Innenarchitekten-Zirkeln länger durchgehalten werden konnten. Wer raus auf die Baustelle und zugeben musste, dass er Ingenieur werden wollte, tat gut daran, Bodenhaftung zu beweisen. Das klappte am besten, indem man seinen Dialekt pflegte, nie etwas fragte und dem Polier regelmäßig die Bildzeitung klaute. Nur nicht, bevor der sie durchhatte, versteht sich.

Die Ampel an der nächsten Kreuzung war grün und dann plötzlich aus, zwei Uhr nachts also, da wurden die Verkehrsanlagen ausgeschaltet. So spät schon. Ella fühlte sich überhaupt nicht müde, im Gegenteil, die frische Temperatur und die Bewegung hatten sie aufgemuntert, die Luft in den einsamen Straßen war wunderbar, kalt und leicht. Über ihr ein klarer Himmel, Sterne, der Mars jetzt rechts zwischen den Dächern. Ella zwang sich, auf die Straße zu schauen. Es roch kräftig nach Herbst und Holz und Erde, der Geruch lag um die Jahreszeit über der ganzen Stadt, Lautringen war von Wäldern umgeben.

Ella fuhr raus zum Friedhof. Zur Baustelle. Sie wusste auch nicht, was sie immer dorthin zog, aber sie war unruhig, konnte nicht schlafen, seit dem Sommer ging das so. Es war fast wie ein Zwang, sie wollte, musste täglich diese große Baustelle sehen, den kahlen, immer noch ungewohnt weiten Platz, an dem das Unglück geschehen war. Aus vielerlei Gründen, die sie gar nicht alle nennen konnte, fand sie diesen Ort, zumal wenn er verlassen lag, faszinierend. Einer davon war sicherlich dieser leichte Grusel, der so eine Absturzstelle umgab, das Wissen, dass die alte Herkules mit dem übermüdeten Reservisten drin auch noch einen Kilometer weiter hätte kommen können, bis zur Uni vielleicht, oder bis zu Ellas Haus. Und was dann passiert wäre.

Noch eine Kreuzung, und da war der Friedhof auch schon, die Straßenseite hell erleuchtet, ein großes Schild, ein Zaun, dahinter viel langer Rohbau mit zwei Kränen, dann ein gestreckter Hügel mit undeutlich schwarzen Bäumen, unter denen, wie Ella wusste, noch unversehrte Gräber lagen, der Friedhof war groß und das Militärflugzeug hatte hauptsächlich den vorderen Teil zerstört, die alte Aussegnungshalle, die historischen Gräber, die angrenzende Gärtnerei und auch ein Stück des dahinter liegenden Altenheims, das jetzt mitsaniert wurde. Ella hielt kurz unter der gemeinsamen Werbetafel der ausführenden Firmen und atmete durch, die Luft hier war weicher und feuchter und roch nach Sand und Zement, diesen Geruch mochte sie. Stehen bleiben wollte sie allerdings nicht. Das war ihr allein doch zu unheimlich, und so stieg sie erst gar nicht ab, sondern radelte nur gemütlich den Parkplatz hoch, durch den etwas schmierigen, breit ausgefahrenen Sand und Dreck, immer schön am Bauzaun entlang. Ihre Hände waren kalt, sie steckte sie zum Aufwärmen in die Taschen, saß hübsch gerade auf dem Rad, gut ausbalanciert, versuchte absichtlich langsam zu fahren, kam ins Schwanken, fing sich wieder. Ein paar inzwischen verregnete Transparente »Amis raus!« und »Stoppt den Flughafenausbau!« hingen hier oben etwas schief am Zaun. Seit der Sommer um war, hatten die Demonstranten ihre immerwährende Mahnwache aufgegeben; sie schliefen jetzt zu Hause in ihren Betten. Bis der Winter um war. Oder der Ausbau des Flughafens in Rahmstein gestoppt, woran aber niemand ernsthaft glaubte, nicht einmal mehr der neue grüne Lautringer OB.

In Höhe der Gärtnerei stand dann eine weitere Tafel, eine kleinere, mit einer Zeichnung der geplanten neuen Aussegnungshalle und dem Namen des Architekten: Thomas Kußler. Ella musste wieder nach dem Lenker greifen, da kam ein Bordstein, nun spürte sie die Kälte. Sie zog ihre Strickmütze tiefer, das Rad machte einen kleinen Hüpfer, plötzlich dachte sie an einen Platz am Kamin. In einem Wohnzimmer. Bei einem Mann, einem – Gespräch. Wein trinken. Vielleicht mit einer Katze auf dem Schoß. Einen Freund, etwas Warmes haben; wenn sie anhielt, war ihr immer so kalt, auch zu Hause in der WG.

Sie kannte Thomas Kußler, vom Sehen. Er sah gut aus. Er war nett. Er war Assistent gewesen, bei ihnen oben an der Uni, bevor er im Sommer den Wettbewerb um den Wiederaufbau des Friedhofs gewonnen hatte. Er war immer in ziemlich ausgefransten Pullovern herumgelaufen, irgendwann hatte es geheißen, seine Frau habe ihn verlassen, was Ella kaum glauben konnte. Aber gut. Nun war sein Gesicht in ganz Deutschland bekannt, er hatte ein Büro mit vier Angestellten, Hemden mit Schlips, und er war immer noch Assistent an der Uni. Für Grünordnungsplanung. *Das* war Bodenhaftung. Der Mann brauchte keinem Polier die Bildzeitung zu klauen. Und morgen – jetzt fror Ella richtig – würde sie ihn sogar sehen, mit ihm reden, doch darauf freute sie sich kein bisschen, sie mochte kaum daran denken, denn sie würde ihm eine Arbeit vorstellen müssen. Und das war für sie schon ohne Kußler ein Horror. Es würden zwar noch ein paar andere Lehrbeauftragte da sein, vielleicht, dachte sie, fast hoffte sie es, schaffte er es ja gar nicht zu kommen, sicher hatte er viel zu viel zu tun. Vielleicht regnete es auch, dann musste die Veranstaltung ausfallen, denn sie würde im Freien stattfinden, es ging um Skulpturen in einem Waldstück. Tatsächlich war Regen gemeldet. Ella blickte nach oben zum Himmel, er trotzte der Vorhersage klar und wunderschön, mit prächtigen Sternen, der Mars blinkte jetzt halb versteckt hinter einer entfernten Baumgruppe. Ella drehte ein paar Kreise mit dem Rad, weiter ging es nur noch zur Autobahn, hier musste sie umkehren. Sie sah die Kräne hoch, roch den scharfen Geruch des frischen Betons, stellte sich vor, sie hätte hier Arbeit, bei Thomas Kußler. Arbeit. Geld für eine neue Brille. Und dachte daran, wie es wäre, wenn sie auch tagsüber herkommen könnte, ganz normal als Hiwi aus Kußlers Büro, wenn sie Pläne kutschieren und vielleicht mal ein Aufmaß machen würde oder dabei wäre, wenn er mit den Leuten hier sprach. Sie musste sich einfach wieder bewerben, vielleicht klappte es ja irgendwann.

Nun befand sie sich ganz oben am immer noch evakuierten Altenheim, am höchsten Punkt der Anlage, blickte runter auf die Stadt. Wechselte die Straßenseite. Fand den Mars zwischen seinen Bäumen, ließ die Bremse kommen, schoss die breite, einsame Straße hinab, die Brille rutschte, sie sah wenig, das kümmerte sie nicht. Der Mars, dachte sie undeutlich in den frostigen Wind hinein, war das nicht ein Gott des Kriegs? Wenn von dem Planeten wirklich etwas ausging, wäre das dann tatsächlich die von der erhitzten *Bild* beschworene »Versexung«? Oder nicht eher doch schlicht und einfach – Blutvergießen?

* * *

»Und hier«, sagte der Profiler aus München, während er ein weiteres grausiges Dia in den Projektor schob, »ist er etwas anders vorgegangen.« In seiner trockenen Stimme war ein verhaltenes Beben. Jagdfieber, und das am Morgen, dachte Bettina Boll, die einzige Kommissarin in der Runde. Der Profiler hieß Silberstein und sah aus wie der Gute aus einem Heimatfilm: braun gebrannt, hochgewachsen, ordentlicher Haarschnitt. Er sprach

Hochdeutsch, aber mit unverkennbar bayerischem Zungenschlag. »In diesem Fall schimmert die Persönlichkeit, die Leidenschaft ein wenig durch.«

Auf dem Dia war ein von wilden Stichen regelrecht zerfetzter Junge, der auf armseligen blutigen Laken lag. Ornamente zierten seinen Körper, ungeschlachte Zeichnungen aus Blut unter den Achselhöhlen und an den Innenseiten der Oberschenkel, doch diese waren auf dem Foto nicht zu sehen. Nichts war auf dem Foto zu sehen außer entsetzlicher Verachtung. Bettina kamen immer noch die Tränen, wenn sie so etwas sah, heimliche Tränen, mehr ein Kloß im Hals. Nichts, was die Kollegen merkten, und auch nichts, was sie von sachlicher Arbeit abhalten würde, aber etwas, das sich an der Erregung des Profilers stieß.

»Dieses Opfer wurde dreiundzwanzigmal in die Augen gestochen, wobei der Schädelknochen an mehreren Stellen absplitterte«, fuhr der Kollege aus München fort. »Durch die Wucht der Einstiche.« Er illustrierte es mit einem neuen Dia. Bettina sah weg. Seit sie die Verantwortung für zwei Kleinkinder hatte, war sie empfindlicher geworden. Ihre Welt war zu schlecht. Enno und Sammy verdienten keine Ersatzmama, die sich mit scheußlichen Bildern quälte.

»Dreiundzwanzig Stiche in die Augen«, wiederholte Silberstein. »Das ist auffällig. Bei den anderen Fällen, das wissen Sie, gab es nur die Stiche in der Herzgegend, dann die Verletzungen der Hände und Füße, was wir eventuell mit einem Fetisch-Komplex erklären können, außerdem –«

Nun begann er wieder, sich an den einzelnen Verletzungen aufzugeilen. Diese lustvollen Fachausdrücke. Die ständige Wiederholung. Die Zahlen. Bettina betrachtete den Profiler, wie er dastand, breitbeinig, wachsam, vom Licht aus dem Projektor spärlich beleuchtet. Wenn sie ihm aus dem Dunkeln plötzlich einen Ball zuwürfe, würde er ihn noch aus dem Satz heraus abschmettern und weitersprechen. Er befand sich in Deckung, auf sehr aufmerksame Art. Was wohl aus ihm geworden wäre, wenn er sich nicht legal mit all den Gräueltaten befassen dürfte? Ob es weniger Serientäter gäbe, wenn das Wissen um sie in der

Öffentlichkeit geringer wäre? Bettina rieb sich die Stirn. Sie war ungerecht. Silbersteins persönliche Motive gingen sie auch nichts an, ja der ganze Gedanke, konsequent weitergedacht, führte nur dazu, dass sie ihre eigene Existenz anzweifeln musste. Im Prinzip tat sie genau das Gleiche wie der Mann vorne am Diaprojektor.

»... wir schließen daraus, dass unser Täter dieses Opfer persönlich gekannt hat, und das, verehrte Kollegen«, Silberstein knipste plötzlich das Licht des Projektors aus, »ist der konkreteste Hinweis, den wir bislang haben. Hier müssen wir ansetzen. Das ist unsere Chance.«

In dem dunklen Raum entstand Unruhe. Hauptkommissar Härting erhob sich und schaltete die Deckenbeleuchtung an; andere sprangen auf, um die Jalousien hochzuziehen. Doch das Licht von draußen war fahl und schwach. Der Winter würde bald da sein.

Bettinas Kollege Ackermann begann das Umfeld des eben gezeigten Opfers zu beschreiben. Ein junger Mann, fast noch ein Kind, der eine in so ziemlich jeder Hinsicht beschränkte Jugend gehabt hatte. Er war früh von zu Hause ausgezogen, hatte ziellos Verschiedenes, aber nicht allzu Unterschiedliches ausprobiert und war nun ermordet worden, bevor er sich einigermaßen hatte fassen können. Bettina kannte die Geschichte schon; sie bearbeiteten den Fall seit fast einem Monat, und seit vierzehn Tagen in der Sonderkommission »Künstler« unter Härtings Leitung. »Künstler« nannten sie den Mörder wegen der schauerlichen Ornamente, mit denen er seine Opfer schmückte. Und für ihn hatten sie das ganze Programm aufgefahren, alle möglichen länderübergreifenden Einsätze. Trotzdem waren sie nicht viel weiter gekommen, der Täter mordete, wie es schien, wahllos jeden jungen Mann, dessen er habhaft werden konnte. Der Junge mit den dreiundzwanzig Stichen in den Augen war das zweite Opfer gewesen. Insgesamt gab es vier, im Großraum Mannheim, Ludwigshafen und Heidelberg. Und womöglich noch weitere – ohne Ornamente – in Hessen.

Bettina hatte mit der Mutter des Jungen mit den Augenverletzungen gesprochen; sie war von erschütternder Gefasstheit gewesen. So als wäre die Frau durch die schlimme Nachricht überhaupt erst wieder an die Existenz ihres Sohnes erinnert worden. Eins der anderen Opfer war sogar minderjährig. Bettina knetete ihre Nasenwurzel, jetzt hatte sie es wieder geschafft. Wenn sie an den Kleinen dachte, bekam sie jedes Mal Kopfschmerzen. Sie war bei seiner Obduktion dabei gewesen.

Vorne am quer stehenden Tisch erhoben sich die Polizisten und räumten ihre Sachen zusammen. Die Morgenkonferenz war beendet. Bettina war verwirrt. »Haben wir die Einsätze für heute schon besprochen?«, flüsterte sie ihrem Kollegen zur Rechten zu, dem kleinen Willenbacher, so genannt, weil er tatsächlich kein Riese war. Er spielte leicht nervös mit seinem Kugelschreiber herum.

»Die der anderen schon«, antwortete er.

»Und wir?«

Als Antwort wies Willenbacher auf ihren Chef, Härting, der in der Tür stand und sie abwartend anblickte. »Wir kriegen die Extrawurst.«

In Härtings Zimmer roch es auf die bestimmte Härting'sche Art muffig, und das, obwohl gerade frisch renoviert worden war. Bettina nahm den Stuhl unter dem Hibiskus. Harte, grün glänzende Blätter streiften ihren Ärmel. Härting hockte auf seinem Sessel und musterte sie ungeduldig. Bettina lächelte ein wenig aufsässig. Privataudienzen beim Chef hatten für sie noch nie Gutes bedeutet.

»Ja, Frau Boll. Willenbacher. Schließen Sie doch die Tür.«

Willenbacher tat, wie ihm befohlen ward. Er sah blass aus, trotz seines lila gemusterten Hemdes.

»So. Na, dann wollen wir mal Ihre neue Aufgabe besprechen.«

Neue Aufgabe? Bettina linste zu Willenbacher hinüber. Wusste der etwa mehr? Nein, der jüngere Kollege sah genauso gespannt und misstrauisch aus, wie Bettina sich fühlte.

»Herr Willenbacher, ich höre, Sie engagieren sich bei *Polart*.«

Polart war ein Kunstverein, dem hauptsächlich Kollegen aus dem Fälschungsdezernat angehörten. Auch Willenbacher war in

Gnaden aufgenommen worden und seither mit Leib und Seele dabei.

»Jawohl.«

»Sie sind sogar Schriftführer.«

»Ja.« Willenbacher nahm eine aufrechtere Haltung ein.

»Sie haben also ein sicheres Urteil, was Kunstfragen betrifft?«

Der Obermeister versuchte, bescheiden abzuwinken, was gründlich misslang. »Na, ich kann schon ein Arkanthusblatt von einer Volute unterscheiden«, sagte er eifrig. »Aber sonst bin ich halt auch nur ein Polizist.«

Härting runzelte die Stirn, Bettina verkniff sich ein Grinsen. Wahrscheinlich hatte der Hauptkommissar von keinem der beiden je gehört. Nicht dass es ihr da anders ging, aber sie war halt auch nur eine Polizistin.

»Hm. Ja. Und Sie kennen auch – äh – Kollegen aus der Region? Künstler, die nicht bei der Polizei arbeiten, ich meine, echte, also –« Härting sah inzwischen etwas genervt aus.

»Na klar«, sagte Willenbacher. »Ich korrespondiere ja mit den anderen Vereinen.«

»Schön, Willenbacher, da sind Sie also für diese kleine Aufgabe hier wie geschaffen. Und Sie, Bö–«, Härting warf einen Blick auf Bettinas Gesicht, »Frau Boll, sind mit der leichten Muse sowieso vertrauter als wir Herren der Schöpfung.«

»Leichte Muse?«, gab Bettina misstrauisch zurück. »Davon verstehe ich gar nichts.«

»Nun, ich habe jedenfalls eine sehr schöne Aufgabe für Sie beide.«

Die Ornamente, dachte Bettina. Wir sollen die Ornamente untersuchen, die den ermordeten Jungen auf Arme und Beine gemalt worden sind. Mit ihrem eigenen Blut.

»… Sie werden in Lautringen gebraucht. Vielleicht haben Sie es schon in der Zeitung gelesen: Dort hat ein spektakulärer Kunstraub stattgefunden.«

»Was?!«

»Nein.«

Ihr Chef warf eine ziemlich zerfledderte Ausgabe der *Rheinpfalz* über den Tisch. »Überregionales, vorletzte Seite«, sagte er. »Ah, und irgendwo habe ich noch die Lautringer Ausgabe.« Er suchte in einem seiner übermäßig zahlreichen Ablagekörbe. »Da ist sogar ein Foto dabei.«

Willenbacher hatte die Zeitung zu sich gezogen und aufgeschlagen. Bettina schaute mit ihm auf die angegebene Seite. »Ich sehe nichts«, sagte der Obermeister.

»Da rechts in der Spalte mit den Kurznachrichten«, war die Antwort. Und tatsächlich war da eine winzige Meldung:

Kunstprojekt erfolgreicher als gewünscht
In der vergangenen Nacht wurden in Lautringen mehrere Plakatvitrinen aufgebrochen, die Kunstwerke von verschiedenen Mitgliedern einer örtlichen Künstlergemeinschaft enthielten. Insgesamt zwölf Werke wurden gestohlen. Die Künstlergemeinschaft stellt mit der Aktion »Kunst im Vorübergehen« einhundert verschiedene Plakate in Vitrinen der Fa. Stadtmöbel GmbH im gesamten Lautringer Stadtgebiet aus. Diese Aktion dauert noch bis Ende November. Von den Dieben, die mit Spezialwerkzeug vorgingen, fehlt bislang jede Spur. Der Sachschaden beläuft sich auf mehrere hundert Euro.

Willenbacher ließ die Zeitung sinken. Er war erschüttert.

»So, und hier ist die andere.«

Den Lautringern war das Ereignis wenigstens den Titel der Lokalseite wert gewesen. *Rätselhafte Kunstdiebe!*, behauptete er. Auf dem zugehörigen Foto war ein älterer Herr abgebildet, der mit erhobenen Händen neben einer leeren Plakatvitrine stand und strahlte. Einer der Diebe wahrscheinlich. Der Artikel darunter war launig abgefasst. Künstler, denen gleich mehrere Arbeiten gestohlen worden waren, kamen zu Wort und feierten sich stolz. Fast, zu diesem boshaften Schluss kam jedenfalls der Autor der

Zeilen, könnte man glauben, bei der ganzen Angelegenheit handele es sich um eine heimliche Fortsetzung der Aktion, eine Art Event, das nachträglich die einfachen Dimensionen der Plakatvitrinen sprengte. Oder um einen klugen Marketinggag.

»Aber das ist doch ein Fall für die örtlichen Dienststellen«, sagte Bettina ärgerlicher, als wahrscheinlich gut für sie war. »Was sollen wir vom K 11 dort? Etwa mit der Spurensicherung antanzen und zwölf Plakatvitrinen einstäuben lassen?«

»Das halte ich für übertrieben«, erwiderte Härting trocken.

Bettina atmete durch. Dieses Gespräch konnte nur ein Missverständnis sein. »Wir sollen also offiziell als K 11-er nach Lautringen fahren, um dort den Diebstahl von zwölf Plakaten zu untersuchen? Als Kapitalverbrechen? Ist das angemessen?«

»Es handelt sich hierbei um ein Politikum.« Härtings schmaler Mund hob sich zu einem winzigen Lächeln.

Das »Politikum« schien zumindest Willenbacher wieder etwas aufzurichten. Was so ein bisschen Latein doch ausmacht, dachte Bettina.

»Die Frage nach der Angemessenheit ist im Übrigen nicht Ihre Sache, Frau Boll. Und wo wir gerade dabei sind: Sie haben im vergangenen Monat mehrere Einsätze vorzeitig abgebrochen, um pünktlich Feierabend zu machen, obwohl wir hier, wie Sie ganz richtig sagten, Kapitalverbrechen bearbeiten.« Härting blinzelte unfreundlich. »Wollen Sie das auch tun, wenn Sie dem Täter Auge in Auge gegenüberstehen?«

Bettina regte sich richtig auf. »Ich bin nie ohne Ihre Erlaubnis gegangen. Ich muss nun mal die Kinder von der Tagesmutter abholen. Das war so ausgemacht, oder nicht?! – Und ich habe Ihnen versichert, dass ich nie einen wichtigen Einsatz abbrechen würde.«

»Schön«, sagte Härting kühl, »das trifft sich wirklich gut, denn das hier *ist* ein wichtiger Einsatz. Sie beide werden Ihre Aufgaben in der Soko ›Künstler‹ bis auf weiteres niederlegen. Bis morgen Nachmittag erwarte ich Ihre überfälligen Berichte. Morgen Abend«, er blickte Bettina an, »haben Sie dann einen Termin mit den Geschädigten. Mit dieser Künstlergemeinschaft. In deren

Vereinslokal.« Er reichte ihr drei zusammengeheftete Blätter. Die Anzeige, eine schlechte Kopie des Lautringer Stadtplans mit zwölf roten Punkten darauf und ein Zettel mit einer handschriftlichen Terminabmachung. »Seien Sie nett, Böllchen, und tun Sie so, als würden Sie die Leute ernst nehmen. Denken Sie immer dran, Sie sind vom K 11. Die Lautringer Kollegen wissen Bescheid.« Er grinste schmal. »Na ja, am besten, Sie lösen den Fall. Das wäre vielleicht am elegantesten. Auch den Lautringer Kollegen gegenüber, die sollen schließlich nicht ihren Glauben verlieren.«

»Aber die Soko braucht jeden Mann«, meldete sich Willenbacher flehentlich zu Wort. »Wir sind doch noch –«

»Herr Willenbacher«, unterbrach Härting, »Sie sind nun mal künstlerisch interessiert. Sie können mit diesen Leuten reden. Sie kennen die sogar! Wir brauchen Sie genau an dieser Stelle! Wer außer Ihnen weiß hier schließlich, was der Unterschied zwischen einer Volute und einem – hm«, an dieser Stelle lief der Hauptkommissar leicht rosa an, »einem – Dingsbumsblatt ist …« Er räusperte sich. »Und davon abgesehen verstehen Sie sich mit Frau Boll.«

Oh, dachte Bettina, das spricht natürlich gegen ihn.

»Und Frau Boll ist in dieser Phase der Ermittlungen für die Soko einfach – entschuldigen Sie das Wort, Frau Kollegin – zu belastend. Ich kann mir nicht jeden Abend überlegen, ob Frau Bolls Einsatz wichtig ist oder nicht. Wir brauchen Leute, die im Notfall auch mal selbst entscheiden können. Immerhin sind wir im gehobenen Dienst.«

Jetzt reichte es. Bettina sprang auf. Der zudringliche Hibiskus streifte sie. Erbittert schlug sie ihn zur Seite. Erst war sie nicht lenkbar genug und dann zu unselbständig, und das innerhalb von nicht mal zehn Minuten. »Was ist mit den Familienvätern?«, rief sie. »Die gehen auch mal früher, um ihre Kinder abzuholen! Wir haben über zehn Väter in der Abteilung – Sie inbegriffen, Herr Hauptkommissar, und keiner von Ihnen macht deswegen seine Arbeit schlechter.«

Eine schwere, blutrot gefüllte Hibiskusblüte schwankte noch, fiel dann zu Boden und lag nun neben einer Auswahl von Flaschen mit verschiedenen Giften. Gegen jeden Schädling ein eigenes. Härting sah die Blüte stirnrunzelnd an. »Das ist etwas ganz anderes, Böllchen: Wir haben Familien. Sie aber sind allein erziehend, noch dazu mit zwei Kleinkindern. Ich habe nichts gegen arbeitende Frauen –«, hier blickte Härting drohend auf, »aber etwas gegen Kollegen, die in meiner Abteilung versuchen, gleich zwei Vollzeitberufen nachzugehen. Das genau tun Sie nämlich, Frau Boll. Und ich kann in einer Sonderkommission keine übermüdete Beamtin gebrauchen, die zwischendurch einkaufen geht und die Minuten bis zum Feierabend zählt. Sie sind ein Risiko, für Ihre Kinder und auch für die Kollegen. Denken Sie mal genau nach: Auch Sie würden keinen Lahmen, dem Sie den Krückstock hinterhertragen müssen, mit zu Außeneinsätzen nehmen, wo Gott weiß was passieren kann. Oder?«

»Ich bin nicht behindert«, sagte Bettina, weiß vor Zorn.

»Das habe ich auch nicht gesagt.« Härtings Gesicht sah nun sehr streng aus. »Seien Sie froh, dass Sie nach Lautringen dürfen. Lassen Sie sich Zeit dort und überlegen Sie, was gut für Sie ist.« Er sah an Bettina vorbei, nickte Willenbacher zu und griff sich ein Foto von einem toten Jungen, das auf seinem Schreibtisch lag. »Viel Erfolg. – Alles andere besprechen wir, wenn Sie zurück sind.«

Draußen vor Härtings Tür blieb Bettina im finsteren, nur vom trüben Novemberlicht erhellten Gang stehen. Am liebsten hätte sie jetzt was kaputtgehauen. Irgendwas. Eine Plakatvitrine. Einen Hibiskus. Da hatte sie dieser unfähige Hund von Chef tatsächlich vor der alten Klatschtante Willenbacher quasi aufgefordert zu kündigen – das war doch eine Unverschämtheit. Wahrscheinlich sogar illegal, aber das scherte Härting nicht, und mit ihr konnte er es ja machen. Willenbacher stand neben ihr und sah benommen aus.

»So eine Scheiße«, sagte Bettina. »Das ist ja wohl –«

»Du schuldest mir noch zweitausend Euro«, sagte Willenbacher giftig und rauschte davon.

So viel also zu ihrem Rückhalt bei den Kollegen. Bettina fluchte unfein vor sich hin. Und auch noch ein Abendtermin mit diesen Scheißkünstlern. Die Tagesmutter würde sie umbringen. Schließlich war sie eine *Tages*mutter, wie sie immer betonte, wie Tag, am Abend arbeitete sie nicht mehr …

* * *

Ella war spät aufgestanden. Eigentlich hatte sie morgens in die Denkmalschutz-Vorlesung gehen wollen, das hatte sie sich für dieses Semester fest vorgenommen, doch die Veranstaltung begann um acht, und das hatte sie nicht geschafft. Jetzt war es elf, und nun hatte sie nichts zu tun, außer auf die verhasste Vorstellung heute Nachmittag zu warten, je näher die rückte, desto kribbeliger wurde sie. Ella wünschte, sie wäre verhindert. Sie saß wieder auf ihrem Rad, fuhr rasch, ohne den Verkehr richtig wahrzunehmen, kreuz und quer durch die Stadt. Morgens hatte der Himmel einen grauen Schleier übergeworfen, und nun sahen die Straßen kalt und schmutzig aus und der herbstliche Waldgeruch wurde von dem Diesel des klapprigen weißen VW-Bus vor ihr verdrängt.

Ihr Projekt war nicht auffällig, ein paar Himbeersträucher hatte sie gepflanzt, im Karree, auf eine kleine, versteckte Wiese auf dem Gelände, als lebende Kunst, *Land Art,* darum ging es bei der Aufgabe, doch im Moment kam ihr das einfach idiotisch vor. Was hatte sie sich dabei gedacht?

Nun fuhr die Autoschlage an der Ampel vor ihr an und sie musste sich konzentrieren, links abbiegen, immer in Bewegung bleiben. Heute war ein Tag zum Linksabbiegen. Sie wechselte die Spur, zog an einem protzigen schwarzen Mercedes-Cabrio mit einer Blondine drin vorbei, die ihr die Faust hinterherschüttelte, aus irgendeinem Grund hob das Ellas Laune. Sie schlängelte sich durch den Gegenverkehr, erreichte eine ruhige, dafür umso steilere Straße, nahm den Berg kraftvoll und souverän, wenn nur alles so einfach wäre. Oben dann rollte sie lässig an einer Bushaltestelle vorbei, die zugehörige Plakatvitrine war leer, das sah ganz merkwürdig aus, als wäre die Haltestelle tot, als würde sie nicht mehr angefahren, als wären auch die umliegenden Häuser höchstens provisorisch bewohnt. Sollte da nicht sogar momentan Kunst drinhängen?

Oder war sie das etwa?

Zur Vorstellung der Skulpturen regnete es dann wirklich, wie angekündigt. Sie fand trotzdem statt. Es waren zu viele Fachgebiete beteiligt, Grünordnungsplanung, Werken, Raumgestaltung, mit zu wichtigen Menschen, die in diesem Leben nie wieder einen gemeinsamen Termin finden würden. Außerdem war es ein Renommierprojekt, die Arbeiten sollten dauerhaft das Waldstück um den frisch renovierten Winterturm zieren; eine Lautringer Familie wollte einen Preis stiften, und sogar eine Dame von der *Rheinpfalz* hatte bereits vorbeigeschaut. Keine Chance, die Veranstaltung zu vertagen oder abzukürzen. Außer man war Studentin und verzichtete aufs Vorstellen.

Die schwarzfeuchten Bäume um sie her tropften, Ella fror. Außerdem stand knapp vor ihr der Architekt und Grünordnungsplaner Thomas Kußler. *In persona.* Das machte sie nervös. Dabei war er eigentlich ein Lichtblick. Denn obwohl Kußler von allen Korrekteuren derjenige sein musste, der zur Zeit am meisten zu tun hatte, wirkte er am entspanntesten, ruhig und freundlich. Und sah gut aus, ganz wie Ella ihn in Erinnerung hatte, vielleicht ein bisschen dünner als letztes Semester. Sie reckte den Kopf, um bessere Sicht auf sein Profil zu bekommen – das war natürlich überspannt von ihr, andererseits war es einfach nett, ihn anzusehen. *Ihm* standen die knappen Koteletten, die in zu vielen bemüht charaktervollen Architektengesichtern störten. Und Thomas' dunkle Haare waren zurückgekämmt und so messerscharf geschnitten, wie Ella es sonst nur von Szenenfotos aus alten Gangsterschinken kannte. Sie trat noch ein bisschen näher heran, wenn jetzt jemand käme und sie schubste, würde sie gänzlich unabsichtlich auf den Herrn Architekten Kußler drauffallen …

Hinter Ella, in der Reihe ihrer Kommilitonen, entstand Bewegung. Sie blickte zurück und wurde tatsächlich geschubst, kräftig und gezielt, allerdings in die andere Richtung, von Thomas fort.

»Oh, Pardon«, sagte eine helle Stimme befriedigt. Die dazugehörige naturblonde Studentin trug einen echten Pelzkragen und roch blumig nach Geld. Eine Frau mit Doppelnamen, wusste Ella. Ann-Kathrin? Jedenfalls aus ihrem Semester. Rasch hieb ihr die mutmaßliche Ann-Kathrin noch den Ellenbogen in die Seite, bevor sie sich mit ihrem Haifischlächeln an Thomas ranmachte: »Hallo, Herr Kußler.«

»Anna?«

»Frau Dettenhorst. – Mal eine Frage, finden Sie es nicht ineffektiv, mal hier, mal da zu korrigieren? Also«, sie sah feierlich auf eine elegante silberne Uhr, die wahrscheinlich zu den unveräußerlichen Gütern ihrer Familie zählte, »es ist schon drei vorbei, und wenn wir so weitermachen, stehen wir heute Abend noch hier.«

Ann-Kathrins Projekt befand sich überraschenderweise ganz in der Nähe, und sie kam, weil es sich anbot, als Nächste dran. Selbstsicher pflanzte sie sich vor einem Steinkreis aus Rheinkieseln auf, die bei der Nässe und Dunkelheit kaum zu erkennen waren, musterte ihre frierenden Zuhörer drohend und hob an zu sprechen: »Wir sind hier auf einem Gelände, das mal ein Garten war. Umfriedeter Garten heißt auf Altpersisch *pairie-daeza*, woher unser Wort Paradies stammt. Das Paradies ist heute aber nicht nur der Garten, sondern eben auch alles Wunderbare, was wir damit verbinden.« Nun lächelte sie einnehmend in die Runde. »Und dazu habe ich mir Gedanken gemacht.«

Das mit den Gedanken bezweifelte Ella stark. Sie glaubte nicht, dass Ann-Kathrin überhaupt ein Gehirn besaß, höchstens eine leichte Verdickung der Nervenstränge irgendwo im Lendenwirbelbereich. Der direkte Angriff der Kommilitonin hatte sie in der Gruppe weiter zurückfallen lassen. Zwischen ihr und Thomas Kußler befanden sich nun ein verwilderter Rhododendron und mindestens drei Reihen Studenten. Was schade war, aber den Vorteil hatte, dass sie sich hier auf einem Stück geteerten Weges befand und außerdem Ann-Kathrin nicht sehen, sondern nur hören musste. Aber selbst das war noch schlimm genug.

Ellas Kommilitonin machte eine längere Pause und hielt dann ein Buch über ihren Kopf, dessen Titel im düsteren Licht nicht zu erkennen war. »Dies ist mein Lieblingsbuch«, bekannte sie. »Von Janosch.« Sie blätterte. »Der kleine Bär und der kleine Tiger langweilen sich zu Hause. Sie gehen fort in die Welt, bekommen aber Sehnsucht und kehren zurück. Dort stellen sie fest, dass es zu Hause doch am schönsten ist. Das Paradies eben.« Ann-Kathrin klappte mit einem begeisterten Knall das Buch zu und verstummte, wahrscheinlich aus Ehrfurcht vor seiner physischen Präsenz, der Gewalt seiner unleugbaren Existenz.

»Der Steinkreis«, erinnerte Dr. Martens, die Professorin für Raumgestaltung nach einer Weile, »aus Rheinkieseln.«

»Ja. – Die Steine bilden einerseits eine Grenze, die ein Stück Garten einschließt, also ein Paradies im altpersischen Sinne. Außerdem ist der Kreis ein Symbol der Wiederkehr ganz im Geist dieser schönen Geschichte von Janosch; wenn wir ihn abgehen, erleben wir viele verschiedene Eindrücke, von hier aus kann man zum Beispiel den Winterturm sehen, von dort vorne die Straße und den Sportplatz und so fort. Aber am Ende kommen wir immer wieder zum Ausgangspunkt zurück.«

Das Schweigen aus der vordersten Reihe dehnte sich. »Wir können den Kreis gern mal abgehen«, bot Ann-Kathrin an.

Ihre eigens mitgebrachten Claqueure, die schon vorwurfsvoll blickten, bereit, im Notfall eine spontan protestierende Entwurfsklasse zu imitieren, setzten sich eifrig in Bewegung. Ella zündete sich die erste Zigarette des Tages an. Wenn das so weiterging, würde sie wieder richtig anfangen zu rauchen.

»Beruhigen Sie sich«, rief Dr. Martens. Die Professorin war eine kompakte, nur äußerlich mütterlich wirkende Frau, die hinter ihrem Rücken berechtigterweise Doc Martens genannt wurde. »Wir wollen vorerst davon ausgehen, Frau Dettenhorst, dass Ihre Theorie, der zufolge ein Kreis in sich unbegrenzt ist, zutrifft.«

Dank der Bewegung, die durch die Gruppe gegangen war, stand Ella jetzt wieder näher am Zentrum des Geschehens.

»Aber Sie haben Recht, Frau Dettenhorst, wir sollten diesen Steinkreis abgehen.«

Abermals Aufbruchstimmung bei den Kommilitonen vorne, gemischt mit leichten Unmutsäußerungen und auffälligen Blicken auf die Uhren.

»Und das werden wir vielleicht auch tun, wenn Sie zunächst die relevanten Punkte ansprechen.«

»Aber das habe ich.« Was wollt ihr denn jetzt noch, sagte Ann-Kathrins Tonfall. Wozu habt ihr eigentlich studiert, wenn ihr nicht mal meine Gedanken lesen könnt? »Ich sagte doch schon: das altpersische *pairie-daeza –*«

»Also wissen Sie was«, meldete sich eine schlanke, dunkelhaarige Frau etwas aufgeregt zu Wort, »ich kenne diese Geschichte von dem kleinen Bären und dem kleinen Tiger, und mir gefällt sie auch sehr gut.« Schweigen trat ein, Ella betrachtete die Dame vage interessiert. Das war die Abordnung der Sponsorenfamilie, eine gewisse Raisch, frische Gattin eines alteingesessenen Lautringer Zahnarztes und Kunstmäzens. Sie war noch so jung, dass sie ohne weiteres als Studentin durchgegangen wäre. Allerdings hätte sie dazu Architektenschwarz statt dieses leuchtend hellorangefarbenen Kostüms tragen müssen. Es sah reizend aus, fand Ella, aber völlig fehl am Platz, obwohl die Dame die Einzige war, die vernünftigerweise einen Schirm benutzte, einen passend blassgelben, versteht sich. Sie leuchtete wie ein Frühlingstag. Und sie hatte einen Auftrag: die Förderung der Kunst in Stadt und Landkreis in Vertretung des unpässlichen Gatten zum höheren Ruhme ihres neu erworbenen Namens. »Vor allem die Art und Weise, wie er die Sachen darstellt, Janosch, meine ich, das Gras zum Beispiel.«

»So grün«, ergänzte Susanna von Stauff, Doc Martens' Assistentin. Wieder trat eine kleine Pause ein.

»Frau Dettenhorst, wir wollen wissen, warum Sie ausgerechnet einen Steinkreis gemacht haben, um Ihre wirklich schöne Idee umzusetzen«, ließ sich Doc Martens dann mit sanfter Stimme vernehmen.

»Warum diese Steine?«, ergänzte Klaus Hartmann, der Assi aus dem Fachgebiet Werken. »Warum diese Größe, warum dieser Platz hier? Warum nicht drei Meter weiter?«

»Warum nicht, zum Beispiel, um einen Baum herum?«, sprang

Thomas Kußler bei. »Hab ich schon gesehen. Steinkreise um Pflanzen, die Kraft brauchen. Wenn man dran glaubt, funktioniert es wahrscheinlich.«

»Und wenn nicht, sieht's wenigstens gut aus.« Hartmann grinste und bückte sich über die Steine: Da würde sich doch mit Sicherheit irgendwo ein mickriges Pflänzchen finden lassen. Doch Ann-Kathrin wollte die Brücke, die ihr Raisch zuliebe gebaut worden war, nicht betreten. Für mickrige Pflänzchen interessierte sie sich nicht, die ließ sie allerhöchstens daheim auf dem Anwesen der Familie vom Gärtner ausreißen.

»Aber es geht hier um *Land Art*«, sagte sie hochnäsig. »Um Architektur. Um Kunst. Das ist schließlich kein esoterischer Gartenbauwettbewerb.«

»Da hat sie wirklich Recht«, sprach Frau Raisch unter ihrem frühlingsgelben Schirm hervor in das abermals entstandene Schweigen hinein. »Steinkreise um Pflanzen, das ist doch albern. Unsere Nachbarin macht das auch, nicht dass es mich etwas anginge –« Sie verstummte.

»Also, Frau Dettenhorst, Sie haben diesen Platz hier willkürlich gewählt«, sagte die inzwischen etwas ungeduldige Doc Martens.

Natürlich hatte sie das nicht. Das wies Ann-Kathrin energisch von sich, es gab schon Gründe, diese Mulde da zum Beispiel …

Ella wusste, dass Ann-Kathrin den Platz gewählt hatte, weil es der begehrteste gewesen war: sonnig und leicht zu erreichen. Außerdem hatte Ann-Kathrins Freundin den gleich nebendran ergattert. Nun erzählte sie etwas von Geländekanten. Ellas linker Fuß war mittlerweile komplett durchnässt, denn in der spröden Sohle ihres Schuhs befand sich ein Riss. Missmutig bewegte sie ihre klammen Zehen, zündete sich noch eine Zigarette an und verfolgte mehr interessiert als verärgert, wie von Stauff sich zur Retterin des Entwurfs aufschwang, wahrscheinlich inspiriert von der trotzig blickenden Meute dunkler Typen in feinem Tuch um sie herum. Die Runde um den Steinkreis wurde doch gedreht; mindestens die Hälfte der Anwesenden, allen voran die junge Frau Raisch mit ihrem gelben Schirm, stolperte durchs dämmrige, nasse Unterholz. Und erlebte viele verschiedene Eindrücke, konnte den Winterturm sehen, außerdem die Straße, den Sportplatz und so fort …

Eine Drei, schätzte Ella. Wenn nicht gar eine Zwei. Sie würden es morgen erfahren. Wenn die Noten offiziell ausgehängt wurden. Bis dahin musste selbst eine Ann-Kathrin Dettenhorst sich gedulden. Nun war die Gruppe am Ende doch wieder am Ausgangspunkt angekommen, nur Heimatgefühle stellten sich trotz geballten guten Willens nicht ein.

* * *

Die »überfälligen« Berichte waren längst geschrieben. Bettina hockte in ihrem einsamen Büro (der Kollege Bauer, der sonst hier mit ihr saß, war für die Soko unterwegs im riskanten Außendienst) und zerlegte systematisch das Sandwich, das zum Mittagessen bestimmt gewesen war. Gurke auf den Notizblock, Paprika auf die alte Telefonliste, Käse auf das Einwickelpapier, Salatblatt auf die leere Kaffeetasse, Brötchen auf die Fensterbank. Dann entschied sie, dass die Gurke auf dem Notizpapier nichts zu suchen hatte, und arrangierte alles um. Es war so absurd: Hier saß sie und hatte nichts zu tun, während die Sonderkommission unterbesetzt war. Alle beteiligten Kollegen mussten regelmäßig Überstunden machen. Ackermann, der so etwas wie die inoffizielle Leitung erhalten hatte, arbeitete seither über achtzig Stunden die Woche. Zwei Vollzeitjobs. Ohne wegen Überarbeitung zur allgemeinen Gefahr erklärt zu werden. Wenn Ackermann am Ende des Tages vor Müdigkeit rote Augen bekam und nicht mehr richtig sehen konnte (und das auch ganz offen vor allen Kollegen zugab!), sprach keiner von Lahmen und Krüppeln, selbst wenn Ackermann seine Brille vergaß. Wenn Ackermann »aus Zeitmangel« das allgemeine Auffrischungs-Schießtraining schwänzte, wurde seine Ernsthaftigkeit gelobt, und ein guter Schütze war er sowieso. Wenn Ackermann vor lauter Arbeit nicht mehr wusste, wo hinten und vorn war, dann war das bei ihm ein Beförderungsgrund. Ackermann war im selben Dienstalter wie Bettina und hatte ein leibliches Kind. Er war älter als sie, hatte länger für die Schule gebraucht und schlechter abgeschnitten. Bettina biss sich auf die Lippen. Sie mochte Ackermann, eigentlich, und das war das Schlimmste. Sie konnte ihm seine Bevorzugung nicht mal richtig missgönnen.

Unglücklich sah sie auf die Uhr. Kurz vor vier. Um sechs erst musste sie die Kinder abholen. Auch das war absurd: Nun saß sie hier und wartete auf den Feierabend, statt Enno und Sammy einfach früher zu holen und sich ein bisschen länger mit ihnen zu beschäftigen. Die Tagesmutter bestand auf regelmäßigen Zeiten. Bettina packte ihr Sandwich wieder zusammen. Die Tagesmutter war schon genervt genug wegen der vielen Überstunden. Und sie verstand sowieso nicht, dass Bettina noch arbeiten ging, statt sich mit Kindergeld und Sozialhilfe einen schönen Lenz zu machen. »Wenn Sie dann noch ein, zwei Pflegekinder aufnehmen«, hatte die Frau – fast vorwurfsvoll – vorgerechnet, »dann leben Sie besser als vorher, und noch dazu mit viel weniger Stress.«

In einem plötzlichen Entschluss stand Bettina auf und warf das Brötchen in den Papierkorb. Sie packte Zigaretten und Schlüssel in die Jacke und verließ das winzige Büro. Scheiß auf die regelmäßigen Zeiten. Jetzt würde sie die Tagesmutter mal überraschen und früher kommen.

Draußen auf dem Gang brannten grelle Leuchtstoffröhren gegen das neblige Grau von draußen an. Weiter vorne wurde eine Tür aufgerissen. »Herbert!«, schrie eine heisere Stimme. »Hopp, ich brauch dich mal kurz –«

Kollege Donauer streckte seinen Kopf auf den Gang hinaus, sah Bettina statt Herbert, runzelte die Stirn und knallte die Tür wieder zu.

Nur raus hier, dachte Bettina. Doch so einfach war das nicht. Jemand klopfte ihr von hinten auf die Schulter.

»Dr. Leonhardt«, sagte Bettina mit einiger Überraschung. »Was kann ich für Sie tun?«

Dr. Leonhardt war Kriminalrat, einer der höchsten Beamten der Abteilung, der allerdings mit den täglichen Ermittlungsgeschäften wenig zu tun hatte. Er koordinierte die Zusammenarbeit der Behörde mit anderen Institutionen, der Bundeswehr zum Beispiel, der Zollbehörde oder ausländischer Polizei. Man sah ihn selten, und wenn, dann führte er meist einen wichtigen Gast herum.

»Ja.« Dr. Leonhardt lächelte Bettina leicht zweifelnd an. Er hatte sie zuvor wahrscheinlich noch nie bewusst zur Kenntnis genommen und fragte sich jetzt, ob sie für seine wie auch immer gearteten Zwecke wirklich geeignet war. »Sie sind Frau Boll, richtig? Sie müssen Frau Boll sein. Sie haben rote Haare.«

»Kastanienbraun«, sagte Bettina automatisch und runzelte die Stirn. Absurd. Dieser ganze Tag war absurd. Nun stand sie hier mit Härtings Chef, der mit ihr über ihre Haarfarbe plauderte.

»Verzeihen Sie.« Dr. Leonhardt lächelte, doch seine Augen lächelten nicht mit.

Er beobachtet mich, dachte Bettina. Er hat eine Aufgabe für mich, aber er weiß jetzt schon nicht mehr, ob er sie mir zutraut. Er findet mich zu jung.

»Sie sind jung«, sagte Dr. Leonhardt prompt.

Bettina fand, ganz plötzlich, dass es nun genug war. Rauswurf aus der Soko. Gespräche über ihre Haarfarbe. Noch fünf Jahre, dann war sie nicht mehr jung. Dann würde es heißen: zu wenig Erfahrung. Wollte nie draußen mitarbeiten. Hat ständig und ungefragt auf ihre körperlichen Vorzüge hingewiesen. Versuchte, sich den Chefs an den Hals zu schmeißen, nicht dass wir es nicht bemerkt hätten. »Was soll ich tun?«, fragte sie erneut, knapper im Ton.

Dr. Leonhardt zögerte.

»Ich kann alles.« Bettina musste selber lächeln. Irgendwie hörte sich das kindisch an. Aber gut. Vielleicht sollte sie öfter so reden.

Der Kriminalrat zuckte ein wenig zurück. »Alles.«

»Ja.« Gelassen blickte Bettina Dr. Leonhardt in die Augen. Sie waren grau und dunkel wie der November draußen, der Mann selbst nicht mehr jung, aber schlank und mit absolut gerader Haltung wie ein Mauerpfeiler.

»Dann hab ich ja die Richtige angefordert«, sagte Dr. Leonhardt.

Angefordert. Bettina folgte Dr. Leonhardt zu seinem Büro, das sie sich größer vorgestellt hatte. Das eigentlich Große war das Vorzimmer. Da gab es zwei abstrakte Ölgemälde, mehrere kastige Sessel und dunkle Einbaumöbel aus dünnem Furnierholz. Außerdem den unbesetzten, aber unmissverständlich eigenen Schreibtisch der Sekretärin. Frau Frei, wusste Bettina. Deren schwertartige Klivien gediehen in fast anstößiger Üppigkeit, ein einzelnes Häkeldeckchen schützte die Tastatur ihres hochmodernen Computers auf dem sonst leeren Tisch. Und ein leichter Geruch von medizinischem Alkohol lag unbestimmt über dem Raum. Kölnisch Wasser. Franzbranntwein. Etwas in der Art. Dr. Leonhardt durchquerte das Zimmer rasch und hielt Bettina höflich die Tür zu seinem kleineren, dunklen Allerheiligsten auf, obwohl die zuvor schon halb offen gestanden hatte.

Ein Rauswurf würde das nicht werden.

»Hauptkommissar Härting hat mit Ihnen schon über Ihre neue Aufgabe gesprochen«, begann der Kriminalrat, nachdem Bettina sich bei sanftem Licht in dem niedrigen Klubsessel einigermaßen eingerichtet hatte. Vermutlich bedeutete der zwanglose Rahmen und mithin der Platz auf dem Sessel ein Privileg, doch Bettinas Beine waren für solchermaßen informelle Sitzmöbel zu lang. Der Doktor saß in gleicher Augenhöhe, aber wesentlich entspannter auf der Couch gegenüber. »Der Kunstraub in Lautringen.«

»Ja.«

»Das ist selbstredend ein Bagatellfall. Diese Plakatvitrinen stehen im öffentlichen Raum. An Bushaltestellen. Normalerweise ist Werbung drin. Sie sind nicht groß geschützt und werden natürlich ab und zu beschädigt, wenn meinetwegen Werbung für Unterwäsche drinhängt. Aber deswegen komplizieren diese Vitrinenbetreiber nicht ihr System. Die Dinger werden jede Woche frisch bestückt, das muss ruckzuck gehen. Man öffnet sie mit einem Sechskant, klemmt die neuen Plakate rein und fertig. Den Sechskant kriegen Sie für ein paar Cent in jedem Baumarkt.« Dr. Leonhardt erhob sich wieder. »Möchten Sie was trinken?«

Bettina dachte, inspiriert von Einrichtung und Tageszeit, spontan an einen Martini und lehnte ab. Doch natürlich hatte der Doktor nichts Alkoholisches gemeint, er öffnete einen versteckten Kühlschrank und nahm zwei kleine Flaschen Wasser heraus. »Nun hing halt Kunst drin.« Er stellte die Getränke auf den niedrigen Tisch vor ihnen und zauberte auch noch Gläser herbei. »Ich tippe auf Jugendliche. Eine Art Streich.«

»Und wir behandeln es als Kapitalverbrechen«, sagte Bettina ruhig.

Etwas wie Interesse blitzte in Leonhardts Augen auf. Er setzte sich wieder, schob Bettina ein Glas hin und öffnete eine Wasserflasche. »Bei Kunst ist das immer eine Ermessensfrage.«

»Was waren die Sachen wert?«, fragte sie. »Mehrere hundert Euro?«

»Das ist schwer zu sagen. Vielleicht hätten sie Käufer für die Sachen gefunden. Vielleicht aber auch nicht.«

»Was war drauf auf den Plakaten?«

Dr. Leonhardt zuckte die Achseln. »Grafiken. Fotografien. Gemälde.« Er schien auf etwas zu warten. War das ein Test?

Bettina beugte sich vor. »Wieso ist dieser Kunstraub ein Kapitalverbrechen?«

»Oh, das ist er nicht.« Leonhardt runzelte die Stirn und blickte an Bettina vorbei in die Ferne. »Aber einer der Bestohlenen ist der Neffe unseres ehemaligen Polizeipräsidenten. Und er hat um diese bevorzugte Behandlung gebeten.«

»Der Neffe welches Polizeipräsidenten?«, fragte Bettina ahnungsvoll. Etwa von dem, dachte sie, der von einer Kollegin wegen Belästigung angezeigt worden war und dann freigesprochen wurde, weil er zu der betreffenden Zeit betrunken gewesen war? Die Polizistin musste nun auch noch die Kosten des Verfahrens tragen, das sie angestrengt hatte, dem Typen hingegen war nichts geschehen. Man hatte ihn bei vollem Gehaltsausgleich versetzt. Männer, besauft euch, in der Pfalz urteilen die Gerichte nach Gutsherrenart.

»Ja, Ihr Verdacht ist richtig.« Der Doktor lächelte Bettina rätselhaft zu. Und schwieg.

War der Test nun bestanden? Hätte sie verständnisvoller sein sollen? Ärgerlicher? Wo war die Moral von der Geschicht?

»Wissen Sie, unser Expräsident und dieser Neffe, ein gewisser Tim Henning, haben uns unabsichtlich einen großen Gefallen getan.« Dr. Leonhardts Augen glitzerten. »Die haben uns eine Tür aufgestoßen.« Er beugte sich vor. »Wir müssen an einen dieser Künstler herankommen, aber ganz unauffällig, verstehen Sie, Frau Boll? Vielmehr, *Sie* müssen an ihn herankommen.« Er musterte die abgeschabten Knie ihrer Jeans. »Thomas Kußler heißt er. Aber im Grunde«, ein scharfer Blick traf Bettinas Gesicht, »geht es um seine Frau.«

Darauf schien der Kriminalrat eine Antwort zu erwarten. Oder war dieser fragende Tonfall nur eine Angewohnheit? Bettina goss sich doch etwas Wasser ein. »Wer ist sie?«

»Hier.« Dr. Leonhardt griff nach einem weißen DIN-A4-Karton, der – längst vorbereitet – auf dem niedrigen Tisch gelegen hatte, und drehte ihn um. Auf die andere Seite war sorgfältig eine Fotografie geklebt. Ein Porträt, ziemlich bieder, aus einem altmodischen Fotostudio. Braun gebrannte Frau um die vierzig in weichem Licht vor blau gesprenkeltem Hintergrund. Sie hatte dunkle, lockige, kurz geschnittene Haare, die im wirklichen Leben wahrscheinlich wunderbar aussahen. Für den Fotografen jedoch waren sie so streng gescheitelt worden, dass man ihnen nur noch den vergeblichen Versuch, Ordnung hineinzubringen, ansah. Die Frau hatte ein kantiges Gesicht, vorstehende Wangenknochen und ziemlich hochmütige dunkle Augen. Bettina hatte sie noch nie gesehen, obwohl Dr. Leonhardt das spürbar von ihr erwartete. Nach einer gewissen Pause, in der Bettina schwieg, lehnte sich der Doktor zurück. »Sagt Ihnen der Name Ötting etwas?«

»Nein«, gab Bettina zu.

»Valerie Ötting.«

»Hm«, machte Bettina und versuchte sich an einer passenden Miene. Interessiert? Wissend? Betroffen?

»Brauchen Sie vielleicht ein Aspirin?«, fragte Dr. Leonhardt. »Sie sehen aus, als hätten Sie Kopfschmerzen.«

»Nein, danke. – Es tut mir Leid, aber ich kenne diese Frau nicht.«

Wieder ein Punkt abgezogen. Dr. Leonhardt hob ganz leicht die Brauen, dann begann er sacht seine Schläfe zu massieren. Es sah aus, als hätte er sich dieses Gespräch anders vorgestellt. »Wissen Sie was«, sagte er endlich, »da gab es doch neulich diesen Indizienprozess in Niedersachsen. Haben Sie das verfolgt? Ging durch zwei Instanzen. Der Ehemann, der als Mörder verurteilt wurde, obwohl die Leiche bis heute nicht gefunden werden konnte. Das müssen Sie mitbekommen haben.«

Hatte Bettina. Sie nickte.

»Nun«, sagte Dr. Leonhardt, »von Valerie Ötting gibt es seit anderthalb Jahren keine glaubwürdigen Lebenszeichen mehr. Frau Ötting war – nein, ich muss ja sagen: *ist* mit Thomas Kußler verheiratet.«

Bettina nahm den Karton zur Hand und sah das Bild genauer an. Die Frau strahlte eine gewisse Stärke aus. »Sie sieht gar nicht aus wie die typische unterdrückte und irgendwann totgeprügelte Ehefrau.«

»Nein«, sagte Dr. Leonhardt. »In der Tat nicht.« Er machte keine Anstalten weiterzusprechen.

»Was, glauben Sie, ist geschehen?«, fragte Bettina.

»Sie kommt aus einer bekannten, sehr vermögenden Familie, Ötting – ihr Großvater ist mit Kugellagern reich geworden.« Ein fragender Blick; wieder musste Bettina bedauernd den Kopf schütteln.

»Nun, das Geschäft haben Onkel oder Cousins von ihr übernommen, inzwischen ist es auch verkauft, aber Valerie Ötting war trotzdem versorgt und erbte außerdem noch ein in den entsprechenden Kreisen sehr berühmtes Haus. Es ist eine Villa außerhalb von Lautringen, ein Denkmal im Stil der klassischen Moderne.« Der graue Blick des Kriminalrats streifte erneut ihre Knie. »Egal. Ein schönes und wertvolles Haus, jedenfalls. Der Traum eines jeden historisch einigermaßen interessierten Architekten.«

»Und Thomas Kußler ist so ein Architekt.«

Dr. Leonhardt verschränkte die Arme und lehnte sich zurück. »Wissen Sie, Valerie Ötting ist eine bekannte Autorin. Sie schreibt Reiseberichte.« Sein eben noch scharfer Blick schweifte wieder in die Ferne. »Und ihr Mann ist Architekt, in der Tat.«

* * *

Eine kleine, sehr zarte Studentin stand nun vorne, neben ihr eine mannshohe, rostige Stahlplatte, die in Augenhöhe ein rechteckiges Loch hatte. Die Studentin, die Ella nur vom Sehen kannte, zitterte. Es konnte Aufregung sein oder einfach Kälte. Das Licht einer Laterne der angrenzenden Straße beleuchtete die junge Frau; auf der anderen Seite des Fahrwegs begann der Forst. Kilometerweit Wald, bis zur nächsten Ortschaft, zur nächsten Stadt, ja wahrscheinlich Wald bis zur französischen Grenze und darüber hinaus. Nasser Dunst hing tief über dem aufgeweichten Boden, fing die Helligkeit aus der Laterne und löste die Konturen auf; das neblige Grau fraß Gesichter und Farben und Zweige und die düstere Weite des Waldes, die dennoch überdeutlich zu spüren war. Nur Frau Raisch mit ihrem hellen Schirm trotzte orangegelb der Gleichmacherei. Zuvor hatte ihr Outfit schrill gewirkt; nun schien sie die Normalste, die Sicherste zu sein.

»Diese Stele heißt ›Edward Hopper findet die Blaue Blume‹«, sagte die kleine Studentin. Ihre Stimme war ganz heiser vor Erkältung. »Man kann es trotz des Nebels erkennen, Gott sei Dank.« Sie kicherte nervös, was zu einem Hustenanfall führte. »Sehen Sie, ich fand den Blick an dieser Stelle des Grundstücks bemerkenswert. Wenn man in die eine Richtung blickt –«, sie stellte sich vor den rostigen Stahl und wies durch das ausgeschnittene Fenster, »dann sieht man unsere Art-déco-Bushaltestelle von hinten.« Sie flüsterte mit einem großen jungen Mann, der neben ihr stand und sich jetzt in Bewegung setzte. »Bushaltestellen«, fuhr sie fort, »erinnern mich immer an Bilder von Hopper.«

»Oh! Das ist wahr!«, stimmte Frau Raisch zu, es folgte eine der üblichen Pausen. Ella fiel ein bisschen zurück, sie überlegte heimzugehen.

»Menschen an Bushaltestellen sehen haargenau so aus wie die Menschen auf seinen Gemälden«, fuhr die Studentin mit einem Blick auf den jungen Mann, der nun an der Haltestelle stand, fort, »genauso selbstverloren und einsam –«

»Na, endlich hat dieses Ding seinen Rahmen gekriegt«, sagte eine Stimme direkt neben Ella. Zuerst glaubte sie gar nicht, dass sie angesprochen war, dann erschrak sie und sah nochmals hin: *Thomas Kußler!* Er lächelte sie an, seine dunklen Haare hingen ihm eine Spur lässiger als zuvor in die Stirn, sein sommersprossiges Gesicht sah vom Regen entzückend feucht aus. »Unsere bunte Bushaltestelle, meine ich. Jetzt ist sie *Art déco, Hopper,* und keiner kann sich mehr aufregen.«

Das fragliche Bauwerk bestand aus geschwungenem Plastik in Bonbonfarben und war ohne Billigung der wichtigsten Dozenten der Architekturfakultät »in einer Nacht-und-Nebelaktion«, sprich in den Semesterferien, aufgestellt worden und in den einschlägigen Kreisen arg umstritten (Kitsch!).

»Also ich«, hörte Ella sich von ferne sagen, »fand die schon immer ziemlich witzig.« Oh Scheiße, dachte sie dann sofort, jetzt hast du dich selber rausgekickt, dein Geschmack ist einfach –

»Ich auch«, sagte Thomas Kußler lächelnd. »Und die Stele ist interessant, ich hab sie betreut, von der anderen Seite sieht man den Winterturm, ganz wildromantisch. Caspar David Friedrich, Novalis und so weiter. Aber überleg mal, das muss eine Tonne Stahl sein. Das soll sie uns jetzt gleich mal erzählen: wie sie die in den Wald gekriegt hat.«

»Mit dem Tieflader?« Ella lächelte vorsichtig. Thomas duzte sie! Sprach so ein Dozent mit einer zufällig neben ihm stehenden Studentin? Die er gleich auch noch zu bewerten hatte? Ja, entschied Ella bedauernd, doch. Trotzdem müsste sie diese Chance nun wirklich nutzen: Sieh mich an, bitte, ich bin eine gute Architektin, eine talentierte Entwerferin, ach was, eine gefügige Praktikantin! Ich koste wenig und steige in Gullischächte, wenn du willst! Ich möchte den Wiederaufbau des Friedhofs mitmachen! Ja, ich hab mich schon mal bei dir beworben, und ja, wurde abgewiesen, aber das war, bevor wir uns persönlich kannten …

»Jedenfalls hat es drei Mark fuffzig gekostet«, sagte Thomas, mit den Augen wieder bei der Gruppe. »Auf deine Arbeit bin ich auch gespannt. Wer hat dich korrigiert?«

»Keiner«, gab sie zu.

Er lächelte wieder. »Du bist Ella, oder?«

Sie nickte schwach. Los! Sag's! Stell mich ein! Ich will Arbeit! Ich bin gut …

Thomas ging weiter. Du liebe Zeit, dachte Ella jetzt beunruhigt, wenn der die blöden Himbeersträucher sieht, stellt er mich nie ein. Nie.

* * *

»Thomas Kußler«, sagte Dr. Leonhardt, »hat seine Frau Valerie Ötting vor dreieinhalb Jahren gemeinsam mit einem Freund nach Frankfurt zum Flughafen gefahren. Sie wollte nach Indien, nach Rajasthan, genauer gesagt, um dort die Rabari aufzuspüren, das ist ein kastenloses Nomadenvolk. Insgesamt sollte es ein Jahr dauern.«

»Sie ist also 2000 aufgebrochen?«

»Genau. Im Mai. In Indien war sie, dafür gibt es Zeugen. Zurückgekommen ist sie jedoch offiziell nie. Sie wurde nicht gleich vermisst.«

»Da müsste man doch eher in Indien suchen«, gab Bettina zu bedenken. »Wenn sie so ein abenteuerliches Leben geführt hat, dann könnte ihr auch leicht unterwegs etwas passiert sein.«

Dr. Leonhardt nahm eine dünne Aktenmappe vom Tisch. »Indien ist keine solche Wildnis, wie Sie vielleicht meinen.« Er blätterte. »Im Gegenteil, in vielen Bereichen ist es ein hochmodernes Land. Wenn Valerie Ötting da einen Unfall gehabt hätte, wäre das bekannt. Sie war eine erfahrene Reisende. – Übrigens laufen dort Nachforschungen. Es wurden mehrere Zeugen gefunden, unter anderem der Mann, der Valerie zu den Nomaden brachte, für sie knapp zwei Jahre als Begleiter und Dolmetscher arbeitete und sie anschließend in dem Glauben verließ, sie führe nun wieder nach Hause. – Es ist natürlich alles sehr vage.«

»Aber verdächtig.« Valerie, dachte Bettina. Nur der Vorname?

»Ja. Wissen Sie, von hier aus ist es einfach zu behaupten, eine Frau wie Valerie Ötting sei in Indien verschollen. Bei dem Beruf.«

»Aber wie kommen Sie dazu, nach ihr zu suchen? Ihr Mann wird sich ja kaum an die Polizei gewandt haben, wenn er sie wirklich ermordet hat.«

»Nein. Ihre Tante hat das getan. Zu dieser Tante, Ada Ötting, hielt Valerie ziemlich regelmäßigen Kontakt. Frau Ötting erwartete ihre Nichte schon vor anderthalb Jahren zurück.« Dr. Leonhardt schloss die Akte und reichte sie Bettina. »Viel haben wir nicht. Nur die Behauptung der Tante, dass sie tatsächlich vor anderthalb Jahren einen Anruf ihrer Nichte erhalten hat. Aus Deutschland, glaubt sie.«

»Sie *glaubt?*«

Dr. Leonhardt zuckte die Achseln und nickte. »Valerie Ötting sprach davon, dass sie die Rabari nun verlassen habe und sich bald melden würde. Ada Ötting erwartete dann mehr Kontakt, Anrufe, Briefe, einen Besuch. So wie immer, wenn ihre Nichte in Deutschland war. Doch es tat sich nichts. Darauf wandte sie sich, nach einem halben Jahr etwa, an Mona Beyer, eine Staatsanwältin und alte Freundin Valeries. Das war letztes Jahr um die Zeit.« Er breitete die Arme aus. »Und Frau Beyer fand dann etwas wirklich Verdächtiges heraus. Sie fuhr beim Haus von Ötting und Kußler vorbei, als alte Freundin, spontan auf Besuch – und sah, dass gerade das Dach der Villa saniert wurde.«

»Was ist daran verdächtig?«

Dr. Leonhardt warf ihr einen Blick zu. »Die Kosten. So etwas ist nicht billig. Ötting konnte es nicht angeordnet haben, die war ja nicht da. Aber das Geld musste von ihr stammen. Kußler besaß zu der Zeit gar nichts, jetzt ist er zwar gut im Geschäft, aber damals war er wissenschaftlicher Mitarbeiter mit einer halben Stelle an der Uni, das hat ihn gerade so ernährt. Eigenes Vermögen hat er nicht, bei seiner Hochzeit mit Ötting besaß er grade mal das Hemd, das er auf dem Leib trug. – Und Frau Beyer wusste, dass ihre Freundin Valerie sich immer dagegen ausgesprochen hatte, Geld ins Haus zu stecken. Das sagte auch die Tante. Ötting wusste genau, dass so ein Denkmal ein Fass ohne Boden ist. – Nein, sie hatte eine klare Linie: Das Geld ist für die Reisen. Außerdem reagierte Kußler auf Beyers Besuch ziemlich kühl. Er fertigte die alte Freundin seiner Frau schnell ab. Beyer stellte darauf ein paar kleinere Nachforschungen an und fand heraus, dass Kußler tatsächlich sukzessive angefangen hatte, das Geld seiner Frau auszugeben.« Er blickte ernst. »Und zwar seit dem Zeitpunkt, da Ada Ötting das letzte Mal mit ihrer Nichte gesprochen hatte.«

»Hm«, machte Bettina.

Dr. Leonhardt hob die Hände. »Frau Beyer sprach mit der Tante, und die wandte sich an mich. So kamen wir zu dem Fall. Natürlich können wir nur verdeckt ermitteln.« Er sah Bettina jetzt sehr genau ins Gesicht. »Es läuft ein bisschen unter der Hand, Sie wissen ja, dass es im normalen Dienstbetrieb für solche Fälle kein Budget gibt. Es könnte wohl um Mord gehen, aber wir werden nur aktiv, wenn sich eine günstige Gelegenheit zum Handeln ergibt. Die haben wir jetzt, Frau Boll. Dass wir so leicht an den Kußler rankommen, müssen wir ausnutzen. – Die genaue Aussage der Tante können Sie in der Akte nachlesen. Sie lebt auf Sylt. Wir haben sie dreimal befragt.« Ein winziges Lächeln stahl sich auf Dr. Leonhardts Lippen. »Sie noch einmal zu besuchen, wird, fürchte ich, nicht nötig sein.«

»Schade.«

Sofort war das Lächeln verschwunden. »Wie beurteilen Sie das Problem bisher?«

Bettina sah auf Valerie Öttings Bild. Die dunkel gelockte Frau blickte kühl zurück. Ob der Fotograf versucht hatte, sie zum Lächeln zu bringen? Einer, der so einen altmodischen Hintergrund gewählt hatte, bestimmt. Und Ötting hatte wohl umso hochnäsiger dreingeschaut. Bettina meinte fast, durch all den Weichzeichner hindurch ihre Augen blitzen zu sehen. »Ich denke«, sagte sie, »die Sache mit dem Geld wirft ein schlechtes Licht auf Herrn Kußler. Und die Aussage ihres indischen Begleiters und die der Tante sind auch beunruhigend, falls sonst tatsächlich niemand mehr von ihr gehört hat.«

Dr. Leonhardt nickte, da hatten sie endlich eine gemeinsame

Basis. Zwei Polizisten, ein Verdacht. »Leider nein. Wir haben fast die ganze Familie befragt, vielmehr, die Staatsanwältin und die Tante haben diese Nachforschungen betrieben. Als besorgte Freundin und Verwandte. Kußler behauptet übrigens, Kontakt zu seiner Frau zu haben. Telefonanrufe.«

»Ist sie vermisst gemeldet?«

»Nein.« Der Doktor beugte sich vor. »Die beiden Frauen sind dagegen, weil sie fürchten, dass Kußler dann überhaupt nicht mehr mit ihnen reden wird. Jetzt ist er wenigstens noch einigermaßen höflich. Im Grunde haben sie Recht, diese Verbindung könnte ganz wertvoll sein, während eine Vermisstmeldung wahrscheinlich nicht viel bringt. Leider hatten wir nur die ganze Zeit niemanden vor Ort. – Das ist jetzt unsere Chance, Frau Boll. Wir müssen das Grab finden, dann haben wir ihn sicher.«

»Das Grab.«

»Ja, irgendwo muss er sie gelassen haben. Es kann ja nicht immer ohne Leiche abgehen, nicht wahr? – Und hier kommen Sie ins Spiel, Frau Kollegin. Natürlich müssen Sie sehr vorsichtig vorgehen.«

Bettina schluckte. Sollte sie sich wirklich als Polizistin, mit nur den Plakaten als dürftigem Vorwand, bei einem Mörder einschleichen? Der würde sie ohne Zweifel mit offenen Armen empfangen und ihr auch gleich die geheimen Ecken im Keller zeigen.

»Wie haben Sie sich das vorgestellt?«

»Es ist nicht ganz einfach«, gab Dr. Leonhardt zu. »Lassen Sie es mich so sagen, Sie haben meine volle Unterstützung. Sie können im Notfall auf alle Ressourcen unseres Kommissariats zurückgreifen. Wie Sie es aber genau machen – da muss ich Sie bitten, selbständig zu arbeiten.« Einen Moment lang ruhte Dr. Leonhardts Blick auf Bettinas roten Haaren, dann sah er zur Seite. »Möglicherweise wird es leichter für Sie, als Sie glauben, eventuell haben Sie ja einen Draht zu dem Mann.«

Und wenn nicht?

»Was ist«, Bettina wählte sorgsam ihre Worte, »Herr Kußler denn für ein Mensch? Wie ist Frau Ötting überhaupt an ihn geraten?«

Dr. Leonhardt erhob sich, für einen Moment wirkte er alt, so alt wahrscheinlich, wie er war. Seine Stirn war hoch und vornehm, seine Haare kurz geschnitten, aber eben doch schon dünn, ja sie sahen fast weich aus, die Züge um seinen Mund dagegen waren scharf. Etwas schwerfällig setzte er sich dann auf die Kante seines ordentlichen und leeren Schreibtischs, blickte auf seine Hände und verschränkte die Arme. »Ötting und Kußler sind seit gut sechs Jahren verheiratet. Er war damals achtundzwanzig, sie siebenunddreißig. Es ist wahrscheinlich für beide eine Zweckehe gewesen. Valerie hatte dieses Haus. Kußler war ein junger Architekt. Aus nicht gerade geordneten Verhältnissen, er ist ein uneheliches Kind und bei Verwandten groß geworden.«

Ja dann, dachte Bettina.

»– Irgendwie ist er an sie rangekommen. Und für die Villa hat er gern in Kauf genommen, dass seine Ehefrau fast zehn Jahre älter als er selbst und so gut wie nie zu Hause war.«

»Und Frau Ötting«, Bettina konnte nicht anders als den Nachnamen zu benutzen, »was hatte die von der Zweckehe?«

Dr. Leonhardt sah seine verschränkten Arme und öffnete sie, Bettina hatte den Eindruck, dass er es bewusst tat, um entspannter zu wirken. Stattdessen runzelte er nun die Stirn. Ja, Körpersprache war eine verzwickte Sache.

»Kußler sieht ganz gut aus«, antwortete er. »Und es ist wahrscheinlich nett, nach so langen Reisen vom Flughafen abgeholt zu werden.«

»Und er hat sie umgebracht? Wegen des Hauses?«

Der Kriminalrat hob die Achseln. »Immerhin hat er sie wahrscheinlich deswegen geheiratet. – Schauen Sie sich die Akte an. Das Problem ist, wir können offiziell keine Vermögensverhältnisse prüfen. Wir wissen nur, dass Valerie Ötting wahrscheinlich ihr Kapital angreifen musste, um ihre Reisen zu finanzieren. So etwas ist teuer. Mit den Tantiemen aus Büchern kann man diese Spesen nicht wieder reinholen. Und möglicherweise war das Geld nun aufgebraucht, will sagen, eben gerade noch genug da, um das Dach zu sanieren, aber nicht mehr so viel, dass Valerie Ötting ihren Lebensstandard hätte halten können. Die Tante vermutet, dass Valerie deshalb vorhatte, bei ihrer Rückkunft ihr Anwesen zu verkaufen, um für die nächsten paar Jahre wieder flüssig zu sein. Mit dem Plan wird sie sich bei ihrem Ehemann aber nicht beliebt gemacht haben.«

Und dann hatte er sie nach ihrer Heimkehr abgefangen und umgebracht, um es zu verhindern? Bettina verschränkte nun selbst die Arme. »Was ist mit der Fluggesellschaft? Man kann doch nachprüfen, wer mitgeflogen ist. Oder wer nach Deutschland eingereist ist.«

»Haben wir versucht. Es kommen einige Fluggesellschaften infrage, doch nach so langer Zeit ist es schwierig. Nichts. Offiziell ist sie nicht da.«

Eine kleine Pause trat ein. Schließlich fragte Bettina sanft: »Was glauben Sie – wie hat er es getan?«

Sie sahen sich an. Dr. Leonhardts graues Gesicht blieb verschlossen. »Das wollen wir eben herausbekommen«, sagte er schließlich steif. »Sie werden mit Ihrem Kollegen Willenbacher eine intensive Ermittlung nach den Plakaträubern führen. Diese Künstler regen sich über den Diebstahl ziemlich auf, die haben *uns* angefordert, Ludwigshafen, das K 11! Die wissen, dass wir, na ja, ihnen einen Gefallen tun, wenn Sie verstehen. Dass dieser Einsatz nur über ihre guten Beziehungen zustande gekommen ist. Das dürfen Sie auch ruhig zeigen, Frau Boll, je informeller, desto besser. Das Ziel ist nur der persönliche Kontakt, egal wie Sie das anstellen. Wenn die Künstler sich wichtig fühlen wollen, dann holen Sie die Lautringer Spurensicherung und machen ein bisschen Theater. Wenn die Leute stattdessen inzwischen das Gefühl haben, mit uns übers Ziel hinausgeschossen zu sein, was ich mir vorstellen könnte, dann sind Sie halt«, hier verzog Dr. Leonhardt keine Miene, »von einem bösen Chef geschickt, der für die Mühe auch Ergebnisse sehen will.«

»In Ordnung«, sagte Bettina ernst.

Dr. Leonhardt runzelte die Stirn. »Ja. Einen Gesprächsstoff werden Sie finden, denke ich. Der Kußler ist nicht nur Mitglied in dieser Künstlergemeinschaft, sondern inzwischen erfolgreich als Architekt. Das haben Sie aber bestimmt gehört: Er baut den Lautringer Hauptfriedhof wieder auf.«

»Ach, *der* ist das.« Da konnte Bettina endlich mal mitreden. Dann kam ihr ein Gedanke. »Er baut den Friedhof wieder auf. Wie praktisch für ihn.«

Sie sahen sich erneut an, diesmal einvernehmlicher. Da hatten sie nun einen mutmaßlichen Mörder mit einer überzähligen Leiche. Und einen verwüsteten Friedhof. Die Bilder kannte jeder Pfälzer, ja jeder Deutsche, die waren um die Welt gegangen: der Krater, den der Rumpf der Militärmaschine auf dem Gelände geschlagen hatte, die herumliegenden Wrackteile zwischen umgestürzten Grabsteinen, die brennende und später völlig zerstörte Aussegnungshalle, das geräumte, weil einsturzgefährdete angrenzende Altenheim. Die toten Totengräber, die unter weißen Tüchern in schwarze Wagen geladen worden waren. Die Beerdigungsgesellschaft, die Glück gehabt hatte, dass ihr Verblichener nur einen Platz weit hinten in der unbeliebten neuen Ecke der Anlage bekommen hatte. Die vielen alten Grabsteine, die wieder aufgestellt werden mussten.

»Hm. – Nein.« Dr. Leonhardt schüttelte den Kopf. »Die Idee ist zwar gut, aber – da liegt Valerie nicht. Denken Sie mal, auf diesen Friedhof eine fremde Leiche zu bringen, wäre doch Irrsinn. Wenn Sie Pech hätten, würde alles gleich live von RTL übertragen. Dort ist die Hölle los. Nein, Valerie ist anderswo. In Kußlers Garten. Auf dem Universitätsgelände. Der Kerl ist sehr rührig. Hat immer noch die halbe Stelle an der Uni. Eine Menge Bälle in der Luft.« Er schwieg einen Moment, beugte sich dann plötzlich vor und tätschelte Bettinas Schulter. »Aber vielleicht können Sie ihn ja ein wenig durcheinander bringen, meine Liebe.« Er lächelte unerwartet. »Also nichts für ungut, aber wenn Sie sich etwas anderes anziehen, dann schaffen Sie das spielend.«

Bettina lächelte zurück, leicht gezwungen, und murmelte etwas, von dem sie hoffte, dass der Kriminalrat es nicht verstand.

»Lassen Sie sich von ihm sein Haus zeigen. Und den Friedhof. Achten Sie auf frische Wände, verschlossene Kammern, Hügel im Garten, diese ganzen Sachen. Denken Sie immer daran: Wir suchen ein Grab. Ein Grab, Frau Boll.«

Ein paar hatten Taschenlampen dabei, und ohne die wären sie an dieser Stelle auch nicht viel weiter gekommen. Sie befanden sich jetzt im dunkelsten, hintersten, verwachsensten Eck des Grundstücks. An dem Ort, den auch der sehnsüchtigste Romantiker höchstens ergeben von ferne betrachtet, aber niemals wirklich aufgesucht hätte. Ella ging voran, sie spürte deutlich den steigenden Widerwillen der Leute, die ihr folgten: Das musste schon ein ganz besonderes Projekt sein, bei diesem unerfreulichen, ja gefährlichen Weg voller herumliegender Äste, die in der Dunkelheit schnell zu Fußangeln wurden.

Tatsächlich gab es hier irgendwo diese winzige Lichtung, auf der im Sommer ein Fleckchen sehr weichen Grases gestanden hatte, gerade so groß, dass sich eine Person darauf ausstrecken konnte. Ella hatte der Platz ausnehmend gut gefallen, er hatte sich ihr überraschend dargeboten, an einem heißen Tag, an dem Gott und die Welt auf dem Grundstück unterwegs schienen, er war friedlich gewesen, hell und fast so etwas wie entrückt. Später hatte sie dann ihre Waldhimbeeren dorthin gepflanzt, aber das war eigentlich ein Sakrileg, damit hatte sie den Zauber vielleicht für alle Zeit gebrochen.

»Wo führen Sie uns hin, Frau – äh?«, fragte Doc Martens, ein dunkler, schnaufender Schatten in Ellas Rücken, und es hörte sich nicht freundlich an, nicht einmal gutwillig, eher wie am Ende einer sowieso nicht besonders großen Geduld.

»Moment.« Ella war schrecklich nervös. Ihre Brille beschlug und zu allem Überfluss hatte sie die Orientierung verloren. Was wollte sie bloß? Eine Sommerwiese mit Himbeeren würde sie im anbrechenden Winter ohnehin nicht wiederfinden. Sie blieb stehen.

»Ist es hier?« Susanna von Stauff stemmte einen Arm in die Seite, Ella sah es dank der Taschenlampe eines Kommilitonen, sie selbst besaß keine.

»Nun –«

»Ja oder nein?« Die von Stauff ging, ihre eigene Lampe schwenkend, kurzerhand drei Schritte weiter. »Ah«, machte sie dann. »Also gut. Da haben wir es ja. Sandsteine. Hier vom Grundstück, nehme ich an.« Das hörte sich nicht mehr ganz so ungnädig an.

»Den *genius loci* eingefangen und so weiter. Das brauchen Sie uns dann alles nicht mehr zu erzählen. Endlich mal ein Projekt, bei dem man es auf Anhieb sieht.«

»Also –« Ella spähte angestrengt durch ihre Brillengläser.

Doc Martens schob sich nach vorne und richtete ihre Lampe auf die Steine. »Ein Hügel«, befand sie. Klaus Hartmann und Thomas Kußler, die sich weiter hinten unterhalten hatten, kamen heran und blieben stehen. Studenten füllten die Lücken auf. Alle richteten ihre Lampen auf das Objekt.

»Gut, Frau – äh«, sagt Doc Martens, eine feuchte Liste zückend. »Legen Sie los.«

»Das«, bedauerte Ella, »ist nicht von mir.«

»Nein.«

»Also wissen Sie …«

»Liebe Frau – äh …«

»Wo«, sagte von Stauff mit freundlicher Stimme, »ist dann Ihr Projekt? Werden Sie es finden?« Sie sah sich Beifall heischend um. »Vielleicht machen Sie sich mal auf die Suche, während wir uns mit diesem hier beschäftigen. Ist das ein Vorschlag?« Sie stand direkt neben Ella und lächelte, geblendet von einer Lampe, vage in ihre Richtung. Wahrscheinlich glaubte die Frau selbst an ihr Wohlwollen.

Doc Martens dagegen schaute kalt an Ella vorbei. »Also, von wem ist das? – Bitte, Herrschaften, lassen Sie uns jetzt nicht Rätsel raten.«

Die Lichter der Taschenlampen glitten über den kunstvoll symmetrisch aufgeschichteten kleinen Hügel. Er bestand aus einfachen, unregelmäßigen Sandsteinen, jeder so groß wie vielleicht ein Katzenkopf, Steine, wie sie im Pfälzerwald fast überall in Massen vorkommen. Das Ganze lag lang und flach zu den Füßen einer nicht mehr ganz jungen Eiche. Und es ging etwas davon aus. Etwas Ruhiges, Unbestimmtes; vielleicht war es die Sorgfalt, mit der die Steine ineinander gepasst waren, vielleicht auch nur die Lage unter der Eiche mit ihren fahlen braunen Blättern oder die herbstlich-geheimnisvolle Atmosphäre, die Dunkelheit, aus der der hellrote Stein im Licht der Taschenlampen aufleuchtete.

Selbst Doc Martens und von Stauff schwiegen bei der Betrachtung eine Sekunde länger. Dann räusperte sich die Professorin.

»Eine Miete aus Sandsteinen«, sagte sie. »Nichts, wofür man sich schämen müsste.«

Schweigen.

»Also dann«, sagte sie laut, »haben wir es wohl mit einem klassischen Schutthügel zu tun. Irgendein Bauarbeiter mit Sinn für Ästhetik hat sich hier verewigt, weil er die Abfuhrkosten sparen wollte.«

Ein, zwei Studenten lachten, schwiegen aber wieder, als Doc Martens sich umdrehte.

»Was glauben Sie, Frau von Stauff«, sagte sie in Richtung der Studenten, »meinen Sie, da möchte uns jemand den hübsch arrangierten Bauschutt des Winterturms unterjubeln? Um uns zu beweisen, dass wir Kunst nicht von Müll unterscheiden können? – Die Gefahr besteht ja, nicht wahr?«

Dieser Tonfall verhieß nichts Gutes, und die Studenten wichen alle ein wenig zurück, nur die orangegelbe Frau Raisch, die im Laufe des Abends immer vehementer ihre Urteile verkündet hatte, kam ein Stückchen näher. Die langen Schweigepausen, die stets auf ihre Äußerungen folgten, konnten ihr nicht entgangen sein, aber sie hatte ihren Abend und ihr Kleid geopfert, um einen langweiligen Preis zu verleihen, ein bisschen Amüsement musste nun auch für sie drin sein. Anmutig stocherte sie mit ihrem inzwischen zusammengeklappten Schirm zwischen den Steinen herum. »Aber das ist doch kein Schutt«, sagte sie fast trotzig. »Sehen Sie nur, wie gründlich das gemacht ist!«

Doc Martens seufzte mit hörbarer Ungeduld, es war längst klar, wie gern sie auf diese Einmischung lokaler Prominenz verzichtet hätte. »Fragen wir mal so: Weiß jemand, von wem das ist? – Nein? – Herr Kußler, was sagt die Liste?«

»Hm.« Thomas blätterte, die Taschenlampe unters Kinn geklemmt. »Das kriege ich jetzt nicht auf Anhieb raus. – Ich würde sagen: Urheber ist krank oder nicht mehr an Bewertung interessiert. Es wird sich klären. Lassen Sie uns mit Ellas Projekt weitermachen. Mir läuft der Regen in den Kragen.«

»Okay, also –«

»Das«, Doc Martens konnte sich nicht recht von dem Gebilde trennen, »gehört also niemandem.« Sie wandte sich wieder an die Studenten. »Richten Sie Ihren Mitstreitern aus, dass wir alles, was nicht in unseren Listen auftaucht, räumen lassen.« Ihr Ton wurde schrill. »Nicht dass zum Schluss die Baustelle um den Winterturm nicht abgebaut werden kann, weil die Arbeiter Angst haben müssen, sich an Kunstwerken zu vergreifen.«

Wieder lachten ein paar.

»Ha!«, machte da von Stauff, die ihre Taschenlampe immer noch auf die Miete gerichtet hielt, »wisst ihr was? Es gibt hier nicht nur zwei, sondern sogar drei Möglichkeiten: Entweder diese Steine da sind Müll. Oder sie sind so etwas wie Kunst. Oder aber«, nun hielt sie kurz die Luft an, »sie sind das, worum es uns allen geht: Architektur nämlich.« Sie kicherte, dabei schwang ein leicht hysterischer Ton mit. »Architektur«, wiederholte sie.

Die Taschenlampen richteten sich wieder auf den Hügel zu Füßen der Eiche. Die Stille des nassdunklen Waldes war plötzlich erdrückend dicht; jemand seufzte; es ging spontan zu Herzen.

»Da gibt es doch diesen Ausspruch von Loos.« Von Stauffs Stimme klang nun sehr weich. »Den kennt ihr doch alle. Wie war das noch? Wenn wir im Walde einen Hügel sehen –«

»Finden«, verbesserte einer von hinten.

»Wenn wir im Walde einen Hügel finden, soundso lang und soundso breit, pyramidenförmig aufgerichtet, dann – wird etwas in uns still und sagt: Hier liegt jemand begraben.«

Jetzt konnte man die Tropfen zart von den Ästen fallen hören, satte kleine Geräusche in der Dunkelheit.

»Das ist Architektur.«

Sie schwiegen. Ein Wind kam auf und erfasste die Baumkronen; er machte bewusst, wie mächtig der Wald hier war. Und das kleine Häuflein passend dunkel gekleideter Menschen, eine spontan entstandene Beerdigungsgesellschaft, stand wirklich still, alle wussten nun, was sie da vor sich hatten: ein Grab. Selbst Ella, die inzwischen nur noch an Flucht dachte, blieb, angezogen von einem Haufen Steine.

Endlich räusperte sich einer, Ella wusste nicht, wer, sie sah wenig, ein Kommilitone, er wandte sich völlig unvermutet an *sie*. »Komm, Ella.« Woher wusste er ihren Namen? »Du hast da deinen Schatz beerdigt. Ich hab dich doch im Sommer hier arbeiten sehen.«

Nun traf das Licht aus den Lampen Ella, und die Studenten und Assistenten und die Professorin sahen in ihr Gesicht, vermutlich hässlich blass und abweisend unter den millimeterkurz geschorenen Haaren und ihrer schwarzen, nassen, eng anliegenden Strickmütze. Ella war geblendet, ihre Brille war feucht und wieder halb beschlagen, sie fühlte sich gefangen, umstellt; sie hasste es, angestarrt zu werden. Unter diesen Menschen war nicht einer, den sie richtig kannte. Sie war fremd, und auf Einzelschicksale wurde keine Rücksicht genommen. *Jetzt die Pistole ziehen und schießen, SCHIESSEN!* Blind starrte sie zurück in die Lichter.

»Nun«, fragte Doc Martens' Stimme aus dem Hellen heraus, »hat hier vielleicht jemand der Architektur zuliebe etwas Illegales getan? Frau, äh –? Nein? – Denn, meine Lieben, Architektur wäre es nur, wenn jemand drinliegt in diesem – Grab.«

Die Lichter senkten sich wieder auf den Hügel und gaben Ella frei.

»Und das fände ich doch übertrieben. – So. Nun sind wir aber sehr gespannt auf Ihr Projekt, Frau, äh – Coressel.«

Doch Ella bekam nicht mehr mit, dass Dr. Martens sich jetzt – spät, aber immerhin – an ihren Namen erinnerte. Erschreckt von ihren eigenen Gedanken hatte sie sich, die Tarnwirkung der dunklen Uniform ihrer Zunft nutzend, leise, ganz leise diesem unerfreulichen Menschenhaufen entzogen.

* * *

Nun hatte sie es doch geschafft, sich zu verspäten. Und die Tagesmutter, Frau Nabinger, würde aus jeder überzogenen Minute Kapital schlagen.

Dennoch blieb Bettina wie erstarrt in ihrem Taunus sitzen.

Sie konnte sich nicht aufraffen auszusteigen. Sie war müde. Sie brauchte ein neues Auto. Der Taunus war etwas für verrückte Singles, sie aber hatte nun eine Familie. Der Kinderwagen passte kaum in den Kofferraum, und die Kindersitze konnten auch nicht richtig festgemacht werden, da es auf der Rückbank keine Dreipunktgurte gab. Doch ein neues Auto war unerschwinglich, nicht mal die Anzahlung dafür konnte sie sich leisten. Sie hatte nicht nur bei Willenbacher Schulden. Bettina verkniff sich die Zigarette, die sie jetzt gebraucht hätte (nicht mehr im Wagen rauchen!), und blickte hoch zu der Wohnung, in der Frau Nabinger ihr Gewerbe ausübte. Oben im elften Stock des Blocks. Bettina versuchte das Fenster, den Balkon zu finden, hinter dem Sammy und Enno ihren Tag verbrachten. Doch im diesigen Herbstwetter verschwammen die Lichter; ab einer bestimmten Höhe war nichts mehr richtig zuzuordnen. Bettina fand den Anblick des Hauses lähmend. Jedes Mal, wenn sie hier saß, fragte sie sich, wie sie den Mut aufbringen konnte, einer Frau, der sie keinen Meter weit traute, ihre beiden Kinder anzuvertrauen.

Oben empfing sie Adrienno mitsamt dem üblichen dumpfigen Essensgeruch, den Frau Nabingers Wohnung stets ausströmte, an der Tür.

»Du bist spät, Tina«, sagte er vorwurfsvoll. »Zu spät, zu spät.«

Weiter drinnen schrie ein Kind. Hoffentlich nicht Sammy, dachte Bettina. Obwohl sie nun durch die Adoption zur offiziellen Mutter der Kinder geworden war, hatte sie damit noch lange nicht alle natürlichen Fähigkeiten einer solchen erhalten. Sie konnte Sammy nicht am Geschrei erkennen. Für sie klang – immer noch – eine Zweijährige wie die andere.

»Anna-Louise«, teilte Enno seiner leiblichen Tante mit. »Die hat Sammy gehauen.«

Auweia, das klang nach tätlichem brüderlichem Beschützer. »Enno«, sagte Bettina leise, »Anna-Louise ist viel kleiner als du, und –«

»Ah …!«, kam es nun von der Wohnzimmertür. »Frau Boll.«

Eine halbe Stunde über der Zeit, da hörte sich die Nabinger

bereits ironisch an, so als habe sie überhaupt nicht mehr mit ihr gerechnet und sei nun wirklich überrascht. »Wieder Spätschicht gehabt, was?«

»Es tut mir Leid«, sagte Bettina demütig. »Wir hatten eine sehr wichtige Konferenz.«

»Ja«, machte die Nabinger unbeeindruckt und trat aus der Tür. Sie war in Bettinas Alter, das war das Schlimmste. Ihr Gesicht war derb gebräunt, aber sicher nicht von langen Aufenthalten an der frischen Luft. Bettina tippte eher auf eine Turbo-Heimsonne. Frau Nabingers Haare reichten ihr bis an den Po und waren pechschwarz gefärbt, ihr Mund perfekt rot geschminkt. Dazu trug sie in einer Art Zwiebelsystem eine Menge olivgrüner und tarngefleckter Textilien: Shirts, Jacke, Hose mit Schnallen, Hose darunter, kurzer Pulli auch noch dazwischen und drunter Kampfstiefel. In der Wohnung. Das war jetzt der letzte Schrei und wirkte an der Nabinger wie maßgeschneidert. War es womöglich auch. So direkt, wie die Frau aufs Geld losging, konnte sie sich das wahrscheinlich leisten. Auf ihrer Hüfte hockte, knallrot in der Farbe des Lippenstifts der Mama gewandet, die kleine Anna-Louise Nabinger und schrie.

»Das war der Enno«, sagte Frau Nabinger, als ob das ein Trost wäre. »Der böse Enno hat dich gehauen.«

»Enno, sag, dass es dir Leid tut«, befahl Bettina, bevor Frau Nabinger selbst eine Erziehungsmaßnahme vorschlagen konnte. »Schau, die Anna-Louise weint. Du darfst ihr nicht wehtun.«

»Anna-Louise«, sagte Enno finster, »hat Sammy gehauen.«

»Aber Sammy weint gar nicht.«

»Nicht mehr«, versetzte Frau Nabinger. Sie stellte ihr schreiendes Kind auf den Boden, ohne sich weiter darum zu kümmern. »Zum Glück – das ist auf Dauer unerträglich.«

Spätestens drei Minuten nach Betreten dieser Wohnung hatte Bettina jedes Mal Lust auf eine nette kleine Prügelei. Das wäre die natürliche Abfolge: Anna-Louise haut Sammy, Enno dafür Anna-Louise, Frau Nabinger verteidigt ihre Tochter und Bettina gibt ihr dann eins auf die Nase. Kampfstiefel. Allein das reizte Bettina schon, dieses modisch-martialische Outfit an einer Frau, die sich höchstens durch den Dschungel der Home-Shopping-Kanäle kämpfte. Andererseits betreute die Frau drei Kleinkinder. Vielleicht war Bettina ungerecht. Aber eigentlich glaubte sie das nicht.

Enno ging zu der weinenden Anna-Louise und reichte ihr die Hand. Barsch sagte er: »Steh auf!«

Für Bettina klang das wie ein verstecktes Friedensangebot, zumal Anna-Louise aufhörte zu weinen und gehorchte, doch Frau Nabinger schien es anders aufzufassen. »Und dieser Junge«, sagte sie, »muss in den Kindergarten. Der ist mir hier einfach zu aggressiv. Den lieben langen Tag renne ich dem hinterher, den können Sie keine Minute aus den Augen lassen, ohne dass er was kaputtmacht oder auf die Anna losgeht. Das geht so einfach nicht weiter.«

»Enno, Schatz, sag, dass es dir Leid tut«, bat Bettina hilflos. Es gab für Enno keinen freien Ganztagskindergartenplatz. Beim Jugendamt hatte man Verständnis für Bettinas Lage gezeigt; man hatte auch eingesehen, dass Enno und Sammy vorerst nicht länger getrennt werden sollten. Sie bekamen deshalb von der Stadt finanzielle Unterstützung für die Tagesmutter. Doch wenn Frau Nabinger es ablehnte, Enno weiter zu beaufsichtigen, dann konnte Bettina wirklich ihren Beruf aufgeben. Außer dieser Frau gab es niemanden, der über vierzig Stunden die Woche Platz für gleich zwei Kinder hatte.

»Das nützt mir nichts, wenn es ihm Leid tut«, sagte Frau Nabinger kalt. »Wissen Sie, was er heute kaputtgemacht hat? Wollen Sie es sehen?!«

Aber natürlich, nichts lieber als das. Bettina folgte Frau Nabinger in die Küche, die trotz des starken Essensgeruchs unheimlich sauber, ja fast steril wirkte. Bettina fragte sich manchmal, ob Frau Nabinger überhaupt selbst kochte. Vielleicht bestellte sie einfach Pizza. Sie hatte sich schon öfter vorgenommen, Enno danach auszufragen, es aber jedes Mal wieder vergessen.

»Hier«, sagte die Nabinger anklagend und wies auf eine Kehrschaufel voller bunter Glasscherben. »Meine Muranoglasvase. Erbstück meiner Großmutter. Mindestens zweihundert Euro war die wert.«

»Du lieber Gott«, sagte Bettina entsetzt, »zweihundert Euro?!«
Jetzt wollte die Nabinger es aber wirklich wissen. So viel hatte sie
bisher noch nie gefordert.

»Mindestens.« Kalte, blässliche Augen musterten Bettina. Von
zweihundert Euro konnte man eine Menge Pizza bestellen.

»Wie gut, dass Sie die Scherben aufgehoben haben«, sagte
Bettina so freundlich es ihr möglich war.

»Also ich setze das Ding nicht wieder zusammen, falls Sie das
meinen«, begehrte die Nabinger sogleich auf. »Das können Sie
vergessen.«

»Aber nein«, beruhigte Bettina. Das war ja wohl eine Unverschämtheit, eine richtige Erpressung, fast strafbar. Trotzdem
musste sie Ruhe bewahren. Und improvisieren. »Ich meine,
wegen der Versicherung.« Genau. Die Versicherung sollte einspringen. »Zweihundert Euro kann ich mir nicht leisten. Da muss
ich meine Versicherung bemühen.«

»So.« Die Nabinger musterte Bettina viel zu siegesgewiss. Aus
dieser Vasengeschichte würde Bettina sich nur schwer heraus-
winden können, sagte ihr Blick.

»Aber die wollen natürlich Beweise. Und wir bei der Polizei
haben die Sachverständigen direkt im Haus. Die Kollegen machen
mir eine kostenlose Schätzung. Das ist sehr praktisch. Geben Sie
mir das nur alles mit, und im Handumdrehen werden Sie bekommen, was Ihnen zusteht.«

»Das Ding war mehr als zweihundert Euro wert«, schnappte
die Nabinger böse. »Da brauchen Sie nichts zu schätzen. Das
zahlt Ihnen auch keine Versicherung. Ist ja bei mir passiert, der
Schaden, und offiziell«, hier stemmte sie die Fäuste in die Seiten,
»kriege ich nichts für die Sachen, die die Kinder mir kaputtmachen. Das wissen Sie auch. Berufsrisiko einer Tagesmutter.«

So wie die Nabinger es sagte, hörte es sich an, als sei sie
ungerechterweise gezwungen worden, fremde Kinder auf ihre
kostbaren Familienerbstücke loszulassen. Wobei – die Scherben
sahen nach stinknormalem Glas aus. Ein bisschen bunt, gut, aber
Muranoglas? Und war das wirklich so teuer? »Es tut mir Leid,
das so etwas passiert ist«, sagte sie fest, »aber mehr als Ihnen

anzubieten, das über die Versicherung laufen zu lassen, kann ich nicht tun.«

Wütend versetzte die Nabinger der Schaufel einen Tritt. »Ich sag Ihnen was: Hundert Euro, und Sie sparen sich den ganzen Ärger mit den Formularen und den Kollegen und der Versicherung.«

»Auch für hundert Euro«, Bettina blieb fest, »bin ich bereit, eine Menge Formulare auszufüllen.«

»Aber«, nun fiel der Nabinger doch noch was Neues ein, »das war *Kunst*, das kriegen Sie von einer normalen Haftpflicht ja doch nicht ersetzt. Hundert Euro, so günstig wird's nie wieder für Sie.«

Kunst. »Ich würde zunächst die Schätzung abwarten«, sagte Bettina, immer noch freundlich, »ob die Haftpflicht das ersetzt oder nicht.« Das Lächeln schmerzte in ihrem Gesicht, ihr Kopfweh verursachte ihr Übelkeit. Von dieser Frau konnten ihre Kinder eine Menge lernen.

Frau Nabinger musterte sie mit neuer Hoffnung. »Was soll das denn nun heißen?! Trauen Sie mir etwa nicht?!«

»Würde ich sonst meine Kinder zu Ihnen bringen?«

»Das sind ja nicht Ihre«, sagte die Nabinger wegwerfend.

Raus hier, dachte Bettina, nur raus. Das war nicht der Tag, an dem sie Tagesmutter und Beruf verlieren wollte. »Ich sag Ihnen was: Ich gebe Ihnen jetzt dreißig Euro«, schlug sie vor und merkte, dass ihre Stimme doch schärfer klang, als sie eigentlich wollte. »Mehr habe ich sowieso nicht bei mir. Dafür darf ich die Kiddies morgen etwas später abholen. Und das mit der Vase können Sie sich überlegen. Wenn Sie mehr als die dreißig dafür haben wollen, dann können Sie mir die Scherben mitgeben.«

»Das langt aber nicht«, sagte die Nabinger böse, »denn heute sind wir auch zu spät, schon vergessen?«

»Diese dreißig sind mein letztes Angebot«, sagte Bettina müde. »Enno! Los, anziehen. – Dreißig für heute, morgen und die Vase. Und zusätzlich das, was die Versicherung zahlt, wenn Sie mir die Scherben mitgeben.«

»Himmelherrgott«, fluchte die Nabinger. »Wann wollen Sie denn morgen kommen?«

»Gegen sieben«, log Bettina. Sieben, das schaffte sie nie.

»Wenn Sie dann nicht da sind, tu ich die Kinder hier raus vor die Tür in den Hausflur«, sagte die Nabinger unzufrieden. »Diesmal mach ich's wirklich.«

Bettina ließ sie stehen und ging ins Wohnzimmer, um ihren Kindern die Jacken anzuziehen. In einem der oberen Regalfächer der Wohnzimmerschrankwand standen zwei dickbauchige Glasfische. Über Erwachsenenkopfhöhe. Für Enno unerreichbar. Bettina hätte schwören können, dass es gestern noch drei gewesen waren. Diese Fische waren so hässlich, die konnte man kaum übersehen. Zudem war Bettina es gewöhnt, sich Details zu merken. Drei. Es waren definitiv drei Fische gewesen. Dreißig Euro für einen Glasfisch.

* * *

Nun zeigte sie ihre Zähne, die Zahnarztfrau. Sie war erstaunlich zäh, aber es musste ja auch etwas geben, dachte Thomas boshaft, wofür sie geheiratet worden war. Tatsächlich sah Frau Raisch bemerkenswert feurig aus, trotz ihrer dünnen Kleidung und des hellen Lichts in Dr. Martens' Konferenzraum und obwohl sie vom kalten Regen draußen auch nicht verschont geblieben war. Aber tagsüber, dachte Thomas verdrossen, hat die ja auch nichts zu tun, die läuft wahrscheinlich allemal erst um die Zeit zur Hochform auf. Halb zwölf nachts, und diese Frau brachte sie langsam zur Weißglut. Es war ein grober Fehler gewesen, sie an der Bewertung teilnehmen zu lassen. Gut, ihr Mann hatte den Preis gestiftet (und auch den Rotwein und die Brezeln bezahlt, die vor ihnen standen), aber die Dame selbst konnte kaum fünfundzwanzig sein und ihr Verständnis von Architektur ging über das einer altklugen Realschulabsolventin nicht hinaus. Das Einzige, was sie im Laufe des Abends mit Sicherheit mitbekommen hatte, war, dass man von ihrem Geschmack nicht viel hielt, und das hatte ihren Widerspruchsgeist geweckt. Im Grunde, dachte Thomas, war das sogar tapfer, aber für sie, die hier arbeiten mussten, eben auch ziemlich lästig. Tausend Euro und eine Kiste Wein und der Ruf ihres Gatten erlaubten diesem halben Kind, dazusitzen und ihnen zu erzählen, welche Arbeit ihr persönlich gefiel und welche nicht. Und ihren Preis, den würde sie selbstredend geben, wem immer sie wollte, denn ihr Mann ließ ihr da völlig freie Hand, *der* traute ihrem Urteil. Momentan war der verrückte Steinhügel, das Grab, ihr Favorit, doch das war selbstverständlich gänzlich indiskutabel.

»Wir können Ihnen«, sagte Dr. Martens gerade, »gewiss nicht vorschreiben, wem Sie den Preis verleihen sollen. Aber wir sind, glaube ich, alle hier der Meinung, dass es bessere Projekte auf dem Gelände gibt als das – äh – Grab. Denken Sie nur an die Hopper-Stele. *Das* ist wirklich einigermaßen gelungen. Und wir haben auch eine Urheberin. Bei dem – äh – Steinhaufen ist nicht mal gesagt, dass der betreffende Student sich meldet.«

»Was glauben Sie, wie viele halb fertige Arbeiten wir hier jedes Jahr entsorgen müssen«, ergänzte Susanna.

Frau Raisch drehte ihr Rotweinglas geschickt zwischen den Fingern und starrte die beiden älteren Frauen herausfordernd an. Sie war hübsch, sehr sogar, mit dunkelblauen Augen, und ihre verregneten langen Haare, die einigermaßen restaurierte Schminke und das orangegelbe Kleid verliehen ihr zusätzlich noch etwas Kesses, als wäre sie in ein Sommergewitter geraten. »Diese Stahlplatte?«, fragte sie gedehnt.

Klaus Hartmann, der Assi von unten aus dem Fachgebiet Werken, hatte die Rolle des Guten übernommen. Dank eines löchrigen, einst weißen, aber dafür immerhin trockenen Pullis und seiner verstaubten Stahlkappenstiefel, die er nach der Regenveranstaltung aus seinem Fachgebiet geholt hatte, sah er genau wie die Raisch ein wenig nach improvisiertem Abenteuer aus. Lässig lehnte er an der Fensterbank und grinste der Dame aufmunternd zu. »Das ist ein Spitzenentwurf«, sagte er gefühlvoll. »Also wenn Sie mich fragen, hat genau diese Stele den Preis verdient und sonst nichts.«

Die junge Frau versank in dem Lächeln. Spitze, Klaus, dachte Thomas, endlich kannst du deine Talente mal nutzbringend anwenden. Susanna und Dr. Martens schienen Ähnliches zu fühlen, da wachte die Raisch wieder auf. Sie erhob sich geschmeidig, war schlank und groß und jung, viel jünger als sie alle, wacher, kräftiger, entschlossener. Und reich.

»Aber das ist nur«, sagte sie etwas bissig, »eine Stahlplatte mit einem Loch drin, sonst nichts. Die war teuer«, das war an Thomas gerichtet, der zwei Studenten vorgerechnet hatte, welche unsinnigen Ausgaben sie für ihre Entwürfe gemacht hatten, »und«, sie sah an sich hinab, »es ist einfach nichts dran. Nichts Eigenes, meine ich.« Sie stand nun sehr aufrecht an dem großen Tisch mit den Arbeitsmaterialien darauf. Der Raum war hell und groß, kein Bild schmückte hier die Wände, sogar die Ordner in den Regalen hatten weiße Rücken. Das ganze Zimmer schwirrte vor Weiß, es war eine Bühne, für die Professorin und die Arbeiten der Studenten gedacht, aber Raisch war es, die ihn mit ihrem Orangegelb erfüllte.

»Doch«, sagte Dr. Martens überraschend sanft, »es ist etwas Eigenes dran, man sieht es nur nicht sofort. Muss man ja auch nicht, oder? Das auffällig Eigene wird meistens überbewertet.«

Raisch musterte die Professorin, irgendwie war das Gespräch persönlich geworden, aber die junge Frau konnte ihre Rolle darin nicht erkennen, wurde sie nun kritisiert oder getröstet? Wahrscheinlich war ihr sowieso beides unangenehm.

»Darum geht es eben bei der Architektur«, beeilte sich Dr. Martens wieder zu ihrem Fach zu kommen, »sie bildet nur einen Rahmen für die Realität, sie funktioniert, sie dient. Und hat doch etwas Eigenes, denn sie nimmt Blickwinkel ein. Und deshalb ist diese Stele auch so gut.«

Jetzt lächelten alle die Zahnarztfrau ermunternd an. Sie trat noch einen Schritt zurück und sagte: »Aber –«

»Ich denke, Sie können unserem Urteil vertrauen.« Susanna klang zu überheblich. Sofort verschränkte Raisch die Arme.

»Nein«, sagte sie. »*Ich* habe durch dieses Loch im Stahl keine Bilder gesehen. Sondern eine Bushaltestelle und einen Turm. Sonst nichts. Ich bin vielleicht nicht übermäßig gebildet«, hier machte sie eine Pause und auf ihrer Stirn erschien eine kleine Falte, »aber ich habe auch Augen, und ich sehe da eine rostige

Platte und mehr nicht. Das Grab dagegen hab selbst ich dumme Nuss erkannt. Deshalb ist es besser. Und deshalb kriegt das auch den Preis.« Damit ging sie zum Tisch, schnappte sich ihr Glas und trank einen ordentlichen Schluck Rotwein, es war guter, der Gatte hatte sich nicht lumpen lassen.

Klaus hatte ebenfalls sein Glas genommen und grinste offen. »Wow, das hat gesessen.«

Raisch sah ihn misstrauisch an und wandte sich an Susanna. »Sie selbst haben es doch gesagt. Sie haben das mit dem Hügel im Walde gesagt, und dass es Architektur ist.«

Susanna rollte die Augen. »Das war nur ein Zitat. – Von Adolf Loos allerdings«, setzte sie ziemlich schnippisch hinzu.

»Ihr Loos hatte Recht.« Die Dame schwenkte ihr Glas, dunkle Haare, orangegelbes Kleid, tiefroter Wein. »Man wird still vor diesem Hügel. Aber vor Ihrer Stele, werden Sie da still?«

Susanna wurde vor Frau Raischs Worten still, was erstaunlich genug war. Dafür lachte Klaus. »Also wenn dieser Steinhaufen wirklich Kunst ist, dann ist er, egal was er darstellt, tatsächlich gut, denn immerhin schlagen wir uns hier seit zwei Stunden die Köpfe deswegen ein.«

»Ja, Kunst ist, was laut ist«, sagte Susanna darauf bissig. »Nach der Logik kannst du jeden Spindkalender zu Kunst erklären.«

Klaus hob ironisch die Brauen. »Das *ist* doch auch Kunst. Oder nicht? Also ich dachte immer –«

Das war doch alles nicht zu fassen. Thomas warf die Liste der Studenten, die sich für den Kurs eingetragen hatten und die er sich bereits zum fünften Male angesehen hatte, mit einem Schwung auf den Tisch. »Wir können doch nicht dort draußen rumlaufen und einen Haufen Steine, von dem wir rein gar nichts wissen, zu einem preiswürdigen Projekt erklären. Damit können wir«, hier blickte er deutlich zu Dr. Martens, »ziemlich auf die Nase fallen.«

Die nahm sich ein Glas von dem Tablett in der Mitte des Tischs und goss einen Tropfen Wein hinein. »Hören Sie«, sagte sie dann ziemlich streng zu der jungen Frau, »ich erzähle Ihnen jetzt was, worüber ich nicht gern spreche.« Sie machte eine Pause und nippte an ihrem Glas. »Das brauche ich normalerweise auch nicht, denn hier weiß es sowieso jeder. Im Sommer vor einem Jahr – Sauregurkenzeit – haben uns ein paar Studenten einen bösen Streich gespielt.«

Frau Raisch stand nur steif da mit ihrem Glas, hatte zweifellos nichts davon gehört.

»Wir wurden nicht namentlich erwähnt«, sagte Dr. Martens, »im *Stern*. Aber wer sich auskennt, weiß, dass wir – ich gemeint war. Ich habe einen studentischen Entwurf prämiert, bei dessen Ausführung es Baumängel gegeben hätte.«

»So wie bei jedem studentischen Entwurf«, beschwichtigte Susanna.

»Es war schlimm«, sagte Dr. Martens. »Allein die Überschriften. ›Deutsches Bauwesen in der Krise‹, oder: ›Was wissen unsere Architekten außer ihrer Abschlussnote?‹«

»Oder: ›Normaler Kleinwagen hält länger als zeitgenössischer Neubau‹«, fiel Susanna ein, »und«, sie lächelte, »das war mein Lieblingssatz: ›Planungsfehler oder Wunder der Statik: Dachträger balanciert auf einzelner Stütze?‹«

»Danke, Frau von Stauff«, sagte Dr. Martens trocken. »Es waren drei Studienabbrecher, einer davon ist mit einem Redakteur vom *Stern* verwandt. Die haben als Abschlussgag, gewissermaßen, bei mir ein wirklich schönes Feuerwehrgerätehaus entworfen. Und dann haben sie alles einzeln öffentlich zerpflückt.« Sie schüttelte traurig den Kopf. »Es ging um die Gestalt. – Wann sollen sich die Studenten denn Gedanken darum machen, wenn nicht hier im Studium? Wer soll denn unsere Städte und Vororte retten, wer kann denn noch den Fertigteil-Schwarzwaldbalkon und das Reetdach im Voralpenland verhindern, wenn nicht der Architekt an der Basis? Was glauben Sie, was passiert, wenn wir hier nur noch Bauingenieure ausbilden und die dann auf die Bauherren da draußen loslassen?!«

Die junge Frau Raisch hielt sich an ihrem Glas fest und blickte verunsichert. »Im *Stern* waren Sie?«, fragte sie dann, wahrscheinlich nur, um überhaupt etwas zu sagen.

»Ja, und mit Ihrer Hilfe schaffen wir es vielleicht noch in die

Bildzeitung«, schnarrte Susanna. »Aufs Titelblatt. *Steinhaufen versehentlich mit Kunstpreis ausgezeichnet.* Wir werden berühmt wie die Putzfrauen, die Beuys' Fettecke geputzt haben.«

»Aber dieses Grab«, sagte Raisch störrisch, »gefällt mir einfach am besten.«

Alle sahen sich an, alle dachten wahrscheinlich das Gleiche, sogar Klaus sah nun müde aus.

»Es ist halt«, Raisch drehte langsam ihr Glas, »dieses Grab sieht so – echt aus, oder? Ich finde, dass es echt aussieht. Und Sie haben das auch gefühlt, alle, nicht wahr? Sie haben ein Zitat aufgesagt! Das haben Sie sonst bei keinem Entwurf getan. Und jetzt trauen Sie Ihrer eigenen Meinung nicht mehr. Dabei«, sie lächelte zaghaft, »können *Sie* auch nur nach Gefühl urteilen.«

Dr. Martens schüttelte den Kopf und trank endlich einen großen Schluck Wein, Klaus betrachtete seine Hände und Thomas dachte nur, dass er so etwas nach einem langen Arbeitstag ganz einfach nicht verdient hatte.

Susanna stützte die Arme auf den Tisch. »Mein Gefühl sagt mir nur, dass ich nicht von mir in der Zeitung lesen will, einem Schutthaufen einen Preis verliehen zu haben.« Sie stand auf. »Schauen Sie, Sie sagen, *wir* sollen mutig sein. Sie sagen, dieses Grab ist *echt*. Schön. Wissen Sie, was Sie dann tun sollten?«

Raisch trat noch einen Schritt zurück, ganz finsterer Trotz, es sah nicht aus, als ob sie es hören wollte.

»Die Polizei rufen. Das ist das Einzige, was Sie tun können, wenn Sie wirklich an das Grab glauben, denn wenn es so echt ist, wie Sie sagen, dann wird wohl auch jemand drinliegen, nicht wahr?« Susanna griff sich das Telefon, das hinter ihr auf einem Tischchen stand, und hielt es der jungen Frau auffordernd hin. »Hier bitte. Trauen Sie nur Ihrem spontanen Urteil. Seien Sie mutig. Seien Sie konsequent. – Andernfalls«, sie schaute provozierend in die Runde, »ist das alles nur Geschwätz, und wir sind hier die Lückenbüßer für Ihren einsamen Abend, Frau Raisch.«

»Das reicht.« Dr. Martens nahm das Telefon an sich und blickte ihre Assistentin tadelnd an. »Das geht nun wirklich zu weit.«

»Wieso?! Wenn Frau Raisch Recht hat, dann hat dort draußen jemand einen illegalen Privatfriedhof aufgemacht.«

»Nein«, sagte Dr. Martens, »jetzt hören Sie auf, Frau von Stauff.«

Doch Klaus räusperte sich schon. »Thomas«, rief er laut. »Das war wohl eine Studie für deinen Hauptfriedhof.«

»Also ich bitte Sie.«

»Nein, eine private Begräbnisstätte für ganz besondere Freunde. Oder Familienmitglieder.« Susannas Augen funkelten, sie spielte auf seine Frau an, glaubte Thomas. Oder irrte er sich da? Er fühlte, wie ihm die Galle hochstieg.

»Ein Lehrfriedhof.« Klaus lehnte sich zurück und grinste nun. »Ich wusste es, mit dem Kerl stimmt was nicht.«

»Vorsicht«, Thomas musste sich zusammenreißen, um nicht zu schreien, Klaus nicht anzuschreien, »es ist noch Platz dort draußen.«

»Das reicht jetzt wirklich.« Dr. Martens' Stimme war scharf. »Es tut mir Leid, Frau Raisch, es ist zu spät geworden. Ich mache Ihnen einen Vorschlag: Wir versuchen, den Urheber dieses – äh, Hügels zu finden. Wir – oder vielmehr, *Frau von Stauff*«, hier traf die Angesprochene ein bitterböser Blick, »wird sich die Liste der Angemeldeten anschauen und die raussuchen, die noch nicht vorgestellt haben. Vielleicht hilft ihr ja der Herr Kußler oder der Herr Hartmann dabei.«

Klaus winkte sofort entsetzt ab, Thomas fasste es nicht, dass die alte Doc Martens so leicht klein beigab.

»Wenn der Hügel einen Urheber hat, werden wir ihn finden. Dann können wir mit demjenigen sprechen und Sie werden womöglich Ihren Preis los. Wenn wir niemanden finden, lassen wir räumen und geben den Preis der Dame mit der Stele. Ist das annehmbar?«

Raisch stand schon ziemlich weit hinten an der Tür, zögernd, finster. »Nein. Ich will, dass Sie den Typen mit dem Grab finden.« Sie hob das Weinglas, mit etwas aufsässiger Miene, immer noch unsicher, sah aus wie ein ganz junges Mädchen. »Denn er ist der Gewinner.« Da plötzlich grinste sie, trat einen Schritt vor, auch selbst zum Sieg entschlossen. »Hiermit verleihe ich den Preis, tausend Euro, dem unbekannten Grab.« Ironisch neigte sie den Kopf und lächelte den Architekten triumphierend zu. »Zum Wohl.«

Und mit einem großen Schluck trank sie ihr Glas leer.

2

Zwei Uhr mittags, Ella Coressel saß im dicken Pyjama und Bademantel an ihrem Schreibtisch vor dem Fenster und blickte raus auf den Nussbaum. Der Baum war kahl, das Wetter unfreundlich, die Einfachglasscheibe des Fensters an den Ecken beschlagen. Bald würde es wieder Eisblumen geben. Wahrscheinlich vor Weihnachten noch. Das Haus, in dem Ella lebte, war achtzig Jahre alt und fast im Originalzustand. Was aber nicht nur Nachteile hatte. Zum Beispiel hatte sie eben jenen wundervollen Walnussbaum direkt vor dem Fenster, im Sommer blühten unten im verwilderten, grünfeuchten Garten die Rosen, an Büschen, die höher und knorziger waren, als Ella es jemals bei Rosen gesehen hatte, und obwohl es hier unterm Dach aus allen Ecken zog und im Winter nicht richtig warm wurde, war Ella so gut wie nie erkältet, im Grunde war das ein Phänomen. Nachdenklich steckte sie die Patronen wieder in die Trommel ihrer kleinen Smith & Wesson und klappte sie zu. Sie untersuchte, reinigte und wartete die Waffe ganz pflichtbewusst jeden Morgen. Jetzt war es zwar offiziell schon Nachmittag, aber sie war mal wieder nicht richtig rausgekommen. Das musste sich ändern. Auch wenn sie nicht direkt was verpasst hatte, Donnerstag früh gab es nur Gebäudelehre. Doch irgendwie musste sie ihren Lebenswandel in den Griff kriegen, das ging so einfach nicht weiter, die ganze Nacht wie blöd Rad fahren und dann den Morgen bleiern erschöpft im Bett verbringen. Sie brauchte Arbeit. Wegen des Geldes, der Brille, aber auch, um ausgeglichener zu werden. So eine Sache wie bei der Vorstellung gestern durfte nie wieder passieren. Das war – ja, wie war sie nur so weit gekommen?

Ella wog ihren Revolver in der Hand, ein *Chief Special,* sein Gewicht betrug nur knapp vierhundert Gramm, ein hübsches kleines Spielzeug. *Jeder* hasste Entwurfsvorstellungen, sagte sie sich. Das war ganz normal. Vor genervten, eiligen Menschen persönliche Gedanken ausbreiten, das gefiel keinem. Da musste man

Arbeiten, in die man viel Zeit, Geld und Liebe gesteckt hatte, in fünf aufreibenden Minuten erklären, und nur davon hing dann die Note ab. Ihre Abneigung dagegen war wahrscheinlich eher ein Zeichen von Vernunft. Aber gestern Abend, da war sie wirklich nicht mehr ganz zurechnungsfähig gewesen, das war eine Niederlage, ein persönlicher Tiefpunkt. Egal wie schwierig es war, die richtigen Worte zu finden, egal wie unfreundlich die Korrekteure waren, egal ob ein Mann dabeistand, dem sie unbedingt gefallen wollte, so eine erschreckende Wut, so heftige Gefühle, *Mordgedanken* – gegen eine Gruppe! – durfte sie nicht dabei entwickeln. Das war krank. Unklug. Sie legte ihre kleine Waffe vor sich auf den Tisch, es war so beruhigend, sie zu sehen, anzufassen, den Alurahmen und die kalte Stahltrommel zu spüren, sich an dem glänzenden Metall zu erfreuen. Fast zwanghaft, aber nur fast. Sie konnte das Ding jederzeit zu Hause lassen. Damit hatte sie gar keine Probleme.

»Ella?!«

Sie fuhr zusammen. Ihr Mitbewohner Stefan. Er klopfte an die Tür. Rasch schob Ella die Smith & Wesson unter ein paar Papiere. Sie hatte keinen Waffenschein.

»Ja?«

»Telefon.«

»Okay.« Sie atmete durch. Ihr Leben musste anders werden, ganz anders.

Draußen sah sie Stefan gerade noch im Bad verschwinden, seine ungekämmten Haare standen statisch geladen in einem spärlichen Kranz vom Kopf ab, er trug einen Trainingsanzug und gähnte laut, dann knallte er die Tür zu. Auch gerade erst aufgestanden. Irgendwie machte das die Welt gleich ein gutes Stück normaler und besser. Vielleicht war sie gar nicht so überspannt, sondern brauchte nur einen Kaffee und eine Zigarette und was Anständiges zu essen. Der Hörer lag erwartungsvoll neben dem Telefon auf dem wackeligen Wandtischchen mit Ursulas Obstschale. Andere, dachte Ella, hatten auch so ihre Macken, überall Nippes aufzustellen, das war ebenfalls nicht ganz sinnig, zumal in der

Schale noch nie Obst gewesen war, immer nur Schrauben und Krümel und alte Kassenbons.

Sie nahm den Hörer. »Hallo?«

»Ja, von Stauff, Ella Coressel, nicht wahr?«, hallte es ihr entgegen. »Endlich. Ich habe schon mal angerufen. Sie stehen hier auf meiner Liste für das *Land-Art*-Projekt beim Winterturm.«

»Ja?«

»Gibt es einen bestimmten Grund, weshalb Sie nicht vorgestellt haben?«

»Nein, also, mein Projekt –«

»Moment, warten Sie mal kurz, nein, Achim, dieses nicht. Das ist ja grässlich. – So. Wieder da. Sie haben ein Projekt gemacht, sagen Sie?«

»Ja«, sagte Ella, »aber –«

»Hören Sie zu, äh, Frau Coressel, könnten Sie vielleicht hierher kommen? Ins Fachgebiet?«

»Wieso denn, ich –«

»Nun, es ist wichtig. Und Sie wohnen ja, wie ich sehe«, nun blätterte die von Stauff in irgendwelchen Papieren, »nicht weit weg. Am Quaiderrück, nicht wahr? Schöne Gegend.« Das klang anerkennend, doch Ella blieb nicht genug Zeit, um darauf zu antworten. »Kommen Sie bitte her, am besten heute noch, ja? Ich bin bis fünf Uhr hier. Wir müssen mit Ihnen sprechen.«

»Nun –«, sagte Ella.

Doch Susanna von Stauff hatte schon aufgelegt.

Nach einer warmen Dusche und einem Kaffee und einem kleinen, nichtssagenden Pläuschchen mit dem immer noch ziemlich unausgeschlafenen Stefan (Marsstrahlen: Hatten sie bei ihm gewirkt?) fühlte Ella sich viel besser. Sie hatte ihren Holster mit der Smith & Wesson doch um, versteckt unter ihrem Arm und ihrem weiten schwarzen Pulli, ohne fühlte sie sich zu nackt, dafür verzieh sie sich den nicht vorgestellten Entwurf und ihren beängstigenden Zorn. Wenn fünfzehn Leute ihr im finsteren Wald mit Taschenlampen ins Gesicht leuchteten, dann war das eine surreale Situation, bei der sie sehr wohl Panik bekommen konnte. Und für so einen Fall, Panik, hatte sie den Revolver schließlich dabei, ihre Reaktion war zwar erschreckend, aber verständlich.

Ella nahm ihre schwarze Strickmütze vom Haken, warf ihre Jacke über und Stefan ein freundschaftliches »Tschüß« hin, er brütete immer noch in der Küche über einer Tasse (und jetzt wahrscheinlich auch über der ihm bis dato unbekannten Idee der Marsstrahlen – er war Informatiker und somit nicht wie Ella an die am Bau übliche automatische Datenübermittlung der Bildzeitung angeschlossen). Einigermaßen fröhlich sogar polterte Ella die schmale, lebensgefährlich ausgetretene Dienstbotentreppe hinab. Unten holte sie ihr schwarzes Fahrrad aus der Waschküche. Es regnete. Und fing schon wieder an, dunkel zu werden.

Radfahrwetter.

* * *

Willenbacher war nicht wesentlich besser drauf, nur weil sie jetzt einem möglichen Mord auf der Spur waren. Stocksteif und beleidigt saß er auf dem Beifahrersitz des Taunus und zupfte nur ab und zu missbilligend an seiner Jacke, als sei es Bettinas Schuld, dass die so grellblau mit orangen Paspeln war. Sie hatte keine Lust, ihn zu versöhnen. Sie schuldete ihm Geld, gut. Aber wenn es ein Problem für ihn war, dass sie mit ihm einigermaßen – und nicht immer ohne Schwierigkeiten – zusammenarbeiten konnte, bitte sehr. Im Grunde war es echt das Letzte, von Härting sowieso, von Willenbacher aber auch, *ihr* die Schuld an seinem Rauswurf aus der Soko zu geben. *Tja, Herr Willenbacher, Sie verstehen sich halt mit Frau Boll.* Wo gab es denn so etwas, dass gutes Teamwork dermaßen abgestraft wurde? Aus lauter frisch angefachter Wut zündete Bettina sich eine Zigarette an, obwohl sie sich fest vorgenommen hatte, im Auto nicht mehr zu rauchen.

Willenbacher zog gereizt seine Jacke enger und hustete auffällig.

»Hast du die Adresse?«, fragte Bettina darauf. Sie sah überhaupt nicht ein, sich auch noch in ihrem eigenen Auto fürs Rauchen, ja ihre bloße Anwesenheit zu entschuldigen.

»Natürlich.« Er wies anklagend auf den Tacho. »Geht's auch ein bisschen langsamer? Wär schon peinlich, hier von den Kollegen abgefangen zu werden, die stehen immer da vorn in dem Waldstück.«

Bettina sah über die ziemlich leere Autobahn und trat spontan aufs Gas. Irgendetwas im Motor des armen alten Taunus begann zu klappern. Willenbacher griff nach seinem Gurt, um sich daran festzuhalten. Hier war aus unerfindlichen Gründen hundert vorgeschrieben, das Auto war aber schon auf hundertzwanzig, das schaffte der Ford noch gerade so. Bettina paffte an ihrer Zigarette.

Dann ließ sie den rechten Fuß lockerer. Was sie machte, war kindisch. Sie öffnete das Fenster, nur ein bisschen. Fahrtwind schnitt herein, Willenbacher umklammerte immer noch seinen Gurt.

»Ich hab mich für die Schule angemeldet«, sagte er plötzlich.

»Was?«

»Ich hab mich für die Schule angemeldet«, schrie er. »Die Akademie.«

Bettina kurbelte die Scheibe wieder hoch und drückte ihre nur angerauchte Zigarette im übervollen (wo kamen nur diese Kippen alle her?) Aschenbecher aus.

»Polizeiakademie?«, fragte sie ruhig.

»Ja.« Willenbacher blickte geradeaus. »Dann ist nix mehr mit Willenbacher, komm mal, und Willenbacher, mach mal.«

»Hey.«

»Ja.« Er sah auf die Straße.

»Toll.«

»Ja. – Dann sind wir vielleicht bald richtige Kollegen.« Jetzt sah er Bettina von der Seite an, das mit der Schule zu sagen, spürte sie, war ihm schwer gefallen.

Vor ihnen blitzte es kurz und boshaft auf. Scheiße. Bettina schlug mit der Rechten aufs Lenkrad. »Sind wir das denn nicht sowieso?«, sagte sie trotzdem einigermaßen freundlich zu Willenbacher.

»Nicht«, sagte der und hing schon am Fenster, um noch die Kamera zu sehen, »solange du nicht mal meine *gut gemeinten* Ratschläge annimmst.«

* * *

Auf den Gängen des Architekturgebäudes war nicht mehr viel los; in einigen Büros hatte man bereits Feierabend. Ella spazierte, da sie nun schon da war, noch rasch an den Schaukästen des Fachgebiets Baukonstruktion vorbei, wo vor großen weißen Flächen ein winziges blaugrünes, organisch geformtes Plastikobjekt über einer gedruckten Beschreibung für den Entwurf eines amphibischen temporären Museums über einer Bachaue warb. Neben dem Objekt war ein kleiner Kasten mit einer großen runden Linse darauf angebracht, der etwas von einem überdimensionierten Froschauge hatte und wahrscheinlich eine Anspielung auf die verzerrte optische Wahrnehmung unter Wasser war. Ella blickte durch das Froschauge hindurch und sah – verzerrt – Teile des Lageplans der Aue. Das Gelände gab es wirklich, las sie, irgendwo in Ungarn. Für Entwurfsteilnehmer war die Exkursion dorthin Pflicht; 350 Euro für eine Woche. Die darunter hängende Liste war bereits voll. Ella bedauerte kurz, keine 350 Euro zu viel zu haben, doch sie wusste, dass sie auch ohne dieses Hindernis nicht an dem Entwurf teilgenommen hätte. Erstens war sie an Pfingsten schon auf einer Exkursion gewesen und mehr als eine im Jahr war einfach nicht drin. Und zweitens lag ihr der dazugehörige Prof überhaupt nicht, dem konnte man die schönsten und reinsten Konstruktionen bringen, wenn es nicht lamelliert und innerhalb einer halben Stunde abzubauen war, gefiel es ihm nicht. Immer auf dem Quivive sein, immer die Zelte abbrechen können, modernes Nomadentum. Und das, dachte Ella unbestimmt, war auch so etwas für Reiche. Leute, die es sich leisten konnten, auf Beziehungen zu verzichten, weiterzuziehen, weil sie für alles mit Geld bezahlten.

In Doc Martens' Fachgebiet herrschte noch Betrieb; durch die Oberlichter zum Gang strahlte das helle Weiß des Raums nach

draußen. Im Schaukasten standen hier zwei schlichte Holzmo-
delle eines japanischen Teehauses und davor zwei schimpfende
Kommilitoninnen. Ella kannte ihre Namen nicht, grüßte aber
trotzdem.

»Hallo«, sagte eine der zwei, »bist du auch wegen dieses blöden *Land-Art*-Entwurfs herbestellt worden?«

Ella nickte. »Was ist überhaupt los? Wieso dieses Theater?«

Das Mädchen, eine grell gefärbte Rothaarige mit einem bunt
geringelten Schal über den schwarzen Klamotten und einer selbst
gedrehten Zigarette in der Hand, machte eine Grimasse. »Frau
von Stauff hat nicht geruht, es uns mitzuteilen. Wir durften zwar
herkommen – aus Mannheim, wohlgemerkt, um ihre Fragen zu
beantworten –«

»Die sie auch am Telefon hätte stellen können«, fiel die andere,
eine mollige Frau mit hübschen aschblonden Locken ein.

»Aber nein«, sagte die Rote ärgerlich, »da würde ja der menschliche Kontakt fehlen, das persönliche Moment. Und außerdem
würde dann kein Mensch wissen, *wie* wichtig Frau von Stauff in
Wahrheit ist.«

»Es geht um eine Art Steinhügel«, sagte die Blonde. »Die
suchen denjenigen, der ihn gemacht hat. Wieso auch immer.«

»Das Grab«, sagte Ella.

Die beiden jungen Frauen blickten sie an. Die Rote nahm einen
tiefen Zug aus ihrer Zigarette, wandte sich ab und blies den
Rauch fort.

»Dieser Hügel«, sagte Ella, die schon wieder das Gefühl hatte,
die Normalität zu verlassen und merkwürdig geschwätzig zu
werden, »sieht aus wie ein Grab. Ich war gestern bei der Vorstellung dabei.«

»Hm«, machte die Blonde geringschätzig. »Ich glaube ja, es
geht ihnen um diesen Preis, der da verliehen werden soll. – Tja,
und jetzt? Was machen wir nun?«

»In einer halben Stunde fängt Architekturtheorie an.« Die
Rothaarige klopfte missmutig etwas Staub aus ihren schwarzen
Sachen. Es sah ganz natürlich aus, wie eine Gewohnheit; viel-
leicht hatte sie auch so ein altes Bad wie Ella und wusch sich

überhaupt nie, sondern staubte sich nur ab. »Da wir schon mal hier sind, fürchte ich, dass uns nichts anderes übrig bleibt, als da vorbeizuschauen.« Sie nickte Ella schlecht gelaunt zu und flüsterte ihrer Freundin etwas ins Ohr. Es wirkte, als würden die beiden über sie sprechen, nichts Freundliches. Sie gingen rasch fort, Ella roch den nicht unangenehmen Geruch der Roten und darüber deren scharfen, billigen Tabak und sah an sich hinab; hatte sie vielleicht ihre Jacke falsch zugeknöpft? Den Pulli verkehrt herum an? Die Schnürsenkel offen? Dreck im Gesicht? Nichts von allem. Oder war sie etwa – doch – überspannt?

»Ah«, sagte von Stauff in den Hörer, »also das kann ich so nicht sagen.« Sie erblickte Ella und runzelte die Stirn, dann drehte sie sich mit ihrem Ledersessel weg, das Gesicht zum Bücherregal, offensichtlich gestört. Unschlüssig nahm Ella die schwarze Mütze ab, nicht sicher, ob sie gehen oder zumindest noch das Telefongespräch abwarten sollte. Einen Stuhl für unnötig hingehaltene Studenten gab es nicht. Wenn sie blieb, musste sie groß und auffällig mitten im Raum stehen und von Stauff dabei zuhören, wie sie ein offenkundig privates Gespräch führte.

»... von wegen angeboren, das war Ihr Werk, Herr Doktor, wenn Sie sich erinnern. Diese doppelte Operation, die fällig war, weil Sie uns zu früh Entwarnung gegeben haben und ich den armen Toby rausgelassen habe, obwohl seine Pfote noch nicht mal ansatzweise verheilt war, da musste ja ein Schaden zurückbleiben. Im Grunde sollte ich Sie verklagen.« Von Stauffs Stimme klang hell und fast freundlich, dann fiel ihr Blick auf Ella, die sich langsam in Richtung Tür bewegte. Sogleich unwillig, runzelte die blonde Assistentin die Stirn und machte heftige Handzeichen: dableiben.

Ella verschränkte die Arme und versuchte gleichzeitig, locker zu stehen, was unmöglich war. Drei Minuten, sagte sie sich. Dann war sie weg. Betont unbeteiligt ließ sie den Blick durch das umfassende Weiß des Zimmers gleiten. Überspannt, waren das hier nicht alle? Dieses Fachgebiet, zum Beispiel, Raumgestaltung. Die mit ihrem weißen Tick. Sogar die Ordner auf den Regalen hatten durchgehend weiße Rücken, unbeschriftet, wenn das nicht überspannt war, dann wusste Ella auch nicht. Was taten Doc Martens und Frau von Stauff, wenn sie mal schnell was finden mussten? Sich in den verschiedenen Weißtönen verlieren? Ein System gab es sicher, klar, da war ein Cremeweiß neben Kaltweiß, dazwischen Strahlendweiß und sogar fahles Hellgrau, aber –

»So.« Susanna hatte aufgelegt und lächelte Ella kühl zu.

»Ich bin Ella Coressel. Sie hatten mich angerufen.«

»Ach.« Von Stauff runzelte die Stirn. »Moment.« Sie nahm den Hörer erneut zur Hand und wählte. »Sie müssen jetzt leider noch warten. Das hier ist wichtig.« Sie drehte sich weg, musterte kurz ihre Fingernägel, sah dann, dass Ella sie immer noch anblickte, und machte ein abweisendes Gesicht, ganz so, als habe Ella böswillig versucht, in ihre Privatsphäre einzudringen oder Betriebsgeheimnisse auszuspionieren. »Ja, von Stauff. Sind Sie der Herr Müller? Nein? Könnte ich dann liebenswürdigerweise …«

Draußen vor dem Fenster war es inzwischen fast Nacht, und natürlich regnete es noch. Straßenlaternen beleuchteten die Tropfen, die sich auf die großen Scheiben gesetzt hatten, innen drehte sich vor dem Glas ein kleiner Kristall, der wahrscheinlich, dachte Ella, was mit den Feng-Shui-Seminaren zu tun hatte, die hier neuerdings angeboten wurden. Sie beschloss, zur Abendmensa zu gehen, damit der Ausflug wenigstens auf die Art noch einen Sinn bekam. Und setzte demonstrativ langsam ihre Mütze auf (Siehst du, Susanna, ich gehe jetzt! Ich war da und gehe jetzt!!!), doch von Stauff ignorierte es. Ella wandte sich zur Tür.

Die sich in genau diesem Moment öffnete. Ella fuhr zurück. Thomas kam herein. Sie spürte etwas, das nicht so sehr ein Schreck war als vielmehr eine Art Hormonschub. Er war zu nah.

»Guten Abend.«

»Hi«, brachte Ella heraus. Aus der Nähe sah Thomas zu gut aus, er hatte sehr feine Haut und unter den dunklen Haaren interessante bläuliche Schatten. Noch einen Schritt zurück wirkte er wieder wie der wackere Assistent der Grünordnungsplanung, ansehnlich, aber nicht sehr auffällig. So war es besser.

»Susanna. Hallo, Ella.«

Ella nahm ihre Mütze wieder ab. Sie bereute die Geste sogleich; die wirkte demütig. Doch Thomas schien es nicht zu bemerken. Er lächelte. Er trug ein weißes Hemd – strahlend weiß, konnte man sogar sagen, mit den Ordnern im Hintergrund als Vergleich, und eine Krawatte in einem warmen Rotton. Kein Schwarz. Ella lächelte zurück.

»Du warst gestern bei der Entwurfsvorstellung dabei«, sagte Thomas zu ihr. »Ich habe dich gesehen.«

»Ja«, sagte Ella.

»Du hast aber nicht vorgestellt.«

»Nun –«

»Ich glaube, ich habe dich sogar angerufen.«

»Wirklich?« Nun bedauerte Ella erst recht, so spät aufgestanden zu sein. Natürlich hatte ihr auch niemand Bescheid gesagt, Stefan und Ursula, die Chaoten. »Aber wieso denn, was ist los?«

»Nix ist los«, fuhr von Stauff ungnädig dazwischen. Sie hielt den Hörer zu und blickte Ella kriegerisch an. »Dass die Studenten hinter allem einen Skandal wittern müssen.«

»Immerhin bin ich extra hier hochgefahren bei dem Wetter, nachdem Sie mich angerufen haben«, gab Ella zurück. »Da würde es mich dann schon interessieren, weshalb.«

Von Stauff blickte Ella an, dann den Hörer. »Moment, Herr Müller. – Das ist unglaublich, die gehen alle nicht in Architekturtheorie«, sagte sie zu Thomas. »Jetzt haben wir hier so einen wunderbaren Dozenten, aber hör dir das an! Die Studenten beschweren sich, wenn sie donnerstags kurz vor der Vorlesung hierher kommen sollen. – Um die Zeit müsst ihr sowieso da sein! Draußen auf dem Gang müssten sich die Leute nur so tummeln!«

Jetzt reichte es. Ella wandte sich zur Tür.

»Halt.« Thomas fasste sie kurz an der Schulter. »Nicht so eilig, Ella. Wir suchen den Urheber dieses Steinhügels, weißt du da was?«

»Das Grab?«

Thomas und von Stauff tauschten Blicke; diesmal sah sogar Thomas genervt aus. Aber nur kurz. »Wir bevorzugen den Ausdruck ›Hügel‹.«

»Nein«, sagte Ella.

Von Stauff sprach wieder ins Telefon. Thomas betrachtete Ella nachdenklich. »Aber du hast uns dorthin geführt, nicht wahr?«

»Ja.«

»Vielleicht können wir beide uns kurz unterhalten, wenn Frau von Stauff zu beschäftigt ist.« Er nickte zur Tür. »In meinem Büro.«

»Okay.«

Von Stauff blickte auf, schüttelte heftig den Kopf und bedeutete Ella, dazubleiben. Thomas jedoch öffnete schon die Tür. Er machte zwar ein ernstes Gesicht, doch Ella hätte schwören können, dass er ihr eben zugezwinkert hatte. Sie musste lächeln.

»Lieber Herr Kollege«, rief von Stauff prompt, den Hörer wieder an die Brust gepresst, »warte. Hör, ich weiß, von wem das Grab ist. Ich hab die Liste jetzt durch, und weißt du, wer mit draufsteht? Ohne irgendwas abgegeben zu haben?«

»Ja«, sagte Thomas und rieb sich die Stirn, »ich meine, ich habe die Liste auch, aber ich kenne natürlich nicht den unergründlichen Weg deiner Gedanken, liebste Susanna.«

»Sehr witzig. – Es ist diese Florentine Sowieso, Florentine Ausammas oder wie die heißt, das Schätzchen von unserem Professor Sagan-Nory.« Von Stauff schlug mit der Hand auf die Tischplatte. »Ich bin mir hun-dert-pro sicher, dass da diese Tussi dahinter steckt. Kann gar nicht anders sein. Hör, die steht hier auf der Liste, obwohl sie erst im dritten Semester ist. Die durfte offiziell nicht mitmachen, weil sie noch gar kein Vordiplom hat. Die hat mit Recht geglaubt, dass wir sie zur Vorstellung erst gar nicht zulassen würden. Die hat's halt anders probiert – würde mich gar nicht wundern, wenn diese komische Raisch eine Freundin von der ist.«

Nun blickte Thomas auf Ella. »Susanna, bitte –«

»Was denn?! – Dass diese Ausammas spitz wird wie Lumpi, wenn's um so spektakuläre Sachen geht, das wissen wir doch alle, ich meine, wäre sie sonst mit dem Sagan-Nory zusammen?! Ich sag dir was: Die hat das ganz geschickt eingefädelt. Die will, dass wir ihr den Schein auf dem silbernen Tablett hinterhertragen. Die will, dass wir mit einem Preis angekrochen kommen. Die hat sich das alles ausgedacht, und wir tun genau, was sie will.«

»O Gott«, sagte Thomas, »Susanna, hast du schon mit Florentine gesprochen?«

»Das brauche ich nicht.« Von Stauffs Augen weiteten sich kurz, sie sah wohl etwas hinter Thomas. Rasch hielt sie den Hörer wieder ans Ohr. »Ja, wieder da. Entschuldigen Sie bitte, hier ist die Hölle los, diese Studenten –«

In der Tür erschien nun Dr. Haas, ein sehr großer und ebenso breiter dunkelhaariger Mann, der Dozent für Gebäudetechnik. »Ah, Kußler«, sagte er laut, »gut, dass ich Sie finde, haben Sie mal einen Moment, ich wollte nur kurz –«

Thomas blickte etwas unentschlossen Ella an, dann ging er mit Dr. Haas aus der Tür und weiter den Gang hinunter. Von Stauff telefonierte immer noch mit Herrn Müller, der nach allem, was Ella mitbekommen hatte, ein Hundezüchter war. Kein Wunder, dass sie nicht wollte, dass die Studenten ihre Gespräche mithörten. Ella trat auf den Gang hinaus und setzte die schwarze Mütze wieder auf. Ob irgendjemand, den sie kannte, jetzt in der Mensa sein würde? Wohl kaum.

Blieb nur eins: eine nette, entspannende Architekturtheorie-Vorlesung.

Dunkelgrau war Susanna heute, in verschiedenen Nuancen, sie trug gewickelte Hose in einer merkwürdigen Länge (oder sollte man besser sagen, Kürze?) bis knapp über den Knöchel, doch Thomas war sicher, dass dies kein Hochwasser war, sondern wohl kalkulierte Absicht und der letzte Schrei. Darüber zwei verschiedene Oberteile aus ähnlichem, sehr teurem Tuch und keinen Schmuck außer einem riesigen ziselierten antiken Ring. Der blonde Pagenkopf mit Außenwelle saß perfekt, und Susannas Pony war hübsch rund geföhnt, was sie jünger und (von weitem) freundlicher machte. Sie hatte nun aufgehört zu telefonieren. Thomas lockerte seine Krawatte und stützte sich in den Türrahmen. »Was hat sie denn nun gesagt?«

Susanna blickte auf, unschuldig lächelnd, dem perfekten Bild, das die anderen von ihr haben sollten, so nah wie selten. Ihre Stimme (das Schönste an ihr) klang glockenhell. »Wer?«

»Na, die Studentin mit den kurzen Haaren. Die eben da war. Was hat sie gesagt?«

»Die …?!«

»Ja.«

»Die ist gegangen, bevor ich mit ihr sprechen konnte.« Nachdenklich betrachtete Susanna ihren riesigen Ring. »Unverschämt eigentlich, nicht?«

»Du hast ihr ja auch viel Gelegenheit zum Reden gegeben.«

»Hätte ich ihr noch eine Tasse Kaffee anbieten sollen? – Ich hasse das, wenn die Studenten hier außerhalb der Sprechzeiten aus und ein gehen, als wären wir ein Bahnhof.«

»Du hast sie herbestellt«, erinnerte Thomas.

»Das war, bevor ich den Namen Florentine Ausammas gelesen habe. – Das Ding muss von ihr sein. Und diese Raisch steckt mit drin. Ich hätte echt Lust, ein paar Nachforschungen anstellen zu lassen. Wer weiß, was da alles rauskäme.«

»Susanna«, sagte Thomas, »sei mir nicht böse, aber ich glaube, du hast sie nicht mehr alle.«

»Wieso? – Hör, findest du es gut, dass wir hier die kleine Freundin vom Sagan-Nory vor die Nase gesetzt kriegen? Ich meine, wie sollen wir damit umgehen, dass jederzeit Big Daddy aufkreuzen und seinem Baby beispringen kann? Wenn wir mal nicht tun, was sie will, wenn sie mal eine Zwei kriegt oder so –«

»Hast du inzwischen mit ihr gesprochen?«

Susanna hob die Hände. »Wie denn?!«

»Frag sie doch einfach, statt herumzuposaunen, sie hätte eine Verschwörung angezettelt, um einen Seminarschein zu bekommen, mit dem sie noch gar nichts anfangen kann. Glaubst du wirklich, jemand würde dafür so einen Aufwand treiben? Das ist doch Wahnsinn.« Thomas trat einen Schritt weiter ins Zimmer. »Ich glaube, du irrst dich. Ich glaube, der Steinhaufen ist von der Studentin, die du eben weggeekelt hast.«

»Im Leben nicht. Was soll die denn damit zu tun haben?! Die ist doch viel zu –«

»Was denn?«

»Langweilig.«

»O Gott.« Thomas rieb sich die Stirn, sah, dass seine rotseidene Krawatte einen Millimeter schief hing, und rückte sie gerade. »Hör mal, diese langweilige Ella –«

»Du kennst ihren Namen.«

»Ja, allerdings. Der steht auf unserer Liste. Und Ella Coressel war, wenn Sie sich erinnern, werte Frau von Stauff, gestern bei unserer Vorstellung. Es war die, die uns zu dem Steinhaufen geführt hat und dann verschwunden ist. Einer von den anderen Studenten hat sie sogar gefragt, ob das Projekt nicht von ihr ist! Meiner Meinung nach ist *sie* diejenige, die wir suchen.«

Nachdenklich blickte Susanna ihre anthrazitfarbene Hose an. »Ich weiß nicht. Die sehen mit ihren schwarzen Klamotten alle so gleich aus. Und die hätte ja dann – mindestens – zwei Stunden im Regen herumgestanden. Glaubst du, jemand würde so lange warten, uns dann zu seinem Projekt führen, um schlussendlich doch nicht vorzustellen? – Moment – wir haben sie aufgefordert anzufangen, und dann hat sie gesagt, der Hügel sei nicht von ihr.« Susanna nickte, wie um ihrer eigenen Erinnerung zuzustimmen. »Ja.«

»Aber sie hat auch sonst nichts vorgestellt. Sie war die ganze Zeit dabei. Wahrscheinlich hat sie plötzlich die Nerven verloren. Mit dem Vorstellen haben viele Probleme. Da haben wir doch schon ganz andere Dinger erlebt.«

»Ich finde trotzdem, wir sollten ein Auge auf die Ausammas haben.« Susanna griff sich einen superedlen ovalen Copic-Marker aus ihrem Stiftebecher. Sorgfältig versah sie dann die Skizze eines Jagdgewehrs auf ihrem Block mit etwas warmgrauer Farbe.

»Aber keine groß angelegte Rufmordkampagne, bitte. Das wird nämlich wirklich Big Daddy auf den Plan rufen.«

»Und?«

»Und es hat Konsequenzen, wenn du jemanden öffentlich zum Betrüger erklärst, obwohl das nicht stimmt. Man wird dir auf die Schliche kommen – ich werde gegen dich aussagen – und dir den Prozess machen. Dann kommst du ins Gefängnis, und eine Menge unschuldige Studenten werden wieder Spaß an eurem Fach haben. – Wie nennt ihr euch noch gleich? Esoterisches Bauen? Feng-Shui für Europäer? Ayurvedisches –«

Susanna warf mit dem offenen Stift nach ihm. »Verschwinde«, sagte sie mit ihrer hellen Stimme.

Thomas war ausgewichen und betrachtete den schutzlos am Boden liegenden Copic-Marker mit einem kleinen Lächeln. »Sündteuer, die Dinger, nicht?« Er hob den Fuß.

Susanna blieb ungerührt. »In *unserem* Budget ist das drin. Du zwingst mich nur, der Putzfrau eine Überstunde aufzubrummen. – Was willst du jetzt mit Coressel machen?«

Thomas hob den Stift auf und legte ihn auf Susannas Zeichnung des Gewehrs. »Ich werde gar nichts machen. Aber du. Ganz einfach. Du entschuldigst dich bei ihr und fragst sie freundlich, wie das nun wirklich war, da bei der Vorstellung.«

»Nein.« Susanna lehnte sich zurück. »Und selbst wenn, das würde die mir nie abnehmen.«

»Tja«, sagte Thomas zur Tür gewandt, »es ist deine Aufgabe, den Urheber dieses Hügels zu finden. Ich will mich da nicht einmischen. Bye.« Er lächelte den Rahmen an.

»Halt«, rief Susanna, »du hast dich doch schon beteiligt.«

»Aus reiner Freundlichkeit.«

»Aber du hast diese Tussi überhaupt erst ausgegraben …! Wieso rufst du sie nicht noch mal an?! Du magst sie! Das seh ich doch.«

»Ich«, sagte Thomas grinsend, »bin der Meinung, ich habe genug getan. Für den Rest reicht ein Aushang.«

»Ein Aushang. – Ich seh ja ein, es ist unwahrscheinlich, dass die Ausammas sich über die Raisch so einen ollen Schein kaufen will«, Susanna konnte es nicht lassen, »wo sie doch bloß Papa Sagan-Nory zu fragen bräuchte.«

»Susanna!«

»Schon gut. – Du musst aber zugeben, dass sie auch scharf auf den Preis sein könnte. Das kriege *ich* raus. Und du rufst deine Ella an, oder?«

»Mal sehen.«

»Danke, Hasi.« Susanna winkte ihm süß lächelnd zu. »Küsschen.«

Thomas, schon in der Tür, drehte sich noch mal um. »Hey, weißt du was, ich hab eine indonesische Studentin, die hat mir was über Feng-Shui erzählt – in Asien gibt's noch ein paar Großväterchen, die das betreiben, alle anderen halten es für überholten Aberglauben, so was wie bei uns Teufelsaustreibungen zum Beispiel, nur als Vergleich, was sagst du da–«

»Raus«, sagte Susanna. »Sofort raus!«

* * *

Das Atelier der Künstlergemeinschaft lag in einem alten Industriegebäude an einem dunklen, ungepflegten Hof, der wohl einst geteert gewesen war, nun aber nur noch aus unzähligen schottergefüllten Schlaglöchern bestand. Autos, die Schrott sein konnten, vielleicht aber auch Studenten oder Künstlern gehörten, hatten sich in einer zugigen Ecke des Hofs zusammengeschart. Bettina parkte ihren Taunus daneben. Zumindest was den fahrbaren Untersatz betraf, war sie ihrem Fall optimal angepasst.

Willenbacher stieg aus, hieb die Tür ins Schloss, dass es nur so krachte, und verkündete: »Das war mal eine Molkerei. Oben sind, glaube ich, studentische Arbeitsräume.«

»Warst du schon mal hier?«

»Nur ganz kurz, letztes Jahr beim offenen Atelier. – Da.« Er wies auf den Zugang zum Atelier, eine giftig rot gestrichene breite Stahltür an einer erhöhten Laderampe. Auf dem Sturz darüber stand tatsächlich in ordentlichen Kreidelettern wie ein Dreikönigssegen das Wort *Molkerei*. Hinter den vergitterten Fenstern schimmerte ein grünlicher Schein, in den oberen Stockwerken waren einige hell erleuchtet. Eine rostige dreisprossige Leiter und eine roh gezimmerte Holztreppe führten nebeneinander zu der Rampe.

Sie nahmen die Treppe. Oben sahen sie, dass die Eingangstür einen Spalt offen stand, dahinter herrschte Dunkelheit.

»Hallo!«, rief Bettina. »Ist jemand da?«

Keine Antwort. Nicht dass sie wirklich damit gerechnet hätte.

»Sollen wir reingehen?«, fragte Willenbacher.

»Klar, wahrscheinlich haben sie für uns offen gelassen.« So sah es zwar überhaupt nicht aus, aber draußen warten wollte Bettina auch nicht. Sie zog die Stahltür weiter auf. Mit einem beunruhigenden Quietschen schwang sie vor: Da war ein kleiner Raum voll undefinierbarem Gerümpel. Ein Fahrrad, erkannte Bettina, eine Gastherme? Und eine Wand voller Zeitungsausschnitte. Dann gab es noch eine zweite, ebenso große Tür mit Drahtglaseinsätzen, die geschlossen war. Durch das schmutzige Glas jedoch sah man wieder dieses schwache grüne Licht.

Willenbacher ging vor und drückte die Klinke. Wieder ertönte ein schauerliches Geräusch, als der schwere Stahl sich in den Angeln drehte, nur diesmal mit wesentlich mehr Hall dahinter.

Das Licht stammte von einem Notausgangsschild. Bettina erblickte eine leere Staffelei in dem grünen Dämmer, dann hatte Willenbacher die Lichtschalter gefunden. Leuchtstoffröhren flammten auf, ganze Reihen davon, der Kollege hatte jeden Schalter betätigt, der greifbar war. Gruselte es ihn etwa?

»Guten Abend«, rief er laut. »Polizei!«

Es gruselte ihn.

»– Jemand da?«

Nichts rührte sich.

Allerdings gab es Musik. Es war eine leise Musik, die gespenstisch erst jetzt und sehr langsam ins Bewusstsein drang, ein dunkles Blasinstrument, ein getragener Rhythmus, lebendig und ziemlich traurig. »Da«, sagte Bettina zu Willenbacher, der sich suchend umblickte. »Von dort.«

Zur linken Seite öffnete sich das Atelier. Es war nicht sehr hoch, mit wuchtigen Betonstützen und allen möglichen Rohren und Kabelführungen unter der Decke, voller Dinge. Rechter Hand verlief eine Wand, die einsame Bleistiftzeichnung eines Ozeans hing daran, hochformatig, bewegt und doch nichts als Horizont. Am Ende der Wand, etwa zehn Meter von ihnen entfernt, stand eine weitere Stahltür ein Stück offen. Angezogen von der Musik näherten sie sich dem Raum. Hinter der Tür brannte wirklich Licht.

Willenbacher hämmerte mit der Faust gegen das Material, was jedoch nur wenig Geräusch erzeugte. »Hallo! Kriminalpolizei! Wir haben einen Termin!«

Wer immer hinter der Tür war, sah das anders. Unwillig rüttelte Willenbacher an der Klinke. Allerdings hatte jemand von der anderen Seite etwas vor den rot gestrichenen Stahl gestellt und unter den Türgriff geklemmt. Willenbacher sah seine Chefin an. »Sollen wir reingehen?«

»Lass uns noch fünf Minuten warten.«

»Es ist Viertel vor fünf«, sagte Willenbacher trotzig. »Unser Termin war um halb.«

»Sieht nicht so aus, als wären wir da drin erwünscht.«

»Aber findest du das nicht komisch, diese offenen Eingangstüren? Da kann ja jeder kommen.« Willenbacher blickte zurück und in die Halle hinein; vor ihm befand sich eine nicht besonders gut aufgeräumte Werkbank. »Immerhin liegt da ein Schleifgerät herum. Und eine Hilti. Und die ganzen Kunstwerke.«

Neben der Werkbank standen auf einem Regal eine Reihe kleinerer Skulpturen aus Holz und rostigem Stahl, Variationen von Würfeln: durchbrochen, zusammengesetzt, ausgeschnitten. Daneben hatte jemand ein etwa zweieinhalb Meter hohes Gestell aus Stahlprofilen aufgebaut, von dem eine dicke, mit ockerfarbenen, sandigen Strukturen versehene Büttenbahn herabhing. Sie sah ein bisschen so aus, als habe man sie nach einem langen Regen auf einen rotsandigen Pfälzer Feldweg gelegt und sei dann mit dem Auto drübergefahren. Aber diesen Eindruck, dachte Bettina, hatte sie wohl ihrer laienhaft naiven Sicht zu verdanken. Als sie gerade näher an das Werk herantreten wollte, um zu ergründen, was ihr daran gefiel, brüllte plötzlich jemand: »Kann ich helfen?«

Erschreckt fuhr sie herum; ein Mann kam auf sie zu, hatte sie dessen Schritte etwa nicht gehört? Er trug Stiefel, die laut auf dem ausgetretenen Steinboden klapperten, hatte die Brust vorgeschoben und rasselte aggressiv mit einem großen Schlüsselbund in seiner Linken. Und räusperte sich laut und unfreundlich. Wenn er das Tempo beibehielt, würde er sie gleich über den Haufen rennen.

Bettina streckte rasch eine Hand aus und lächelte.

Der Mann stolperte fast. Er reichte Bettina seine große Hand und musterte sie misstrauisch.

»Boll, Kriminalpolizei. Wir haben einen Termin.«

»Hartmann«, sagte er, keineswegs beruhigt von dem, was er sah. »Vorsitzender dieses Vereins. Polizei? Ein Termin mit der Polizei? Davon weiß ich gar nichts.«

»Das ist bedauerlich«, sagte Bettina, während sie den Ausweis aus ihrer Jackentasche holte, »zumal Sie der Vorsitzende sind. Wir haben einen Termin für halb fünf, in diesem Atelier.« Wo war eigentlich Willenbacher? Keine drei Minuten konnte man ihn aus den Augen lassen. »Wegen der gestohlenen Kunstplakate. – Hier.« Sie hielt Hartmann den Ausweis hin.

»Oh«, sagte Hartmann. Seine Schultern verloren einige Zentimeter an Umfang.

»Die Tür war offen«, sagte Bettina.

»So.« Hartmann hatte auch ohne seine Drohhaltung eine beeindruckende Statur. Gekleidet war er in alle möglichen uralt-schilfgrünen Klamotten, die verdächtig danach aussahen, als hätte er sie vor zwanzig Jahren bei der Bundeswehr mitgehen lassen.

»Wir dachten, sie wäre für uns aufgelassen worden.«

Hartmann betrachtete sie abwägend. Er hatte braune Augen, die viel freundlicher und gelassener waren als sein Auftreten, und trotz seines Outfits glaubte Bettina keine Sekunde, dass diesem Mann sein Äußeres egal war. Sein Haarschnitt und die Art, wie er sich bewegte – und jetzt lächelte! – sprachen dagegen. Fast fühlte Bettina sich an Ennos und Sammys Tagesmutter mit ihrer Dschungelkämpfermontur erinnert. Nur dass Hartmann entschieden stilsicherer war: Sein Dreck war echt. Genau wie sein plötzliches, strahlendes Lächeln, das aber sofort verschwand, als er Willenbacher erblickte.

Dieser schritt – etwa zehn Meter entfernt – um eine Skulptur aus vielen dünnen Holzlatten herum. »Mein Kollege«, beeilte Bettina sich zu sagen. »Obermeister Willenbacher.« Sie blickte zu der Tür, von der die Musik kam; sie war immer noch geschlossen. »Wir haben es schon da drüben versucht, aber da war keine Kontaktaufnahme möglich.«

»Ja, Jochen malt«, sagte Hartmann. Er sah aus, als frage er sich, ob er das Lächeln von eben wieder zurücknehmen könne. Dann räusperte er sich laut. »Kann ich Ihnen was anbieten?«, rief er Willenbacher zu.

Der blickte endlich auf. »Wie? – Oh, hallo.« Er wies auf die Skulptur. »Das ist ja beeindruckend.«

Das Lob stimmte Hartmann milder. »Der Kollege Albert«, sagte er, nicht ohne Stolz. »Kaffee?«

Sie folgten dem Vorsitzenden quer durch die Halle in eine große weiße Küche. Es hatte sich herausgestellt, dass Hartmann *der* Hartmann war, von dem Bettina noch nie gehört hatte, dessen rostiger stählerner Ikarus ihr aber tatsächlich ein Begriff war, weil er die Ludwigshafener Bahnhofshalle schmückte. Willenbacher hatte das mit drei höflichen Sätzen herausbekommen. Allerdings hatte Hartmann die Anerkennung nicht zugänglicher gemacht, eher im Gegenteil. Schweigend stand er nun vor der Kaffeemaschine und drehte ihnen den Rücken zu, nicht in der Lage, sie hinauszuwerfen, höflich, aber ganz und gar nicht begeistert, sie dazuhaben. Bettina und Willenbacher schwiegen ebenfalls. Merkwürdig, dass niemand von dem ach so wichtigen Termin gewusst hatte!

Während Hartmann mit dem Kaffee trödelte, setzte sich Bettina ungebeten auf einen Hocker und sah sich in der Küche um. Diese war von mehreren Röhren kalt beleuchtet und wirkte leer, obwohl sie komplett eingerichtet war, sogar eine Spülmaschine brummte laut neben der Spüle, es gab auch einen schönen alten Küchenschrank, zwei Tische und einige Stühle. Neben einem offenen, abgeschalteten Kühlschrank stand nun Willenbacher und zückte wichtig die mickrige »Akte«, die sie von Härting bekommen hatten, darauf wartend, dass Hartmann sich zu ihnen umdrehte und von dieser Pose ein wenig beeindruckt war.

Doch Hartmann drehte sich nicht um.

»Hier«, sagte Willenbacher endlich zum Rücken des Mannes, »da ist unsere Terminabsprache. Sechzehn Uhr dreißig, mit einem Herrn Henning. Tim Henning.«

Hartmann ließ den Löffel mit Kaffeepulver sinken. »Tim.«

»Henning. Ja.«

Bettina bemerkte einen Stapel Aschenbecher auf einer Fensterbank und kramte ihre Zigaretten aus der Lederjacke. »Wir sind extra aus Ludwigshafen gekommen«, ergänzte sie. »Vom K 11, Kapitalverbrechen. Auf Wunsch eines gewissen Neffen unseres Ex-Polizeipräsidenten.«

Hartmann wandte sich nun doch um und betrachtete sie, bestürzter als zuvor, als er sie noch für eine Einbrecherin gehalten hatte. »Kapitalverbrechen.«

»Ganz recht.« Bettina lächelte süß und drehte ihre Haare, die sich aus dem Zopf gelöst hatten, im Nacken neu zusammen. »Wir werden sehr gründlich sein müssen. Da wir nun schon mal da sind.«

Hartmann ärgerte sich, das sah man. Im Grunde zu Recht, dachte Bettina, er war nicht informiert und stand nun dumm da, vor ihnen, den Polizisten vom K 11, die nicht so schnell wieder gehen würden. Oder war da etwas, das er vor ihnen verbergen wollte? Jedenfalls versuchte er, den Diebstahl der Plakate zu verharmlosen.

»Das war mit Sicherheit ein Dummejungenstreich«, sagte er mehrmals. »In der Zeitung stand zwar, die Täter gingen mit Spezialwerkzeug vor, aber das mussten die ja schreiben, sonst wären heute alle anderen Vitrinen auch leer. In Wahrheit kann man sie ganz leicht aufmachen.« Er schaffte es auch, den Wert der Plakate herunterzuspielen, ohne die Kunst der Vereinsmitglieder abzuwerten. »Überlegen Sie mal, was das für ein Format ist. Ein Meter mal eins dreißig, da brauchen Sie ein Schloss mit riesigen Hallen, um die aufzuhängen. Und das Papier ist nicht besonders gut. Spezialpapier, das die Hitze der Lampen in den Vitrinen aushält, aber zum Malen nicht wirklich geeignet. – Der Wert beträgt zusammen allerhöchstens fünftausend Euro. Wenn wir alle zwölf Plakate zu einem guten Preis verkaufen könnten.«

Fünftausend Euro waren eine stolze Summe, fand Bettina. »Man sagte uns, es ginge nur um ein paar hundert.«

Harmann zuckte die Achseln. »Sie haben nach den Zahlen gefragt. – Fünftausend ist eine moderate Schätzung. Den besonderen Umstand dieser Gemeinschaftsaktion mitgerechnet. Es ist nicht das, was die Sachen unserer Mitglieder üblicherweise kosten.«

»Was kosten sie denn üblicherweise?«, fragte Bettina, und sofort verschloss sich Hartmanns Gesicht.

»Kommt drauf an«, sagte er abweisend, stand auf und ging schweren Schritts zum Schrank, um Kaffeetassen herauszuholen. Bettina fragte sich, was ungehörig an dieser Frage war. Ob er sich auch so zierte, wenn jemand ernsthaft etwas kaufen wollte?

»Ist es viel mehr?«

Hartmann zuckte die Achseln. »Das kommt auf den Künstler und das Werk an.«

»Ist einer unter Ihnen besonders teuer?«

Willenbacher, der inzwischen (wahrscheinlich aus purer Geltungssucht) ein wenig mitschrieb, sah auf und blickte Bettina entsetzt an; diese Formulierung war wohl entschieden zu unsensibel.

»Ich habe mich nur gefragt«, sie versuchte es wieder rauszureißen, »ob es – sagen wir mal – eher schwarzmarkttaugliche Plakate waren, die weggekommen sind, oder mehr so die zwar interessanten, aber eigentlich unverkäuflichen?« Das hatte sie doch jetzt wunderbar zartfühlend formuliert. Doch ihr kleiner Kollege hob nur spöttisch die Augenbrauen, und Hartmann betrachtete sie argwöhnisch, als glaubte er, sie wolle sich über ihn lustig machen.

»Es waren an die zwölf Plakate von verschiedenen Künstlern – ich weiß nicht genau, welche und von wem, wir wollten noch eine Liste machen –, aber grundsätzlich sind sie so, wie sie waren, nicht leicht verkäuflich. Diebesgut und, soviel ich weiß, teilweise gar nicht signiert.« Er wandte sich der Kaffeemaschine zu.

»Fein. Uns geht es ja nur darum, das Motiv zu klären.« Bettina sah Hartmann zu, der die Tassen voll schenkte. »Ist von Ihnen etwas gestohlen worden?«

»Von mir selbst? – Nein.« Er blickte nicht auf.

»Sie haben aber mitgemacht, oder?«

»Ich?« Sein Gesicht war völlig ausdruckslos. »Ja.«

Bettina wurde neugierig, hauptsächlich, weil er so schroff reagierte. »Und was haben Sie gemalt?«

Hartmann wandte sich ab, zur Kaffeemaschine. War *malen* vielleicht kränkend? Hätte sie zeichnen sagen sollen? Oder schaffen? Der Künstler antwortete, nicht einmal über die Schulter, sondern zu Wand und Kanne vor ihm: »Körper.« Er räusperte sich. Drehte sich um. »So. Da sind auch Milch und Zucker.«

Bettina hätte nun gern gewusst, wie Hartmanns Sachen aussahen, aber noch lieber, weshalb diese Fragen ihn so störten. Sie nahm den Kaffee, sah nirgendwo den versprochenen Zucker und trank einen ungesüßten Schluck.

»Haben Sie denn irgendeinen Verdacht«, übernahm Willenbacher, »wer die Diebe sein könnten?«

Hartmann lehnte sich gegen den Tisch und nippte an seinem Kaffee. »Studenten.« Er räusperte sich wieder. »Oder Schüler von einem von uns. Vielleicht jemand, den wir mal abgewiesen haben. Wir können in diesem Verein nicht alle aufnehmen, die sich bewerben. – Es hat schon Leute gegeben, die unsere Entscheidung nicht akzeptieren wollten. – Oder welche, die ausgetreten sind?« Räuspern. »Nein, jetzt, da ich Ihnen das sage, hört es sich übertrieben an. Es ist ja immerhin ein gewisses Risiko, die Vitrinen zu öffnen und die Bilder mitzunehmen. Außerdem ist nichts zerstört worden. Soviel ich weiß, wurden die Vitrinen sauber auf- und wieder zugeschlossen. Wenn jemand Eier an die Glasscheiben geworfen oder die Plakate zerfetzt davor hätte liegen lassen, sähe das nach Rache aus. Aber so …« Er schüttelte den Kopf. »Da haben wahrscheinlich ein paar Studenten einen in der Krone gehabt, und die Sachen hängen jetzt in irgendeinem Arbeitsraum. Vielleicht sogar direkt über uns.« Er wies zur Decke und lächelte dünn. »Da oben hocken die Studenten von der FH. – Und mancher von uns ist wahrscheinlich sogar stolz, dass ausgerechnet seine Arbeit gestohlen wurde. Sie haben hier kein Kapitalverbrechen.«

»Ich weiß.« Bettina lächelte ein wenig boshaft. »Doch *Sie* haben einen wichtigen Freund. Den Neffen unseres Expräsidenten. Der den Termin mit uns gemacht hat und jetzt nicht da ist.«

Hartmann atmete kurz durch, stellte seine Tasse achtlos auf den Tisch und sagte: »Ich ruf den Henning jetzt an.« Auf seiner Stirn erschien eine Falte. »Es tut mir Leid, wirklich, wenn Sie umsonst gekommen sind –«

»Das sind wir nicht.« Auch Willenbacher lächelte, sein Mauselächeln, man sah die kleinen spitzen Zähne. »Wir werden natürlich unsere Arbeit machen, ganz so, wie man es uns aufgetragen hat.«

Er konnte entzückend unheilvoll aussehen, fand Bettina.

Hartmann starrte ihrem Kollegen kurz und argwöhnisch ins Gesicht, dann räusperte er sich wieder und begann, in seiner Jacke zu kramen, die er über einen der Stühle gehängt hatte. »Nehmen Sie sich doch bitte noch Kaffee.« Er fand das Handy und ging aus dem Raum. Draußen hörte man ihn unterdrückt fluchen.

»Wahrscheinlich hat der Henning Angst vor seiner eigenen Courage gekriegt.« Bettina sah sich erneut erfolglos nach dem Zucker um. »Der dachte wohl, wenn wir hier niemanden antreffen, gehen wir von alleine wieder.«

Willenbacher legte sein Notizheft auf den Kühlschrank. »Soll ich dir mal was sagen: Die waren es selbst. Guck dir an, wie erschreckt der Hartmann ist. Wie er uns loswerden will.«

Draußen in der Halle hörten sie den Künstler ins Telefon schimpfen; es wurde immer lauter. Auch die Spülmaschine, vielleicht von der schlechten Laune ihres Besitzers angesteckt, begann plötzlich besorgniserregende Geräusche zu machen.

»Vielleicht.« Versonnen zündete sich Bettina eine neue Zigarette an. »Diesen Verdacht sollten wir aber für uns behalten, Will. Wenn wir den Fall heute Abend klären –«

»Ja. Dann ist er uns wirklich los.«

»Wir dürfen ihn nicht verdächtigen. Ich vermute mal, dass er es nicht selbst war. Aber vielleicht ahnt er was. – Und wenn das so ist, dann wird er sich bald erleichtern wollen. Das muss ihm auch klar sein, je länger er schweigt, desto schlimmer wird es für ihn. Also dürfen wir ihm das Reden nicht gestatten. Wir lassen uns die Adresse von diesem Kußler geben und hauen ab – oh!«

Das mit dem Abhauen sollte nicht so einfach werden, wie Frau Kommissarin Boll sich das vorstellte. Nun gab nämlich die Spülmaschine einen lauten Rülpser von sich, der eine weitere Person auf den Plan rief: einen kleinen Mann im von oben bis unten farbbeschmierten Blaumann. »Ahoi« sagte er, blieb in der Tür stehen und schaute die Polizisten an. Aus der Seite der alten Spülmaschine quoll derweil ein Schwall seifigen Wassers.

Der Mann war um die vierzig, mit rundem Gesicht, etwas starrem Blick und millimeterkurz rasierten Haaren. Er blickte immer noch wie gebannt auf die Polizisten, seine Haltung sagte: Wer ist das und was wollen die hier? Dann bemerkte er das Wasser, das aus der Spülmaschine lief. Darauf gab es offenbar eine routinemäßige Reaktionsmöglichkeit: schimpfen. »Wie oft soll ich das eigentlich noch sagen, dass die Spülmaschine repariert werden muss?« Der Mann schnappte sich einen Putzlappen, der hinter der Tür über einem Eimer hing, schritt damit beherzt zu dem leckenden Gerät und öffnete es mit einem Ruck. Noch mehr Wasser kam heraus. Er warf den Putzlappen in die entstandene Pfütze. Damit war die Sache erledigt, er richtete sich auf und nahm eine Tube mit Handwaschpaste von der Spüle. Wer Bettina oder Willenbacher waren, schien ihm inzwischen egal zu sein, er nickte nur zur Tür: »Was hat er denn jetzt schon wieder?«

»Er telefoniert mit Henning.« Bettina lächelte. Der Neuankömmling war wohl der Maler, der sich zuvor im Nebenraum eingeschlossen hatte. Nun seifte er sich sehr sorgfältig seine schwarzblauen Hände ein. Die Waschpaste roch etwas bitter nach Orange, Bettina konnte es von ihrem Platz am Tisch aus riechen.

»Oh«, sagte der farbverschmierte Mann. »Dann wird's noch ein bisschen dauern.« Er sah Willenbacher an und runzelte die Stirn, wahrscheinlich, weil der wieder sein Notizbuch zur Hand genommen hatte und abwartend den Stift in der Rechten hielt.

Bettina blies eine kleine Rauchwolke in die Luft. »Mein Name ist Boll, Kriminalkommissarin. Und das ist mein Kollege Willenbacher.«

»Ledig.« Der Mann drehte sich ganz zu ihnen herum und vergaß seine mit schwärzlichem Schaum bedeckten Hände. »So.«

»Jochen Ledig!« Willenbacher hätte beinahe seinen Block fallen lassen. Er lachte und wandte sich Bettina zu. »Das ist Ledig!«

»Ich hab's gehört.«

»Der Maler.«

»Freut mich«, sagte Bettina.

Ledig nahm Willenbachers Aufregung souverän. Wahrscheinlich passierte ihm das öfter. »Kriminalkommissarin?«, fragte er, allerdings erst nach einer Pause, als Willenbachers Beifall zweifelsfrei versiegt war.

»Das ist *sie*«, strahlte der kleine Obermeister.

»Aha.« Ledig betrachtete ihn spöttisch. Dann besann er sich seiner Hände, drehte sich zum Waschbecken, brauste sie ab und griff nach einem Handtuch. »Was tun Sie hier?« Eine Antwort wartete er nicht ab, sah sich nur suchend um und murmelte: »Moment.« Schließlich schien er entdeckt zu haben, was er suchte, durchschritt den Raum, nahm eine Weinflasche von der Anrichte und kramte einen Korkenzieher aus einer Schublade. »Wollen Sie auch?«

Die Polizisten lehnten ab. »Wir hörten, Ihnen sind ein paar Plakate abhanden gekommen«, sagte Bettina.

Ledig schenkte sich aufseufzend Weißwein ein. »Mir nicht.«

»Aber Ihren Vereinskollegen.«

»Ja, ich glaube, mir ist da so was zu Ohren gekommen.« Ledig nippte an seinem Glas, verzog den Mund, schritt dann entschlossen zum Kühlschrank – es gab auch einen angeschalteten –, öffnete das Gefrierfach und nahm einen Plastikbeutel mit Eiswürfeln heraus. Davon drückte er ein paar in sein Weinglas. Den Rest des Beutels ließ er auf dem Tisch liegen. Bettina vermied es, Willenbacher anzusehen. Wieder ein Idol weniger. Ledig setzte sich völlig ungerührt und blickte die Polizisten groß an. »Wegen der Plakate sind Sie also gekommen.«

»Was dachten *Sie,* weshalb wir da sind?«, fragte Bettina liebenswürdig.

Ledig zuckte die Achseln. »Was steckt denn nun wirklich hinter dem Plakatdiebstahl?«

»Das wollten wir eigentlich von Ihnen erfahren.« Willenbacher starrte immer noch Ledigs Glas an.

»Von mir?«

»Ja.«

»Ich kann Ihnen darüber gar nichts sagen.« Ledigs Augen aber begannen zu glänzen, widersprachen seinen Worten schon. »Ich –«

»Hallo, hallo, Jochen.« Hartmann betrat wieder den Raum und unterbrach damit seinen Kollegen. »Fertig für heute?« Er hatte noch jemanden mitgebracht: eine blasse Frau in Bettinas Alter, die müde und etwas verhuscht aussah, kurze braune Haare, dunkelblaue, gerötete Augen und ein endlos langer Rollkragenpulli. Hartmann schob sie nach vorn. »Das sind die Polizisten vom K 11 und das ist –«, sagte er, den Namen, irgendwas mit Meier, verstand Bettina aber nicht richtig, denn gleichzeitig rief Ledig, der die Brünette missfällig beäugte: »Hallo, Klaus. – Warum hast du sie losgemacht?!«

Die junge Frau rieb sich die Hände, etwas klapperte: Um das rechte Gelenk trug sie eine Handschelle. Und sie sah gequält aus. Was hatte Ledig gefragt? *Warum Hartmann sie losgemacht hatte?!* Bettina fiel da spontan eine ganz andere Frage ein: Wo war sie vorher festgemacht gewesen?

»Jetzt trink mal ein Glas Wein«, sagte Hartmann freundlich zu der blassen Frau. »So geht das ja nicht weiter.« Er stellte ihr ein Glas hin, dann sah er in die inzwischen sehr aufmerksamen Polizistengesichter und sagte: »Unsere Krimiautorin.«

»Du hättest sie ruhig noch ein bisschen dranlassen können«, sagte Ledig biestig.

»Wo – dran?«, fragte Bettina rasch.

»An der Heizung«, war die Antwort.

Bettina blickte Hilfe suchend zu Willenbacher, verstand der das etwa? Doch der Kollege sah nur auf die Handschelle.

»Sie ketten Ihre Krimiautorin an der Heizung fest?«

»Neben ihrem Computer«, erklärte Hartmann, als ob das die Sache besser machen würde.

Die junge Frau rieb immer noch ihre Hände, die bläulich schimmerten. Sie sah nicht auf, schaute nur zu ihrem Glas, das

Ledig widerwillig voll schenkte. »Sie schreibt was über uns«, sagte er, es hörte sich drohend an. »Eigentlich dürften wir sie überhaupt nicht mehr abmachen.«

»Bis sie mit deiner Stelle fertig ist?«, fragte Hartmann.

»Bis sie diese Irrsinnsidee aufgegeben hat.«

»Ja, du sollst dir kein Bild machen«, frotzelte Hartmann, »von Gott, deinem Herrn, oder wie heißt es noch gleich?«

»Nein, weißt du –«

Nun trafen sich Bettinas und Willenbachers Blicke endlich.

»Sie ist auf eigenen Wunsch festgemacht«, sagte Hartmann beschwichtigend.

»Selbstversuch?«, fragte Willenbacher vorsichtig.

»Eher eine Art persönliche Disziplinierungsmaßnahme«, erklärte Hartmann. »Damit sie auch wirklich arbeitet und nicht bis morgens um fünf mit uns Kerlen hier die Nächte durchzecht. – Sie hat einen Knebelvertrag mit ihrem Verlag und muss bis übernächste Woche mit dem neuesten Roman fertig sein. – Gib mir mal den Wein.«

Ledig reichte ihm die Flasche und setzte sich breitbeiniger hin. Ungnädig hielt er der jungen Frau die Tüte mit den inzwischen schon etwas wässrigen Eiswürfeln vor die Nase. Sie schüttelte klugerweise den Kopf. Der Maler dagegen warf noch zwei Stück in sein eigenes Glas und beugte sich dann zu Bettina vor. »Das ist jetzt im Moment aber wirklich irrelevant«, sagte er, »da haben Sie Recht.«

»So«, sagte Bettina, nicht mehr ganz sicher, worum es überhaupt ging.

Ledig lehnte sich wieder zurück und sprach nun zu Hartmann. »Wichtiger finde ich, was diese Polizisten uns zu sagen haben. Es würde mich nämlich interessieren, wer unsere Plakate hat. Also ich habe ja eine Theorie –« Die Hartmann wahrscheinlich längst kannte. Er holte bereits Luft, um zu widersprechen. »Moment, Moment. Lass mich mal ausreden. Also verkaufen kann man die Dinger nicht. Sind wir uns da einig?«

Hartmann drehte sein Glas. »So leichten Herzens sollten wir sie nicht für wertlos erklären. Jetzt mal abgesehen von Polizei und Versicherung, die wir eh nicht kriegen, also, wenn man unten die Volksbank-Werbung abschneidet –«

»Aber zum Beispiel die Textplakate. Wer will denn so was haben. Da geht man doch eher hin und kauft sich das Buch.«

»Die Diebe haben einfach nicht die richtigen Plakate genommen«, sagte Hartmann, etwas bissig in Richtung der Frau mit der Handschelle. »Von Jochens zum Beispiel ist überhaupt keins gestohlen worden.«

»Eben«, sagte Ledig, »und dabei haben die Leute sich richtig Mühe gegeben, alles ordentlich auf- und wieder zuzusperren –«

»Das geht ganz schnell«, sagte Hartmann.

»Ach was, ich glaube nicht, dass es ums Geld ging. Nein, wir müssen uns Gedanken darum machen, was es sonst noch für Gründe geben kann, Plakate zu stehlen.«

»Übermut«, sagte Hartmann finster.

»Können Sie mir sagen, wer die Bestohlenen sind?«, warf Bettina ein.

Die drei Künstler schauten sich an. »Also vom Hausen sind zwei weggekommen«, sagte Hartmann, »das weiß ich. Und vom Geib auch.« Er sah sich nach Schreibutensilien um. »Ach«, sagte er dann. »Wir haben ja eine neue Mitgliederliste.« Er verschwand draußen im Atelier.

Ledig schüttelte den Kopf. »An diese Übermutsache glaub ich nicht, und die Rachetheorie von wegen Tussis vom Klaus, die wir nicht aufgenommen haben, ist auch irgendwie … Nein. Es hat was mit der Aktion an sich zu tun. Da hat sich jemand an diesem ganzen Kommerz gestört. An der Volksbankwerbung auf den Plakaten. An unserer offensichtlichen Zusammenarbeit mit der Firma Stadtmöbel GmbH. Da haben wir unsere Unabhängigkeit schon ein Stück weit aufgegeben.« Er blickte gewinnend in die Runde, trank sein Glas leer, betrachtete es erstaunt und schenkte sich nach. Neue Eiswürfel vergaß er.

»Und wer war das, der sich da so an der Kommerzialisierung Ihrer Kunst gestört hat?«

»Wieso unserer *Kunst?*« Ledig stellte mit einem Ruck die Flasche wieder auf die Anrichte.

Bettina erhaschte ein mitleidiges Lächeln der Krimiautorin, die sich aber sogleich abwandte und wieder begann, ihre Hände zu kneten. Wieso mitleidig –

»Was«, Ledig war irgendwie sehr nahe herangekommen und sah Bettina mit seinem direkten, hellen, etwas zweifelnden Blick an, »ist Kunst? Sie sind bei der Polizei, Sie haben nicht viel mit dem Begriff zu tun, was halten *Sie* davon? *Was* ist ein Künstler?«

Etwa eine Dreiviertelstunde später war Bettina noch um das letzte bisschen ihres ohnehin begrenzten Kunstverstandes gebracht, ihr Kopf schwirrte, dem farbbekleckstem Mann war es bitterernst. Er hatte sie mit seinen Worten dermaßen in die Ecke gedrängt; eigentlich sprach er mit Willenbacher, doch irgendwie konnte sie sich der Sache nicht entziehen, wurde immer gerade dann genötigt, ihre »unverbrauchte« Meinung abzugeben, wenn sie es halb geschafft hatte, aufzustehen und rauszugehen. Sie hatte nun etwas gelernt, nämlich dass die Bezeichnung *Künstler* nur mit äußerster Vorsicht verwendet werden durfte, sie schien in gewissen Zusammenhängen und auf jeden Fall, soweit es Ledig anging, eine schwere Beleidigung zu sein. Was aber war er, fragte Bettina sich in einer kurzen Atempause zwischendurch, wenn nicht das? Und was die Plakate betraf: Das war ganz klar eine kunstpolitische Aktion, wobei der anstößige Begriff, (in diesem Zusammenhang, in Ermangelung eines anderen wahrscheinlich, - komplettt umstellen) wahrscheinlich in Ermangelung eines anderen, in diesem Zusammenhang wieder toleriert war. Auch deshalb, weil der Diebstahl sich ja ganz klar *gegen* die Kunst richtete, gegen die Kunst als solche, als das Werk von Arrivierten, Satten, die mit Sponsoren wie der Volksbank paktierten. Hartmann war einmal zwischendurch mit seiner Liste in die Küche gekommen, hatte erfasst, was los war, etwas von »einschamottieren« gemurmelt und war wieder verschwunden. So hatte Ledig Gelegenheit, eine ganze Phalanx von möglichen Verdächtigen vor den Polizisten erstehen zu lassen, Kunststudenten, Berufs- und Gelegenheitskünstler, interessierte Laien, Anarchisten, politische und unpolitische, die ein Zeichen setzen wollten gegen die *Kunst*.

Ledig senkte den Kopf tiefer, blickte immer verschwörerischer, der Flaschenpegel sank bedenklich.

»Die Leere«, sagte er endlich wichtig, »ist eine starke Waffe. Die haben diese leeren Flächen als Protest gegen unsere angepassten, angemalten Plakate gesetzt. Ich meine, weiß man, wie diese Vitrinen ohne was drin aussehen? Im Moment sieht man in den leeren Vitrinen nämlich keine Lampen oder was, da ist so eine matte, weiße Scheibe davor – hat die am Ende jemand dort reingeklemmt? Um die Leere wirklich weiß und das Weiß wirklich leer zu machen? Um uns zu sagen: hier –«

»Da sind so matte Plexiglasscheiben vor den Lampen«, sagte Hartmann von der Tür aus. »Ich war beim Aufhängen dabei. Jemand hat die Plakate geklaut, Jochen, sonst nichts.« Er schwenkte ein bedrucktes DIN-A4-Blatt und lächelte jetzt, die Arbeit draußen in der Halle hatte ihn nicht nur schmutziger, sondern offenbar auch lockerer gemacht. »Die Liste.« Er nickte in Richtung seines Kollegen. »Ist er fertig? Kann ich wieder reinkommen?«

Ledig lehnte sich an die Anrichte zu seiner Weinflasche und blickte beschwörend. »Nein, du solltest mal drüber nachdenken, Klaus, wann, wenn nicht jetzt? Die Kriminalpolizei ist da – die wollen das doch wissen! Und ich, ich will es auch wissen. Ich meine, das ist doch – da kannst du sagen, was du willst – so etwas wie ein Gesprächsangebot. Der Beginn eines Dialogs.«

»Ehrlich«, sagte Hartmann, »mir ist es inzwischen so was von wurscht, wer diese Plakate hat.« Er leerte einen Rest Wein in sein Glas, hob die Flasche und sagte einladend: »Ich mach noch eine auf. Möchten Sie auch?«

Bettina und Willenbacher schüttelten einmütig den Kopf.

»Siehst du«, sagte Hartmann zu Ledig, »das ist es nämlich. Die sind im *Dienst*. Jetzt haben wir – entschuldigen Sie bitte, aber wir haben jetzt dank unserem lieben Tim Polizisten aus Ludwigshafen hier, die aus diesem offensichtlichen Studentenstreich ein Kapitalverbrechen machen wollen. Das ist doch – also das ist nicht persönlich gemeint – aber das ist doch Wahnwitz. Ich meine, was passiert mit den Leuten, die sich da vielleicht nur einen Spaß erlaubt haben, einen schlechten, zugegeben, aber was passiert, wenn Sie die am Ende sogar kriegen?«

Auweia, dachte Bettina alarmiert, das hörte sich jetzt tatsächlich an wie der Beginn eines Geständnisses. »Die Täter werden nicht strenger bestraft«, sagte sie rasch und freundlich, »nur weil sie von *uns* gefasst worden sind.«

»Wir wollten Sie nicht erschrecken«, ergänzte Willenbacher munter. »Wir sind schließlich für Sie da. – Die Polizei, dein Freund und Helfer.«

»Wir wollen Ihre Plakate für Sie zurückbekommen.« Bettina nahm das Blatt, das Hartmann auf den Tisch geworfen hatte. »Und dazu machen wir jetzt am besten mal eine schöne, altmodische Liste.« Sie suchte auf dem Verzeichnis nach dem Namen Kußler; er stand erfreulicherweise ganz zuoberst.

»Mit allen, von denen was gestohlen wurde.« Willenbacher zückte wieder seinen Stift.

»Beginnen wir oben. Kußler. Ist das nicht der Architekt, der den Friedhof wieder aufbaut?«

»Ja. Dem haben sie auch was geklaut«, sagte Hartmann.

»Wie kann man ihn erreichen? Zu Hause? In einem Büro?«

Hartmann sah Ledig an. »Der gibt doch morgen Abend seinen Aktkurs bei uns an der Uni.«

Ledig hob die Hände. »Damit hab ich nichts zu tun.«

»Und wir gießen morgen Abend Bronze. Wenn Sie das interessiert, können Sie gern kommen.«

* * *

Das Zimmer war dunkel, nur vom Licht des Computerbildschirms erhellt. Es war einst ein Musikzimmer gewesen, wunderschön, hoch, mit einem großzügigen Podest, das ursprünglich für einen Flügel oder sogar ein ganzes Kammerorchester gebaut worden war und auf dem jetzt Thomas' Schreibtisch stand. Draußen lag der herbstliche Garten, der nahtlos und etwas unordentlich in verschiedene Grünflächen überging – in einen Wald, eine verbuschte ehemalige Weide, das Boskett einer Landstraße, ein amerikanisches Sperrgelände mit einem kleinen Wasserwerk darauf.

Er war weit weg. Weit weg von allem. Aber er hatte Arbeit. Das hielt ihn zusammen. Er musste die Rechnungen durcharbeiten und dann diese Ella anrufen. Wobei – er sah auf die Uhr – besser, er rief sie jetzt gleich an. Schon sieben Uhr, später sollte man eine Studentin eigentlich nicht stören, sonst bekam es gleich einen ungewollt privaten Anstrich. Er stand auf, streckte sich und machte Licht, ein weiches Licht, niedrig über seinem Schreibtisch, wie von einem Lagerfeuer. Nach kurzem Überlegen schaltete er auch noch die Kaffeemaschine ein. Ein sündteures Ding, das er für seine vier neuen Angestellten angeschafft hatte und das auch Latte Macchiato konnte. Er forderte einen doppelten Espresso an, goss Milch aus dem Kühlschrank in die angeschlagene Tasse, die er darunter stellte, und dachte kurz daran, mal einen Satz schöner, dicker, echter italienischer Mokkatassen zu kaufen, braunwandig am besten, oder vielleicht weiß, möglicherweise konnte man die einem Lokalbesitzer abschwatzen, alte Tassen mit verwaschenen Firmenlogos drauf, italienisch natürlich, Caffè Inammorato oder so, das hätte doch Stil.

Ella anrufen. Ella war süß, trotzig irgendwie. Diese abrasierten Haare. Der düstere Blick. Nekrophilie, eindeutig. Das Mädchen war mit Sicherheit mehr Vergangenheit als sonst was. Die musste verarbeiten, das sah man sofort. Natürlich konnte sie entwerfen, sonst wüsste er kaum ihren Namen; vor zwei Jahren hatte sie eine Arbeit bei ihm gemacht. Aber die Quellen für ihre Kreativität, die wollte er gar nicht kennen lernen. Leben, das war es, was er jetzt brauchte, etwas Leben um sich. Eine großzügige, altmodische Frau mit guten Umgangsformen, eine, die nicht zu allem eine verstörende Geschichte aus ihrer Kindheit wusste, der nichts so schnell peinlich wurde, die einen aber trotzdem nicht beim Zähneputzen zuschauen ließ. Eine, die morgens beim Frühstück lange Zeitung las, wie ausgehungert. In einem kleinen, hellen Raum, der von Kaffeeduft erfüllt war. Zeitungen wie die *Welt*, die *Zeit*, von denen er kaum wusste, wo er sie von seinem abgelegenen Haus aus herbekommen sollte. Eine Frau, die mit ihm sprach, über das, was sie las, über das, was eben so passierte, die Anteil nahm an seinem Leben. Valerie.

Thomas seufzte und schaute dann nach seiner Tasse, der Espresso lief noch durch. Er musste sich zusammennehmen und auf seine Gedanken und Worte achten. Genau wie bei dem Grab. Susanna nannte es schon so. Ella auch. Diese Bezeichnung machte den verdammten Steinhaufen viel zu interessant, und das konnte, mitsamt der Unvernunft dieser unsäglichen Raisch, noch zu furchtbaren Unannehmlichkeiten führen.

Er nahm die nun gefüllte Tasse, roch den teuren Duft des scharf gerösteten Kaffees und zögerte kurz vor dem Telefon: Was sollte er Ella sagen? Ich weiß, dass du drei Stunden im Regen gestanden hast, um dann nicht vorzustellen? Ich weiß, dass du feige bist, oder sogar gestört? Du siehst ein bisschen morbide aus, das Grab – der Steinhaufen! – ist bestimmt von dir? Wieso hast du dir ausgerechnet diesen ungünstigen, abgelegenen Platz für dein Projekt ausgesucht? Bist du unglücklich, brauchst du Hilfe? Für dieses Projekt gibt es einen Preis, willst du wirklich darauf verzichten? Brauchst du denn kein Geld? Thomas zog die Liste hervor, auf der sich Ella mit Telefonnummer eingetragen hatte, und nahm den Hörer ab.

Ich kann dich verstehen, dachte er plötzlich, so sollte er eigentlich beginnen. Du hast etwas Eigenes gemacht, das dir am Herzen liegt. Aber wir waren gestern Abend unkonzentriert und schlecht gelaunt, wegen des Wetters, für das du nichts kannst. Wir haben dich – nun erinnerte Thomas sich wieder – alle umringt und mit unseren Lampen angeleuchtet. Du bist nicht gut behandelt worden. Langsam streckte er den Finger aus und wählte.

Ich respektiere deine Haltung. Ich finde es in Ordnung, wenn du aus Stolz auf diesen Preis verzichtest, das hat Größe. Im Grunde ist es auch das Einzige, was du tun kannst, wenn du morgen früh zufrieden in den Spiegel schauen willst. Und das Geld – also ich sag dir was, eine gute Entwerferin kann ich immer brauchen, es gibt zwar keine Reichtümer bei mir –

Es war besetzt.

Zehn Minuten danach auch und eine halbe Stunde später immer noch.

3

Für Florentine Ausammas hatte sich selbstverständlich ein Stuhl vor Susannas Schreibtisch gefunden. Sie saß zurückgelehnt, ein wenig ironisch sah es aus, da Susanna mit Florentine als Gegenüber plötzlich Falten hatte, die Thomas zuvor nie aufgefallen waren. Die scheinbar naturblonden Haare seiner Kollegin wirkten nun unnatürlich gesträhnt und ihre Wickelbluse mit dem darunter hervorblitzenden Spitzen-BH viel zu übertrieben für einen einfachen Arbeitsmorgen. Dabei war Florentine ganz unmöglich gekleidet, sie trug ein hellgraues Sweatshirt mit weitem Rundausschnitt, der viel knochiges, aber auch rührend zartes Dekolletee zeigte (im November!), dazu einen Tweedfaltenrock und äußerst auffällige Turnschuhe mit einem schwarz-weiß-roten Blumenmuster, knallrote runde Plastikohrclips und ein paar rote bis rosa Armreifen aus dem gleichen Material. Außerdem sehr auffälligen schwarzen Lidschatten um die Augen, der ihre weiße Haut viel weißer und ihren ungeschminkten Mund blass machte. Sie sah unglaublich jung aus, wie ein Schulmädchen, das zum ersten Mal versucht hat, sich zu schminken. Aber sie *war* kein Schulmädchen, sie war die Freundin eines Professors. Sie war mächtig, wenn auch wahrscheinlich nicht so sehr, wie sie glaubte. Vielleicht ausgekocht, ja, bestimmt sogar. Oder aber Opfer eines lüsternen, dekadenten Typen in der Midlife-Crisis?

Das war die Crux mit ihr: Man konnte in keinem Punkt sicher sein, nicht mal bei der Kleidung. Wer wusste schon, dachte Thomas, ob sie angezogen hatte, was ihr heute Morgen als Erstes in die Hände gefallen war, oder ob sie die Sachen lange und planvoll aufeinander abgestimmt hatte. Und in Bezug auf den *Land-Art*-Entwurf konnte man sie auch zu keiner klaren Aussage bewegen.

»Du hast dich auf unserer Liste für den Entwurf eingetragen«, sagte Susanna ungeduldig und setzte sich nach einem Blick auf Thomas ein wenig gerader hin, »obwohl du weißt, dass du bei uns ohne Vordiplom gar keine Seminarscheine machen kannst.«

»Das stand so aber nicht in der Aufgabenstellung.« Florentine sprach ein gepflegtes Hochdeutsch mit einem ganz leicht rollenden R; selbst hier hätte Thomas nicht sagen können, ob dies R nun kokett aufgesetzt oder tatsächlich der Rest eines fleißig abgeschliffenen Akzents war. Die Studentin beugte sich vor. »Ich fand das Thema interessant. Das ist alles. Um diese Verrwaltungssachen kümmere ich mich nicht.« Damit zog sie die Augenbrauen zusammen, angespannt, ihre lässige Aussage Lügen strafend, sich selbst mit ihrem mageren Körper widersprechend. Sie hatte ein breites Gesicht, das auch noch in zwanzig Jahren jung wirken würde, ihre Wangen waren füllig, obgleich sie sonst sehr dünn war, ihre Augen standen eng zusammen, waren gerade und sehr streng, obwohl auf schräg, auf Katzenaugen geschminkt, sie war kurzhaarig, faltenlos.

»Ja«, versetzte Susanna, »leider können sich nicht alle Studentinnen und Studenten diese komfortable Einstellung leisten.«

Florentine lächelte, ein plötzliches, rosiges Lächeln. Das, dachte Thomas, selbst wenig animiert, eher analytisch, war wohl der Grund, weshalb sie Sagan-Nory so gefiel: Sie konnte dann doch irgendwie aussehen wie ein Rosengarten. Wie ein greller. Aber immerhin.

»Wo ist das Prrroblem?«, fragte sie jetzt gedehnt. »Habe ich etwa vorgestellt? Sitze ich hier, weil ich eine Note möchte?«

Thomas erhob sich von Susannas Schreibtisch, auf den er sich gesetzt hatte. »Genau das, Florentine, ist die Frage. Möchten Sie eine Note?«

»Aber wofür denn?«

Susanna lehnte sich in den Sessel zurück und sah Thomas an. Er rieb sich die Stirn. »Florentine, wir haben es, glaube ich, bereits gesagt: Wir suchen den Urheber eines gewissen Projekts, eines Steinhügels, um genau zu sein. Sie müssen uns nur sagen, ob Sie den gemacht haben oder ob Sie, obwohl Sie sich mit Namen und Adresse in unsere Liste eingetragen haben, nicht auf dem Gelände des Winterturms gearbeitet haben, dann sind wir zufrieden und Sie können sofort gehen.«

Florentine machte eine kleine Bewegung, die fast so etwas wie ein Räkeln war. »Ich habe gehört, Sie wollen einen Prreis verleihen.« In ihren fahlen Augen glänzte es.

Thomas kannte Florentine vom Aktzeichnen. Sie war seit anderthalb Jahren das Modell des Fachgebiets Werken. Ein sehr beliebtes Modell, die Studenten wollten dünne Körper, das gängige Schönheitsideal. Und Posen halten, das musste Thomas zugeben, konnte sie. Doch er fand sie in keiner dieser nackten Posituren attraktiv. So wie sie jetzt vor ihm saß – als Studentin, als Mensch –, hatte er sie überhaupt noch nicht wahrgenommen. Er kannte sie nur als Körper, der sich auf einem Podest streckte. Um ganz ehrlich zu sein, fand er sie hier, angezogen und mit dieser etwas verkrampften Haltung, erstmals ein klein wenig attraktiv, jedenfalls aufreizender, als sie ihm im entkleideten Zustand je vorgekommen war. Jetzt erinnerte er sich sogar, sie gezeichnet zu haben. Das hatte er vergessen. Möglicherweise war er hundertmal, vielleicht sogar heute Morgen, auf dem Gang an ihr vorbeigelaufen, ohne sie zu bemerken, doch nun, das wusste er plötzlich, würde er sie immer erkennen. Und als ob sie ihm genau das ansah, hatte Florentines Lächeln um die schwarz geschminkten Augen plötzlich etwas Siegesgewisses. Man könnte sich hineinfallen lassen und wäre verloren.

»Ich nehme an, den Grünordnungsplanungs-Grundschein haben Sie auch noch nicht«, sagte Susanna mit unverhohlenem Sarkasmus.

Florentine schickte dem Lächeln ein breiteres nach, das Thomas, dem Herrn über alle Grünordnungsplanungs-Grundscheine, wider Willen weiche Knie bereitete.

»Aber wir waren bei dem Preis, für den Sie sich interessieren«, erinnerte Susanna kalt. »Uns dagegen interessiert er erst mal gar nicht. Wir wollen nur wissen, ob Sie eine Arbeit angefertigt haben oder nicht. Das ist alles, und das kann so schwer nicht zu beantworten sein, selbst wenn Ihr Gehirn momentan auf Notbetrieb geschaltet ist.«

»Glauben Sie«, sagte Florentine, »dass ich mir die Arbeit machen würde, ein Projekt zu entwerfen, und dann nicht vorstellen würde?«

»Nun«, sagte Susanna, »nehmen wir mal an – das ist unwahrscheinlich, ich gebe es zu –, dass Sie aus reinem Interesse an dieser Aufgabe, nur aus Vergnügen an der Sache, ein Projekt zu unserem *Land-Art*-Entwurf beigesteuert haben.«

»Ich«, erklärte Florentine, »tue sowieso nie etwas, das mir keinen Spaß macht.«

»Dann sagen Sie mir doch mal, wie wir Sie dazu bringen können, *Spaß«,* hier verdrehte Susanna die Augen, »daran zu haben, uns eine einfache Frage zu beantworten.«

»Dieser Preis«, sagte Florentine ungerührt, »wer vergibt ihn?«

»Eine private Sponsorin namens Raisch«, antwortete Thomas.

»Das geht Sie aber nichts an.« Susanna warf ihm einen vernichtenden Blick zu, »denn Sie haben an unserem Seminar nicht teilgenommen. Ich habe Sie hier nie gesehen. Sie sind nicht mal berechtigt, bei uns Scheine zu machen. Sie würden diesen Preis ohnehin nicht bekommen.«

Florentine hob auf sehr elegante Art ihre Beine ein winziges Stück vom Boden und streckte ihre Füße, als wollte sie die Spitzen ihrer scheußlichen Turnschuhe überprüfen. Sie trug hellgraue Wollstrümpfe, die bei jeder anderen Frau plump ausgesehen hätten; an Florentines schlanken Beinen wirkten sie rührend, als gehörten vielleicht noch ein Paar drübergezogen, um sie richtig warm zu halten. Nun kreuzte sie brav die Knöchel und setzte sich aufrecht hin. »Ja, wissen Sie«, sagte sie und sah Thomas an, »genau das denke ich auch die ganze Zeit.« Ihre aschblonden Haare waren glatt, fast etwas struppig, kurz geschnitten und ins Gesicht hängend, weit entfernt von Susannas geföhntem Chic, aber eigen. Energiegeladen. »Und ich frage mich«, fuhr Florentine mit übertrieben treuherzigem Augenaufschlag fort, »wieso Sie mich dann herbestellt haben. Wo Sie sich doch so wenig für meine Arbeit interessieren.«

»Wir wollen nur Ihre Teilnahme an diesem Projekt völlig ausschließen können«, sagte Susanna spitz. »Das ist alles. Sie sind nicht die Einzige, die wir befragen.«

»Was wäre denn, wenn dieses – Projekt, um das es geht, von mir wäre?«

»Nichts«, sagte Susanna. »Ist es von Ihnen?«

»Darf ich es sehen?«

Susanna schlug auf die Schreibtischunterlage, sprang auf und beugte sich drohend über den Tisch. »Haben Sie was gemacht auf diesem verdammten Gelände, ja oder nein?!«

In Florentines Gesicht zeigte sich plötzlich eine erstaunliche Härte. Sie war jetzt nur noch kantig, wie aus Stein. »Ich darf es also nicht sehen.«

»Es ist uns so was von egal, was Sie nachher in Ihrer Freizeit machen, von mir aus können Sie das Gelände auf Knien absuchen – okay.« Susanna hob die Hände. »Sie wollen nicht mit uns reden, Sie wollen Schwierigkeiten machen. Ich sag Ihnen jetzt was: Wir haben da einen meiner Meinung nach unerträglich erkünstelten Steinhügel, der geschmackloserweise einen auf Grab macht, aber unserer Mäzenin ausnehmend gut gefällt. Eine Mäzenin, die kein Mensch kennt. Ein Projekt ohne Urheber. Eine Studentin, die eigentlich nicht teilnahmeberechtigt ist – soll ich fortfahren?!«

»Susanna!« Thomas schüttelte warnend den Kopf, was bei Susanna aber nutzlos war.

»Wieso denn nicht«, widersprach Florentine prompt mit einem gruseligen Unterton. »Gerne.«

»Man hört hier ja so einiges.« Susanna ließ sich nicht so leicht einschüchtern. »Unter anderem, dass Sie eigentlich gar keine Architektin werden wollen, sondern eine Karriere als bildende Künstlerin anstreben, wer auch immer Ihnen diesen Floh ins Ohr gesetzt hat …« Hier machte sie eine effektvolle kleine Pause. »Ganz abgesehen vom Talent braucht man für eine solche Karriere natürlich eine dekorative Vita mit vielen Preisen, angesehen oder nicht, denn die meisten Organisationen, die welche verleihen, kennt eh kein Mensch …«

»Und weiter?« Florentine beugte sich vor.

»Und unter diesen Umständen«, sagte Susanna würdevoll, was hoffentlich bedeutete, dass ihr aufgegangen war, wie weit sie sich gerade aus dem Fenster gelehnt hatte, »wäre für Sie ein Preis – ein erster«, diese zusätzliche kleine Gemeinheit konnte sie sich leider auch nicht verkneifen, »eine sehr erstrebenswerte Sache. Da wir nun wissen, dass Sie sich um Verwaltungssachen nicht kümmern, könnten wir böserweise auf die Idee kommen, dass Sie nichts dagegen hätten, langweilige Dinge wie zum Beispiel Ihr fehlendes Vordiplom bei Ihren Projekten völlig außer Acht zu lassen.« Sie lächelte boshaft. »Kennen Sie übrigens Frau Raisch?«

»Wen?«

»Also nicht«, sagte Thomas, bevor Susanna deutlicher wurde, als gut für sie war, »das wäre nun geklärt. Und ich denke mal, Florentine, dass Sie sich für unser *Land-Art*-Projekt zwar interessiert und auch eingetragen haben, dann aber doch nichts weiter in der Sache unternahmen, ist es nicht so?«

Florentine lächelte wieder. Sie lächelte leicht und etwas geheimnisvoll, auf ihre eigene weiße Art wunderschön. »Genau so«, sagte sie mit einem schwer deutbaren Unterton, »war es.«

* * *

»Oh«, sagte Willenbacher lässig, »schick hier.«

Man konnte von Willenbacher halten, was man wollte, Berührungsängste hatte er nicht. Er sah sich offen in Dr. Leonhardts Büro um, als wäre der ein Zeuge, der zu befragen war, oder gar ein Verdächtiger. Der hohe Rang seines Vorgesetzten schien ihn nicht im mindesten zu kümmern, viel hätte wahrscheinlich nicht gefehlt, und er wäre mit den Fingern prüfend über den hellen Stoff der Couchgarnitur gefahren.

»Ja«, sagte Dr. Leonhardt leicht zerstreut. »Nehmen Sie doch Platz.« Seine grauen Haare waren perfekt geschnitten; seine Haltung vorbildlich. Ein Leichtathlet. Oder ein Schwimmer, schätzte Bettina. Er wies auf das Sofa, wahrscheinlich wurden alle Besprechungen darauf abgehalten. Bettina hätte lieber einen normalen Stuhl gehabt, aber gut. Sie setzte sich wieder auf den Sessel vom letzten Mal, wieder fand sie es zu niedrig. Der Kriminalrat schritt jetzt zu einem seiner dunkel furnierten Einbauschränke und holte eine kleine Staffelei heraus. Oder so etwas Ähnliches wie eine Staffelei, eine Businessstaffelei, ein elegantes Ding aus weiß lackiertem Stahlrohr. Mit wenigen Handgriffen baute er das gute Stück auf und richtete es sorgfältig auf das Sofa aus. Dann drückte er von seinem Platz vor dem Schreibtisch auf einen verborgenen Knopf bei seiner Schreibtischunterlage, und aus dem Vorzimmer ertönte ein freudiger Ruf: »Komme!«

In Bettina begann sich ein leichtes Bond-Gefühl breit zu machen. Gleich würde Dr. Leonhardt einen Laserpointer aus seinem Füllhalter zaubern und ihnen damit die in die Staffelei eingebaute Selbstschussanlage erklären. Die Sekretärin, Frau Frei, würde ihnen Martinis servieren, geschüttelt, selbstverständlich. Oder nein, keine Martinis vor siebzehn Uhr. Frau Frei würde einen Film über den Erzbösewicht Thomas Kußler bringen, sprich, einen in der Decke versteckten Beamer ausfahren und den Computer laden mit irgendetwas, das noch neuer war als eine DVD. Darauf wäre dann Kußlers Imperium und sein gesamtes Leben inklusive einer nachgestellten Szene vom Mord an seiner Frau. Umständlich und gar nicht elegant wie ein Bond-Girl schlug Bettina ihre Beine übereinander. Die Einrichtung jedenfalls hätte wirklich aus einem alten Agentenfilm sein können. Allein diese unbequemen Sitzmöbel.

Auftritt Frau Frei: eine goldlockige Mittfünfzigerin mit einem fürsorglichen Lächeln und der riesigen Vergrößerung einer Fotografie in den Händen. Ein bisschen wirkte sie wie ein in Würde gealtertes Nummerngirl. Sie platzierte das Foto auf der Staffelei, trat einen kleinen Schritt zurück, faltete konzentriert die Hände und sagte: »Soo furchtbar böse sieht er gar nicht aus, nicht wahr?« Dazu lächelte sie hingebungsvoll. »Aber das tun sie ja nie.« Eine Wolke von Kölnisch Wasser hinterlassend, stöckelte wieder hinaus.

Das Bild war schwarzweiß, wie aus einer Westentaschenkamera geschossen. Es zeigte einen sommersprossigen Mann mit regelmäßigen Zügen, die ihn mehr unauffällig als hübsch wirken ließen. Sein Gesicht war mit einem leichten Lächeln eingefangen worden, er wirkte tatsächlich nicht im allermindesten wie ein Bösewicht, im Gegenteil, er hatte sogar fast eine gewisse Ähnlichkeit mit Pierce Brosnan: die dunklen Haare, die helle Haut, der strahlende Blick ...

»Das ist also Thomas Kußler.« Dr. Leonhardt ließ sich elegant auf seinen unbequemen Sofaplatz nieder. »Ich finde immer, man sollte den Verdächtigen bei den Besprechungen vor Augen haben. Das macht mehr aus, als Sie vielleicht glauben.« Er lehnte sich zurück und sah auf dem niedrigen Sofa so entspannt aus, dass Bettina sich nur wundern konnte. Der Mann hatte schließlich auch Beine. »Also gut, was haben Sie?«

Bettina zückte ihr vorbereitetes Blatt. »Allzu viel ist es nicht, wir haben den Herrn Kußler ja noch überhaupt nicht gesehen. Aber wenigstens besitzen wir jetzt offiziell seine Adresse, könnten folglich jederzeit bei ihm vorbeigehen und ihn wegen dieses Plakatdiebstahls befragen. Allerdings«, Bettina entknotete ihre Beine und brachte sie in eine unauffälligere Position unter dem Sitz, »sind die Lautringer Künstler von unseren Ermittlungen nicht begeistert. Wir können die Plakate nicht ewig bemühen.«

»Die wussten überhaupt nichts von uns«, setzte Willenbacher hinzu. Für seine Größe schien die Couch zu passen, stellte Bettina neidvoll fest. Er sah fast so entspannt aus wie Dr. Leonhardt.

»Ja«, sagte sie, »der Herr Henning, der den Termin mit uns ausgemacht hat, hat es leider nicht für nötig gehalten, seinen Verein darüber zu informieren, und persönlich ist er erst recht nicht erschienen. Wahrscheinlich wollte er nur mal bei irgendeiner offiziellen Stelle anständig auf den Putz hauen und hat dabei nicht bedacht, dass so etwas tatsächlich Konsequenzen nach sich ziehen kann.« Bettina lächelte, die beiden Männer nicht, nur Kußler schien ihr von seinem Foto aus zuzuzwinkern. Sie räusperte sich. »Es war reiner Zufall, dass wir überhaupt jemanden angetroffen haben.«

Willenbacher beugte sich vor. Er zumindest sah nicht aus wie ein Agent. Er trug ein blauweiß geringeltes Sweatshirt mit einem Segelboot darauf. Höchstens Eddie Arendt hätte er sein können, oder Rowan Atkinson. Und sie, Bettina, wäre … ja, was? Eine Komparsin, die in den ersten fünf Minuten starb? Eine Mutter, die schimpfend ihre Kinder in Sicherheit brachte, wenn Bond mit seinem Aquamobil den Strand hochfuhr?

»Die wollen auch gar nicht wirklich, dass der Vorfall geklärt wird«, sagte Willenbacher.

»So wie wir das verstanden haben«, fuhr Bettina fort, »besitzen die Plakate nur einen zweifelhaften Wert, während die Gratiswerbung, die der Diebstahl gebracht hat, schon mehr ist, als die Künstler sich erhofft haben.«

»Wir glauben«, setzte Willenbacher hinzu, »dass sie es selbst waren. Im Grunde haben die nämlich ganz genau das gekriegt, was sie wollten. Und dass jetzt das K 11 eine hochoffizielle Untersuchung anleiert, finden die gar nicht lustig.«

»Jedenfalls nicht so lustig, dass wir eine längere Ermittlung drauf aufbauen könnten. – Das Problem ist: Wenn wir sie übermäßig bedrängen, dann geben sie vielleicht zu, dass sie selbst den Diebstahl fingiert haben.«

»Was natürlich enorm ärgerlich wäre.« Dr. Leonhardt sah nachdenklich aus.

»Im Prinzip«, sagte Bettina, »können wir mit dem Herrn Kußler jetzt genau ein Mal sprechen. Vielleicht auch noch ein weiteres Mal, allerhöchstens. Mehr ist aber nicht drin, alles andere würde diesen Leuten mit Sicherheit komisch vorkommen.«

Dr. Leonhardt stand auf. »Das ist zu wenig.« Er begann, in seinem grauen Zimmer auf und ab zu laufen. »Aber wir haben ja Sie, Frau Boll.«

Was sollte das denn nun heißen? »Ja«, sagte sie etwas argwöhnisch. »Wir wussten nicht, dass die Leute *so* ablehnend reagieren würden.«

»Natürlich nicht«, sagte Dr. Leonhardt unwirsch.

»Aber für heute Abend«, warf Willenbacher eifrig ein, »sind wir von den Künstlern eingeladen worden. Wir dürfen beim Bronzeguss zusehen. Kußler wird auch da sein. Vielleicht ergibt sich ja irgendwas, es ist eine ganz unverbindliche Sache.«

»Das ist gut«, sagte Dr. Leonhardt. »Ja, das ist gut. Gehen Sie hin. Schauen Sie sich meinetwegen vorher die Plakatvitrinen an, aber gehen Sie nicht zu den einzelnen Leuten.« Er sah Bettina an. »Können Sie so tun, als wären Sie persönlich an Kunst interessiert? Oder Architektur?«

»Na klar«, sagte Bettina, obwohl ihr das gar nicht so klar war.

»Sie könnten vielleicht so tun, als hätten Sie vor, ein Haus zu bauen.« Der Kriminalrat sah Bettina an, dann trafen sich seine und Willenbachers Blicke. »Nein«, sagte er darauf. »Nein.«

»Aber –« Wieso, dachte Bettina, seh ich so wenig sesshaft aus? Oder zahlungsunfähig? Wieso sollte ich eigentlich kein Haus bauen? Was ist mit mir anders –

»Am besten verwickeln Sie Kußler in ein persönliches Gespräch.« Dr. Leonhardt, der kurz stehen geblieben war, nahm seine Wanderung wieder auf. »Das wird wahrscheinlich das Einfachste sein. Ein kleiner Flirt. Alles andere wirkt zu –« Er räusperte sich. »Versuchen Sie einfach, das Interesse dieses Mannes zu wecken. Sie wollen in sein Haus, und Sie wollen wissen, was er sonst noch so treibt. Vielleicht können Sie –« Er blieb stehen und sah Bettina wieder an. »Seine Frau ist seit drei Jahren fort.«

Und da war mit Sicherheit gerade jetzt der Notstand ausgebrochen. »Damit«, sagte Bettina sittsam, »kann der Herr Kußler doch wohl umgehen, wenn er sowieso nur die Villa geheiratet hat.«

Dr. Leonhardts Augen waren grau und kühl. Dumm stellen, sagten sie, hilft bei mir nicht. »Also wissen Sie was, Sex ist manchmal einfach das Einzige, was zieht.«

Bettina sah Willenbacher an, als hätte sie sich verhört.

»Stimmt«, sagte der grinsend.

Von wegen sterbende Komparsin. Du bist das Bond-Girl, Schätzchen. Willenbacher konnten sie schlecht nehmen, und eine musste es ja sein. Egal ob sie – wenn auch auf etwas unorthodoxe Weise – gerade zur zweifachen Mutter geworden war. Leonhardt blickte Bettina an, jetzt wieder zweifelnd, als ziehe er gerade Vergleiche – etwa zu Ursula Andress. Bettina machte das wütend. In so eine Wissen-Sie-überhaupt-welches-das-Hummerbesteck-ist-Kiste würde sie sich auf keinen Fall reinziehen lassen. Betont derb stützte sie die Ellenbogen auf die abgeschabten Knie ihrer Jeans und legte den Kopf in die rechte Hand. »Ich soll einen mutmaßlichen Gattenmörder anbaggern?«

Dr. Leonhardt wand sich bei ihrem letzten Wort. »Lassen Sie – äh – Ihre weiblichen Reize spielen. Vielleicht finden Sie ja doch irgendwo einen Rock? – Also das überlasse ich ganz Ihnen. Sie haben da mit Sicherheit auch so Ihre kleinen – äh – Geheimnisse.«

Willenbacher kam aus dem Grinsen gar nicht mehr heraus.

»Und denken Sie daran, Sie sollen nur glaubwürdig sein. Falls Sie es nicht schaffen, dass – äh – er – dann können auch – ehm – Sie selbst ...«

»Bitte?«

»Sie wissen schon. Sie bekommen alles, was Sie brauchen, kaufen Sie sich ein Kleid. Und«, Dr. Leonhardt räusperte sich wieder, »natürlich müssen Sie nichts tun, das Sie nicht wollen, also –«

»Natürlich nicht.« Das konnte Bettina sich nun wirklich nicht verkneifen.

Dr. Leonhardt hob die Hände. »Wir zwingen Sie zu gar nichts, das können wir überhaupt nicht. Aber denken Sie doch, was für eine Gefahr dieser Mann, dieser Kußler – äh – für unschuldige Frauen darstellt ...«

Unschuldige Frauen. Bettina verschränkte die Arme. »Und was bin *ich* dann?« Das wollte sie jetzt gern genau wissen.

Willenbacher, das sah man seinem Gesicht deutlich an, hätte schon eine handfeste Antwort darauf gewusst.

Dr. Leonhardt jedoch reckte das Kinn und sagte würdevoll: »Sie, meine Liebe, sind eine Polizistin.«

* * *

Du lieber Gott, dachte Ella, so schwer kann das doch wieder nicht sein. »Hier«, sagte sie langsam und deutlich, »ist der rechte Fluchtpunkt.« Sie deutete auf einen Punkt der Konstruktionszeichnung, in dem sich eine Menge Linien trafen. »Siehst du. Da musst du hin mit deinem Strich. Ganz einfach.« Sie zog das Blatt zu sich rüber und legte ein Geodreieck an die Linie, die den gedachten Horizont darstellte. »Und wenn du das dann so abträgst«, sie führte es vor, »dann kommst du auch ganz leicht zum Horizont.«

Das Gesicht der Studentin vor ihr hatte einen stumpfen Ausdruck angenommen, so stumpf es Florentine Ausammas mit ihrer durchscheinenden Haut und den schwarz geränderten hellen Augen überhaupt möglich war. Du hast längst abgeschaltet, dachte Ella ärgerlich, was mache ich hier überhaupt. Du willst das gar nicht lernen, und schon gar nicht von mir, der ollen Nachbarin von deinem Ex. Sie schob das transparente Blatt mit den vielen Bleistiftstrichen von sich. Es war ihre Perspektivzeichnung der Villa Savoye von Le Corbusier. Viele ordentliche Linien trafen sich auf dem dicken harten Papier an den richtigen Stellen, man konnte wunderbar nachvollziehen, wie sich alles perfekt ineinander fügte und schließlich die fertige Ansicht ergab. Florentines Zeichnung sah anders aus. Obwohl sie im dritten Semester war und das eigentlich inzwischen können sollte. Perspektive war noch leicht im Vergleich zu dem, was das Fach Geometrie im vierten Semester von den Studenten verlangte.

»Aber das hab ich doch alles«, wehrte sich Florentine. Sie wachte wieder auf und rückte ihr graues Sweatshirt zurecht. Es war ein teures, künstlich angefetztes Ding mit einem unglaublichen Ausschnitt und vielen unnötigen Nähten. Jetzt, wo sie mit dem Prof zusammen war, konnte Florentine sich das wohl leisten, dachte Ella. Früher, ganz am Anfang ihres Aufenthalts hier, vor anderthalb Jahren, als sie gerade aus – ja woher? Weißrussland? – gekommen war und in Linos Klause gewohnt hatte, da hatte sie ihre Haare im Knoten hoch auf dem Kopf und bedruckte Synthetikblusen mit braven Kragen getragen. Doch über diese Dinge war sie schnell hinausgewachsen. Wo sie nun schon mal dabei war, schlug Florentine auch noch ihre Beine übereinander und zupfte an ihrem eng geschnittenen Rock. Sie lächelte Ella dabei verschwörerisch zu, aber auch ein bisschen verächtlich: Der Unterschied zwischen ihren Maßen betrug mindestens zwei, wenn nicht drei Kleidergrößen, so rank und jungenhaft konnten Ellas Hüften niemals aussehen, und selbst wenn, besaß sie noch lange keine dermaßen extravagante Verpackung dafür.

Ella verschränkte die Arme. Sie wäre gerne aufgestanden und herumgelaufen, aber das war in dem winzigen, von oben bis unten mit Planschränken voll gestopften Büro nicht möglich. Ihr Platz lag im Archiv des Fachgebiets, was bedeutete, dass die Schränke sogar bis in zwei Meter Höhe über ihren Kopf gebaut waren. Solange Florentine vor ihrem Schreibtisch saß, kam sie nicht hinaus.

»Ich habe das alles gemacht«, insistierte Florentine, immer noch lächelnd, trotzdem wirkten ihre engen Augen berechnend. Sie schob ihr eigenes Blatt vor, einen vom häufigen Radieren schmierigen Wisch, auf dem sich ein wildes Wirrwarr von Linien in vielen verschiedenen Punkten traf. »Da.« Eine zusammenhängende Konstruktion war nicht erkennbar. Aber die Präsentationszeichnung, natürlich, die hatte Florentine, die stimmte tipptopp, da erstrahlte die Villa Savoye in reinstem Weiß, in dünnen, bestimmten, handgezogenen Linien, als sei es eine Skizze vom großen Corbusier persönlich.

»Du weißt nicht mal«, sagte Ella müde, »wo dein Horizont ist.«

»Doch natürlich«, widersprach Florentine, spitzbübisch die Nase kraus ziehend. »Hier.« Auf gut Glück deutete sie auf eine der vielen horizontal verlaufenden Linien auf ihrem Blatt. Ihre so unverhohlene Absicht, Ella trotz nicht geleisteter Arbeit zur Anerkennung derselben zu bewegen, hatte etwas Unwiderstehliches. Irgendwann vergaß man die Ungeheuerlichkeit des Ansinnens und führte Scheingefechte um Details, womit man schon verloren hatte.

»Nein.« Ella war entschlossen, nicht nachzugeben. Florentine hatte an dieser Aufgabe lange gesessen, das musste man ihr angesichts des wild radierten und voll gekritzelten Blattes zugestehen, aber gelöst hatte sie das Problem nicht. Und die Präsentationszeichnung hatte sie dann einfach irgendwo abgemalt. »Es tut mir Leid«, sagte Ella. »Das kann ich so nicht bewerten.«

»Aber wieso?« Florentine beugte sich vor und legte beide Arme auf den Tisch, schmale helle Arme, feingliedrige Hände, lockere graue Ärmel darum, scheußliche Plastikarmreifen in einer Auswahl von Rottönen, eine blaugrüne Plastikuhr mit dunkelroten Zeigern. »Es ist doch alles da! Wie du gesagt hast, Fluchtpunkt, Horizont, alles! Ella, ich habe Stunden dafür gebraucht!«

Ella fuhr über ihre kurz geschorenen Haare und versuchte sich innerlich zu stählen. Vorhin hatte sie drei Kommilitonen in Folge mit genau den gleichen Problemen wieder weggeschickt, und die hatten sie nur traurig angeguckt und waren halt gegangen. Sie konnte Florentines Arbeit nicht anerkennen. Es wäre ungerecht. »Florentine, das geht so nicht. Ich erkläre dir gern –«

Das überschlanke Mädchen lehnte sich zurück und lächelte. »Wie geht es eigentlich Lino?«

»Keine Ahnung.« Jetzt kam auch noch die Wir-sind-doch-eigentlich-gute-alte-Freunde-Nummer. Und darauf hatte Ella nun wirklich keine Lust, zumal es überhaupt nicht stimmte. Florentine und sie grüßten einander kaum auf dem Gang.

»Was macht err denn so?« Florentine rollte genüsslich das R und kippelte ein wenig mit dem Stuhl, vielleicht im Angedenken an besondere Begebenheiten in ihrer Beziehung zu Lino.

»Ich weiß es nicht«, wiederholte Ella.

»Aber du wohnst doch noch dort in der Villa?«

»Ja, äh – sicher.«

Florentine verzog spöttisch den Mund. »Tja … Ich muss ihn demnächst mal besuchen.« Vielsagend zupfte sie wieder an ihrem Rock. »Ein bisschen – wie sagt man? – klatschen.«

»Viel Glück«, wünschte Ella frostig. »Ich glaube nicht, dass du ihn antreffen wirst, er ist noch im Urlaub.«

»Klar.« Florentine lächelte, was aber nicht Ella galt. »Wo denn?«

»Südafrika.«

Linos Ex blickte ungläubig. »Da wollte er doch im Sommer hin. Das weiß ja sogar ich noch.«

»Er ist noch nicht wiedergekommen.«

»So.« Florentine lehnte sich zurück und zog die Augenbrauen hoch, ein Bild des Zweifels.

Ella hob die Achseln. »So ist es. Und jetzt muss ich dich bitten – draußen warten noch ein paar andere …«

Florentines Blick fiel auf die Zeichnung, die Ella ihr hingeschoben hatte. Sie stand auf, unwirsch. »Soll ich das jetzt etwa wieder mitnehmen?«

»Ja.«

»Das geht so nicht, Ella. Ich werrde mich beschweren.«

»Tu das«, sagte Ella ruhig. »Die Frau Röhrig hat in einer halben Stunde Sprechzeit. Lass es dir von ihr erklären. Aber ich sag dir eins, die wird fuchsteufelswild, wenn sie sieht, dass jemand seine Aufgabe von jemand anderem abgepaust hat.«

Das Mädchen schnaubte zornig. »Abgepaust!«

»Das hast du. – Der Nächste!«

»Oh.« Florentine riss ihr Blatt vom Tisch und schritt trotz ihres Ärgers mit bewundernswerter Grazie auf die Tür zu. Die öffnete sich schon, um den nächsten Geometrieschüler einzulassen. Doch in dem Moment wurde Linos Ex anscheinend erst so richtig von Wut gepackt, sie knallte die Tür von innen wieder zu, drehte sich zurück und rief laut und erregt, sodass es von außen zu hören sein musste: »So korrrekt heute – und dabei hab ich schon ganz andere Sachen von dir gehört! Du bist doch die gößte Heuchlerin von allen! Du solltest gewaltig aufpassen, wie du mit mir sprrrichst!« Sie lachte Ella ins Gesicht. »Ich werde mit Lino reden! Und dann werden wir sehen, wie lange du noch in der Villa wohnst …«

»Bitte.«

Florentine zögerte, offenbar auf ein Einlenken wartend, das nicht kam. Ella saß nur steif an ihrem Tisch und sah die Kommilitonin kühl an.

»Na schön. – Du wirrst dich noch sehr wunderrn.« Damit drehte sich Florentine um, öffnete die Tür, machte eine ironisch einladende Geste: »Der Nächste bitte!«, und schritt, elegant, wie sie gekommen war, mit wiegenden Hüften zur Tür hinaus.

Florentine Ausammas hatte den weiten Weg aus der estnischen in die pfälzische Provinz nicht geschafft, indem sie lange herumgesessen und jeden ihrer Schritte sorgfältig abgewogen hatte. Ob die Reise sich wirklich gelohnt hatte, war eine andere Frage, aber jedenfalls war Florentine mit ihren dreiundzwanzig Jahren keine, die lange fackelte.

Und jetzt wollte sie Lino sprechen. Aus verschiedenen Gründen, einmal, weil sie noch Zeit hatte bis zum Aktsitzen heute Abend, dann, weil sie ihn so lange nicht gesehen hatte, aber auch wegen Ella.

Was er an der fand, war Florentine schon immer ein Rätsel gewesen. Und nun war der richtige Anlass, jetzt würde sie Lino mal direkt fragen. Was so eine lächerlich verzweifelte, kahl rasierte Person in seinem Haus verloren hatte. Die er sich wahrscheinlich nur hielt, weil er seine Fans um sich brauchte, weil die fette Kuh ihn rückhaltlos bewunderte. Männer waren so naiv. Denn die Anerkennung war teuer erkauft, solch unterdrückte Leidenschaft, wie sie in Ellas Gesicht stand, bedeutete vor allem eins: Gefahr. Die Frau hatte sich nicht im Griff, die würde noch gewaltig Ärger bringen, das sah man ihr doch an! Allein, was passierte, wenn sie nur eine ganz normale Korrektur machen sollte. Wie konnte sie behaupten, dass Florentines Arbeit abgepaust war?! Dreist war das, richtig dreist. Da spielte doch ganz klar persönliche Abneigung eine Rolle, denn Ella hatte keinerlei Beweis. Nichts. Und man würde sehen, was Lino dazu sagte.

Entschlossen drückte Florentine die Gartenpforte zu seiner Villa auf. Die alten Bäume tropften im Nieselregen, kaum etwas hatte sich in dem halben Jahr verändert, höchstens war das Gebäude noch baufälliger geworden. Ein kaputtes Fahrrad rostete weiter links unter einem halb kahlen Busch, der seine Blätter über dem Kiesweg verstreute; das Laub lag schwarzfeucht über den bleichen Steinen und verdüsterte den ohnehin schon finsteren Tag noch mehr. Florentine jedoch, so hellhäutig und blond sie war, stammte aus einem Land, in dem es dunkler werden konnte. Der deutsche Herbst schreckte sie nicht, sie mochte den modrigen Geruch, schätzte die kühlen Brauntöne als Kontrast zu ihrer Kleidung, aber sonst war ihr dies endlose weinerliche Sterben eher peinlich. In Estland brauchte kein Baum drei Monate, um sich von seinen Blättern zu trennen. In Estland, ja, da gab es eine Woche voll goldenen Lichts, dann kam der Frost und erhellte die dunkle Jahreszeit und fertig.

Rasch schritt sie die Stufen zu dem Eingangspodest der Villa hoch, zupfte schnell noch ihren Rock gerade, öffnete ihren grauen Cordmantel halb, ordnete ihren luxuriösen Angoraschal. Wie gut, dass heute Abend endlich das Aktzeichnen wieder begann. Das nämlich bedeutete, dass sie – ganz zufällig – vorbereitet war. Auf alle nur erdenklichen Möglichkeiten. Sie war gewaschen, gepeelt, rasiert, gecremt, gepudert, parfümiert, lackiert, ihr ganzer Körper strahlte. Und dick war sie auch nicht mehr, achtundvierzig Kilo, ganz genau, der Zeiger der Waage war nicht um auch nur das kleinste Grämmchen nach oben gewandert, und das bei eins-siebzig Körpergröße, kein Mann hätte jetzt noch Probleme, sie auf den Arm zu nehmen und herumzuwirbeln oder sie aus einem brennenden Haus zu tragen.

Sie klingelte heftig, die alte Glocke schrillte bis hier heraus, wie Lino wohl aussah, jetzt, nach einem halben Jahr? Hoffentlich hatte er sich nicht die Haare abschneiden lassen, seinen schönen Surferzopf mit den Goldlichtern drin. Florentine freute sich richtig auf sein Grinsen, den Geruch des harten Körpers. Dass er immer noch im Urlaub war, glaubte sie keine Sekunde, das hatte die missgünstige Ella sich ausgedacht. Rasch fuhr sie sich mit der Hand durch die blonden Haare, dass sie nun kurz waren, würde Lino vielleicht überraschen. Doch andererseits – er hatte keine Rechte mehr auf sie.

Nichts passierte. Hinter der Tür brannte aber Licht, und hatte sich da nicht etwas bewegt? Dort war jemand, Florentine spürte es genau. Die Katze? Sie klingelte wieder. Der scheußliche knie-hohe Betonfrosch, den irgendein Witzbold auf das pompöse Podest vor der hohen Eingangstür gestellt hatte und der immer noch, wie schon zu Florentines Zeiten, seine gestrickte wollene Pudelmütze trug, grinste ihr verschlagen zu. Dahinter warteten feucht – und etwa schon leicht bemoost? – Linos Inlineskater. Im Freien.

Florentine klingelte erneut. Die Schuhe wieder trocken zu kriegen würde Tage dauern. Doch für diese Prozedur war Lino, wie sie wusste, viel zu faul. Er würde die teuren Inliner lieber lächelnd wegwerfen. Zu viel Geld, das war sein Problem.

Nun wurde irgendwo links von ihr ein Fenster geöffnet, sie hörte es nur, sehen konnte sie nichts.

»Hallo!«, rief sie.

»Hallo«, echote eine Stimme. »*La poste?*«

»Wer ist da?«, rief Florentine, das muss jemand aus dem Souterrain sein. Sie stieg die Treppe hinunter, um nachzusehen, tatsächlich, dort stand ein Fenster offen. Ein scharfer, warmer Geruch wehte heran, Gewürze.

»*La poste?*« Ein schwarzes Gesicht sah sie neugierig an.

»Nein.«

»Schade«, sagte der Farbige sehr gebrochen und lächelte. »Tschüss.« Damit knallte er sein Fenster wieder zu. Florentine lächelte ihm unschlüssig hinterher. Vorn an der Haustür hatte sich in der Zwischenzeit nichts getan. Dann war das Licht drinnen vielleicht doch nur vergessen worden. Oder die Jungs konnten nicht mehr aufmachen, weil die wunderliche Ella mit dem Schlachtermesser unterwegs gewesen war.

Sie wandte sich ab und zog ihren schicken schwarzen Schal enger. Dann würde sie halt in die Tannenstraße fahren, zur Werkstatt, in das alte Dreckloch, da war Lino sowieso lieber. Ein Wiedersehen dort wäre überhaupt auch passender. Florentine lächelte. Ihre alte Wohnung. Nicht dass sie in die auch nur eine Sekunde zurückgewollt hätte, aber irgendwie charmant war es dort unterm Dach schon gewesen. Ein interessanter kleiner Punkt in ihrem Lebenslauf. Schäbig, aber doch nett.

Keine zehn Minuten später parkte Florentine ihren hübschen roten Alfa auf einer grauen, stark befahrenen Straße im weniger beliebten Teil der Lautringer Altstadt, einige hundert Meter von Linos Klause entfernt. Der Alfa war ein Oldtimer, ein echtes Geschoss, das ihr Professorchen selten fuhr und ihr mit den Worten »zu dir passt er einfach wunderbar« überlassen hatte, was sie unglaublich großzügig fand. Ein Wesenszug, den sie an ihrem neuen Freund überhaupt schätzte. Durch den schweren Hinterpfälzer Herbstregen wirkte das Auto besonders rot und besonders luxuriös, es war eine Freude, fand Florentine, das anzuschauen, vielleicht konnte man es mal an dieser Stelle fotografieren. Wer hätte gedacht, dass sie hier so bald mit so einem Auto aufkreuzen würde!

Sie musste die Hintergasse nehmen, obwohl das nicht gut für ihre Schuhe war, der Weg war ungeteert und voller Unrat und Pfützen, aber sie hatte keine Schlüssel mehr für die Wohnung. Sich bemerkbar machen, klopfen, konnte man nur am rückwärtigen Eingang.

Etwas geduckt unter dem Regen stieg sie über den niedergetretenen Zaun, der das Gelände der alten Werkstatt zur Gasse hin begrenzte, und durchquerte den Hof, in dem immer noch drei uralte, zerfetzte Winterreifen auf den nächsten Schnee warteten, schritt an dem rußgeschwärzten Michelin-Mann vorbei, der für Lino mit seinem verschrobenen Reichenhumor wahrscheinlich den Ausschlag gegeben hatte, dies kalte und zugige Hinterhaus zu mieten, und öffnete die hohe Schiebetür zur Werkstatt. Diese Tür war nie abgesperrt gewesen, auch jetzt nicht, weil der Zaun vorn abschreckend genug war, um ungebetene Gäste fern zu halten. Zögernd rief Florentine in die düstere Werkstatt ihr Hallo. Niemand antwortete. Also doch hoch und hinten herum, nur schauen. Sie schloss die Schiebetür wieder und nahm die Außentreppe, die hoch zu der Terrasse vor der Hintertür führte. Dabei versuchte sie sich wie eine Spionin zu fühlen, eine Schönheit im Pelz mit einem Auftrag. Die Treppe passte zu ihrer Fantasie, selbst gebaut und schmal. Oben dann, vor ihrer alten Wohnung, sah Florentine den Topf, in dem sie ihre Tomate gezogen hatte, von der inzwischen allerdings nur noch der verfaulte Stumpf da war. Sie zuckte die Schultern, um das unheimliche Gefühl, das sie beschleichen wollte, abzuschütteln. Dann zog sie ihren schönen Mantel enger, stopfte ihren Schal fest und warf sich mit einem Ruck gegen die verzogene Tür. Die öffnete sich anstandslos.

Und so schritt Florentine Ausammas ungebeten in ihre alte Wohnung, ihr altes Leben zurück.

»Der Fillibeck«, hatte Willenbacher ehrfürchtig gesagt, »den kennst selbst du! Der schreibt für die *Rheinpfalz!*«

Bettina hatte nur kurz und unwillig den Kopf geschüttelt, langsam reichte es ihr mit all den angeblichen Berühmtheiten, die sie kennen sollte. »Nein.«

»Also wirklich. Der Satiriker! Von dem ist jeden Freitag ein Bild in der Zeitung!«

»Wenn ich ihn kennen würde«, sagte Bettina mit einem ungeduldigen Blick auf ihre Uhr, »*dann* wäre er berühmt.« Der weltbekannte Satiriker Andreas Fillibeck war eine Viertelstunde überfällig. Er sollte sie durch die Stadt zu den leeren Plakatvitrinen führen. Vielleicht hatte aber auch er den Termin verdrängt, ganz so wie sein Vereinsbruder Henning, der mit den Beziehungen.

»Du solltest dir wirklich mal eine Lesung von ihm anhören«, riet Willenbacher hochnäsig.

»Vorläufig würde mir eine Stadtführung schon reichen«, erwiderte Bettina. Sie standen wieder einmal vor dem Gemeinschaftsatelier der Künstler, diesmal im Hellen, dafür aber vor verschlossener Tür. Glücklicherweise war der Eingang überdacht, sonst hätte es auch noch auf sie draufgeregnet. Das Wetter war grauenhaft, nass und kalt, und die Welt so düster, dass man sich fragte, ob die Sonne morgens wirklich aufgegangen war. Auf dem schlammigen, unbeleuchteten Hof vor der alten Molkerei wirkte alles besonders trist.

»Da!«, machte Willenbacher plötzlich triumphierend. »Da ist er doch!«

Missmutig blickte Bettina hinaus in den Regen. Tatsächlich, dort rührte sich etwas, dort pitschte eine geduckte Gestalt auf einem schwarzen Fahrrad durch die Pfützen, machte einen eleganten Schwenker vor die vom Regen dunkel gefärbte Holztreppe und sprang ab.

Willenbacher trat begeistert vor in den Regen, sie selbst blieb zurück, als Lockvogel für einen Gattenmörder musste sie schließlich an ihre Frisur denken. Eigentlich hatte sie fest vorgehabt, ihre allerälteste Jeans hinten aus dem Schrank zu kramen, niemand konnte schließlich einer zweifachen Mutter vorwerfen, zu unattraktiv für den Mörder gewesen zu sein. Ein solcher Passus stand nicht in ihrem Vertrag, und beim Schwur war auch nichts dergleichen erwähnt worden. Aber dann hatte sie sich das doch nicht getraut, Willenbacher würde ja hinterher auch Bericht erstatten müssen, und ihre Erfolgsaussichten waren tatsächlich besser, wenn sie hübsch angezogen war, also trug sie eine graue Tweedhose und einen dunklen Pulli und hatte es sogar noch geschafft, sich die Haare zu föhnen.

Andreas Fillibeck blinzelte durch den Regen zum Gruß nach oben und machte dann in aller Seelenruhe das Fahrrad fest. »Man kann nie wissen«, sagte er, als er dann endlich vor ihnen stand und sich schüttelte. »Auch wenn die Polizei in der Nähe ist.« Der Mann war schlank, groß, nass – und sah aus der Nähe nicht besonders berühmt aus, wenn er auch Willenbachers Huldigungen erfreut entgegennahm. Natürlich wusste Bettina nicht, was sie sich eigentlich vorgestellt hatte – einen etwas weniger nervösen Menschen vielleicht? Fillibeck war auf jeden Fall keiner, der sich mit langem Smalltalk aufhielt. Er schüttelte ihnen kräftig die Hände, lächelte ein wenig gehetzt, wandte sich dann der schweren Stahltür zu, schloss auf und verkündete, er werde sich mal um die Fahrräder kümmern.

»Fahrräder«, sagte Bettina zu Willenbacher, »hat er Fahrräder gesagt?!«

»Sportlich«, war Willenbachers anerkennender Kommentar, »bei dem Wetter mit dem Fahrrad unterwegs!«

»Will«, sagte Bettina streng, »das genau ist es, was mir Sorgen macht, schaust du bitte mal einen Meter vor dich, raus –«

»So!« Fillibeck schob ein Fahrrad aus der Tür und schenkte Bettina die Andeutung eines Lächelns, das eigentlich mehr ein spöttischer Zug in seinem Gesicht war. »Da wäre mal das erste.« Er hielt Bettina den Lenker hin. »Dürfte eigentlich so weit funktionieren. Für unsere Tour muss die Luft auf den Reifen halt reichen.« Er zwinkerte ihr zu. Oder hatte sie sich das eingebildet? Jedenfalls war er schon wieder verschwunden, bevor sie auch nur beginnen konnte zu protestieren.

»So!« Und da war auch das zweite, ein rostiges Klapprad, das Willenbacher auffordernd hingehalten wurde. Der nahm es entgegen wie den Heiligen Gral.

»Ich will bei diesem Wetter nicht Rad fahren«, versuchte Bettina das Ungemach abzuwenden. Doch ein Blick in Willenbachers Gesicht sagte alles, der würde sich für eine Tour mit Fillibeck noch im Schneetreiben aufs Fahrrad setzen, schließlich war er nicht aus Zucker.

Der Satiriker hatte die Stahltür schon wieder zugesperrt. Er warf Bettina einen kurzen Blick zu und nickte. »Zu Fuß dauert es einen ganzen Tag.«

»Können wir nicht das Auto nehmen?«

Für einen Moment wurde Fillibecks Lächeln deutlicher. Es war einnehmend, aber auch ein bisschen wölfisch, fand Bettina. Ein Satirikerlächeln. Würde er etwa hernach eine Glosse über zimperliche Polizistinnen schreiben?

»Die Vitrinen, die Sie sehen wollen, liegen in der Fußgängerzone.« Er bedachte sie mit einem abschließenden Blick und polterte die Holztreppe hinunter in den Regen, um sein eben sorgfältig angekettetes Fahrrad sorgfältig wieder abzuketten.

Zuerst war sie erschrocken, weil sich so wenig verändert hatte. Selbst die Kaffeetasse, aus der sie an ihrem letzten Tag hier getrunken hatte, stand gerade so umgekehrt auf der Spüle, wie sie von ihr hingestellt worden war. Der Staub lag so hoch in der winzigen Küche, dass sie ihre Fußspuren sehen konnte, und ihr Basilikum war unmissverständlich vertrocknet. Merkwürdig. Sollte Lino tatsächlich noch im Urlaub sein?

Sie trat durch einen Fliegenvorhang aus Glasperlen in das Wohn-, Schlaf-, und Arbeitszimmer unterm Dach. Das Herzstück der Einrichtung befand sich an der gegenüberliegenden Giebelseite: ein riesiger, aus rohen Latten und Balken selbst gezimmerter Planschrank mit allen möglichen Rollen und verpackten Modellen darauf. Auf diesem Schrank hatte Florentine damals ihr Hochbett eingerichtet, ganz oben, am höchsten Punkt der Wohnung. Alles lag verlassen im trüben Licht. Was war aus den Partys geworden, die Lino hier zu feiern pflegte, aus seinen Projekten und Entwürfen? Unschlüssig trat Florentine weiter in den muffigen Raum hinein. Es roch nach Staub und alten, lange nicht gelüfteten Polstermöbeln, nach Pappe und Farbe.

Nach frischer Farbe.

Mit Malutensilien kannte Florentine sich aus, das war Ölfarbe, noch nicht ganz getrocknet. Sie schob das Rollo hoch. Im Licht sah sie Fußspuren. Jemand war in dem staubigen Zimmer herumgelaufen, jemand mit Turnschuhen, jemand, der durch die Vordertür gekommen war, der einen Schlüssel hatte, Lino!

Es war eigenartig, aber plötzlich war Florentine erleichtert. Sie betätigte den Lichtschalter, die Deckenlampe flammte auf; Strom war also auch noch da. Im Hellen sah alles gleich ganz anders aus. Auf dem Zeichentisch, den sie vor knapp sechs Monaten leer zurückgelassen hatte, lag eine ganze Menge Kram, obenauf eine große, locker aufgewickelte Rolle von Bildern auf glattem Papier. Von diesen Bildern ging der frische Farbgeruch aus, die obere weiße Rückseite der Blätter war gewellt, die Bögen darunter mit feuchter Farbe oder Leim behandelt. Dann gab es einen kleinen Stapel Pläne auf Transparentpapier, DIN A0 groß, die, von Staub bedeckt, sichtlich schon etwas länger lagen, sie waren entrollt und an den Ecken mit Linos verunglückter Bronzepistole und Ziegelsteinen beschwert. Daneben, ziemlich durcheinander geworfen, Modellfotos, einige Stifte und Zettel mit Notizen. Und Zeitungen, zwei, nein, drei Ausgaben der *Rheinpfalz*. Auf der obersten Seite eine Variation des endlosen Themas Flugzeugabsturz über Friedhof. Da schüttelte, neben einer Miniatur des geplanten Neubaus, der glückliche Wettbewerbsgewinner Thomas Kußler dem frisch gebackenen grünen Oberbürgermeister der Stadt Lautringen und dem alten roten Ministerpräsidenten des Landes die Hand. So viel Zeit war vergangen! Inzwischen stand das betreffende Gebäude längst im Rohbau, vorhin gerade war sie daran vorbeigefahren. Dann stutzte Florentine, als sie auf derselben Seite einen ihr viel bekannteren Namen las: Sagan-Nory! Ganz klein, in der Randspalte, nur drei Zeilen: Ausstellungseröffnung mit Professor Sagan-Nory: Zehntscheune in Lautringen gut besucht. Das war ja nett, vielleicht sollte sie das Blatt mitnehmen, Damian fände es sicher lustig, dass sie ihn so entdeckt hatte. Sie blätterte die Zeitung auf, überflog den Artikel, betrachtete das Bild: Damian ganz attraktiv vor einem undeutlichen Gemälde im Hintergrund. Sie klappte die Zeitung wieder zu und legte sie auf den Tisch. Besah sich die Bilderrolle, die so verdächtig nach Öl- und vielleicht auch Acrylfarbe roch. Sie war glatt, kühl und staubfrei.

Wäre Florentine noch eine Lautringer Zeitungsleserin gewesen, hätte sie mit Sicherheit sofort erkannt, dass sie soeben den entscheidenden Hinweis zur Aufklärung des spektakulärsten Pfälzer

Kunstraubs aller Zeiten entdeckt hatte, doch seit sie in Darmstadt bei ihrem Professor lebte, musste sie sich mit der Frankfurter Tagespresse bescheiden. Von dem Diebstahl hatte sie nur vage gehört. Deswegen dauerte es etwas bei ihr. Vorerst wuchs nur ihr Gefühl, dass irgendetwas in diesem Raum überhaupt nicht stimmte. Eine Weile betrachtete sie den Zeichentisch, die beschwerten Pläne, die Fotos, die Zeitung. Da dämmerte ihr etwas. Was waren das für fremde Fußspuren, die zu der Bilderrolle führten? Nach einiger Zeit räumte sie endlich den Tisch ab und packte die Sachen weg. Breitete dann die Bilder aus. Die Rolle war ungeahnt schwer, das glatte, weiße, wellige Papier knisterte unter ihren Händen. Als sie die Kordeln löste, die es zusammenhielten, rollten die Blätter fast von selbst auf, sie hatten die gerollte Form noch nicht angenommen, waren noch steif vom Hängen. Zwölf Plakate waren es. Mit Volksbankwerbung unten drauf.

»Und die Volksbankwerbung zu übermalen«, sagte der tropfende Andreas Fillibeck mit einem anerkennenden kleinen Grinsen, »darauf ist nur der Ledig gekommen.«

Sie standen unter dem Dach einer Bushaltestelle, was jetzt aber auch nichts mehr nützte, die Radtour durch die Innenstadt hatte Bettinas Befürchtungen mehr als bestätigt: Sie hatten vor lauter Regen fast nichts gesehen, nicht einmal die denkwürdige Vitrine hinter dem Rathaus, in der Thomas Kußlers Zeichnung einer »Frau, glaub ich« gehangen hatte, waren dafür aber völlig durchnässt. Fillibeck und Willenbacher schien das zwar nichts auszumachen, doch langsam ließ auch deren eiserner männlicher Pioniergeist nach. Bettina hatte gerade beobachtet, wie Willenbacher heimlich an seiner durchweichten Jacke herumzupfte, und Fillibeck war vorhin beim betont forschen Abspringen von seinem Fahrrad beinahe lang hingeschlagen, weil der nasse Asphalt so glatt war. Ob Satiriker auch Satiren über sich selbst verfassten? Immerhin hatte er sich rasch wieder gefangen, stand nun lässig vor dem Bild seines Vereinsbruders, bedachte sie mit kurzen, hintergründigen Blicken und noch kürzeren Sätzen: »Langsam reicht's, hm?« Er sah dank seines kurzen Haarschnitts und der Regenjacke nicht halb so mitgenommen und zerzaust aus, wie Bettina sich fühlte und Willenbacher tatsächlich wirkte. »Ja, Ledig«, war Fillibecks abschließender Kommentar zu dem Gemälde hinter der Vitrine, einer wundervollen Wolke aus Rot, »von dem ist nix geklaut worden.« Das kam etwas spöttisch, wahrscheinlich aus Gewohnheit, und daher setzte er begütigend hinzu: »Von mir auch nix.« Er sah Bettina an, musterte kurz ihre klatschnassen, dunkel geregneten Haare, runzelte dann die Stirn und sagte: »Satire. Klaut keiner. Lautringen …! Müsste man ja lesen.«

Willenbacher lachte laut und wissend, Fillibeck grinste böse und unbescheiden und beugte sich dann ganz plötzlich vor, um Bettina auf die Schulter zu hauen: »Schönes Wetter, was?!« Und lächelte dazu, kurz, aber offenbar freundlich. »Regen.«

»Ach wirklich«, sagte Bettina. »Gut, dass Sie's erwähnen, jetzt weiß ich, was mich die ganze Zeit so gestört hat.«

Fillibeck lachte. »Brauchen was Warmes zu trinken.«

Bettina brauchte trockene Sachen, neue Schuhe, ein Bad, einen Föhn, drei Aspirin, eine Massage *und* was Warmes zu Trinken. »Aber schnell.«

Fillibeck lachte wieder und begann zu singen. »Ein freies Leben führen wir / ein Leben voller Wonne / der Wald ist unser Nachtquartier / bei Sturm und Wind hantieren wir / der Mond ist unsre Sonne. / Heut kehren wir beim Pfaffen ein / bei reichen Töchtern morgen / da gibt's Dukaten, Wein und Bier / was drüber ist, da lassen wir / den lieben Herrgott sorgen. / Und haben wir beim Traubensaft / die Gurgel uns gebadet / so machen wir uns Mut und Kraft / und mit dem Teufel Bruderschaft / der in der Höllen bratet.« Nun grinste er richtig boshaft und schwang sich wieder auf sein Fahrrad. »Mir grade so eingefallen.« Er wies mit der ausgestreckten Hand unbestimmt auf die zweispurige Einbahnstraße vor ihm und sagte: »Da vorn. Große Cappuccinos.« Damit tauchte er wieder in den grauen Regen ein, witschte lebensgefährlich zwischen zwei kastigen Stadtbussen hindurch, die gerade anfuhren, und ließ Bettina und Willenbacher keine Chance als ihm zu folgen, schnell zu folgen.

»Ah«, sagte eine Frauenstimme, »Sie sind noch da.«

Leicht verärgert sah Thomas Kußler auf: Für Studenten hatte er jetzt keine Zeit, seine Sprechstunde war längst vorbei, und er wollte vor dem Aktkurs, den er nachher halten würde, noch zehn Arbeiten korrigieren. Er nahm die Lesebrille ab und blinzelte von seiner Lichtinsel über dem Schreibtisch heraus in den dunklen Arbeitsraum vor ihm. Dort stand unbewegt eine schmale Gestalt im grauen Mantel, mit einem opulenten schwarzen Schal, hellen kurzen Haaren und großen, schmerzhaft zusammengezogenen, dunkel geschminkten Augen. Thomas hatte eine kurze Vision von Rousseaus Schlangenbeschwörer, der unheimlich abwartenden schwarzen Gestalt, die, ein dunkles Band um den Hals, reglos und mit hellem Blick vor einem merkwürdig ordentlichen Dschungel stand.

»Florentine.« Er musste sich räuspern. Automatisch setzte er seine Brille wieder auf und sagte ein wenig schroff: »Machen Sie bitte mal das Licht an, so kann ich Sie gar nicht sehen.«

Florentine Ausammas rührte sich und betätigte den Schalter. Die Deckenbeleuchtung bestand aus alten Leuchtstoffröhren, die ein paar Anläufe brauchten, um anzuspringen. In dem flackernden Licht sah sie immer noch wild aus, aber auch kindlich, schutzbedürftig. Das ist ihre Masche, dachte Thomas kalt. Und als das Licht endlich an war, war auch das kleine ungezähmte Mädchen verschwunden; vor ihm stand nur noch die Frau, die Ausammas, die er niemals duzen würde, so wie Ella zum Beispiel. Merkwürdig, dass ihm dieser Unterschied jetzt auffiel. Er lehnte sich zurück. »Bitte sagen Sie nicht, dass Sie heute nicht Akt stehen können, Florentine. Wir brauchen Sie.«

Darum ging es ihr nicht, das hatte Thomas gleich gesehen, aber alles andere würde wahrscheinlich Scherereien bedeuten, vor allem, wenn es den unseligen Steinhügel betraf. Florentine darauf anzuspitzen, das spürte er deutlich, war ein Fehler gewesen. Sie war so – gierig. Thomas betrachtete die auffällige junge Frau: Ja, das war der richtige Ausdruck, gierig. Seltsam, dass sie gleichzeitig dermaßen mager sein konnte.

»Aber ich komme ja.« Sie setzte sich auf den Besucherstuhl

und sah ihn mit großen Augen an. »Ich möchte nur kurz mit Ihnen sprechen, über was anderes. Was Privates.«

Ein kleines Prickeln sträubte Thomas' Nackenhaare. Florentine war auf eine eigentümliche, zwingende Art attraktiv. Sie war nicht sein Typ, wahrscheinlich war sie niemandes Typ, aber sie war gefährlich. »So.« Er versuchte ein unverbindliches, väterliches Gesicht. »Bitte.«

»Ich könnte Ihnen was Interessantes erzählen.«

Thomas sah, wie sie sich auf ihrem Stuhl einrichtete, sicherer wurde, ihre Kräfte bündelte. Ihre weiße Haut bekam einen schwachen rosigen Schimmer.

»Ich höre.«

»Sie – Sie haben die Bilder gemacht, die gerade in der Stadt hängen, oder?«

Die Plakate, dachte Thomas. *Die* hat die Plakate, was will sie denn damit? »Die haben Ihnen also gefallen«, sagte er bissig.

»Oh.« Florentine starrte ihn hell an. »Nein. Ich meine, ja, sie gefallen mir, sie gefallen mir sehrr gut, aber ich habe sie nicht gestohlen. Sie lockerte den schwarzen Schal, sodass ihr Dekolletee sichtbar wurde. »Nein, ich interessiere mich nur für Ihre Künstlergemeinschaft. Ab und zu steht etwas in der Zeitung darüber.«

»Aha.«

Sie sahen sich an. Florentines Blick war stechend, konzentriert. »Ein Verrein fürr Künstlerr.«

Sie rollte das R jetzt stärker, ihre Anspannung, sah Thomas, wuchs. Seine auch. »Genau.«

»Wie wird man da Mitglied?«

Er verschränkte die Arme. Darum ging es also. »Florentine, wir nehmen gewöhnlich keine Studierenden auf.«

»Wieso nicht?« Sie war sofort entrüstet, vergaß das Einschleimen und ging auf ihn los. »Wieso keine Studenten? Glauben Sie, die Kunst fragt, ob Sie fertig studiert haben? Entwederr Sie sind ein Künstlerr oder nicht! Und –«

»Und Sie *sind* eine Künstlerin«, unterbrach Thomas knapp.

»Ja! Ja, bin ich, eine gute sogar! Ich kann –«

»In dem Fall«, sagte Thomas lakonisch, »können Sie sich trotzdem bewerben. Wir haben einen Förderplatz, der im Januar frei wird. Schicken Sie uns eine Mappe. Und jetzt, bitte, Florentine, ich habe noch zu tun. Lassen Sie mir noch diese zehn Minuten, wir können ja nachher in der Pause drüber sprechen.«

»Nein«, beharrte sie, die Augen hell und eng, die weißen breiten Wangen hübsch gerundet. »Ich weiß, Sie machen viele Ausstellungen, im Gewerbemuseum, in Ihrem Atelier, überall in der Stadt. Sie machen gute Aktionen. Sie sind genau das, was ich brauche, ich will bei Ihnen Mitglied werrden. Richtiges Mitglied! Sie müssen fürr mich stimmen!«

Thomas stützte die Ellenbogen auf den Tisch und sah Florentine direkt an. »Und warum sollte ich das tun?«

Sie lehnte sich zurück. »Ich habe etwas entdeckt, das Sie sehr, sehr interessieren wird .«

Thomas nahm die Brille ab und rieb seine Stirn, er fühlte sich müde. »Florentine, wenn Sie wissen, wo unsere gestohlenen Plakate sind, dann raus mit der Sprache.«

Sie sah ihn an, schweigend.

Thomas wurde ungeduldig. »Hören Sie, ich weiß nicht, wie Sie zu Ihrem Wissen gekommen sind, ich finde nur, Sie sollten nicht versuchen, auf diese Weise Profit daraus zu schlagen. Wir werden kein Lösegeld zahlen, in welcher Form auch immer, und wir sind genauso wenig daran interessiert, ein paar übermütige Studenten für diesen Streich bitter büßen zu lassen. Es reicht, wenn wir die Sachen zurückkriegen. – Überhaupt, bitte verstehen Sie das nicht falsch, aber man könnte auf die Idee kommen, Sie selbst hätten damit zu tun.«

Florentine saß unbewegt, als wäre sie gegen ihren Stuhl genagelt. Sie war so intensiv, so hungrig und hatte gleichzeitig diese schwebende, wie aus tieferen Quellen gespeiste Ruhe, die aller Anspannung trotzte. Sie war doch ein gutes Modell. Gerade jetzt und so hätte Thomas sie gerne gezeichnet. Florentine, dachte er, war eine Frau, die in ihrem Leben noch ein paar Männerleichen sammeln würde. Verhängnisvoll, das war sie.

»Ich erzähle Ihnen einfach, was ich weiß«, erklärte sie nun einlenkend.

»In Ordnung.«

»Ich habe einen Freund, Lino Mattheis. Student im sechzehnten Semester. Der Name sagt Ihnen was …?«

»Ich glaube schon.« Thomas richtete sich auf und verschränkte die Arme. »Was ist mit ihm?«

»In seinem Arbeitsraum –«

Nun ging schon wieder eine Tür auf, die rechts neben Thomas' Schreibtisch. Ich geb diese Assistentenstelle auf, dachte er kurz. So kommt man ja zu überhaupt nichts.

»Tschüß«, sagte seine Kollegin Irene. Seit er vier Angestellte hatte, vergaß sie diesen Gruß nie.

»Tschüß«, sagte er kühl. Irene zog sich zurück. Als sie draußen war, sah Florentine plötzlich viel reservierter aus, fast als fragte sie sich, was sie hier suchte. Abrupt stand sie auf.

»Nur eine kleine Idee von mirr mit den Plakaten«, sagte sie. »Vielleicht ist sie dumm –«

* * *

Dafür, dass es sich um den Sitz der Architekturfakultät handelte, sah das Gebäude ziemlich zwanglos aus, fand Bettina. Es wirkte wie eine alte Schule mit ein paar munteren Anbauten aus Glas, die nachträglich davor gesetzt worden waren, kaum auf den Gesamteindruck bedacht, eher wie ein Patchwork, wie eins dieser Schlösser, an die immer weiter und in immer neuen Stilen angebaut wurde, bis sie nicht mehr nur ein Stück, sondern einen ganzen Bogen Zeitgeschichte darstellten. Aber möglicherweise ergab sich so ein Bild gerade dann, wenn mehrere Architekten unter einem Dach miteinander auskommen mussten. Jedenfalls wirkte der ganze Komplex kein bisschen aufgedonnert oder elitär. Nur die Lage war etwas exponiert: Die Fakultät befand sich nicht im Verbund mit den übrigen Universitätsbauten, sondern war etwas höher und schicker gelegen, an einer kleinen, waldigen Straße jenseits des Unitals, durch Sportplätze und eine Bergkuppe mit eingerüstetem Turm vom Rest des Campus getrennt. Parkplätze davor gab es keine.

»Vielleicht hinter der Schranke«, sagte Bettina und wies auf ein anderes Auto, das zielsicher in eine enge Durchfahrt einbog. Willenbacher steuerte seinen Twingo hinterher. Dass sie mit seinem Auto unterwegs waren, bedauerte Bettina zutiefst, bedeutete es doch, dass sie keine eigenen Ersatzklamotten dabeihatte. Zwar war Willenbacher vorbildlich kollegial gewesen und hatte nach der Regentour und dem großen Cappuccino seine Bestände mit ihr geteilt: er die trockene Hose, sie das Ersatzsweatshirt. Leider handelte es sich aber um die Willenbacher'sche Variante eines Ersatzsweatshirts: grellrosa mit der Aufschrift *Es geht wieder aufwärts, Männer!* Von seiner Freundin Annette. »Hatte ich noch nie an«, war der verlegene Kommentar gewesen. Bettina hatte das Ding genommen, natürlich, es war trocken. Aber sie musste sich höflich einen ganzen Haufen interessanter Fragen verkneifen. Am Ende war dies Kleidungsstück nicht nur Annettes überaus miesem Geschmack, sondern auch noch einem peinlichen Privatwitz zu verdanken, und daran zu rühren, da war Gott vor. Es hätte schlimmer kommen können, sagte sich Bettina, als der Kollege auf der Rückseite des Gebäudes tatsächlich fündig wurde und das Auto unter einer schwankenden Pappel parkte. Sie hätten mit einer singenden Räuberbande im Wald hocken können, um mit dem Teufel Bruderschaft zu trinken. Willenbacher hätte in dem Ungetüm zwei Stunden Basketball gespielt haben können. Ergeben sah sie hinaus in den Regen. Wieso war sie heute nach der Unterredung mit Leonhardt eigentlich extra noch mal nach Hause gefahren, um sich die Haare zu föhnen? Nun sahen sie wahrscheinlich noch schlimmer aus als sonst, zottelig und lockig und wild. Sie betrachtete eine dunkelrote Strähne, die in das Rosa ihres Oberteils hineinhing und sich ganz wunderbar mit der fürchterlichen Farbe biss. So war sie nun dank höherer Gewalt vor allen mutmaßlichen Gattenmördern sicher. Aber so was von sicher.

Erst halb sieben, es war noch wenig los in der Werkstatt. Sie lag im Souterrain des Gebäudes hinter einer Stahltür, die so mit Ausstellungsplakaten bepflastert war, dass man nicht mal mehr die Farbe ihres Anstrichs erkennen konnte. Der Gang davor sah trostlos aus, schmutzig, der Boden war entlang der Wand mit staubigen, teils zerbrochenen Tonskulpturen voll gestellt, zwischen denen leere Colaflaschen und anderer Unrat lagen. Hinter dem Stahltor jedoch war das Licht wärmer, es gab Pflanzen und Bilder und eine große Plastik aus rostigem Metall. Die Polizisten befanden sich in einer Art Vorraum des Fachgebiets, der weit und unregelmäßig geschnitten war.

Klaus Hartmann empfing sie fast freundschaftlich. »Hallo«, sagte er mit sanfter Ironie, »haben Sie den Abend gestern verkraftet? Ja? Immer noch redlich interessiert an der Kunst?«

»Was heißt da verkraftet, wir wärmen uns gerade erst auf«, sagte Bettina und zog ihre nasse Lederjacke enger, das Sweatshirt würde der Bildhauer noch früh genug zu Gesicht bekommen.

Hartmann grinste ihr zu. »Sie waren vorhin mit dem Herrn Fillibeck unterwegs, nicht? – Gibt es schon neue Erkenntnisse?«

»Wir stehen vor einem Rätsel«, sagte Willenbacher ernst.

»Na dann … Möchten Sie vielleicht inzwischen mal die Gießerei sehen? Wir haben noch Zeit, das Metall muss erst heiß genug werden, und Sie sind früh, es ist noch niemand da, auch der Herr Kußler nicht.«

Das ist nicht schlimm, hätte Bettina beinahe gesagt. Der Gedanke an Kußler machte sie nervös. Mit ihr, das fühlte sie immer deutlicher, hatte man den Bock zum Gärtner gemacht. Nicht mal im wirklichen Leben war ihr das je wirklich geglückt: einen Mann anbaggern. Und dann noch in diesem Outfit und mit Willenbacher als Zuschauer, es *musste* ein Desaster werden. Versuchsweise und ziemlich verzweifelt grinste sie Hartmann an, der gab ordentlich zurück, hatte höchst sympathische Fältchen um die Augen und überhaupt nette Augen, warm und – aber Bettina rief sich zur Ordnung, sie war wegen Kußler da.

Hartmann betrachtete sie amüsiert. »Da geht's lang, durch die Garderobe.«

Sie schritten an einer langen Reihe von Wandhaken vorbei zu einer weiteren Tür – aus Stahl selbstverständlich, mit unsolidem Material gab sich in dieser Branche wohl niemand ab – und traten in einen hohen Raum, dessen große Fenster den Blick hinaufzogen. An den Längsseiten standen Schränke, Werkbänke, Werkzeuge darauf, und an der Schmalseite ein großes Gerät mit einer kleinen Eisentreppe davor, der Ofen. Unter einer Galerie gab es dann große Bütten mit einer dicken weißen Pampe. »Schamotte«, erklärte Hartmann. »Das ist angemachter Gips gemischt mit Ton, da werden die Gussformen draus hergestellt. Da. Diese Dinger.« Er wies auf die vor dem Ofen aufgebauten, mit großen Zwingen gehaltenen Gebilde, die aussahen wie kniehohe Tonblöcke mit fest angepressten Brettern außen herum. »Wir arbeiten mit Wachspositiven, die Figuren werden also in Wachs vorgeformt, darauf in Schamotte gelegt, die wird fest, anschließend schmelzen wir das Wachs aus und gießen Bronze hinein.«

»Ganz einfach«, sagte Bettina.

»Ja, genau«, lächelte Hartmann, »das werden Sie ja nachher sehen.«

Er zeigte ihnen noch ein paar fertige Arbeiten, glänzende kleine Bronzen, weibliche Idole, Bäuche, Brüste, Hintern, wenig Köpfe. »Materialbedingt«, war der Kommentar des Bildhauers. Und ein kleines Lächeln. »Kompaktes ist in Metall leichter darzustellen.«

Die Räume füllten sich nun langsam, Stimmen tönten, Grüße wurden gerufen. Hartmann stellte die Polizisten einem Kollegen und noch zwei, drei »Hiwis«, Hilfswissenschaftlern, vor, dann versprach er ihnen Kaffee und schleppte sie zu dem Büro direkt gegenüber der Eingangstür. »Aber ich muss gleich noch den Saal fürs Aktsitzen herrichten«, erklärte er, während er sie vor sich her in den Raum schob. »So.« Er knallte seinen Schlüssel auf den mit allen möglichen Papieren, Tassen, Kuchen und einer kleinen liegenden Frauenfigur aus braunem Wachs beladenen Gemeinschaftstisch. »Hallo.« Das galt zwei jungen Leuten, die an dem Tisch saßen und sich unterhielten, sie grüßten höflich zurück.

»Jetzt geht's gleich los, es wird ein bisschen hektisch, am besten setzen Sie sich und essen ein Stück Kuchen, bis wir draußen alles aufgebaut haben.« Hartmann wies auf die Stühle um den Tisch und begann in einem Küchenschrank zu kramen. »Da waren irgendwo noch frische Teller.«

In dem Raum sah es aus, als hätten kürzlich noch viele Bilder darin gehangen: Es gab so vage graue Ränder an den weißen Wänden. Die Einrichtung bestand aus einer Küchenzeile und sonst hauptsächlich aus Stahlregalen mit ziemlich chaotischem Inhalt. Nur an der Stirnseite stand wie eine luxuriöse Oase ein verschnörkelter, zierlicher Nussbaumschreibtisch mit einer Tastatur und einem sehr schmalen schwarzen Computerbildschirm darauf, der Rest des Tischs war leer.

»So, bitte.« Hartmann stellte ihnen Geschirr hin. »Da drüben ist der Kaffee.« Er wies auf die Kanne und lächelte. »Auf geht's.« Damit verschwand er.

Zehn Minuten später war die Bude voll. Ein Mann im Schifferpullover rauchte wortlos am Tisch sitzend eine selbst gedrehte Zigarette, junge Leute, vielleicht Hiwis, unterhielten sich über Esoterisches, Marsstrahlen, dann fegte eine aufgeregte, sehr junge Blonde ins Büro. Sie warf Schal und Mantel und einen Armeerucksack über den hübschen leeren Nussbaumtisch in seinem einsamen Eck, setzte sich selbst kurzerhand auch drauf, öffnete aufseufzend eine Dose Diätcola und kippte das Zeug hinunter. Dabei baumelte sie mit ihren schlanken Beinen, die in sehr auffälligen Turnschuhen steckten. Ihr Auftreten wirkte ein wenig trotzig. Dann klingelte das Handy der jungen Frau, ein silbernes Schmuckstück, und sie begann eine kurze, geflüsterte Unterhaltung. Keiner der Anwesenden beachtete sie groß, obwohl sie sich wahrscheinlich gerade auf dem Platz des Chefs breit gemacht hatte, ihr schien das aus irgendeinem Grund erlaubt. Draußen vor der nun fast überfüllten Garderobe standen dunkel gekleidete Studenten mit großen Blöcken unter den Armen, Pinselmäppchen oder Körben voller Farbflaschen. Und ein Hund.

Bettina hatte gerade den Entschluss gefasst, sich von ihrer Jacke zu trennen, irgendwann musste sie das sowieso, als Willenbacher sie am Arm packte und flüsterte: »Die Zielperson!«

Bettina schüttelte den Kopf. »Hast du sie noch alle?«

»Wieso, da ist –!«

»Ja, danke.« Sie stand auf.

»Hals- und Beinbruch!«, rief Willenbacher ihr boshaft nach.

Draußen war es richtig laut. Viele Leute zogen ihre nassen Mäntel aus, redeten; der Hund wurde in der Enge nervös und bellte. Bettina schob sich an Kußler heran. Sie hatte ihn nach dem Foto sofort erkannt, er war ein dunkelhaariger Mann, das wusste sie ja, aber so tiefschwarze Haare zu so heller, sommersprossiger Haut hatte sie selten gesehen. Sehr aufrecht stand er da und sprach mit zwei jungen Frauen, die ihn anhimmelten, spöttisch beäugt von einer schicken, sorgsam geföhnten Blondine.

Dann war Bettina neben ihm, er roch warm nach Seife. Sie lächelte vorsichtig. Blieb nah. Eine Spur näher vielleicht, als erlaubt, aber hier war es eng. Sie sah ihn an, er wandte den Kopf, blickte herüber, blaue Augen, blau, *blau!* Die Farbe raubte ihr den Atem, sie war viel zu nah für dieses Blau, leuchtend, rauchig, mit einem dunkleren Ring ganz außen um die Iris. *Soo furchtbar böse* sah Thomas Kußler tatsächlich nicht aus. Sie wandte sich ab, als Erste, was nicht leicht war, sie fühlte, wie der Blick der Blonden ihr amüsiert folgte. Nun stand sie mit ihrer Jacke vor der völlig überladenen Garderobe, atmete kurz und unauffällig durch. Für den Anfang, dachte sie, war das nicht übel. Gar nicht übel. Hinter ihr entstand Bewegung. Sah Kußler ihr etwa nach? Verlegen nestelte sie an ihrer Jacke. Vor ihr warf eine schwarz verschleierte Frau ihren langen, blusigen Mantel über einen hoffnungslos überlastet wirkenden Haken, Bettina nahm den daneben, obwohl der ebenso fragwürdig aussah. Vage dachte sie, dass der schwarze Schleier der Frau hier zwischen all den dunklen Kleidungsstücken nicht so fremdartig und niederdrückend wirkte, wie sie das sonst immer empfand. Die schwarze Uniform der Kreativen hatte auch ihr Gutes. Nur nicht für Menschen in geliehenen Sweatshirts. Die stachen umso mehr hervor. Sie drehte sich um, jetzt schutzlos schweinchenrosa, mit roten Haaren drüber; Thomas Kußler, der ihr tatsächlich hinterhergeschaut hatte, wandte sich rasch ab. Und die Blondine an seiner Seite lächelte Bettina mitleidig zu. *Es geht wieder aufwärts, Männer.*

Die Blonde, das wurde Bettina bald klar, war die wirkliche Komplikation. Einen einzelnen Mann konnte sie, zumal nach so einem Blick, dazu bringen, einen merkwürdigen Pulli und unordentliche Haare zu vergessen, aber nicht, wenn sie dabei von einer dermaßen schicken und aufmerksamen Tussi beobachtet wurde und der damit auch noch die Abendunterhaltung lieferte. Viel zu tun schien die Frau nämlich nicht zu haben, sie stand nur lässig in Kußlers Nähe herum und warf ab und zu einen belustigten Blick zu Bettina herüber. Und das machte die Sache schwierig. *Sehr* schwierig, fand Bettina. Sie tat dann das einzig Vernünftige und ließ sich den beiden rasch von Hartmann vorstellen. Willenbacher hielt sich diskret im Hintergrund, vielleicht verschwand er auch nur zwangsläufig hinter ihrem leuchtenden Shirt.

Sie befanden sich nun in einem anderen, niedrigeren, offensichtlich zu einem älteren Gebäudeteil gehörigen Raum, einer großen Werkstatt mit schmucken Backsteinwänden. Um sie herum bauten Studenten Staffeleien und Eisenböcke auf, Kußler bestückte einen ächzenden Diaprojektor, die Blonde, Frau von Stauff, hockte neben ihm auf einem großen Podest, auf dem blaue Wolldecken drapiert waren. Hartmann zupfte geistesabwesend daran herum, während er den Stand der Ermittlungen in der Plakatsache für Kußler zusammenfasste. »Heute Mittag waren sie mit Filli unterwegs«, sagte er. »Aber viel Neues hat sich scheint's nicht ergeben.« Er grinste Bettina zu, die versuchte, ihre verbliebene Würde teuer zu verkaufen und nicht auch noch zickig und humorlos zu wirken. Sie lächelte.

»Es waren Studenten«, erklärte Kußler, steckte das letzte Dia in den zitternden Apparat und sah Bettina an. »Sie sind also eine Polizistin aus Ludwigshafen?«

»Genau.« Aus den Augenwinkeln sah Bettina, wie von Stauff eine kleine Bronze vom Tisch nahm und in der Rechten wog, als hätte sie vor, ihr die gleich überzubraten. Hinter der Dame in einem zierlichen kleinen Holzspind hing, kaum sichtbar, ein Menschenskelett.

»Kapitalverbrechen«, sagte Hartmann.

Von Stauff murmelte etwas, das sich verdächtig nach »Sieht man« anhörte. Thomas Kußler musterte Bettina gedankenvoll.

Sie lächelte treuherzig, jedenfalls versuchte sie es. »Ach«, winkte sie ab, »das hört sich schlimm an, ist aber nur Bürokratie: Es gibt in unserem Dezernatsbereich keine eigene Abteilung für Kunstdelikte, denn in der Richtung passiert hier nicht viel, und so machen wir das halt mit. Aber unser Chef ist – wie soll ich sagen – schon sehr an dem Fall interessiert.« Sie machte eine kleine nachdenkliche Pause. »Persönlich.«

»Tim«, sagte Hartmann und verdrehte die Augen. »Der hat da Verwandtschaft.«

Kußler sah Bettina immer noch an, das Blau seiner Augen war nun gedeckter. »Liebe Zeit. Der Henning hat Sie bestellt?«

Dieser Typ schien ja unglaublich beliebt zu sein bei den Kollegen. »Ganz so würde ich das nicht ausdrücken.«

»Ja«, verriet Hartmann.

Kußler drehte sich weg, von Stauff betrachtete lächelnd ihre unglaublich spitzen und schicken braunen Lederstiefeletten.

»Gehören Sie auch zu der Künstlergemeinschaft?«, wandte Bettina sich an sie.

Von Stauff hob ihr gepflegtes Haupt, funkelte Bettina kurz an und setzte sich etwas gerader hin. »Nein.«

»Sie machen also keine Kunst.«

»Kunst? – Ich hab hier eine Stelle als Assistentin für Raumgestaltung, das ist eine Tätigkeit, die mich voll ausfüllt.«

Hartmann verschränkte die Arme und sagte mit tiefer Stimme, in anzüglichem Ton und unverkennbar boshaft: »Susanna fotografiert.«

Von Stauff zupfte ihre Wickelbluse zurecht, schob dabei die Brust ein wenig vor und schenkte dem grinsenden Hartmann einen unergründlichen Blick. »Diese elitäre Gruppierung weigert sich, mich aufzunehmen, ich bin ihnen zu derb.« Sie richtete das Wort an Bettina, doch ihr Blick ruhte weiter auf Hartmanns Gesicht. »Meine Sachen sind nicht salonfähig.«

»Und was genau ist an Ihnen nicht salonfähig?« Jetzt hatte Bettina von Stauffs volle und verärgerte Aufmerksamkeit.

Hartmanns Grinsen wurde tiefer. »Bei ihr fehlt es einfach an den elementaren Umgangsformen«, witzelte er. »Da muss man Angst haben, dass man hinterher mit einem hundertjährigen Fluch oder so was dasteht ...«

Das mit dem Fluch konnte Bettina sich fast vorstellen, hexenhaft böse Blicke hatte die Dame jedenfalls drauf. »Klausimausi«, sagte von Stauff sehr sanft. »Weißt du was ...«

Bettina überließ die beiden sich selbst und sah zu Kußler hin, der begonnen hatte, ein paar Gegenstände auf dem Tisch zu arrangieren, eine Glaskugel, ein Straußenei, eine kleine tönerne Frauenfigur, eine römische Scherbe, eine Nadel, eine Tomate, ein Jagdmesser in einer Scheide. Der Mann war sehr gut gekleidet, er trug ein aufgekrempeltes, seidenes weißes Hemd und eine elegante dunkelrote Krawatte, die, fiel Bettina plötzlich auf, erstaunlicherweise fast die Farbe ihrer Haare hatte. Er wirkte ruhig und konzentriert, von Stauffs und Hartmanns Geplänkel interessierte ihn nicht. Er schaute auch nicht zu Bettina, obwohl die plötzlich das Gefühl hatte, er könnte ihren Blick spüren.

»... fotografiert Leichen«, erklärte Hartmann gerade, an Bettina gewandt. »Das können wir nicht gutheißen.«

»Ich habe eine Jagd«, erklärte die von Stauff, die Bettina ebenfalls offen ansah. »Und mache Wildfotografie. Rebhühner in der Brunft.« Ihr Blick war vielsagend, ihr Lächeln rachsüchtig: *touché*. Dann hob sie die Hände. »Oh. Und natürlich auch Wildschweine in der Brunft, Hirsche in der Brunft, Eichhörnchen –«

»Vergiss nicht die schwarzen Katzen«, sagte Hartmann. »Ach, und die Krähen! Susanna liebt Krähen. Krähen nach dem Abschuss, Krähen frisch, Krähen einen Tag abgehangen, Krähen drei Tage abgehangen, Krähen vier Tage –«

Von Stauff verschränkte die Arme. »Es haben alle verstanden, Klaus.« Sie lächelte böse. »Dabei möchte Frau Boll gar nicht über Krähen sprechen. Jedenfalls nicht mit uns. Frau Boll möchte mit Thomas sprechen.«

Eine kleine Pause entstand, Bettina versuchte, ihr unschuldiges Lächeln oben zu behalten, Hartmann und von Stauff amüsierten sich unversöhnt, jeder für sich, und Kußler sah auf, nur verhaltenes Blau im Blick, ernst, gefährlich, wenn da irgendwo ein Lächeln war, dann hatte er es gut versteckt. »Worüber?«, sagte er.

Kunst hakte Bettina sekundenschnell ab, Architektur erst recht, was blieb? »Über Ihre Plakate natürlich«, sagte sie tugendhaft.

»Später«, antwortete er, und nun sah sie das Lächeln doch. Und das Blau seiner Augen war plötzlich so rauchig, dass sie fast Lust auf eine Zigarette bekam. »Jetzt muss ich arbeiten. – Wo ist eigentlich Florentine?«

Auch Willenbacher war unsichtbar, Hartmann nach dem Ofen gucken gegangen, von Stauff daher gelangweilt und vielleicht auch frustriert, jedenfalls strich sie wie eine hungrige Katze um Bettina und Thomas Kußler herum. Der wiederum führte seine Anschauungsobjekte vor. Er hob gerade das Straußenei und wies auf seine Oberfläche hin, wie gespannt und gerundet sie war. »Wie die Oberfläche des menschlichen Körpers, der nun gleich abgebildet werden soll.«

»Rührend, unser kleiner Idealist«, sagte von Stauff hinter Bettinas Rücken. Bettina wandte sich um. »Dieser Vortrag wird seit zwanzig Jahren unverändert so gehalten«, teilte die Blonde ihr und allen unmittelbar Umstehenden mit. »Früher, als der alte Professor noch da war, wurde an dieser Stelle ein Ei zerbrochen.«

»Wenn wir jetzt ein rohes Hühnerei hätten«, sagte Kußler prompt, »dann würde ich einen von Ihnen bitten, es in die Hand zu nehmen und zu versuchen, es nur mit der Kraft einer Hand zu zerbrechen. Sie würden sehen, dass es fast unmöglich ist, eine so kompakte Form zu zerstören, obwohl die Schale nur wenige Millimeter dick ist –«

Tatsächlich fand sich nun einer, der ein Ei anbieten konnte.

»Kleiner Streber.« Von Stauff zog Bettina ein Stück zurück. »Achtung, gehen Sie lieber in Deckung.«

Ein weiterer Freiwilliger erbot sich, den Versuch zu machen, von Stauff zerrte Bettina noch weiter zurück. Kußler blickte leicht gequält auf das Ei in der Hand des großen Studenten.

»Warum sind Sie hier?«

Die Frage traf Bettina unvermittelt, von hinten.

»Die Kunst ist es nicht, und auch nicht die Plakate.«

Bettina widerstand der Versuchung, über die Schulter und damit von Stauff in die Augen zu blicken. Die war zu hellsichtig. »Politik«, machte sie wegwerfend. »Und Sie?«

In dem Moment zerbrach das Ei.

Von Stauff lächelte Bettina von der Seite an. »Gib einem Mann etwas in die Hand und sag ihm, das kannst du nicht kaputtmachen.« Sie verschränkte die Arme. »Auf die Art kriegt man einfach alles klein.«

Thomas, der sich als Verfechter der soeben widerlegten These nicht ganz in sichere Entfernung hatte bringen können, musste springen, sonst hätte ihn der Eiglibber getroffen. Stattdessen war nun die Leinwand besudelt.

»Ich hab euch gewarnt«, triumphierte der große Student. »Ich spiele Tennis.«

»Trotzdem hast du geschummelt. Ein Ei kann man nur mit exzentrischem Druck sprengen. Du musst den Daumen benutzt haben.« Thomas hielt um den jungen Mann herum Ausschau nach Florentine. Wo blieb sie?

»Stimmt«, gab der Student vergnügt zu.

Dinge zerstören konnte so befreiend sein. Die Sache mit dem Ei war unappetitlich, lockerte aber unzweifelhaft die Stimmung. Last abwerfen, dachte Thomas. Das war das Geheimnis. Nun stand die rosa Polizistin, die eben noch mit Susanna geschwatzt hatte, plötzlich bei der Klasse. Blickte ihn an. Er ging nicht darauf ein diesmal. *Kapitalverbrechen.* Jung war sie. Für so einen Beruf.

»Schön«, sagte er in den Raum. »Jetzt zur elastischen Oberfläche.« Er nahm die Tomate in die eine Hand und eine Nadel in die andere. »Seht euch die Nadelspitze an, ein einziger winziger Punkt. – He, Vorsicht.« Die Polizistin, Frau Boll, hatte das Messer genommen. Um seine Aufmerksamkeit zu erzwingen? »Das ist sehr scharf.«

Sie sah ihn an, grün, mit Gold darin. Sehr geschickt nahm sie das Messer aus der Scheide, es sah, Thomas konnte nicht sagen warum, richtig fachmännisch aus, anders als bei den Studenten, die zu vorsichtig waren anfangs, nach seiner Warnung, und dann, wenn sie eben doch nur ein Messer in der Hand hielten, zu leichtsinnig. Es hatten sich schon Leute bei dieser Veranstaltung geschnitten. Dieser Boll jedoch würde das nicht passieren. Die betrachtete das silbrige Blatt mit glänzenden Augen, das war eine, die wusste, was man mit so einem Messer anfangen konnte.

»Passen Sie gut auf damit«, warnte Thomas trotzdem, vor allem in Richtung der Studenten, und piekte in die Tomate hinein, die Nadel war stumpf, erzeugte zunächst nur eine Delle. »Die Oberfläche bleibt auch unter Druck nach außen gewölbt, sie dreht sich nie nach innen«, erläuterte er. »Nach innen wölbt sie sich nur an der kleinen Stelle, wo der Druck aufgebracht wird. Daran müsst ihr denken, wenn ihr nachher in Ton arbeitet. Natürliche Körper bestehen aus konvexen Flächen, also nie mit den Fingern drücken, sonst kriegt ihr Dellen.«

»Orangenhaut«, rief eine Studentin.

»Nicht bei Florentine«, sagte Thomas, ein paar lachten, und die Nadel durchdrang endlich die dünne Haut der roten Frucht. »Apropos, wo ist sie? Kann jemand mal nach ihr sehen?« Nachdenklich betrachtete er die Tomate, in der nun die Nadel steckte. Dann wandte er sich an die Polizistin. Sie roch nach Rauch. Und Vanille. »Darf ich?« Er nahm ihr das Messer aus der Hand. »Jetzt schauen wir mal, was passiert, wenn eine gerade scharfe Kante auf einen konvexen Körper trifft.«

* * *

Dass die junge Frau, die sich im Büro so frech auf den Schreibtisch des Chefs gesetzt hatte, Florentine, das Aktmodell war, überraschte Bettina nicht wirklich. Sie trug jetzt einen blauen Bademantel, ihre Haare standen hell und etwas drahtig vom Kopf ab, die Augen waren schwarz umrandet, die Brauen fest zusammengezogen in tiefer, schmerzhafter Konzentration. Auf den ersten Blick wirkte es lächerlich, aber dann merkte Bettina, dass diese Frau etwas mitbrachte, das in dem bereits übervollen Raum tatsächlich noch gefehlt hatte: eine Art Spannung, ein Stück ernsthaften, tragischen Glanz, an den man glauben musste, damit er nicht komisch wirkte. Doch das Publikum war willig. Als Florentine hereinkam, blass, mit fiebrigem Blick, dennoch ganz Diva, da begann die Stimmung schon zu kippen. Die Leute wurden ungeduldiger. Sie packten Stifte aus, holten Wassergläser, rissen Papier, kneteten Ton. Und beobachteten höflich, wie Florentine kapriziös wurde, sich Handreichungen machen ließ, *ihren* Stuhl wollte, der erst beschafft werden musste, und ein bisschen Theater mit ihrem Bademantel veranstaltete: »Soll ich jetzt?« Freie Schulter. »Nein, die da hinten haben noch kein Blatt aufgespannt.« Schulter wieder bedeckt.

»Ein hübsches Bild, nicht?«, sagte von Stauff, die sich wieder an Bettina herangemacht hatte. Dass diese Frau Florentines Vorstellung goutierte, konnte die Kommissarin sich allerdings nicht vorstellen.

»Oh ja«, sagte sie. »Sehr hübsch. Ich glaube, es geht gleich los.«

»Nicht, solange sie noch angezogen ist«, sagte von Stauff. Sie hatte sich eine Tasse Kaffee aus dem Büro geholt.

»Malen Sie auch?«, fragte Bettina.

»Um Gottes willen.« Von Stauff nippte an ihrer Tasse. »Ich will nur nachher das Gießen mitbekommen, sonst nichts.«

Trotzdem sah sie zu, sahen alle andächtig zu, wie Florentine endlich den Mantel ablegte, rasch nun, fast verschämt, um dann rührend und prächtig und nackt dazustehen. Sogleich fassten die Leute ihre Stifte und Tonmesser und legten los, Kußler erzählte etwas von einem Kontrapost, einer klassischen Pose, aber das ging fast unter vor Florentines Präsenz. Sie war hell, ganz schlank und, wie Bettina fand, gar nicht hübsch, aber sehr apart, knochig, doch mit zarten Knochen, stehend, linkes Bein vorgeschoben, die Hüfte etwas schräg, der Schultergürtel in entgegensetzter Neigung. Und elegante Füße hatte sie, lange Beine, schattige Mulden an allen möglichen Stellen, über dem Hüftknochen, am Po, zwischen den

Rippen, dann zwei winzige, vorstehende Brüste mit großen Warzenhöfen, aber ganz ohne Schwere, ohne Rundung nach unten.

»Finden Sie das schön?«, fragte von Stauff und stellte ihre Tasse ab.

»Ja«, gab Bettina zu. Dann legte sie den Kopf schief. »Na, schön ist vielleicht nicht ganz das richtige Wort.«

Von Stauff lächelte.

»Sie fänden es besser, wenn das Modell ein Mann wäre«, mutmaßte Bettina.

Die Blonde grinste fast freundschaftlich. »Richtig.« Sie nahm ein Päckchen Gauloises ohne Filter aus der Tasche, das kleine zerdrückte Paket wirkte auf malerische Art schäbig. Und obwohl Rauchen hier wahrscheinlich nicht erlaubt war, klopfte sie aufatmend eine Zigarette heraus. »Ich war früher auch mal Modell«, sagte sie. »Aber ich hab nie erlaubt, dass sie ein Skelett neben mir aufbauen und Anatomievorlesungen halten.«

Tatsächlich hatte Thomas Kußler dort vorne nun das Skelett aus seinem Spind genommen und vor das Podest gerollt. Er wies auf – dank Florentines Magerkeit – deutlich sichtbare Übereinstimmungen hin.

»Der Tod und das Mädchen«, sagte Bettina.

Von Stauff steckte ihre Zigarette an, schnell roch es nach dem scharfen Rauch, den sie ausstieß, und Bettina bekam ebenfalls Lust auf Nikotin.

»Ich hab mich nie vermessen lassen«, sagte die Assistentin. »Ich war eitel. Ich dachte, wenn die Leute, vor denen ich stehe, Idole und Göttinnen machen wollen, dann sollen sie das gefälligst auch in mir sehen.« Sie zog wieder, lang und gierig. »Und dann hab ich gemerkt, dass es egal ist, denn kein Mensch schaut Sie wirklich an.« Spöttisch musterte sie Bettinas rosa Shirt von der Seite. »Es sei denn natürlich, Sie legen es so richtig drauf an.«

Nun musste Bettina grinsen. »Wir sind vorhin in den Regen gekommen. Das Shirt gehört meinem Kollegen.«

»Pech«, sagte von Stauff schadenfroh.

Sie sahen zu, wie Kußler auf Florentines Körper zeigte und ihn mit medizinisch klingenden Fachausdrücken belegte.

»Die arme Frau«, das klang nun richtig herzhaft gehässig, »sehen Sie sich das Elend doch an, die hat wahrscheinlich vierzehn Tage lang nichts gegessen, um heute Abend so auszusehen, und es war alles für die Katz, das merkt kein Mensch.«

»Sie«, sagte Bettina, »haben es gemerkt.«

»Ich male ja auch nicht.« Abrupt ließ von Stauff die nur angerauchte Zigarette auf den Steinboden fallen und trat sie mit ihrer mondänen Stiefelspitze aus. »Gehen Sie nachher mal durch die Reihen, dann werden Sie sehen, was ich meine. Schauen Sie sich die Körperproportionen der Leute an. Die werden Sie eins zu eins in deren Bildern wiederfinden.« Die blonde Assistentin verschränkte die Arme, jetzt erbittert, schimmerte da Eifersucht durch? Auf *Florentine?* Oder schlechte Erinnerungen? Dass sie persönlich unbeteiligt sei, war jedenfalls eine völlig falsche Selbsteinschätzung. Gerade schien ihr das selbst zu dämmern, denn nun wurde sogar der Ton ihrer Stimme böse. »Die gucken gar nicht hin, die wenigsten von den Leuten hier brauchen wirklich ein Modell. Ich wette, Florentine da vorne könnte einen Herzanfall bekommen und vor versammelter Mannschaft umkippen, und die Hälfte würde es nicht mal merken. Die malen alle nur sich selbst.« Damit drehte sie sich auf ihren Pfennigabsätzen um, schnappte ihre Kaffeetasse und rauschte davon.

»Und?«

Bettina fuhr herum, wieso machten sich heute Abend eigentlich alle von hinten an sie heran? Konnten sich die Leute nicht, wie es sich gehörte, von vorne nähern? »Willenbacher, erschreck mich doch nicht so.«

»Wie geht's voran?«, fragte der Kollege mit einem kleinen Grinsen, dann hing sein Blick an der nackten Florentine. »Ist er schon – ich meine, hat er …?«

»Was?«

»Angebissen?«

Bettina sah an sich hinab *(es geht wieder aufwärts),* das rosa Leuchten wurde ihr erneut schmerzlich bewusst, wo sie sich doch nun fast daran gewöhnt hatte.

»Willenbacher«, fragte sie nun doch, »wieso hat Annette dir *dieses* Sweatshirt gekauft?«

Sie sahen sich an und mussten plötzlich beide grinsen.

»Ihr hat die Farbe gefallen«, sagte Willenbacher. »Steht dir übrigens.«

»Ich bete ja zu Gott«, erwiderte Bettina, »dass unsere nächste Zielperson eine Frau ist. Dich würde ich gern mal sehen. Ich leih dir dann auch eins von meinen Oberteilen.«

»Bolle«, sagte Willenbacher frech, »in deinen Holzfällerhemden könnte ich 'ne Frau nicht mal zu einer Cola überreden. Nichts für ungut –«

»Verschwinde«, sagte Bettina. »Oder tu was Produktives und setz dich hin und zeichne, aber pfusch mir nicht in meine Arbeit.«

Der kleine Kollege sah wieder Florentine an, eine Spur länger als nötig, und sagte: »Zu dünn.« Und sah weiter hin.

»Dafür scheint sie dir ganz gut zu gefallen.«

Willenbacher blickte die weiße, magere Frau immer noch an. »Die hat irgendwas. – Was ist los, worauf wartest du, was tust du eigentlich hier hinten? Du musst ran an den Mann, Bolle. Wie soll er sonst merken, dass du überhaupt da bist?«

Die Antwort darauf erübrigte sich im Grunde. Bettina verschränkte die Arme und wandte sich in Richtung des Podests in der Mitte. »Was soll das eigentlich heißen, ›es geht wieder aufwärts‹?«, fragte sie zuckersüß.

»Das hintere Bein der Staffelei muss immer aufs Modell zeigen«, sagte Kußler und sah sich um. »Das gilt auch für euch da hinten.« Er blickte drei Studenten an, deren Staffeleien nicht nach seiner Vorstellung ausgerichtet waren. »Bildebene immer parallel zur Objektebene – Entschuldigung, Florentine. Sagen wir, zur Modellebene.«

»Schon gut«, erklärte die junge Frau von oben herab.

Während sich Kußler zwischen den Tischen durchquetschte und persönlich Hand an die Staffeleien der angesprochenen Studenten legte, schob Bettina sich nah an das Podest heran und sah hoch. Die nackte junge Frau hatte die Augen halb geschlossen, träumte, ihre Haut war milchig, ein sanfter Hügel wölbte sich über ihrem Rippenbogen, die einzelnen Knochen konnte man erahnen, zumal in diesem Licht, das Schatten erzeugte. Und die winzigen Brüste standen gerade vor, fast wie Zitzen, das Wort drängte sich Bettina bei diesem Anblick einfach auf, da war etwas Tierisches in dem Bild. Das menschliche Skelett wirkte daneben nicht im mindesten bedrohlich, eher ältlich und vergilbt. Bettina berührte kurz die linke Elle, einen hübschen, glatten Knochen. »Ist es nicht seltsam, so neben einen Toten gestellt zu werden?«, fragte sie zu dem Mädchen hoch.

Die schlug die Augen auf und sah herab. »Bitte? Oh – kein Problem. Das bin ich gewöhnt.«

»Es hat schon etwas Archetypisches«, sagte Kußler plötzlich ganz aus der Nähe. Bettina wandte sich um. Er sah sie ernst und offen an. »Ein mittelalterliches Thema. Totentanz. Wenn auch abgeschwächt dadurch, dass uns die Knochen nur als Anschauungsmaterial dienen. Und Florentine«, er blickte nach oben, »hat den höheren Stellenwert, das sieht man ja.« Das Skelett war an einem Rollständer befestigt, der sich auf dem Fußboden befand, Florentine stand einen Meter höher auf dem Podest.

Bettina sah Kußler an. »Es ist echt.«

»Ja.«

»Sieht aus, als wäre die Person klein gewesen. – Eine Frau?«

Kußler zupfte unwillkürlich an seinem schönen weißen Hemd herum. »Ich weiß es nicht. Kann man das nicht am Hüftknochen erkennen? – Es ist natürlich schon sehr alt; heutzutage würde man eins aus Plastik anschaffen. – Es stammt aus Indien.«

Das hatte er fast zerstreut gesagt, dabei weggesehen.

Und in dem Augenblick konnte Bettina ihre Überraschung einfach nicht verbergen. Sie war zu sehr gefangen in der Geschichte um die verschwundene Valerie Ötting. Sie verriet sich. Als sich ihre Blicke trafen, sprangen die Gedanken ungefiltert von Kopf zu Kopf, eine tote Frau, Indien, ihr Auftrag, das K 11, *Kapitalverbrechen*. Dass sie hinter ihm her war, wirklich, richtig hinter ihm her, seinetwegen gekommen, das gab Bettinas Blick preis. Und er sah es, oder bildete sie sich das ein?

»Ein Fall für Sie, Frau Kommissarin?«, fragte er. Seine Augen waren plötzlich sehr dunkel.

»Erst sind die Plakate dran.« Sie musste sich räuspern, ihre Stimme war so brüchig, dass es sie selbst überraschte.

»Sicher«, sagte Kußler kühl.

Sie räusperte sich wieder. »Aus Indien, sagen Sie?«

Er wandte sich ab. »In Indien gibt es anscheinend weniger religiöse Bedenken, den Körper nach dem Tod der Wissenschaft zu überlassen. Zumindest in bestimmten Volksgruppen.« Das sagte er laut, als Lehrer zu den Studenten. »Und es hört sich merkwürdig an, aber man hat seinerzeit Skelette von Indern auch deshalb bevorzugt, weil sie klein sind. Denn die«, erneut traf Bettina Kußlers kühler Blick, er trug so etwas wie eine Spur düsterer Ironie, »passen halt einfach besser in die Schränke.«

Thomas fühlte sich merkwürdig ruhig, da war nur so ein leichtes Prickeln unterhalb des Brustkorbs, und seine Nase war plötzlich so trocken, dass er durch den Mund atmen musste, schnell, zu schnell, sodass seine Brust sich blähte von der Luft, die er nicht rauslassen konnte. Ein grimmiges Gefühl, und nicht wirklich gleichmütig, beinahe hätte er diese rote Tussi angeschrien, sagen Sie doch einfach, was Sie wollen, na los, frei raus damit, man glaubt jetzt also ganz offiziell, ich hätte meine Frau getötet, Beweise dafür werden Sie keine finden, aber in den Zeitungen wird es trotzdem stehen. Noch dazu war diese Polizistin so eine lächerliche Erscheinung, unprofessionell. Trotzdem hatte sie ihn, vielleicht gerade deshalb, aus der Reserve gelockt, ihn wütend gemacht, und starrte ihn jetzt kalt und etwas unsicher an.

»Was glauben Sie«, sagte sie dann zu forsch, »ist die Person in Indien gestorben oder hier?«

Ihre Augen waren sehr grün, Gold schwankte darin. Und ganz plötzlich, so ging ihm das immer, fand er die Situation aufregend. Hielt diese Frau ihn etwa für gefährlich? Würde sie ihn jagen, wenn er sie anstachelte? Oder musste er das nicht einmal mehr? Er antwortete nicht auf ihre Frage, schob sich einfach nur dicht an ihr vorbei, so wie sie sich vorhin an ihm, nur viel aggressiver, hitziger, er streifte sie fast, ließ sie dann links liegen, ging zu seinen Schülern, immerhin gab er hier Unterricht. Doch er fühlte ihren Blick im Nacken. Und er sah Susanna, die alles interessiert verfolgte.

Arbeiten, dachte er, einfach weiterarbeiten, und blieb unvorsichtigerweise bei einem älteren Herrn stehen, der Stammgast war und den Thomas sonst tunlichst mied. Der Mann fabrizierte scheußliche, farblich absolut obszöne Akte mit einer unglaublich aufwändigen Tupftechnik in Acryl. Von Thomas' scheinbarer Aufmerksamkeit beflügelt, holte der Herr nun ein halb fertiges Werk hervor und bat um die abgebildete Position für Florentine, liegend, gewunden. Wenigstens, dachte Thomas grimmig, ein Rückenakt und nichts mit gespreizten Beinen, das wäre dem Typen auch noch zuzutrauen gewesen. Florentine folgte klaglos der Bitte, sie war eine kleine Diva, aber eben auch ein Profi, die machte alles mit, und hielt die Spannung, wenn es sein musste, ein halbe Stunde oder länger. Stirnrunzelnd sah Thomas zu, wie der ältere Herr freudestrahlend sein Bild in die Staffelei stellte, wie auch die anderen Schüler neue Blätter aufspannten, wie die rote Frau Boll zögernd den Saal verließ.

Dafür hatte Susanna sich nun wieder auf dem Podest niedergelassen, direkt vor Florentine, mindestens fünf oder sechs Leuten direkt im Blickfeld. Sie spielte mit dem Messer. Bei ihr wirkte es gefährlich, Thomas wusste nicht, wieso, sie war doch eine erfahrene Jägerin, konnte gut schießen und sicher auch ein Jagdmesser benutzen, doch sie hielt das Ding wie lustigen Flitter.

»Susanna, denk dran, es ist scharf.« Er trat näher, um ihr die Waffe abzunehmen.

Susanna aber zog das Blatt aus der Scheide, bewunderte es, schmal, glänzend, und streckte ihm das Messer spielerisch unter die Nase. Er sah sie nur an.

»Entschuldigung.« Sie steckte es zurück. »Du warst nicht in Gefahr. Ich kann mit scharfen Sachen umgehen.« Sie sah unglücklich aus.

»Susanna«, fragte Thomas, »was machst du eigentlich hier?«

Susanna blieb die Antwort erspart, dank des Tumults, der nun an der Tür entstand: Die Gießer kamen herein. »Es geht los, es geht los!«, hieß es. »Jetzt müssen wir mal hier durch«, trompetete eine fröhliche, laute Stimme über die Köpfe der Studierenden hinweg, »gleich wird gegossen, Leute, der Ofen ist heiß!«

Klaus Hartmann, gefolgt von vier weiteren kräftigen Männern, schritt aufrecht, Schultern geradeaus, die Augen hübsch links am Modell, in die Werkhalle herein. »Halbzeit, Florentine!«, rief er freundlich, dann war er am Podest, auf dem sie lag, Susanna folgte ihm misstrauisch mit den Blicken, doch er brachte Florentine lediglich ein Ständchen: »Flora, lieb' Florentine mein!« Das sang er. Dann lächelte er in die Runde und sagte: »Wir müssen uns nur noch umziehen.« Und verschwand mit seinem Gefolge hinter einer mannshohen Reihe Schränke, die mit einem Meter Abstand vor der Längswand aufgestellt waren. »Es dauert nur noch fünf Minuten!«

Die Erregung sprang sofort auf die Anwesenden über, es war wie ein Pausenzeichen. Die Studenten ließen Pinsel und Tonmesser fallen, streckten sich, gähnten, schüttelten ihre Klamotten aus, strichen Haare ins Gesicht zurück, nahmen Tassen und Colaflaschen und Äpfel und Zigaretten zur Hand, eine sehr hübsche, gelenkige Studentin zeigte einer anderen – inzwischen lief eine ganz und gar verrückte CD –, wie man Charleston tanzte, und erntete spontanen Applaus der Umstehenden. Irgendjemand musste in dem allgemeinen Chaos den Hund getreten haben, denn er bellte plötzlich ganz fürchterlich. Ein großer Typ im blauen Winzerhemd drängte sich gleichzeitig an Thomas vorbei, geriet wieder aus seinem Blickfeld, Thomas verfolgte, wie der Hund hinausgezerrt wurde und sagte dann, nachdem es wieder ruhiger war: »Florentine, du kannst aufstehen. Es arbeitet keiner mehr.«

»Doch!«, rief einer. Der Typ mit dem Acrylbild. »Ich brauche nur noch zehn Minuten!«

»Aber möchten Sie«, ein Du kam Thomas diesem älteren eifrigen Herrn gegenüber nicht über die Lippen, »denn nicht beim Gießen zusehen?«

»Nein.« Der Mann strahlte. Er trug eine Cordhose, einen dunklen Pullover und ein helles, beklecksptes Hemd darüber. Fehlten nur noch angefressene Pfeife und Bart. »Ich bin gerade so *drin,* wissen Sie?« Damit hob er seinen winzigen Pinsel und wies auf Florentine. »Ich bleibe hier. Es geht nicht anders. Ich muss das einfach einfangen. Sie ist heute so – schön.«

Du meine Güte, dachte Thomas, so drückten sich gewöhnlich nur Aquarellmaler aus. »Na gut, wenn Florentine das mitmacht?« Er sah sie kurz an, sie lag mit dem Rücken zu ihm, halb verdreht, den Kopf zur anderen Seite gewandt, rührte sich?

Hinterher, als er gezwungen war, gründlich über diese paar Minuten nachzudenken, war er sich nicht mehr ganz sicher, ob sie sich bewegt hatte oder nicht. Er glaubte es, aber wenn, dann war es nur ein zustimmendes Murmeln oder Zucken gewesen.

Auf jeden Fall wurde er nun abgelenkt von einer Studentin in einem engen hellen Nadelstreifenhemd mit viel zu langen Manschetten, die ebenfalls weiterzeichnen wollte. »Ich bin noch nicht zufrieden«, erklärte sie und präsentierte ihm ein Bild in Kreide und Bleistift auf grauem Karton, das in einer affektierten Radiertechnik aufgelockert war. »Aber ich finde die Position so schön. Ich glaube, ich versuche es noch mal neu.«

Zum Schluss beschloss noch eine kleine Asiatin zu bleiben. Die anderen, etwa vierzig Personen, waren teilweise schon in der Gießerei, einige warteten noch ab, bis die Gießer in silberglänzenden Asbestanzügen aus ihrem Umkleidebereich kamen. Der größte von ihnen – Klaus, mit Sicherheit – hatte bereits seinen Helm aufgesetzt und das goldglänzende Visier heruntergezogen. Er sprang auf das Podest zu, auf dem Florentine immer noch regungslos lag, stieß einen vom Helm gedämpften Schrei aus und rüttelte an einer Ecke des großen hölzernen Kastens. Dabei – auch darüber dachte Thomas später längere Zeit nach – schien er sich kurz über sie zu beugen, jedenfalls wirkte es für Thomas, der etwas entfernt stand, so, und danach schien ihre Haltung an Spannung verloren zu haben. Aber das konnte auch eine Täuschung gewesen sein.

Bettina hatte einen guten Sitzplatz auf einer Werkbank ergattert. Er lag in angemessener, aber nicht zu großer Entfernung vom Ofen, wunderbar, um den Einzug der Gießer und das Schauspiel des Gießens zu verfolgen. Diesen schönen Platz verdankte sie aber nur der Tatsache, dass sie sich, frustriert von ihrem Misserfolg, einfach in die leere Gießerei abgesetzt hatte. Dass ihr so ein Lapsus passiert war! Ein unpassendes Outfit war eine Sache, sich so zu verraten, eine ganz andere, das war *unprofessionell*. Wie sollte sie jetzt noch weiter an ihrem Auftrag arbeiten? War sie komplett gescheitert? Oder, das wäre zwar merkwürdig, vor allem, wenn Kußler tatsächlich schuldig war, aber: Gefiel dem Architekten diese Situation etwa gar? Er hatte so ein Leuchten in den Augen gehabt, und er war dicht an ihr vorbeigegangen, sehr dicht. Er hatte sie fast angerempelt. Aus purer Bosheit, als Drohung?

Die Halle füllte sich schnell. Von Stauff schob sich durch die Massen und ließ sich mit einem entschiedenen »Sie haben Recht, hier vorne sieht man am besten« neben Bettina nieder. Sie wirkte sehr angespannt. »Männer bei der Arbeit«, sagte sie obenhin. »Ein wunderbarer Anblick, das sollte man sich nie entgehen lassen.« Also saßen sie nun gemeinsam auf der Werkbank, vor ihnen eine Studentin in einem schwarzen Kaschmirpullover, davor nur noch der Ofen, und Bettina dachte leicht deprimiert, dass sie beide was von zwei Mauerblümchen hatten, die beim Ball sitzen geblieben waren.

Dann aber wurde gegossen, und das Schauspiel vertrieb die düsteren Gedanken. Fünf Männer, die in ihren Anzügen aussahen wie Astronauten aus einem uralten Flash-Gordon-Film, nur farbig natürlich, betraten ungelenk den Raum. Alle wurden von ihnen ermahnt, Abstand zu halten, von Stauff von dem größten der Vermummten sogar aufgefordert, den Raum zu verlassen, ihrer unpassenden Schuhe wegen, was sie nur mit einem Achselzucken quittierte.

Dann endlich öffnete einer vorsichtig, wie einen Safe, den Ofen. Mit langen Zangen holten zwei der Männer einen mattweiß glühenden Tiegel heraus. Er wirkte nicht besonders groß, ihn jedoch zu bewegen, war, wie man sah, eine äußerst heikle Angelegenheit. Das Ding war spröde, feurig, gefährlich, wenn einer es unbedacht zu Fall brächte, dann, dachte Bettina, würde es in dem vollen Raum mehr als einen Schwerverletzten geben, obwohl sich alle Zuschauer brav an die Wände drückten.

Die vermummten Männer befolgten nun sorgfältig ein offenbar lange geübtes Ritual, Gerätschaften wurden gereicht, ein letztes Mal geprüft, zurückgereicht, es gab Handzeichen, hart geschrienes Abzählen aus den geschlossenen Visieren heraus. Hitze aus dem geöffneten Ofen stand schnell im ganzen Raum, es roch verbrannt nach Schlacke und Metall. Konzentriert, aber auch beunruhigend angestrengt wuchteten die Gießer den metallgefüllten Tiegel über die mit Brettern fest verschraubten Gussformen, füllten von der glühenden Masse hinein, sie floss schnell, winzige schwarze Teilchen trieben darauf, ab und zu züngelten bläuliche oder grüne Flammen hoch. Sobald eine Form voll war, sprang ein Vermummter herbei, schob mit einer Latte glühende Tropfen, die danebengegangen waren, in die Gussrichter, ein anderer streute etwas darüber, das kleine rötliche Brände erzeugte, und alle halfen dann den Tiegel wieder ausrichten, kippen, eine neue Form füllen. Langsam kühlte das Gefäß dabei ab und leuchtete erst orangerot wie das flüssige Metall, dann dunkelrot und bekam schließlich eine Art schwarzen Reif über dem Leuchten, der immer dichter wurde, um ganz am Ende nur noch ein flüchtiges, tief granatrotes Schimmern im zufälligen Lufthauch durchzulassen.

Florentine starb, schnell. Oder: Es ging *wahrscheinlich* schnell. Die Zeit verließ sie als Erste. Da war sie noch erstaunt. Darüber hinaus aber war Florentine gar nichts, zu wenig, zu leicht, besaß nur diese ungerichtete Strenge, das Magere, nichts Schmerzhaftes, das ihr nun helfen konnte beim Sterben.

Es tat so gar nicht weh! Obwohl es das hätte tun sollen, Gott, dass sie doch etwas spürte! Sie wusste, was geschah. Dieser Moment, der sich so verblüffend öffnete und alles hinausließ! Nichts, *nichts* konnte sie halten. Ein Schatten, das war ihr

Mörder. Dieb, dachte sie noch. Dann war da ein Krampf, der sie erfasste, in der Brust, ohne dass sie etwas entgegensetzen konnte, es ging über sie hinweg, und sie vermochte es nicht zu fühlen, war noch nicht bereit. Wie verunglückter Sex, ihr Liebhaber nahm sie kalt und riss sie mit, und dann sah sie wieder etwas, flüchtig, oder spürte es nur, die Steine, viele graue Steine, mit klarem Wasser, ein Schein von golden nördlichem Licht. Es war warm. Wie starben die Dicken? Plötzlich war wieder Zeit da. Eine Farbe. Kräftiges Türkis und Kobalt und Ultramarin, ein Ozean. Und sie lachte und dann war da in all diesem Blau – preußisch Blau, holländisch Blau, Pfauenblau, Nachtblau, Aquamarin, schweres, jetzt endlich, festes, zähes, nach Steinen und Meer und Weite, aber auch unheimlich dumpfig riechendes Blau, glatt, schlierig, leuchtend – im Blau war da dieser winzige rätselhafte Punkt aus Granatrot. Nein –

4

Der Schrei klang schauerlich, wie aus einem Teenie-Splatter-Film. Fast unecht. Oder schien ihm das nur hinterher so?

Der Student, der Thomas Kußler auf dem Flur wegen eines Entwurfs angesprochen hatte, fuhr jedenfalls richtig zusammen. So kurz nach dem Gießen standen noch viele Leute hier zwischen Kunstwerken und Jacken, alle wandten sich dem alarmierenden Ruf zu. Er war aus dem Aktsaal gekommen.

Und wieder ein Schrei, womöglich noch schriller, diesmal brach die Stimme im höchsten Ton und verebbte in einem Schluchzen, dafür setzte nun ein neues Geräusch ein, das Thomas zunächst überhaupt nicht einordnen konnte, erst als er in der Werkstatt stand, sah er: Es war der Hund, der nun ein beklemmend hohles Geheul angestimmt hatte. Dann blickte Thomas in weiße, stumme Mienen, die sich ihm Hilfe suchend zuwandten.

»Da«, sagte die kleine asiatische Studentin zu ihm. In ihren rätselhaften, aufstrebenden Gesichtszügen lag noch eine Art Lächeln. Ihre Hand zitterte, als sie auf das Podest wies.

Dort ruhte Florentine, ganz wie zuvor. Ihr weißer, magerer Rücken schimmerte seidig, ihre schmale Hüfte lag auf der Seite, um nach oben die üppige Kurve anzudeuten, die das schlanke Mädchen nie zu bieten gehabt hatte. Der dünne Körper harrte stabil in seiner zuletzt eingenommenen Position, immer noch lasziv, aber sichtlich leblos. Wie eine leere Hülle, ein steifer Mantel, den man achtlos hingeworfen hatte und der noch eine Spur der Körperform seines Besitzers in sich trug.

Florentine war tot.

Er las es in den Gesichtern der Umstehenden. Fünf, sechs Menschen hatten sich vor ihr versammelt, auf der anderen Seite, direkt am Podest. In deren Mienen war alles schrecklich klar. Der Hund verstummte, wurde von seiner Besitzerin mit geflüsterten Kommandos aus dem Saal gebracht. Dafür begann nun eine der Frauen direkt vor dem Podest wie ein spontan bereites Klageweib laut zu schluchzen. Wieso war die Zeit nun zäher geworden? Musste nicht alles schneller, deutlicher sein? Wie durch ein schweres Fluidum kämpfte Thomas sich durch den Raum zu Florentine hin.

In einer der reizvollen schattigen Mulden zwischen den zarten Rippen von Florentines linker Seite, knapp vor dem Brustbein, stak das Jagdmesser. Grausig fand Thomas, dass es so beiläufig passend wirkte, fast als habe es nun endlich seinen vorbestimmten Platz eingenommen. Ein zierlicher Blutfaden wand sich von der schlichten Wunde herab, in sanftem Bogen um die rechte, kleine, nur leicht vorstehende Brust, er war schon dunkel.

Als die Studenten sich entfernten und er dann allein Angesicht in Angesicht mit der Toten stand, merkte Thomas, dass er die Leute weggeschickt hatte, er hatte Dinge gesagt wie: »Klaus holen«, »Krankenwagen« und »Polizei benachrichtigen«. Und das anscheinend ruhig und gefasst, denn die Leute folgten fraglos, froh, dass jemand die Leitung übernahm. Dann stand er vielleicht noch zwei Minuten neben der schönen Toten, ihre starren hellen Augen waren auf ihn gerichtet, die Spannung, die im Leben von ihr ausgegangen war, konnte er auch jetzt noch spüren, sie hing, undeutlicher, aber gebannt durch das Messer, wie ein letzter fataler Gruß über dem schmalen Körper.

Dann war die rote Polizistin da.

* * *

Aus einem unerfindlichen Grund wirkte das Bild bekannt. Wie schon mehrfach gesehen, wie aus einem Film, fast gestellt. Für einen ganz kurzen Moment dachte Bettina an einen Scherz, ein Krimispiel, das ihr zu Ehren aufgeführt wurde. In gewisser Weise war die Tote zu perfekt, zu gut aussehend, beinahe auch zu rührend und klein. Das Messer war genau ins Herz gestoßen, das wenige Blut malerisch und beziehungsreich um Florentines hübsche kleine Brust geflossen. Und sie war zu öffentlich gestorben. Im Grunde konnte sie gar nicht tot sein, wie hätte das bewerkstelligt werden sollen – eine Frau erstechen beim öffentlichen Posieren auf einem Podest in der Mitte eines Raums?

Doch die entsetzten Gesichter und vor allem der fehlende Puls des Mädchens bewiesen das Gegenteil. Ein Mord war geschehen. Ein *schöner* Mord, dachte Bettina. Perfekt arrangiert, in sanftem Licht, an einer jungen Frau. Sogar die Pose hatte sie beibehalten. Und neben ihr stand das indische Skelett, unbewegt, wie ein Gespenst. *Totentanz*, dachte Bettina.

»Die Kollegen sind alle im Anmarsch«, rief Willenbacher ihr zu und sorgte damit für wohltuende Nüchternheit. Er pflanzte sich lässig neben Bettina und der toten Nackten auf, alle Blicke waren auf ihn gerichtet, die Studenten und Künstler und Assistenten waren in diesem Raum versammelt, Bettina hatte das gleich als Erstes angeordnet, um die Anwesenden bis zum Eintreffen der Kollegen im Auge behalten zu können. Nur die Frau mit dem Hund durfte draußen warten, denn das Tier war im Werksaal nicht ruhig zu halten.

»Ich habe die Lautringer bestellt«, sagte Willenbacher. »Spurensicherung, Leonhardt, Härting, alle kriegen jetzt Bescheid. Wir werden den Tatort mit aufnehmen und die ersten Befragungen durchführen.« Etwas resigniert sah er in die Runde aus etwa fünfzig Menschen, dann fiel sein Blick auf die Leiche. »Sie heißt mit vollem Namen Florentine Ausammas, eine Estin. Seit knapp zwei Jahren im Land. – Gott, war die dünn«, war sein trockener und nicht sehr leiser Nachruf, und da setzte auch bei Bettina das Gefühl ein, dass sie, so tragisch das alles war, hier einfach ihre normale Arbeit tat.

Jemand hatte das gefährlich scharfe Jagdmesser genommen, war um das Podest gegangen und hatte die Frau erstochen. Noch in der Pose, zumindest sah es so aus. Zu klären, wer, wie und vielleicht auch warum, das war nun Bettinas Aufgabe.

»Weiß jemand, wie es geschehen ist?«, fragte sie laut in die wartende, aufgeregte, immer noch bestürzte Menschenmenge.

Keiner antwortete. Die Studenten wichen sogar ein wenig zurück, Kußler und Hartmann und die paar Kollegen, die neben ihnen standen, sahen sich ratlos an, am Ende des Raums blickte Frau von Stauff unverwandt auf die Tote.

»Niemand weiß, wie das geschehen ist?«, wiederholte Bettina die Frage. Sie wartete lange, bis das Schweigen unerträglich war und noch länger. Schweigen, das konnte sie. Dabei sah sie allen ins Gesicht.

Niemand wusste, wie das geschehen war.

Und nicht nur das: Es wusste auch keiner, wann. Erst recht nicht, wieso und wer der Täter war. Nichts wussten die Leute, eine schweigende, erstarrte Menge stand vor den beiden Polizisten. Aus denen war so nichts herauszubekommen, da musste man gezielter vorgehen.

In dem Moment jedoch rief jemand: »Der Sagan-Nory! Das kann doch nur der Sagan-Nory gewesen sein, der hat sich hier irgendwo versteckt!«

Die Worte brachten Bewegung in die Menge, verhaltene Gespräche setzten ein, zustimmendes Murmeln wurde laut, ja, Sagan-Nory, dem sähe das ähnlich, Kußler verschränkte kopfschüttelnd die Arme und Hartmann trat vor, mit ziemlich ärgerlichem Gesicht. Er trug noch seinen geöffneten Asbestmantel, er war mitten beim Umziehen von dem Schrei und der schauerlichen Entdeckung überrascht worden. »Wer hat das gesagt?«, herrschte er die Studenten an.

Niemand, natürlich, hatte es gesagt.

»Los, raus mit der Sprache, Sie können hier nicht einfach so wild in der Gegend herumverdächtigen!«

Bettina trat zu ihm. »Ist schon gut«, sagte sie. »So hat das keinen Sinn. Wir werden einzeln befragen. – Aber wer ist Sagan-Nory?«

»Unser Professor hier vom Fachgebiet«, antwortete der große, gut aussehende Mann mit finsterer Miene. »Unser Chef.«

»Florentines Macker!«, rief es aus der Menge. Hartmann blickte drohend.

Bettina dachte daran, wie die junge Frau sich so grußlos und betont lässig auf dem Nussbaumtisch niedergelassen hatte. »Stimmt das?«, fragte sie Hartmann. »Frau Ausammas war die Freundin Ihres Professors hier?«

»Ja«, knurrte er die Studenten an.

»Und gleichzeitig Ihr Aktmodell und Studentin dieser Fakultät.«

»Ja.«

»Hm.« Die Menge wurde wieder stiller, um das Gespräch mitzubekommen. Das nutzte Bettina. »Herrschaften«, rief sie, »wir werden Sie jetzt woanders unterbringen, wo Sie bitte warten, bis wir Sie befragen kommen. – Gibt es einen geeigneten Raum dafür?«

»Die Hörsäle oben«, sagte Kußler.

»Gut.« Bettina sah ihn nachdenklich an. Er erwiderte den Blick in klarem Blau. Das indische Skelett, war das nun vergessen? Mit Kußler, nahm sie sich vor, würde sie als einem der Ersten sprechen. »Wir werden Sie einzeln befragen, keine Angst, nur ganz grob, es wird nicht lange dauern. Und wenn Sie meinen, dass Sie etwas Wichtiges wissen, dann dürfen Sie das jederzeit mir oder meinen Kollegen anvertrauen, dann geht's vielleicht noch ein bisschen schneller.« Sie sah sich erwartungsvoll um, doch nun schwiegen wieder alle. »Zumindest«, setzte sie etwas ungeduldig hinzu, »könnten Sie uns aber jetzt schon sagen, wer von Ihnen Frau Ausammas als Letzter lebend gesehen hat. Das wäre ein erster wichtiger Anhaltspunkt.« Bettina blickte zu der Toten hinüber, die weiß und unbedeckt auf ihrem Podest lag. »Fangen wir mal so an: Als ich den Saal verließ, hat sie sich gerade hingelegt, da muss sie also noch gelebt haben.«

»Das war der letzte Positionswechsel«, sagte Kußler etwas abrupt, »kurz vor –« Er senkte den Blick.

»Kurz vor dem Gießen?«

»Ja.«

»Wann genau?«

»Sie waren doch dabei, haben Sie auf die Uhr gesehen?!« Herausfordernd starrte er sie an. Das war, wurde Bettina klar, unmittelbar nachdem er sie fast angerempelt hatte, aggressiv und geladen, nein, da hatte sie natürlich nicht gleich auf die Uhr gesehen.

»Halb sieben«, rief ein Student in das stumme Duell.

Ein älterer Herr, der in einer Gruppe von Altersgenossen

gestanden hatte, aber, soweit Bettina das überblickte, nicht zum Lehrpersonal zählte, sondern nur ein Gast war, trat nun vor. »Viertel vor sieben«, behauptete er. »Ich habe auf die Uhr gesehen. Und ich war auch hier im Raum, als gegossen wurde. Ich habe Florentine gemalt.«

Bettina verschränkte die Arme und legte den Kopf schief. Wahrscheinlich war es passiert, als gegossen wurde. »Okay. Sie waren während des Gießens hier und haben Florentine so gemalt, wie sie jetzt liegt.«

»Ja«, sagte der Mann nickend.

»Und was ist dann geschehen?«

Der Mann, er mochte um die sechzig sein, schüttelte unglücklich den Kopf. »Nichts.«

»Was heißt das, nichts?«

»Na, ich hab gemalt, dann war das Gießen vorbei, die Leute sind wieder zurückgekommen, und dann hat jemand geschrien.«

»Sie waren die ganze Zeit im Raum?«

»Ja.«

»Nicht mal auf Toilette oder Cola holen oder so?«

»Nein.«

»Sie haben nicht gesehen, wie es passiert ist?«

Er schüttelte den Kopf.

»Waren Sie«, fragte Bettina sehr sanft, »irgendwann mit Florentine allein?« Im Saal war es nun still.

»Nein«, sagte der Befragte ein wenig trotzig, »ich glaube nicht. Ich hab mich zwar konzentriert, daher hab ich auch nicht viel gesehen, aber da waren noch andere.«

»So«, sagte Bettina. »Wer denn?« Sie wandte sich wieder an die Studenten. »Wer von Ihnen war während des Gießens hier im Aktsaal?«

Zuerst meldete sich eine Frau, ein schwarzer Ärmel, sie wurde von den Umstehenden vorgeschoben, ein dunkel verschleierter Schopf. Auch eine kleine Asiatin mit einer sehr bunten Bluse trat vor, und eine weitere Frau, die ein Nadelstreifenhemd trug.

»Sie waren während des Gießens hier und haben den Raum nicht verlassen?«

Nadelstreifen und die Asiatin nickten, die verschleierte Frau sagte: »Ich bin nur kurz hereingekommen.«

»Und haben *Sie* etwas bemerkt?«, fragte Bettina wieder.

Die drei sahen sich an, sahen Bettina an, Willenbacher, den älteren Herrn, die Umstehenden, das tote Modell.

Dann schüttelten sie einmütig die Köpfe.

* * *

»Danke«, sagte Bettina eine halbe Stunde später zu der in Tränen aufgelösten Frau, die als Erste das Messer in Florentines Körper gesehen und geschrien hatte. »Es war wirklich alles so, wie Sie es jetzt hier sehen?«

»Ja«, schniefte die Frau. »Nur die Beleuchtung war anders.«

»Klar, wir brauchen jetzt mehr Licht«, erklärte Bettina geduldig, aber etwas hilflos. Die Studentin war nach eigener Aussage nicht mit Florentine Ausammas bekannt gewesen, sie weinte nur wegen der Situation, was Bettina nervös machte. »Lassen Sie sich vom Herrn Hartmann einen Kaffee geben, bitte.«

Die Frau zog ab, immer noch weinend, Bettina wandte sich wieder der Leiche und den Kollegen zu.

»Ich glaube«, sagte Willenbacher gerade zu Dr. Lee, dem Pathologen, »der Mörder ist einfach an ihr vorübergegangen. Ganz schnell. Er hat das Messer in die rechte Faust genommen, sie damit ins Herz gestochen und ist weitergegangen.« Er machte es vor, ohne Messer freilich. Zu seiner Rechten lag immer noch unverändert die Leiche auf dem Podest. Die Höhe des nackten Körpers passte perfekt. Und auch Florentines Position war günstig für den Mord gewesen.

»Klingt plausibel«, sagte Bettina. »Wir müssen also nur jemanden finden, der an der Frau vorbeiging.«

»Dann war der Mörder Profi«, sagte Dr. Lee.

Bettina war froh, das der Koreaner gekommen war. Sie hatten schon häufig zusammengearbeitet. Er war unkompliziert und vernünftig.

»Hat sofort Herz getroffen. Gleich beim ersten Mal.«

»Tja«, sagte Bettina, zerstreut den weißen Körper betrachtend, »das soll vorkommen.« Sie sah, wie die beiden Männer Blicke tauschten. »Ihre Lage interessiert mich mehr«, setzte sie stirnrunzelnd hinzu. »Diese Position muss sehr stabil sein, wenn sie von der Wucht des Stoßes nicht umgekippt ist.«

»Ist sie«, bestätigte Dr. Lee. Er war hübsch gekleidet, ausgehfertig, weite Jeans, Kaschmirpulli, hatte ins Kino gewollt. Zufällig war er in der Nähe von Lautringen gewesen. »Fast stabile Seitenlage. Rechtes Bein unten, ausgestreckt, linkes Bein vorgezogen, Kopf auf dem rechten Arm. Sieht nur künstlerisch aus, weil sie die Hüfte bisschen gedreht hielt.«

»Der linke Arm ist aber im Rücken.« Bettina betrachtete die Leiche zweifelnd. »Liegt da nicht der Schwerpunkt weiter oben? Müsste sie nicht nach hinten gekippt sein?«

»Das Messer«, wandte Willenbacher ein, »war sehr scharf. Da war nicht viel Wucht nötig.«

»Nur Geschick«, sagte Dr. Lee. Er sah sich um, als könnte er so den Mörder finden. Im Raum war es sehr hell, alle verfügbaren Lichter brannten, Männer von der Spurensicherung in weißen Schutzanzügen packten ihre Koffer aus, der Fotograf beschäftigte sich mit dem Podest.

Bettina folgte nachdenklich dem Blick des Pathologen, dann betrachtete sie erneut die Leiche. »Man kann ihre Rippen sehr gut sehen«, sagte sie. »Der Mörder musste nur dazwischen zielen. Und wo das Herz sitzt, weiß jeder. Im Grunde hat sie es auf dem Präsentierteller dargeboten.«

Dr. Lee hob die Achseln. »Sie haben noch nie getötet. Dann nehmen Sie Messer, das Sie seitlich in Hüfthöhe wegstoßen müssen. In einen Körper rein. Sie wissen gar nicht, wie viel Kraft Sie brauchen. Und Haltung ist nicht gut zum Zielen. Aber Sie machen das, ganz schnell, dass keiner merkt. Treffen keine Rippe. Alles klappt sofort. Ist doch komisch.«

»Der Mörder hatte nur *einen* Versuch«, gab Bettina zu bedenken. »Er *musste* gut sein. Das hat ihm wahrscheinlich geholfen.« Sie ging um das Podest herum, es war nicht einfach, zu viele Dinge, Böcke, Tische, Stühle, Malsachen, Taschen standen im

Weg. »Die meisten Studenten haben das Modell von der Rückseite gesehen. – Eigentlich alle.« Von der Türseite aus blickte sie nun auf die Zeichnungen, die an den Staffeleien hingen, makabre Spiegelbilder der Position, in der die Leiche tatsächlich noch lag. Bettina dachte an von Stauffs boshafte Theorie, das Modell könnte unbemerkt vom Podest kippen. So abwegig war die gar nicht gewesen. »Ich frage mich«, sagte sie laut, »weshalb keiner das Messer bemerkt hat. – Will.«

Willenbacher bahnte sich einen Weg durch die herumstehenden Malsachen, drehte sich zum Modell. »Stimmt.«

Wenn man sich sehr anstrengte, konnte man über Florentine Ausammas' offen dargebotener linker Seite ein, zwei Zentimeter eines dunklen Gegenstands sehen: ein Teil des Messergriffs. Bettina bat den Fotografen, Bilder davon zu machen.

»Hab ich schon«, winkte der ab.

»Der Griff ist aus Horn. Ziemlich unauffällig«, sagte Willenbacher.

»Niemandem ist er beim Malen aufgefallen« grübelte Bettina. »Jedenfalls nicht bewusst.«

Sie sahen sich an.

»Sie ist während des Gießens erstochen worden«, sagte Willenbacher. »Muss sie. Wie soll das vorher gegangen sein? Vor fünfzig Leuten? Also kann der Griff höchstens von den dreien gemalt worden sein, die da noch im Saal waren.«

»Wo sind deren Bilder?«

»Das müssen wir sie gleich fragen.«

»Lass uns trotzdem alle ansehen.«

Sie schritten durch die Reihen und guckten sich die Zeichnungen und Bilder an. Florentine Ausammas in Bleistift, Acryl, Aquarell, sogar Öl, auf jede erdenkliche Weise.

Nur den kleinen dunklen Fleck über ihren Rippen, den hatte keiner gemalt.

»Das gibt's doch nicht, dass niemand gesehen hat, wie es passiert ist«, fuhr Willenbacher auf.

»Wir kriegen es raus«, sagte Bettina. »Wir müssen die Leute nur zwingen, es uns zu sagen.«

»Hypnose?«, fragte Willenbacher.

»Bitte?« Bettina blickte streng. »Gute altmodische Vernehmungen, Herr Willenbacher. Und mit dem Kußler fangen wir an.«

* * *

Sie nahmen das Büro des Fachgebiets; Bettina setzte sich auf den schwarzen Hocker hinter dem Nussbaumsekretär und wunderte sich erneut über die leeren Stellen an den Wänden. Den runden Gemeinschaftstisch hatten die Spurensicherer abgeräumt und Ausammas' Habseligkeiten darauf ausgebreitet, Verschiedenes war schon in Tüten verpackt, viele Schminksachen, ein elegantes kleines Lederportemonnaie, ein paar alte Bons, Traubenzucker, Tampons, ein Satz Unterwäsche in einem kleinen Plastiketui, Schlüssel, ein Blatt mit verschiedenen Skizzen einer Katze. Das Handy und den kleinen ledergebundenen Terminkalender legte Bettina neben sich auf die Holzplatte des Tischs. Die ist massiv, dachte sie. Ein echtes Schmuckstück. Sie schlug den Terminkalender auf. *9.30 Uhr Perspektive* war für den heutigen Tag eingetragen. Sonst nichts.

Dann kam Willenbacher herein und schob Thomas Kußler vor sich her.

»Oben bei den Studenten«, sagte Kußler, nachdem seine Personalien aufgenommen waren und er sich auf seinem Stuhl vor dem Schreibtisch einigermaßen eingerichtet hatte, »weiß man inzwischen, wer der Mörder ist.«

»Wer?«

»Sie«, sagte Kußler trocken. »Sie haben sich verdächtig gemacht, weil Sie schon da waren, bevor der Mord passierte. Das Feuerwehrmannsyndrom.« Seine blauen Augen glänzten, die rote Krawatte war jetzt unmerklich gelockert, die Hemdsärmel vielleicht noch eine Spur weiter hochgerollt, die dunklen Haare dekorativ in der Stirn.

»Ja«, sagte Bettina, die nicht vorhatte, sich aus der Ruhe bringen zu lassen, »wenn ich nicht wüsste, dass ich unschuldig bin, fände ich mich auch verdächtig.« Sie lächelte, nur wenig und ziemlich grimmig. Der Flirt, mein Lieber, dachte sie, ist vorbei. Hier hatten sie eine echte Leiche, keine vagen Rätsel mehr, keine Agentenspiele. Jetzt war Nüchternheit angesagt. »Herr Kußler, Sie waren der Leiter dieses Kurses. Nun erklären Sie uns bitte, was da heute Abend passiert ist. – Sie müssten es wissen, oder?«

Der Glanz in seinen Augen erlosch. »Nein, ich weiß nicht, wer Florentine erstochen hat.«

Das hatten die Polizisten auch nicht erwartet. »Aber haben Sie keinen Verdacht?«, fragte Willenbacher.

»Auch nicht.«

»Florentine Ausammas war Ihr Aktmodell.«

»Ja.«

»Kannten Sie sie näher?«

»Nein.«

Bettina beugte sich vor. »Wie wurde Frau Ausammas Ihr Aktmodell?«

»Sie ist vom Fachgebiet angeworben worden, vor anderthalb Jahren, glaube ich. Ich persönlich brauche mich um das Modell nicht zu kümmern. Dieser Kurs wird vom Fachgebiet Werken ausgerichtet.«

»Sie sind eigentlich Architekt, nicht?«

»Genau.« Kußler zupfte an seinen hübschen aufgerollten Hemdsärmeln herum. »Ich habe mein Büro und eine halbe Assistentenstelle hier in der Grünordnungsplanung. Den Aktkurs gebe ich nur aus persönlichem Vergnügen, als Ausgleich gewissermaßen, sonst habe ich ja kaum mehr Gelegenheit zu zeichnen.« Sein Gesichtsausdruck war nun auch reservierter. Bettina fand das gar nicht traurig, so konnte sie viel besser mit dem Mann reden.

»Sie hatten *überhaupt keine* persönliche Beziehung zu Frau Ausammas?«, fragte Willenbacher, der sich das gar nicht vorstellen konnte. »Hatten nicht mal – sagen wir – ihre Telefonnummer irgendwo stehen?«

»Ich, nein«, sagte Kußler. »Aber Klaus Hartmann.« Er lächelte fein. »Der hat die Aufsicht über die Modelle.«

Willenbacher lehnte sich zurück, er sah ein bisschen müde aus und sehr informell, das konnte der kleine Kollege gut. »Herr Kußler, jetzt sagen Sie uns mal einfach Ihre Theorie. Die müssen Sie haben. Ihr Modell war nie allein und ist trotzdem erstochen worden. Wie kann das sein? Die Leute haben sie *gezeichnet!*«

Kußler schüttelte den Kopf. »Es war viel los heute Abend«, sagte er mit gesenktem Blick. »Das Gießen. Die ganzen Gäste. Das bringt Unruhe – und wenn der Saal voll ist, können Sie die Teilnehmer nicht alle motivieren, nah am Modell und am Blatt zu bleiben. Besonders am Anfang – und heute war ja erst der Ein-führungskurs – fallen viele schnell auf sich selbst zurück.« Nun sah er die beiden Polizisten an. »Es geht ganz schnell. Ich konzen-triere mich, zeichne den Umriss, ein Detail, das mir gefällt, dann bekomme ich das Gefühl, dass irgendwas nicht stimmt, fange an zu radieren, betrachte Striche, überlege und bin schon abgelenkt. Wenn Sie dann noch eine anspruchsvolle Technik benutzen, sind Sie sofort weg.«

»Aber es waren so viele Menschen da«, wandte Willenbacher ein.

»Es muss«, sagte Kußler, »während des Gießens passiert sein, als nur noch drei oder vier im Saal waren.«

Sie sahen sich an, das dachten sie alle, das war fast klar: Beim Gießen musste es passiert sein.

»Wo waren Sie in dieser Zeit?«, fragte Bettina.

»Mit in der Gießerei.«

»Kann das jemand bezeugen?«

»Ich weiß nicht. Ich habe einfach zugesehen.«

»Okay.« Bettina nahm den kleinen silbernen Kugelschreiber aus Ausammas' Kalender und betrachtete ihn etwas zerstreut. »Bis wann können Sie denn sicher sagen, dass Frau Ausammas noch gelebt hat? Sie haben doch mit ihr gesprochen und ihr – äh, gezeigt, wie …«

»Ich habe die Position eingerichtet, ja.« Kußler dachte nach. Dann sagte er langsam: »Aber Florentine hat nicht geantwortet, jedenfalls am Schluss nicht.«

»Wie, sie hat nicht geantwortet? – Was haben Sie gesagt?«

»Ich hab sie gefragt, ob es für sie in Ordnung ist, auch während des Gießens liegen zu bleiben.«

»Und wann war das?«

»Zehn Minuten vielleicht, nachdem sie die Position eingenommen hatte.«

»Also?«

»Die Uhrzeit kann ich Ihnen nicht sagen.«

»Und sie hat gar nichts gesagt?«

»Nein.«

»Haben Sie noch mal nachgefragt?«

»Nein. Es war so viel los. Und Florentine sollte ja liegen bleiben, ich dachte, sie hätte das verstanden. So lief die Kommunikation mit ihr. Sie war ein Profi.«

»Und was ist dann passiert?«, wollte Willenbacher wissen. »Weiter.«

»Dann gab es Unruhe. Die Gießer sind in den Raum gekommen. Die Leute haben aufgehört zu arbeiten und sich von Florentine abgewendet. Und die Gießer sind ziemlich nah an dem Tisch vorbeigelaufen.«

»Hat einer von ihnen mit Frau Ausammas gesprochen?«

»Klaus Hartmann.«

»Konnten Sie verstehen, was?«

»Er hat«, sagte Kußler und runzelte angestrengt die Stirn, »beim Hereinkommen etwas gesungen. Dann, als er hinter den Schränken wieder vorkam, hat er an Florentines Tisch gerüttelt. Ich denke zumindest, dass er es war, so was wäre typisch für ihn.«

»Sie sind sich nicht sicher?«

»Er hatte sein Visier heruntergeklappt.«

»Ach was.« Bettina beugte sich vor.

»Sie wissen ja, wie groß das Podest ist.« Kußler ließ sich nicht irritieren. »Zwei mal zwei Meter. Soweit ich das gesehen habe, ist er nicht besonders nah an Florentine rangekommen.«

»Und hat sie darauf reagiert?«

Kußler grübelte. »Sie hat höchstens ihre Lage verändert«, erklärte er dann. »Sagen habe ich sie nichts hören.«

»Könnte«, fragte Bettina, »denn vielleicht ein anderer Gießer im Vorbeigehen das Opfer erstochen haben? Ich meine, wenn man davon ausgeht, dass es schnell ging. Sind die Männer nahe genug dran gewesen?«

Wieder dachte Kußler längere Zeit nach. »Unwahrscheinlich«, sagte er dann vorsichtig.

»Aber möglich?«

Er nickte.

Eine Pause entstand. Bettina blickte auf Ausammas' winziges, silbriges Handy, ihren kleinen Kuli, ihre ganzen bunten, verspielten Sachen, die nun in Plastik gepackt waren und schrecklich traurig aussahen. »Auch wenn Sie Frau Ausammas nicht näher kannten«, fragte sie dann zögernd, »ist Ihnen nicht vielleicht doch etwas an ihr aufgefallen? War sie heute anders als sonst?«

Sie blickte Kußler an und stieß plötzlich wieder auf das rauchige Blau, so leicht war mit dem Flirten nicht aufzuhören, wenn der Anfang erst geglückt war, dachte sie halb irritiert, halb – ja, was? Erfreut? Dass ihr auftragsgemäßes Handeln nun Früchte zeigte? Dass ein Mann mit solchen Augen sich auf Anhieb für sie interessierte?

»Sie war«, sagte er mit unverändert klarer Stimme, »dünner.«

»Wie, dünner?«

»Sie muss stark abgenommen haben. Letztes Semester sah sie noch ganz anders aus. Natürlicher und«, er blickte sie wieder an, dunkel, blau – daran, dachte Bettina, muss ich mich jetzt einfach gewöhnen, und zwar schnell –, »hübscher.«

»War sie krank?«

»Das weiß ich nicht.«

»Aber der Herr Sagan-Nory müsste es wissen, oder? Der war mit ihr liiert?« Das war nur noch eine rhetorische Frage, sie hatten den Professor längst angerufen, gleich nachdem sie das Büro in Besitz genommen hatten, er war der nächste erreichbare Angehörige des Opfers. Natürlich war er geschockt gewesen und hatte die Beziehung zu Florentine Ausammas sofort und fraglos bestätigt. Und wollte unverzüglich kommen, davon hatte er sich nicht abbringen lassen.

»Es gibt da so ein Gerücht, ja.«

»Aber genau wissen Sie es nicht?«

»Vermutlich nur«, sagte Kußler vornehm, »weil es mich nicht interessiert.«

»Es geht einfach darum, was für eine Art von Beziehung das war. Eher öffentlich oder mehr versteckt? Immerhin war Frau Ausammas eine Studentin von Herrn Sagan-Nory. Da läge es auf der Hand, die Liaison diskret zu behandeln.« Sie sah Kußler offen an.

»Ich glaube nicht, dass einer von beiden großen Wert darauf gelegt hat«, erklärte er trocken. »Auf Diskretion, meine ich. Aber das müssen Sie Herrn Sagan-Nory fragen. Ich bin da nun wirklich die falsche Adresse.«

Willenbacher sah von seinem Block auf. Er saß an der Schmalseite des Tisches, schreibend, ganz Untergebener, so sah er oft aus. Seine Fragen wirkten dann wie aus persönlichem Interesse gestellt. »Aber sagen Sie mal, diese Zwischenrufe vorhin im Saal. Als die Leute gerufen haben, der Sagan-Nory muss es gewesen sein. Was war *das* denn? Was haben die gemeint?«

Kußler wandte sich Bettinas Kollegen zu. »Ich weiß es nicht.«

»Solche Verdächtigungen kommen doch nicht von ungefähr. Hatten der Herr Sagan-Nory und Frau Ausammas vielleicht mal öffentlich Streit?«

Der Architekt schüttelte nur abwehrend den Kopf.

»Es war nicht nur die Meinung eines Einzelnen«, sagte Bettina nachdenklich. »Ich habe den Eindruck, die Studenten glauben das alle.«

Kußler schwieg.

»Wie sind sie darauf wohl gekommen?«, fragte Willenbacher harmlos interessiert.

Der Architekt warf ihm einen etwas genervten Blick zu, setzte sich gerader hin und verschränkte die Arme. »Ich könnte mir nur vorstellen, dass es an Sagan-Norys Ruf liegt.«

Willenbacher starrte den Mann kurz an, dann griff er sich an den Kopf und sagte ernst: »Natürlich! Das ist ein Argument.«

»Was hat er denn für einen Ruf?«, fragte Bettina. Dass diese

Kunstfritzen sich nie klar ausdrücken konnten. Willenbacher war da keine Ausnahme!

»Der Name sagt Ihnen nichts, aber Sie haben ganz sicher schon von ihm gehört«, sagte Kußler.

»Ja.« Willenbacher blickte Bettina oberlehrerhaft an, das gefiel ihm wieder. »Den kennst selbst du. Das ist der, der vor zwei Jahren bei irgend so einer ganz kleinen, eigentlich unspektakulären Ausstellung zehn Hamster in zehn Mikrowellen gesetzt hat.«

Nein, daran konnte Bettina sich nicht erinnern. »Und?«

»Und die Mikrowellen waren betriebsbereit«, sagte Kußler. Hinter dem rauchigen dunklen Ring glomm etwas in seinen Augen. »Man musste sie nur einschalten.«

»Bei der Ausstellung«, sagte Willenbacher mit Grabesstimme, »sind vier Hamster gestorben. Aber Sagan-Nory ist vor einem Vierteljahr vom Vorwurf der Tierquälerei freigesprochen worden. Er hat die Viecher ja nicht gekillt. Es war Kunst.«

»Oh«, sagte Bettina entsetzt. »Der ist das.«

Sie sahen sich alle drei an.

Der war das.

Die Kommissarin hatte gute Augen, fand Thomas, wärmer und sanfter, als er sich das bei einer Polizistin vorgestellt hätte, mit den goldenen Lichtern über dem Grün sogar freundlicher als die der meisten anderen Frauen, die er kannte. Sie hatte sehr schmale Hände, hübsche Nägel, einen locker sitzenden Ring mit einem tief dunkelgrünen Bernstein darin, der ihr ausnehmend gut stand. Das rosa Sweatshirt störte das Bild zwar, konnte aber nur eine vorübergehende Verirrung sein.

»So, zum Tatwerkzeug, Herr Kußler«, sagte sie gerade. »Ein Jagdmesser. Und dazu ein sehr scharfes, nicht wahr? Was hatte so ein Messer in Ihrem Lehrbetrieb verloren?«

»Dieses Messer ist da, seit ich denken kann.«

»Wem gehört es?«

»Wahrscheinlich noch dem ehemaligen Professor, von dem ist auch der Vortrag, den ich vorhin gehalten habe. Herr Sagan-Nory hat hier nicht allzu viel geändert. Die ganzen Requisiten, die römische Scherbe, die Venusfigur und so weiter, das wird alles schon seit Jahren benutzt, auch für die Studenten im Grundstudium. Die kennen das alle.«

»Das Messer auch.«

»Genau.«

»Aber so ein Messer stumpft mit der Zeit ab.«

»Der alte Professor war mit seinen Sachen sehr eigen. Die mussten immer gut gepflegt sein.«

»Und der neue hat das fortgesetzt.«

»Da müssen Sie den Hartmann fragen. Aber wahrscheinlich haben die Leute vom Fachgebiet auch in dem Punkt einfach ihre alte Routine beibehalten.«

»Bis hin zur Pflege der Mordwerkzeuge.«

»Ein Messer«, sagte Thomas, »ist ein Messer.«

»Wer hatte alles Gelegenheit, es zu nehmen?«

»Alle, ich habe es herumgegeben.«

»Wann haben Sie es zuletzt bewusst gesehen?«

Susanna hatte damit gespielt, dachte Thomas. Und dann?

»Herr Kußler?«

Er sah auf. »Frau von Stauff hatte es. Das weiß ich noch.«

»Wo war sie und was tat sie?«

»Sie saß auf dem Podest.«

»Direkt neben dem Opfer?«, warf Willenbacher ein.

»Ja. – Aber von dort aus konnte sie Florentine unmöglich erstechen, wenn Sie das meinen. Sie saß den Teilnehmern im Weg, aber doch noch um einiges entfernt vom Modell.«

»Wieso hat sie das Messer genommen?«

»Um damit herumzuspielen.«

»Mit einem Messer?«

»Ich erinnere mich dunkel«, sagte Kußler mit einer Spur Sarkasmus, »dass auch Sie, Frau Boll, dieses Messer in der Hand gehalten und es sich angesehen haben. Genau wie Frau von Stauff.«

Sie lächelte ihm grimmig zu, doch das Grün ihrer Augen behielt seine Wärme. Die mag mich, dachte Thomas. Die ist aufregend.

»Und was haben Sie getan?«

»Ich habe sie gewarnt.«

»Wovor?«

»Frau von Stauff ist zuweilen leichtsinnig. Und wie wir wissen –«

»War das Messer scharf. – Wann war das?«

»Kurz vorm Gießen. Susanna hat das Messer brav weggelegt, und dann kamen schon Klaus Hartmann und die Helfer, um sich umzuziehen.«

»Wo hat sie es hingelegt?«

Thomas versuchte sich die Szene wieder vor Augen zu rufen, doch es gelang ihm nicht, er sah nur den Mann im Winzerhemd, der sich an ihm vorbeidrückte. »Auf den Tisch, nehme ich an. Das weiß ich aber nicht genau.«

Willenbacher beugte sich plötzlich vor. »Dieses Messer war *sehr* gut gepflegt. Ein Leichtes, jemanden damit zu töten. Und Frau Ausammas wurde direkt ins Herz gestochen. Nicht mal eine Rippe ist getroffen. Da hat sich jemand ausgekannt.«

»Es ist mit Sicherheit schnell gegangen«, sagte Thomas ernst. »Sonst wäre der Mord bemerkt worden.«

»Derjenige«, erklärte Willenbacher fast freundlich, »der sich heute Abend am allerbesten ausgekannt hat, waren Sie, Herr Kußler.«

Thomas sah auf seine Hände. »Ich weiß.«

»Und Sie haben wirklich keinen Kontakt zu Ihrem Modell gehabt außer während des Aktkurses?«

»Na ja«, erwiderte Thomas, »sie war hier Studentin.«

»Was heißt das?«

Ich hätte es vorher sagen sollen, dachte Thomas kurz, jetzt klang es so dramatisch, aber wann wäre Gelegenheit gewesen? »Ich hatte heute schon zwei andere Unterredungen mit ihr.«

»Heute Abend so gegen fünf«, sagte Kußler und sah etwas ärgerlich aus, »kam Florentine in mein Büro und hat sich bei mir nach den Aufnahmekriterien für die Künstlergemeinschaft erkundigt. Sie wollte Mitglied in unserem Verein werden.« Er blickte Bettina ernst an. »Sie erinnern sich. Die verschwundenen Plakate. Wegen der Sie ursprünglich gekommen sind.«

»Ganz recht«, gab Bettina zurück.

»Wieso«, fragte Willenbacher, von seinen Notizen aufsehend, »hat Frau Ausammas eigentlich gerade Sie gefragt? Und nicht zum Beispiel Herrn Hartmann, der ist immerhin der Vorsitzende des Vereins.«

»Ich glaube, bei Klaus hatte sie es schon versucht.«

»Und wurde abgewiesen?«

»Ich habe noch nicht mit ihm drüber geredet.«

»Und warum ist sie damit ausgerechnet heute zu Ihnen gekommen?«

»Heute haben wir uns seit den Semesterferien zum ersten Mal wiedergesehen. Und es hing vielleicht auch mit unserer Unterredung heute früh zusammen. Da hatte Frau von Stauff Florentine zu sich bestellt, weil sie wegen einer Seminararbeit, die von uns gemeinsam betreut wird, mit ihr reden wollte. Ich war dabei.«

»Was war das für eine Arbeit?«

»Skulpturenpark um den Winterturm. Da gibt es eine Skulptur, deren Urheberschaft strittig ist. Das kommt ab und zu vor. Allerdings interessiert sich eine Familie aus Lautringen dafür, die einen kleinen Preis spenden will. Nichts Besonderes, aber wir mussten alle teilnehmenden Studenten fragen, wer für den Favoriten der Sponsoren verantwortlich ist.«

»Hm.« Willenbacher legte den Kopf schräg.

»Auf die Art kam Florentine möglicherweise auf die Idee mit dem Aufnahmeantrag.«

Bettina blätterte nachdenklich in dem kleinen Notizbuch. »Ein Termin mit Ihnen ist hier nicht eingetragen.«

Kußler zuckte nur die Achseln.

»Aber was könnte das hier heißen: 9.30 Uhr Perspektive?«

»Vielleicht eine Korrektur in Geometrie?«

»Hm.« Willenbacher konzentrierte sich wieder auf seinen Block.

Bettina betrachtete den Architekten nachdenklich. Nach einer Weile sagte sie: »Frau Ausammas war also Ihr Aktmodell und Sie haben heute auch noch zweimal privat mit ihr gesprochen.«

»Nicht privat«, erwiderte Kußler.

»Hm«, machte nun auch Bettina. »Wann kam Frau Ausammas das zweite Mal zu Ihnen?«

»Gegen fünf.«

»Hat Sie jemand zusammen gesehen?«

»Ja, meine Kollegin aus dem Nebenzimmer ist hereingekommen.«

»Wie heißt die?«, fragte Willenbacher mit gezücktem Stift.

»Irene Mayerer.«

»Und wie wirkte Frau Ausammas da? Benahm sie sich auffällig?«

»Na, allein dieses Ansinnen, das sie hatte, war natürlich nicht alltäglich, aber sonst – ich habe sie nicht besonders gut gekannt, ich kann das gar nicht beurteilen.«

»Hat sie sonst noch etwas gesagt, das wichtig für uns sein könnte?«

»Sie hat über die gestohlenen Plakate gesprochen, ziemlich wirr. Die haben sie beschäftigt, die Plakate.« Er sah Bettina mit einem winzigen Lächeln an.

Die runzelte die Stirn. »Und die Skulptur in diesem Winterpark, war die von Frau Ausammas?«

»Nein«, sagte Kußler erstaunt.

Draußen vor der Tür des Büros rumpelte jetzt irgendetwas, Stimmen wurden laut, die Tür öffnete sich kurz und schloss sich dann schnell wieder.

»Soll ich nachsehen?«, fragte Willenbacher.

»Gleich«, sagte Bettina. »Herr Kußler, jetzt denken Sie bitte noch mal ganz genau nach. Wir haben folgende Möglichkeiten: Entweder einer im Asbestanzug hat Florentine erstochen. Oder eine der vier Personen, die während des Gießens drin waren. Oder aber jemand, der gar nicht öffentlich in Erscheinung trat, sondern sich irgendwo im Raum versteckt hielt und die Zeit des Gießens nutzte. Was halten Sie für wahrscheinlich?« Sie sah ihn fest an, und jetzt endlich hatte sie den Eindruck, dass er sich wirklich nur auf ihre Frage konzentrierte, seine Augen waren klar und kühl.

»Also ganz nüchtern betrachtet«, sagte er langsam, »kann es

eigentlich nur der Fremde im Versteck gewesen sein. Das sage ich Ihnen jetzt als Ingenieur. Alles andere klingt einfach zu abenteuerlich.« Er schwieg einen Moment.

Wieder rumorte es an der Tür, schließlich blickte ein weiß gekleideter Spurensicherer herein und sagte: »Frau Boll? Haben Sie mal zwei Minuten?«

»Geh du«, sagte Bettina zu Willenbacher. Nun saß sie mit Kußler allein. Er sah sie ernst an. Dann plötzlich beugte er sich vor, über den Tisch, sodass sein Gesicht ziemlich nahe an Bettinas herankam. Sie spürte mehr, als dass sie es willentlich tat, wie sie abwehrbereit ihr Kinn hob. Und sie wusste, dass sie lächelte, obwohl das völlig unangebracht war.

»Und soll ich Ihnen jetzt mal was als Künstler sagen?«

»Nur wenn es der Wahrheitsfindung dient«, hörte Bettina sich antworten. Und legte allen Widerstand, den sie aufbringen konnte, in ihren Blick.

Er nahm die Absage sportlich. Seine Augen leuchteten noch, doch er ließ sich wieder zurücksinken. Lächelte sie sparsam an. »Ich musste gerade an diesen Acrylmaler denken. Wissen Sie, den älteren Herrn, der tatsächlich während des Gießens im Raum war.«

»Ja?«

»Der hatte ein halb fertiges Bild dabei. Und er hat Florentine gebeten, die Position einzunehmen, die auf dem Bild dargestellt ist.«

Bettina starrte den Architekten an.

»Und anschließend«, spann der weiter, »hat er auch noch gefragt, ob Florentine während des Gießens so liegen bleiben könne.«

Sie schüttelte den Kopf. »Er hat also bewusst um diese Position gebeten? Hatte sogar ein Beispiel dabei?«

Kußler nickte. »Ja.«

»Und der Mann ist nicht mitgegangen zum Gießen.«

Kußler lehnte sich weiter zurück und schenkte Bettina einen unergründlichen Blick. »Nein.«

Der Tumult draußen war nun unüberhörbar, nicht mehr zu ignorieren, außerdem suchte jetzt ein weiterer Spurensicherer um Bettinas Beistand nach. »Frau Boll. Sie müssen mal kommen. Der soll da nicht bleiben.«

»Wer?«

»Dieser Typ. Ich glaube, es ist ihr Freund.«

Der Lärm drang aus dem Aktsaal, und das Bild, das sich Bettina bot, erinnerte sie spontan an einen schwarzen Vogel, etwas Unheimliches, Großes, das sich über die arme tote Frau geworfen hatte. Hatte nicht heute Abend einer etwas von Krähen erzählt?

Polizisten standen ratlos, eine hohle, tiefe Stimme schluchzte, sogar Willenbacher, dem Mann fürs Grobe, blieb nur, die Hände zu ringen: Jemand Schwarzes lag auf Florentine, Körper auf Körper wie beim Liebesakt, und weinte zum Steinerweichen.

»Wir haben es nicht geschafft, ihn daran zu hindern«, sagte einer der Kollegen schuldbewusst, »er ist einfach draufgesprungen.« Er lachte kurz und nervös. »Bitte tun Sie was.«

»Hol ihn da runter, Bolle«, rief Willenbacher. »Wo ist denn nur der Hartmann?«

Sie atmete durch, wusste auch nicht, was sie machen sollte. »Die Spuren sind so weit gesichert?«

»Ja.«

»Längst.«

»Wir wollten sie gerade abtransportieren lassen.«

»Okay«, sagte Bettina. Der Mann heulte immer noch. Es hatte jetzt etwas Wölfisches, auf jeden Fall klang es tierisch. Verzweifelt. Schrecklich. Das kahle Skelett daneben schien die Szene spöttisch zu beobachten.

Sie trat an das tragische Paar heran. Räusperte sich. Klopfte dem schwarz Gekleideten erst sanft, dann ziemlich kräftig auf die Schulter. Schlug ihn dann fast. Schrie: »Herr Sagan-Nory!«

Da sah er auf. Ein hässliches, verquollenes Gesicht unter sehr dunklen, unordentlichen Haaren. Seine Gesichtsfarbe war weiß bis grünlich, er tropfte und triefte vor Tränen, Rotz und Spucke, ein dünner Faden spann sich von seinem Mundwinkel zu

Florentines Kinn. Er hatte die inzwischen Zugedeckte nur halb wieder abgedeckt, lag mit seinen schwarzen Kleidern über dem hellen Laken und dem so schrecklich mageren Körper, heulte wieder auf, senkte den Kopf und schluchzte.

Bettina kämpfte inzwischen selbst mit den Tränen, sein Leid war aus nächster Nähe körperlich schmerzhaft. Trotz des unerträglichen Pathos. Oder gerade deshalb? Jedenfalls gab der Mann alles, gönnte sich das schwärzeste Schwarz, Heulen und Zähneknirschen. Sie atmete durch. »Herr Sagan-Nory, bitte kommen Sie da runter.«

Sie fasste ihn an der Schulter. Er folgte ihr unerwartet, erhob sich halb, rollte weg von seiner Frau, stand auf, wiegte den Kopf, schniefte, fuhr sich mit der Hand über sein nasses Gesicht.

»Wer war das?«, rief er dann in heiserem Ton.

Sie brachten ihn in das Büro, an seinen Nussbaumtisch, räumten rasch die verschiedenen Habseligkeiten der Toten fort, Hartmann setzte eine neue Kanne Kaffee auf. Natürlich konnte all das eine so große Trauer nicht mildern. Bettina hielt dem Herrn Professor tatsächlich die Hand, etwas anderes blieb ihr kaum übrig, er ließ sie nicht weg. Seine Hand war trocken, hart und krampfte sich zeitweise sehr fest um ihre, eisern und aggressiv. Überhaupt wurde der Künstler immer angriffslustiger, er rettete sich in seine Wut, zwischen den Anfällen gab es Phasen dumpfen Brütens. Nach zwanzig Minuten hatte Bettina den Eindruck, er würde demnächst einfach zusammenbrechen oder aber das Zimmer auseinander nehmen. Sie ließ ihn an seinem Tisch sitzen und trat zu Klaus Hartmann, der das Trauerspiel hilflos mit ansah, aber wofür Bettina sehr dankbar war, die ganze Zeit dabeiblieb. »Haben Sie Schnaps?«, fragte Bettina ihn halblaut. Sagan-Nory saß nun da, die Hände zu Fäusten geballt, den Kopf in düsterem Schweigen tief gesenkt.

»Ja, aber ich glaube, das ist nicht gut für ihn«, sagte Hartmann.

»Bolle?«, rief Willenbacher von der Tür. »Ist da drin alles klar? Wir brauchen dich hier.«

Sagan-Nory schlug mit der Faust auf den Tisch. Und verfiel wieder in Brüten.

Bettina und Hartmann sahen sich an. »Das wird nichts mehr«, sagte er dann leise.

Bettina nickte. »Ich rufe jetzt einen Notarzt, der Mann braucht ein Beruhigungsmittel, und so kann der auch nicht allein nach Hause fahren. – Wo kommt er überhaupt her, Darmstadt, oder?«

»Ja.«

»Dann muss er heute Nacht im Krankenhaus bleiben.«

Sagan-Nory hob den Kopf. »Sie war so sensibel«, sagte er laut. Sein Gesicht war völlig verzerrt. »So – mehrdeutig. Sie war *genau* unsere Zeit, sie war sich dieses – Überangebots an Möglichkeiten so bewusst! Sie hat daran gelitten! Sie hat an der *Welt* gelitten, sie trug das alles in sich, sie *war* die Gesellschaft, sie *war* das Dilemma, das Unvermögen, Kontakt herzustellen, den anderen irgendwo zu treffen, *sie war die Welt!*« Erneut schlug er mit den Fäusten auf den Tisch.

»Jetzt geht es wieder los«, sagte Hartmann halblaut. Bettina tippte schon die Nummer des Notarztes in ihr Handy.

»Sie war die Welt«, sagte Sagan-Nory. Und ließ den Kopf wieder sinken.

»Sie war seine Welt. *Sein* Werk«, raunte Hartmann Bettina zu, nachdem der Arzt bestellt war. Er starrte seinen Chef an, gleichzeitig mitleidig und befremdet, unschlüssig, aber sichtlich entschlossen, klar zu bleiben und sich nicht mit in diesen Gefühlsaufruhr reißen zu lassen. Dann wandte er sich Bettina zu. Seine braunen Augen waren ernst. »Wissen Sie was?«

»Bolle!«, rief Willenbacher aus dem Flur. »Soll ich alleine weiter befragen?!«

»Sekunde!«, rief Bettina zur Tür und wandte sich wieder Hartmann zu, während Sagan-Nory mit seinen Blicken Löcher in die Tischplatte brannte. »Was?«, fragte sie halblaut.

Hartmann schüttelte den Kopf und sah seinen Chef an. Der war gerade weit weg mit den Gedanken. Zum Glück. »Ich weiß nicht.«

»Na los, sagen Sie es schon.«

»Das klingt jetzt vielleicht merkwürdig, und unpassend, so ein altes Zeug –«

Bettina sah ihn nur an.

»Schon gut! – Das Pygmalion-Motiv. Sie wissen doch. Der Bildhauer, der sich in sein Werk verliebte, so sehr, dass es lebendig wurde.«

»Und was ist damit?«

»Nun«, sagte Hartmann, »die Geschichte wird immer falsch erzählt. So kommt sie im wirklichen Leben nicht vor.« Sein Gesicht war plötzlich hart und fast bedrohlich. »Im wirklichen Leben«, sagte er, »ist es umgekehrt. Der Künstler findet etwas Lebendiges, das ihn begeistert. Das bannt er, er schenkt ihm so etwas wie Ewigkeit. Dauer. Und damit«, er schlug die Augen nieder, »ist es tot.«

»Verrückte«, sagte Willenbacher, als Bettina endlich aus dem Büro kam. »Ich habe oben ein anderes Vernehmungszimmer organisiert. – Wenn ich dran denke, dass wir irgendwo da drin einen Mörder sitzen haben! Und noch heute Nacht müssen wir vierundfünfzig Leute befragen! Und weißt du, wie spät es jetzt schon ist?! – Ich geh schon mal vor.«

In dem Moment erst, viel zu spät, fiel Bettina siedend heiß etwas ein. »Nein, oh Scheiße!«,

»Was ist denn?«, fragte Willenbacher kalt.

»Scheiße, Scheiße!« Sie war erst so kurz Mutter, seit einem halben Jahr, hatte die Kinder zu schnell und unvermittelt übernehmen müssen, hatte sie einfach –

Sie drückte hektisch auf ihrem Handy herum.

»*Was*, Bolle?!«

»Meine Kinder. Die hab ich ganz vergessen.«

Die Nabinger meldete sich fast sanft, ohne eine Spur ihrer üblichen Brachialironie in der Stimme.

»Hallo«, sagte Bettina. »Frau Nabinger, bitte haben Sie Verständnis, wenn es heute noch etwas später wird, wir haben hier einen Notfall. Es ist jemand gestorben.«

»Hä?«, sagte die Nabinger, was sich aber offenbar nicht auf Bettina bezog, sondern an eine Person gerichtet war, die sich in Nabingers Wohnung befand. »Ja, das ist sie.«

Im Hintergrund war es still, kein Kind zu hören.

»Frau Nabinger?«

Bettina vernahm eine Männerstimme, dann wieder die Nabinger, die sagte: »Nein, wenn sie jetzt anruft, dann kommt sie frühestens in einer Stunde.«

Darauf sagte der Mann etwas Unschönes, das Bettina nicht recht verstand, sie hörte nur den Tonfall, und der war mehr als derb. Immer noch kein Kind.

»Schlafen die Kinder?«, fragte Bettina. »Frau Nabinger?«

»Was?«, war die Antwort, und dann: »Nein, Kevin, die schlafen doch gleich, hopp, was willst du in dem Zimmer?«

Bettina hörte den Mann unfein fluchen, dann war die Verbindung unterbrochen.

Scheiße.

Bettina wählte erneut, jetzt wusste sie auch, was ihr die ganze Zeit so komisch vorgekommen war: dass es schon nach acht war und die Nabinger noch kein einziges Mal angerufen hatte. Normalerweise hielt die doch nichts, wenn sie der Meinung war, dass jetzt endgültig Ultimo war. Bettinas Telefon hätte schon seit einer Stunde nicht mehr still bleiben dürfen.

Niemand ging dran.

Bettina ließ es so lange klingeln, bis Nabingers Anrufbeantworter ansprang (»Hallo? – Sprechen Sie nach dem Ton.«), und sagte: »Frau Nabinger, gehen Sie ran, bitte, Boll hier!«

Das wiederholte sie noch dreimal. Schließlich war es nur der Anwesenheit der vielen Kollegen zu verdanken, dass sie ihr Handy nicht gegen die nächste Wand warf. Sie atmete durch und ging Willenbacher suchen.

Der kleine Kollege saß in seinem neu erschlossenen Vernehmungsraum, einem kahlen kleinen Büro ein Stockwerk höher, und entließ gerade Susanna von Stauff, die Bettina vage zulächelte, wahrscheinlich froh, endlich gehen zu dürfen. Willenbacher sah auf. »Ich hab schon mal angefangen.«

»Oh«, sagte Bettina, »das ist gut. – Interessant zu hören wäre vielleicht auch der Maler, der Ausammas um die Positon gebeten hat, in der sie gestorben ist.«

»Ach, darum hat einer extra gebeten?!«

»Ja, das ist der, mit dem wir vorhin im Saal schon kurz gespro-
chen haben. Der Mann war während des Gießens im Aktsaal.
Auch darum hat er gebeten: dass die Ausammas liegen bleibt.
Habe ich von Kußler.«

»Aha«, sagte Willenbacher mit leuchtenden Augen. »Dann gib
doch eben dem Kollegen draußen Bescheid, den zu holen, du
stehst gerade so günstig.«

»Okay«, erwiderte sie, schloss aber stattdessen die Tür hinter
sich, nahm sich einen Stuhl und setzte sich vor Willenbacher hin.
»Du, Herr Kollege, wollen wir diesen Fall? Ganz, meine ich?«

»Den kriegen wir sicher«, sagte er, zückte zuversichtlich seinen
Stift und wandte sich seinem Schrieb zu. Dann stutzte er und sah
langsam wieder hoch. Seine blasse Miene war plötzlich höchst
argwöhnisch. »Was ist los?!«, fragte er. »Nein. Sag nicht, dass
wieder was mit deinen Kindern ist.«

Danke, dachte Bettina, für dein Verständnis. Sie stand wieder
auf, drückte gleichzeitig die Wahlwiederholungstaste, horchte in
ihr Handy und sagte: »Pass auf, Will, wir wollen diesen Fall.«

Er schlug mit den flachen Händen auf den Tisch. »Ey, Bolle,
wenn du uns das versaust, dann –«

Sie hob abwehrend die Linke, horchte, es klingelte nur. »Es ist
niemand hier, oder? Ich meine, niemand, der uns – mich – allzu
gut kennt. Wir haben die Lautringer Spurensicherer da. Überhaupt alles Lautringer. Ich werde niemandem fehlen. Du machst
die Vernehmungen. Wenn Härting oder Leonhardt kommen, was
um die Zeit völlig unwahrscheinlich ist, denkst du dir was aus,
dann bin ich –«

»Ja?(!)« Willenbacher legte den Kopf schief. »Was bist du dann?
Mal für kleine Mädchen? – Bettina, was soll ich mir da groß aus-
denken, dann bist du gefeuert!« Er hob die Hände. »Hast du
denn wirklich beim letzten Mal nichts gelernt? Was ist überhaupt
los, hat deine Tagesmutter ihre Tage oder was?!«

»Die hat einen Kerl da und geht nicht ans Telefon.«

»Oh«, sagte Willenbacher, anzüglich auf seine Uhr blickend,
»halb neun, ja, die Kinder schlafen, ein Kerl ist da, die Dame

geht nicht ans Telefon, das ist natürlich ein Notfall. Da musst du sofort was unternehmen, Gott weiß, was die da treiben.«

»Will«, sagte Bettina ernst. »Ich muss dorthin.« Sie beugte sich vor und sah ihm direkt ins Gesicht. »Da ist irgendwas nicht in Ordnung. Dieser Kerl –«

»… ist ein Mann und kann daher nur Böses im Sinn haben.«

»Da hat überhaupt kein Kerl was verloren, die Nabinger ist solo!«

»Und das muss sie auch bis in alle Ewigkeit bleiben, zumindest solange sie auf deine Kinder aufpasst.«

»Will!«

»Herrgott noch mal, wir haben hier einen Mordfall! Stell dir vor, du wärst eine von den Zeugen. Würdest du wegen so einer Geschichte einen unvernommenen Zeugen weggehen lassen?«

»Vielleicht.«

»Nein«, sagte Willenbacher. »Nie im Leben. Tina, wenn du jetzt gehst – ich decke dich nicht.«

Willenbacher hatte Recht. Er hatte Recht. Bettina sah ihr Handy an – er hatte Recht. Sie wählte noch mal Nabingers komplette Nummer. Es klingelte. Jemand ging dran. »Hallo?«

Die Nabinger.

»Hallo, Frau Nabinger, Boll hier –«

»Sag der Schlampe, dass sie nicht mehr zu kommen braucht«, sagte Kevins Stimme plötzlich sehr nahe und sehr grob.

Dann war die Nabinger selber an der Reihe. »Frau Boll«, sagte sie, »mir reicht's jetzt. Sie schulden mir zweihundert Euro und kommen nicht mal pünktlich. Ich stell Ihnen jetzt die Sachen vor die Tür und die Kinder dazu. Da haben Sie halt Pech gehabt. Ich mach jetzt Feierabend.«

»Nein – Moment!«, schrie Bettina ins Telefon. Dann war die Leitung tot.

Sie klappte das Handy zu. Dass die Nabinger die Kinder vor die Tür setzte, glaubte sie keine Sekunde, aber Kevin machte ihr Sorgen, wer immer das auch war.

»Ich gehe«, sagte Bettina. »Deck mich oder deck mich nicht.«

Willenbacher warf seinen Stift quer durch den Raum, er blieb zitternd wie ein Pfeil in einem kaputten Modell stecken, das in der Ecke auf dem Boden stand. »Hör zu«, sagte er, »ruf den Dauerdienst an. Schick jemanden vorbei.«

»Will, ich muss dahin. Und du weißt genau, was ist, wenn ich den Dauerdienst rufe.« Klar: Sobald sie die Kollegen rief, wusste die ganze Dienststelle, dass sie einen Mordschauplatz vorzeitig verlassen hatte. Sie sahen sich an. »Wir treffen uns morgen vor der Besprechung«, sagte Bettina. »Du kriegst ein Stück Sahnetorte und erzählst mir, was ich wissen muss.«

»Nein. – Und du brauchst eine ganze Stunde bis nach Ludwigshafen.«

Sie streckte die Hand aus. »Nicht in deinem Auto.«

* * *

Auch der weitere Abend lief nicht ganz so, wie Willenbacher es sich vorgestellt hatte. Inzwischen hatten die wartenden Studenten und Gäste und der Rest des Lehrpersonals nämlich durchgezählt und festgestellt, dass sie über fünfzig Menschen waren. Und es ging nicht voran. Ihre umfassende Befragung würde, so ahnten sie, die ganze Nacht dauern, und daher hatten sie Gruppen gebildet, geordnet nach Dringlichkeit der Heimkunft der Einzelnen, nach dem Motto: Frauen und Kinder zuerst. Daher stand nun eine andere Person vor Willenbacher als die, um die er gebeten hatte. Er wollte den Teilnehmer sprechen, der Florentine Ausammas' Sterbeposition verursacht hatte, den Maler des Acrylbildes, stattdessen war ihm die schwarz verschleierte Frau gebracht worden.

»Ich muss wirklich nach Hause«, sagte sie verlegen. »Es tut mir Leid.«

»Mir auch«, knurrte Willenbacher, doch der Kollege, der die Frau zu ihm begleitet hatte, war bereits wieder verschwunden.

»Es ist so«, sagte sie nervös, »meine Familie macht sich Sorgen um mich.« Sie setzte sich gerade und tugendhaft vor Willenbacher, ein langes Kleid, ein Schleier, ein abgeklärtes dunkles Gesicht mit einem sanft drängenden Blick.

Und vor Willenbachers geistigem Auge tauchte nun wirklich eine Horde misstrauischer, goldbehängter Araber auf, die ihrer kleinen schwarzen Rose eine Verstrickung in einen Mordfall niemals verzeihen würden. Was, dachte er, hatte diese Studentin überhaupt in einem Aktkurs verloren? »Na gut, machen wir mit Ihnen weiter.«

Sie lächelte züchtig und schlug die Augen nieder.

»Sie heißen?«

»Olfat Abdallah.«

Willenbacher notierte auch noch die übrigen Personalien, dann setzte er sich gerader hin, blickte in seine Kaffeetasse, die schon wieder leer war, seufzte und sagte: »Eigentlich ist es ganz gut, dass Sie jetzt da sind, denn Sie waren auch während des Gießens im Aktsaal, oder nicht?«

»Ja.«

»Wann genau?«

»Ich weiß nicht, aber sie hatten schon vier, fünf Figuren gegossen.«

Also ziemlich am Ende der Veranstaltung.

»Wie lange waren Sie dort?«

»Fünf Minuten vielleicht. Oder auch länger, aber nicht viel.«

»Wieso haben Sie die Gießerei verlassen?«

»Ich bin an einen dieser Eimer mit feuchter Schamotte gekommen. Mein Rock«, sie sah kurz an sich hinab, »war ganz weiß. Ich dachte, es ist besser, ich wasche es gleich ab.«

»Und dazu gingen Sie in den Aktsaal.«

»Ja, die Waschbecken in der Gießerei waren alle von Studenten verstellt. Und die Toilette vorn im Gang war besetzt. Also musste ich zu den Aktmalern zurück.«

»Hm«, machte Willenbacher. »Und was taten Sie dort im Aktsaal? Genau, bitte. Schildern Sie mir jeden Schritt.«

»Ich bin zu meinem Platz gegangen, um ein paar Tempos zu holen. Und dann zum Waschbecken. Da hab ich meinen Rock sauber gemacht.«

»Und sonst?«

»Nichts.« Abdallahs dunkles Gesicht war ungerührt, ihre

Augen schwarz und rätselhaft. »Ich bin wieder zurückgegangen, aber viel habe ich nicht mehr gesehen. Das Gießen war so gut wie fertig.«

»Haben Sie Frau Ausammas gesehen?«

»Ja, sicher, sie lag auf dem Podest.«

»Und die anderen Kursteilnehmer?«

»Ja.« Die Muslimin blickte an Willenbachers Kopf vorbei. »Da war ein Herr, den ich nicht kenne, an seiner Staffelei. Dann noch eine Studentin, glaube ich jedenfalls, und Claudia Llawadinata. Die Indonesierin. Sie ist in meinem Semester.«

»Was taten die drei?«

»Sie malten.«

»Sonst nichts? Haben sie sich unterhalten? Oder sind sie herumgelaufen?«

»Nein.«

»Wie sahen sie aus? Aufmerksam? Oder sehr in ihre Arbeit vertieft?«

»Vertieft, würde ich sagen.« Abdallah dachte nach. »Die Rückwände für die Staffeleien hier sind sehr groß. Ich hab gar nicht viel gesehen.«

»Könnte noch eine weitere Person im Raum gewesen sein, ohne dass Sie die bemerkt haben?«

»Ja.« Das kam sehr ruhig.

Willenbacher betrachtete die Frau nachdenklich. Sie hatte so etwas Schicksalsergebenes, wie eine alttestamentarische Heldin. »Kannten Sie Florentine Ausammas persönlich?«

»Nein. Ich wusste, dass sie unser Modell ist, aber sonst nichts. Sie war wohl noch ein ziemlich junges Semester.« Nun senkte die Studentin den Kopf und fügte hinzu: »Sie hat so schrecklich dünn ausgesehen. Ganz verhungert. Sie war nicht von hier, nicht wahr? Sie war auch eine – Ausländerin.«

»Estin«, sagte Willenbacher. »Kann ich den Fleck sehen?«, fragte er dann unvermittelt.

Olfat Abdallah starrte ihn entgeistert an.

»Den Schamottefleck. Oder haben Sie den ganz rausgekriegt?«

»Nein.« Sie blickte nun sehr groß und misstrauisch.

Denkt die etwa, fragte sich Willenbacher, dass ich ihr ans Leder will? Er runzelte abwehrend die Stirn, sie waren zu zweit im Raum, ein Mann und eine Frau. Mit einem Schleier. Der Männerblicke abhalten sollte. Blicke, dachte Willenbacher, vom Argwohn der Frau bedrängt und daher etwas gehässig, die es vielleicht gar nicht geben würde ohne all den schwarzen Stoff.

Sehr langsam stand sie auf und wies Willenbacher ihren Rock vor, und es hatte tatsächlich etwas Anstößiges, wie sie die Stelle mit dem immer noch leicht sichtbaren Fleck präsentierte. Wahrscheinlich lag es an ihrer Befangenheit, es war, als würde eine andere Frau ihre Strümpfe herzeigen.

»Es ist gut«, sagte Willenbacher dann, ebenfalls nervös. »Vielen Dank, Frau Abdallah. Sie können nach Hause gehen. Aber bitte fahren Sie in der nächsten Zeit nicht weg.«

»Gut.« Die Studentin stand auf, senkte erneut den Kopf. »Auf Wiedersehen.«

Als sie ging, erhaschte Willenbacher einen kurzen schwarzen, rätselhaften Blick, der nicht halb so devot war wie Olfats Haltung. Im Gegenteil, er war aggressiv. Ein Flirt. Mit einer alttestamentarischen Heldin.

* * *

Bettina hatte Ludwigshafen verboten schnell erreicht. Die Fahrt war ihr vorgekommen wie rasches Schwimmen in dunklem Wasser: Augen zu, Rauschen in den Ohren, ein paar Atemstöße, und da war sie. Der kalte Herbstwind hatte die Autobahn von anderen Verkehrsteilnehmern freigefegt, der Nebel in den Waldtälern machte die Betonstrecke gefährlich, das aber ignorierte sie. Erst als sie die Schnellstraße verließ, merkte Bettina, wie leichtsinnig sie gewesen war. Irgendwann, dachte sie, würde sie wie ihre Eltern bei einem Verkehrsunfall sterben. Weil sie immer etwas unglaublich Wichtiges vorhatte. Etwas, das so wichtig gar nicht sein konnte. Oder doch? Nabingers Wohnblock ragte düster in die Regenwolken. Lichter brannten, aber die schienen unendlich weit weg. Bettina sprang aus dem Auto. Heute Abend spürte sie von Lähmung keine Spur.

Als sie draußen am Haupteingang des Hochhauses an dem ordentlichen Schildchen *Nabinger* klingelte, bekam Bettina das Gefühl, dass es gleich richtig Ärger geben würde: Niemand öffnete. Die Nabinger hatte sich mit Bettinas Kindern verschanzt. Aber irgendjemand würde schon aufmachen. Bettina drückte eine ganze Reihe von Knöpfen, schließlich ertönte der erlösende Türsummer. Glücklicherweise war einer der Aufzüge schon unten. Bettina stürmte hinein, hieb ihre Faust gegen die 11 und stand die zwei Minuten, die der Fahrstuhl bis in den elften Stock brauchte, nicht still. Kevin, dachte sie. Ein Ami? Ein bulliger Catcher? Hätte der Deutsch gekonnt? Dann schalt sie sich hysterisch. An einem amerikanischen Namen war nichts, aber auch gar nichts gefährlich.

Nur Kevins Tonfall, der hatte ihr nicht gefallen.

* * *

Willenbacher musste noch eine ältere Dame mit Rückenproblemen vernehmen, ehe er durchsetzen konnte, dass sein Wunschkandidat, der Acrylmaler, gebracht wurde. Der Mann hieß Heinrich Knerr, war ein pensionierter, verwitweter Bauingenieur, ein Beamter aus dem Staatsbaudienst, und er brachte intelligenterweise sein Bild gleich mit. Das gab bei Willenbacher Pluspunkte. Der Mann war jetzt auch nicht mehr so geschockt und aufgeregt wie kurz nach dem Mord, sein Gesicht ruhig.

»Also gut.« Willenbacher zog das Bild zu sich heran. »Sie haben zu Hause dieses Werk begonnen, mit der Absicht, Frau Ausammas am heutigen Abend um genau diese Position zu bitten.«

»Ja.«

Knerr bedauerte das, man konnte es sehen. Der Mann wusste, was es bedeutete. Willenbacher sprach es trotzdem aus. »Herr Knerr, diese Position, um die Sie da gebeten haben, war Voraussetzung für das Gelingen des Mordes. In jeder anderen Position wäre die Tat schwieriger gewesen oder sogar unmöglich. Sie wäre auch früher entdeckt worden. Und darüber hinaus haben Sie Frau Ausammas auch noch dazu veranlasst, während des Gießens liegen zu bleiben.«

Knerr senkte den Kopf und biss sich auf die Lippen. »Ja, ich weiß.«

»Was haben Sie dazu zu sagen?«

Er atmete durch, leise nur, aber Willenbacher hörte es. »Ich kann dazu nichts sagen.«

»Das ist aber doch ein unglaublich merkwürdiger Zufall, finden Sie nicht?«

»Ja.«

»Und?«

»Ich habe sie nicht getötet.«

»Nun.« Willenbacher blickte den Mann gelassen an. »Einer hat es getan, nicht wahr?«

Knerr sah nur auf seine Hände.

»Kannten Sie Florentine Ausammas näher?«

»Nein.«

»Ihr Bild«, sagte Willenbacher und blickte auf den Akt, »das Sie angeblich zu Hause begonnen haben, ist dem Modell doch sehr ähnlich.«

Nun zitterte Knerr leicht. »Ich habe sie schon öfter gemalt.«

»Sie kannten ihren Körper.«

»Nun – vom Malen natürlich nur. Ich komme regelmäßig zu diesem Kurs.«

»Wann haben Sie sie zum letzten Mal gesehen?«

»Im Juni, als das Sommersemester zu Ende war.«

»Wussten Sie, dass Frau Ausammas heute Abend Modell sein würde?«

»Ich – nein, *sicher* natürlich nicht.«

»Sie haben aber mit ihr gerechnet.«

»Oh. Ich weiß nicht. Ja, natürlich, aber –«

»Hatten Sie irgendwann zu ihr Kontakt, der über diese Veranstaltung hinausging?«

»Nein!« Knerr sah ganz entsetzt aus.

»Sie haben dem Mörder hübsch zugearbeitet«, sagte Willenbacher nachdenklich und sah auf das Bild. Es war goldgelb, fleischfarben, hellblau, fast rührend. Aber es traf die Haltung des Modells. Und es hatte auch etwas Persönliches, Entwaffnendes. Es steckte viel Arbeit drin. Nur den Griff des Messers, den sah man nicht. »Herr Knerr«, sagte Willenbacher ziemlich drohend, »Sie müssen mir jetzt was anbieten. Sie haben diese Position einrichten lassen. Sie waren fast allein mit Frau Ausammas im Aktsaal. Und zwar über eine halbe Stunde. Sie könnten ein sehr wichtiger Zeuge für uns werden. Im Moment aber«, Willenbacher blickte streng, »sind Sie der Hauptverdächtige.«

Nun richtete Knerr sich auf, öffnete den Mund, ohne etwas zu sagen, der direkte Vorwurf schien ihn sprachlos zu machen.

»Okay«, sagte Willenbacher. »Dann machen wir es doch so: Schildern Sie einfach den Ablauf dieser Zeitspanne, als Sie mit dem Modell und den beiden Studentinnen allein waren. – Haben Sie Frau Ausammas irgendwann angesprochen?«

»Nein.« Das kam sehr leise.

»Hat sie sich mal gedehnt oder so?«

Knerr schüttelte den Kopf.

»Ist es eigentlich normal, dass jemand so lange unbewegt liegen bleibt? Hätte Frau Ausammas nicht irgendwann aufstehen müssen?«

»Sie war sehr diszipliniert«, erwiderte Knerr. »Sie hat die Position immer sehr lange gehalten. Sie war ein gutes Modell.«

»Hm«, machte Willenbacher. »Hätten Sie gemerkt, wenn jemand den Raum betreten oder verlassen hätte?«

»Die Muslimin ist da herumgelaufen.«

»Wann war das?«

»Das weiß ich nicht.«

»Wie lange war sie im Raum?«

»Fünf, zehn Minuten vielleicht.«

Willenbacher runzelte die Stirn und begann mit seinem Stift zu spielen. »Was hat sie getan? Die Muslimin?«

»Sie hat vielleicht etwas geholt?«

»Hatten Sie die Frau immer im Blick?«

»Nein.«

»Kann sie am Waschbecken gewesen sein?«

»Oh«, sagte Knerr. »Ja, ich habe Wasser laufen hören. Das war sie dann wohl.«

»Wann war das?«

»Weiß ich nicht.«

»Kam sie an das Modell heran?«

»Zumindest in die Nähe«, sagte Knerr.

»Was hat sie da getan?«

Knerr dachte lange nach. Dann schüttelte er bedauernd den Kopf. »Ich fürchte, ich weiß es nicht mehr. Ich kann mich einfach nicht erinnern, sehen Sie, ich war gerade mit der Farbe des Oberschenkels beschäftigt und –« Er verstummte vor Willenbachers Blick.

»Können Sie sich an irgendetwas erinnern?«, fragte Willenbacher ergeben.

»Sie hat gehustet«, sagte Knerr.

»Frau Abdallah.«

»Ja.«

»Okay, und die anderen? Die zeichnenden Kollegen? Hatten Sie die immer im Blick?«

»Ich konnte sie von meinem Platz aus sehen, ja.«

»Aber Sie haben sich auf den Oberschenkel von Frau Ausammas konzentriert.«

»Auf mein Bild«, widersprach der ehemalige Bauingenieur.

»Haben die anderen ihre Plätze verlassen?«

»Ich glaube nicht«, sagte Knerr demütig.

»Haben Sie vielleicht miteinander gesprochen?«

»Nein.«

»Lief Musik?«

»Ja, ich denke schon.«

»Was denn?« Das fragte Willenbacher nur noch, weil er sich ärgerte. Aus dem Mann war gar nichts herauszubekommen, von wegen gute altmodische Verhöre. Vielleicht sollten sie es wirklich mit Hypnose versuchen.

»So alte Schlager«, sagte Knerr, da klang er sicher. »*Brazil,* zum Beispiel.« Er sah Willenbacher beschwörend an. »Ich habe um diese Position gebeten«, sagte er dann, »aber das war gar nicht neu. Ich meine, während diesen Veranstaltungen gibt es häufig längere Pausen, und sehr oft ist Frau Ausammas dann einfach sitzen oder liegen geblieben. Liegen, zumeist. Weil das bequemer ist. Ich habe nichts Ungewöhnliches verlangt.«

»Hm«, machte Willenbacher. »Na schön. – Ist Ihnen denn gar nichts verdächtig vorgekommen heute Abend?«

Knerr überlegte ziemlich lange. Dann schüttelte er den Kopf. »Höchstens«, sagte er, »dass diese eine Dame sich so sehr für das Messer interessiert hat.«

»Was heißt das, interessiert?«

»Na, sie hat damit gespielt, und sich dazu aufs Podest draufgesetzt, genau vors Modell. Und es hat schon irgendwie komisch ausgesehen, wie sie das Messer dabei angeguckt hat. So«, er zögerte, »nervös.«

»Wer war das?«, fragte Willenbacher, obwohl er es im Grunde wusste.

»Die mit den blonden Haaren und den Stöckelschuhen.«

»Frau von Stauff?«

»Ja, die mit dem Adelstitel. Die war es.«

* * *

In dem Moment, da Bettina die schwere Feuertür zum Flur vor Nabingers Wohnung geöffnet hatte, vergaß sie den bulligen Catcher Kevin völlig.

Dort im Gang stand, mit weiten, kugelrunden Augen, Enno, stocksteif, die Hand auf einen der Lichtschalter gepresst. Tränenspuren zogen sich über seine Wangen. Zu seinen Füßen lag auf dem blanken Boden zusammengerollt Sammy, seine kleine hübsche Schwester. Sie schlief. Beide Kinder waren ausgehfertig angezogen, trugen Schuhe und Anoraks. Bunte Habseligkeiten der Kleinen waren quer über den Flur verstreut: der faltbare Notbuggy, ihr gemeinsamer Rucksack, ihre Trinkflaschen, ein paar Kleidungsstücke. Es war ein trüber Flur, auch tagsüber ohne Licht. Ein Flur mit acht Türen, zu jeder Seite vier.

»Tina«, sagte Enno, als glaubte er es fast nicht mehr. Und stürzte auf sie zu.

Bettina fing an zu weinen, so sehr konnte sie Enno gar nicht drücken, wie sie all das bedauerte.

Enno weinte auch. Das wollte sie nicht. Sie hielt ihn ein Stück von sich weg und wischte ihm schluchzend die Tränen aus dem Gesicht. »Enno, wie lange seid ihr hier schon?«

Jahre natürlich, wie sollte Enno darauf antworten?

»Ziemlich lang«, antwortete er mit schwankender Stimme. »Nicht weinen, Tina, nicht weinen!«

Bettina gab sich Mühe. Sie schniefte und versuchte ein Lächeln.

Das Licht im Flur ging aus. Enno erschauerte in ihrem Arm, machte sich los, trat sie dabei in seiner Panik, stürzte auf das nächste rote Lichtlein zu, das die Schalter im Dunkeln kenntlich machte, drückte drauf.

Das Licht ging wieder an. Enno stand da, die Hand fest auf dem Schalter und schlotterte. Bettina wischte sich hart die Tränen aus dem Gesicht. Unter den meisten Türen waren helle Lichtritze sichtbar. Aber niemand hatte die Kinder bemerkt. Oder keiner hat aufgemacht, dachte Bettina. Sie spürte den Impuls, Nabingers Bude zu stürmen und die Frau mitsamt ihrem Kevin windelweich zu schlagen. Dann sah sie Enno an und verzichtete darauf, dort zu klingeln. Was brachte das noch? Was hätte Enno davon? Und Sammy?

»Wir gehen jetzt heim, mein Schatz«, sagte sie erzwungen heiter. Und schniefte wieder.

»Ja«, sagte Enno. »Ich passe auf, dass Sammy nicht aufwacht.«

»Gut.«

»Und dass das Licht nicht ausgeht.« Immer noch hielt er die Rechte – zur Faust geballt – auf den Schalter gepresst. Bettina sammelte die Sachen der Kinder zusammen. Versuchte, nicht wieder mit dem Weinen anzufangen. Seit dem Tod von Ennos Mutter hatte der Junge Ängste mit Tendenz zur Panik entwickelt. Dunkelheit. Menschenmengen. Schwarz gekleidete Frauen.

»Hast du etwa«, fragte Bettina, als sie die Sachen irgendwie um die immer noch schlafende Sammy herum in den Buggy gestopft hatte, »die ganze Zeit aufgepasst, dass das Licht nicht ausgeht?«

»Sammy kann doch sonst nicht schlafen«, antwortete Enno mit niedergeschlagenen Augen.

Der Junge hatte hier vielleicht eine Stunde mit den Fingern am Schalter gestanden. Bettina schniefte wieder. »Ich glaube, wir können jetzt gehen«, sagte sie brüchig und reichte ihm die Hand.

Er nahm sie, zögernd. »Tina«, fragte er ziemlich hoffnungslos, »musst du morgen wieder arbeiten?«

5

Samstagmorgen, sieben Uhr, konnte man da einen Soziologie-studenten aus dem Bett schmeißen? Selbst wenn Rasta ein guter Nachbar war, mit dem man die Zeitung und die Karte für den Videoverleih teilte und schon mindestens dreimal *Brazil* und fast alle wichtigen Folgen von *Akte X* zusammen gesehen hatte?

Bettina hob die Faust und donnerte sie gegen Rastas Tür, als müsse sie sich selbst überzeugen. Die Tür hatte man vor vielen Jahren feuerrot gestrichen, die Wände daneben sahen schmutzig-grau aus, der Boden war einfach nur dreckig. An dem Glaseinsatz der Tür pappte ein uralter Aufkleber mit einem Peace-Zeichen und nebendran das Bild von Che Guevara. Das alles stammte noch aus der Zeit vor ihrem Nachbarn, wahrscheinlich war er sogar jünger als Farbe und Sticker, aber die lass ich dran, hatte er mal gesagt, meiner Oma zuliebe. Damit die auch glaubt, dass ich ein Student bin, wenn sie mich besuchen kommt. Rastas Oma war aus der Nähe von Kusel. Dort war ein richtiger Student immer noch *e longhoorischer Bombeleer*. Wahrscheinlich hatte es aber auch mit der soliden Qualität des alten Klebstoffs zu tun.

Es dauerte, bis sich drinnen was tat, normalerweise hätte Bettina längst aufgegeben, aber heute war Rasta die einzige Hoffnung. Und ihr Polizistinneninstinkt sagte ihr, dass hinter dieser Tür jemand war. Wach. Sie hämmerte weiter gegen das rot lackierte Holz. »Rasta! Mach auf, komm, es ist mir egal, wie du aussiehst, ich guck auch nicht hin!«

»Wer ist das?!«, fragte plötzlich eine argwöhnische, aber süße Frauenstimme unmittelbar hinter der Tür.

»Die Nachbarin«, rief Bettina.

»Die Nachbarin«, echote Rastas müde Stimme von drinnen. »Die geht von allein nicht weg. – Frag sie, ob sie Brötchen dabei-hat.«

Die Tür öffnete sich und Bettina blickte in ein sehr junges, hübsches Mädchengesicht. Dass Rasta diese Kleine an der Uni kennen gelernt hatte, bezweifelte sie stark, es sei denn, sie war ein Wunderkind, die sah kaum alt genug aus für den Realschulabschluss. Dafür hatte sie aber anderweitige, ganz offensichtliche Qualitäten. Sie trug ein großes T-Shirt mit der Aufschrift *Ich war zwei Öltanks,* und irgendwie passte das ganz außerordentlich gut zu ihr.

Doch Bettina war nicht gekommen, um sich Rastas neueste Freundin anzusehen, sein Liebesleben musste heute ohnehin mal zurückstehen. Mit einem geheuchelt fröhlichen Hallo drückte sie die Tür weiter auf, grinste dem Mädchen zu und ließ es dann links liegen, um Rasta von seiner Mission zu überzeugen. Schwungvoll betrat sie sein Zimmer. Der Rollladen war geschlossen, der Raum eine dunkle Höhle, gepolstert mit verstreuten Kleidungsstücken, nur von Rastas Nachttischlampe erhellt.

»Hallo!«

»Tina.« Rasta saß in seine Decke gewickelt auf dem Bett, die blonden Zöpfe standen in einem Wust vom Kopf ab, er gähnte.

»Wer ist sie?«, fragte die Freundin, die nachgekommen war, jetzt noch um einiges misstrauischer.

»Die Nachbarin.« Das kam unisono, wie geübt, von Bettina etwas abweisend über die Schulter, von Rasta leicht genervt mit einem entschuldigenden Blick zu seiner Flamme.

Bettina war verzweifelt genug, um das zu ignorieren. Sie ließ sich aufs Fußende von Rastas Bett fallen, atmete tief auf und sagte: »Vergiss die Brötchen, es ist jemand gestorben.«

»Tina«, sagte Rasta, »was ist wirklich los?« Er sah seine Freundin an. »Vanessa – Tina, Tina – Vanessa.«

»Hi«, sagte Bettina gewinnend.

Vanessa, die sich offenbar nicht mit aufs Bett setzen wollte, sagte nichts und stand unschlüssig da, unsicher, was sie von alldem halten sollte, aber keinesfalls begeistert.

Arme Kleine, dachte Bettina, und es wird noch schlimmer. Das, oder ich muss kündigen. »Ihr Lieben«, sagte sie ernst, »gestern Abend ist mir was Schreckliches passiert.«

»Was denn?«, fragte Vanessa unklugerweise.

Rasta funkelte seine Süße von der Seite an. »Nein. Tina –«

»Eine junge Frau ist ermordet worden«, sagte Bettina schnell. »Direkt vor meiner Nase. Leider kann ich euch nicht sagen, wie –«

»Gut«, versetzte Rasta. »Dann lass uns jetzt aufstehen, Tina, und komm in einer halben Stunde wieder.« Er gähnte herzhaft.

Bettina wandte sich an Vanessa. »Es wird sowieso übermorgen in der Zeitung stehen, es waren fünfzig Leute dabei. Also kann ich es auch erzählen: Ein Aktmodell ist erstochen worden, nackt auf ihrem Podest. Keiner hat gesehen, wie es passiert ist!«

Rasta brach mitten im Gähnen ab. »Ach du Scheiße«, sagte er.

»Fünfzig Leute haben zugesehen, und keiner hat was gemerkt?«, fragte Vanessa, zögernd, ob sie das glauben sollte.

»Ich war im Nebenraum«, sagte Bettina würdevoll.

Rasta lachte kurz und ließ sich in die Kissen zurückfallen. »Du nimmst uns auf den Arm, oder? Was willst du wirklich?«

»Ich meine es ernst«, sagte Bettina nachdrücklich. »Das ist tatsächlich passiert. Ich komme von dort. Ich habe bis vor wenigen Stunden Zeugen verhört. Da hat jemand vor unser aller Augen einen makabren Taschenspielertrick aufgeführt. Wir werden es lösen, aber das wird richtig Arbeit, und es war auch – ein Schock«, sie blickte kurz Rastas Freundin an, »die Frau war so jung. Das geht mir richtig nach. Ich habe kaum geschlafen, und ich habe ständig dieses Bild vor Augen. Ich finde, der Täter muss –«

»Ein Messerwerfer?«, fragte Vanessa mitten hinein.

»Oh«, sagte Bettina höflich. »Ja, vielleicht. – Vielleicht.«

»Wie hat sie denn gelegen?«, fragte Rasta und schüttelte seine Zöpfe auf die andere Seite des Kopfes.

»Mit dem Rücken zu den Teilnehmern.«

»Und das Messer steckte im Herzen?«

»Ja.«

»Ist das nicht schwierig«, spann Vanessa weiter, »jemandem, der so liegt, ein Messer ins Herz zu werfen?«

Über Bande?, dachte Bettina. »Allerdings«, gab sie zu.

»Und du«, sagte Rasta, »bist gekommen, um uns diese merkwürdige Geschichte brühwarm zu erzählen. Weil du sonst nichts zu tun hast und wir samstags morgens kurz vor acht gerne mal ein Schauermärchen hören.« Er streckte seine Hand nach Vanessa aus, die ließ sich nun doch neben ihrem Liebsten nieder, die beiden jungen Gesichter sahen Bettina an: *Was willst du?!*

»Ich brauche ganz dringend einen Babysitter«, bekannte sie.

»Nein«, sagte Rasta bestimmt. »Wir wollen heute –«

»Hört mal«, sagte Bettina schnell. »Ich zahle euch alles, Pizza und Parkeintritt und Eis und Planetarium und was immer ihr wollt. Bitte!« Sie blickte Vanessa an und lächelte. Sonnig, wie sie hoffte, legte alles in dieses Lächeln, die Kraft der Verzweiflung, ich bin im Auftrag des Herrn unterwegs.

Vanessa ließ sich tatsächlich hypnotisieren. »Okay«, sagte sie spontan, was Bettina dazu veranlasste, sich rüberzubeugen und ihr einen Kuss auf die Wange zu drücken.

Rasta schüttelte den Kopf und rückte ab. »Scheiße, Tina, ich lass dich nie wieder vor acht rein.« Er stopfte sich die Decke um die Hüften fest. »Und denk diesmal an die Kindersitze.«

* * *

Sie hatten den Silberstein dazugeholt. Bettina wäre am liebsten wieder rückwärts aus Leonhardts Besprechungszimmer rausgestolpert. Der hatte ihr gerade noch gefehlt. Und dort auf der niedrigen Couch saß noch ein weiterer Lieblingskollege: Härting. Natürlich. Dann Willenbacher und zwei Lautringer Polizisten, die Bettina am vorangegangenen Abend nur flüchtig kennen gelernt hatte. Dr. Leonhardt stand neben der Metallstaffelei mit Thomas Kußlers Porträt und blickte seine Untergebene stirnrunzelnd an. »Ah, Frau Boll.«

»Guten Morgen«, sagte sie betont fröhlich, dabei zitterte sie innerlich, Gott, dachte sie, lass mich bloß keinen Fehler machen. Hoffentlich genügten die paar Fakten, die sie Willenbacher vorhin bei dem versprochenen Stück Kuchen abgerungen hatte, um sie des Falles würdig erscheinen zu lassen, hoffentlich verrieten die Lautringer sie nicht.

»Hallo. Unglaublich, was da gestern passiert ist. Die arme junge

Frau.« Das klang merkwürdig und aufgesetzt, fand sie selbst, aber sie war so nervös. Rasch setzte sie sich zu den schweigenden Männern, auf den einzelnen tiefen Sessel, den sie schon kannte. Dieser stand an Willenbachers Seite, wofür sie dankbar war. Leider saß sie nun aber genau gegenüber von Silberstein. Und der betrachtete sie heute früh mit gänzlich neuem Interesse, was, so hoffte Bettina, ausschließlich an dem außergewöhnlichen Fall lag, den sie quasi mitgebracht hatte.

Dr. Leonhardt sprach einführende Worte, begrüßte die Anwesenden, fasste in drei Sätzen zusammen, was passiert war. Lag die Aufmerksamkeit des Profilers etwa an ihrem unüblichen Outfit? Ihrer Figur? Sie hatte sich an eine dunkelgraue gute Jeans von Barbara mit einer weißen Bluse unter einem dünnen grünen Strickpulli gewagt. Gewiss nicht, allerdings, um dem dämlichen Silberstein zu gefallen. Sie schoss ihm einen ungnädigen Blick zu, brachte ihre Knie auf eine Linie, langsam hatte sie Übung darin, und hörte zu, wie Dr. Leonhardt jetzt über die Presse wetterte.

»… noch nicht mal ich bisher erlebt«, sagte er gerade. »Das ist ein Rummel wie bei einem Popkonzert. Und das heißt für Sie alle: Sie werden keine unautorisierten Pressekonferenzen geben. – Frau Boll.«

»Hatte ich gar nicht vor«, sagte Bettina irritiert.

»Gut. Sie werden nicht antworten, wenn Sie angerufen werden, wenn man Sie vorm Auto abfängt oder Ähnliches. Sie sagen gar nichts. Nicht mal ja oder nein. Haben Sie das verstanden?«

»Natürlich.« *Wieso wurde eigentlich nur sie ermahnt?*

»Wir müssen einheitliche Informationspolitik betreiben. Dieses große Medieninteresse ist ausgesprochen ärgerlich. Alle vierundfünfzig Zeugen – und ich meine *alle!* – sollen sich zuerst an uns wenden, wenn ihnen noch etwas einfällt. Wir brauchen«, dabei musterte er Bettina von oben bis unten, »ein gutes Bild in der Öffentlichkeit, verstehen Sie? Ordentliches, kompetentes Auftreten. Keine Fehler. Die werden uns kreuzigen, wenn wir diesen Irrsinnigen nicht finden, der vor einer ganzen Aktklasse das Modell ersticht. Der hat uns mitten ins Gesicht gespuckt. – Das sollten wir natürlich nicht von allen Zeitungen breit auswalzen lassen.«

Bettina nickte brav, die anderen fühlten sich sichtlich nicht angesprochen. *Weil sie als Männer sowieso schweigen konnten?*

»Gut, Frau Boll, dann werden Sie bis auf weiteres unter meiner und Herrn Härtings Leitung für diesen Fall zuständig sein.« Dr. Leonhardt blickte sehr streng. »Fühlen Sie sich dieser Aufgabe gewachsen? Haben Sie die Sache mit Ihren Kindern im Griff?«

Weil sie, Kommissarin Boll, die Leitung bekam! Bettina atmete tief durch und lächelte etwas zittrig. »Ja«, log sie dann.

Dr. Leonhardt blickte unvermindert streng. »Also gut. Dass Sie dabei waren, als es passiert ist, ist gut für die Ermittlungen, aber schlecht für unsere Presse. Und falls die Journaille sich auf Sie einschießt, Frau Boll, werden wir Sie aus der vorderen Front abziehen. Egal, ob Ihre Arbeit bis dahin gut war.«

Bettina nickte.

»Der Herr Silberstein wird Sie unterstützen. Nach allem, was ich bis jetzt weiß, wird das dringend notwendig sein. Für ein Tötungsdelikt mit so einer perfekten Inszenierung könnte ein Triebtäter infrage kommen und da können wir froh sein –«

Och nein, dachte Bettina. Hoffentlich konnte sie den Profiler irgendwie ausbooten. Sie hatte keine Lust auf Diavorträge jeden Morgen und besserwisserisches Getue um Erkenntnisse, die eh jedem klar waren. Der Mann allein war schon schwer genug zu ertragen. Er wirkte mal wieder wie ein Försterssohn, der sich für den sonntäglichen Frühschoppen fein gemacht hatte, fast ahnte man die Waldesluft um ihn. Und er sah Bettina ziemlich herausfordernd an.

»Schön«, sagte Dr. Leonhardt unterdessen. »Also, legen Sie los, Frau Boll. Wer war es?«

Sie entschied sich für knappe Nüchternheit. »Es gibt mehrere Möglichkeiten. – Florentine Ausammas«, Bettina begann mit dem Opfer, »war eine estnische Studentin, zweiundzwanzig, und seit knapp zwei Jahren im Land. Sie lebte in Darmstadt bei einem Professor Sagan-Nory, der zufälligerweise auch der Leiter des Fachgebiets ist, in dem Frau Ausammas gestern Abend starb.«

»Ist das der mit den Hamstern in den Mikrowellen?«, fragte

Silberstein. Bettina nickte. Der Profiler machte ein unergründliches Gesicht. »Weiter.«

»Danke«, sagte Bettina trocken. »Ausammas ist gestern Morgen mit einem Alfa Romeo, der Sagan-Nory gehört, nach Lautringen gefahren. Dort hatte sie an der Uni mehrere Besprechungen, die wir noch genauer überprüfen werden. Dann ging sie abends zum Aktsitzen. Sie hatte ein Handy dabei, darauf wurde sie einmal angerufen.«

»Von wem?«, fragte Silberstein.

»Von ihrem Lebensgefährten, das war leicht herauszubringen. Die Nummer und sogar Zeit und Dauer werden im Handy gespeichert. Es war ein kurzes Gespräch, ganz knapp vor dem Kurs. Ich habe es selbst mitbekommen, allerdings nicht den Inhalt, leider.« Kurz musste Bettina an die trotzige Haltung der jungen Frau auf dem Nussbaumtisch denken. Sehr sicher war sie sich ihrer Rolle als Freundin des Professors nicht gewesen. Oder lag dieser Trotz vielleicht darin begründet, dass Sagan-Nory selbst nicht so wohlgelitten war? »Dann stellte sie sich auf das Podest«, fuhr sie fort, »und posierte eine Weile, bis sie um eine bestimmte Position gebeten wurde. Die nahm sie dann auch ein, und von da ab wird es interessant. Denn in dieser Lage wurde sie nach dem Bronzegießen, das parallel zum Aktzeichnen lief, erstochen aufgefunden.«

»Was war das für eine Position?«, fragte Silberstein.

Bettina sah Willenbacher an, der stand auf, kramte in einer Tüte, die er hinter die Couch gestellt hatte, und brachte Knerrs Acrylbild zum Vorschein. Diesen Schachzug hatten sie sich heute früh überlegt, denn das würde bei Dr. Leonhardt wahrscheinlich gut ankommen und vielleicht über diverse Lücken hinweghelfen. »Wir haben natürlich auch Fotos«, versicherte Bettina, während Willenbacher das Gemälde kurzerhand vor die Aufnahme von Kußler stellte.

»Aber wir dachten«, fügte der kleine Kollege hinzu, »es wäre gut, erst mal zu analysieren, was die Kursteilnehmer gesehen haben. Dies Bild zeigt die Position, in der Ausammas gelegen hat, und aufgrund dieses Bildes und auf Bitten dieses Malers hat sie die Stellung überhaupt erst eingenommen.«

Eine Pause entstand, in der alle das Bild betrachteten, Silberstein beugte sich sogar vor und würdigte die Idee: »Hochinteressant. Wirklich. So sollte sie liegen?«

»So lag sie«, erklärte Bettina. »Und da das Opfer nie allein im Raum war, muss der Täter ein Ablenkungsmanöver benutzt haben. Einen psychologischen Moment. Den Tumult, der entstand, weil alle ihre Plätze verließen, um beim Gießen zuzusehen, einen bellenden Hund, den Einzug der Gießer, die sich umziehen mussten. Die Rückkehr der Gießer. Das alles käme möglicherweise infrage. Andererseits wäre die Tat vor über fünfzig Menschen schwierig gewesen, vielleicht undurchführbar. Wahrscheinlicher ist deshalb, dass der Mord während des Gießens verübt wurde. Da waren nur drei beziehungsweise vier Zeugen im Raum, und die konzentrierten sich auf ihre Arbeiten.«

»Aber haben die nicht die Frau gemalt?«, warf Härting ein. »Die müssen sie doch angesehen haben.«

»Nicht ununterbrochen. Wenn Sie das Bild ansehen, merken Sie, wie viel Arbeit darin steckt. Der Herr Knerr, der es gemacht hat, benutzt nur einen winzigen Pinsel und tupft. Und die Sachen der anderen beiden sehen ähnlich aus. Die haben nicht viel gesehen und gehört«, erklärte Willenbacher.

»Frau Boll sprach von *vier* Menschen, die sich in dem Raum bewegt haben«, erinnerte Dr. Leonhardt.

»Ja, da war noch eine Frau, Olfat Abdallah«, antwortete Bettina. »Die hatte sich ihr Kleid in der Werkstatt verschmutzt und wollte es dort im Aktsaal sauber machen. Sie ist im Saal herumgelaufen, wohl auch in der Nähe des Modells. Ihr Platz lag dicht beim Podest. Aber gerade bei ihr gibt es keine ersichtliche Verbindung zum Opfer. Sie hat nicht das leiseste Motiv.« Bettina sah nachdenklich in die Runde. »Trotzdem ist ihr Auftritt ganz besonders interessant. Oder die Art, wie er von den Zeugen geschildert wurde. Denn Frau Abdallah wurde von allen drei Anwesenden bemerkt. Sogar an Details wie ihre Erkältung können sie sich erinnern. – Und das bedeutet, dass die Leute zwar abgelenkt, aber nicht ganz achtlos waren. Sie hätten es mit großer Wahrscheinlichkeit bemerkt, wenn noch eine weitere Person in den Raum gekommen wäre.«

»Oder falls jemand aus einem Versteck gekrochen wäre«, setzte Willenbacher hinzu. »Verstecke gibt es dort eine Menge. Aber derjenige hätte sehr vorsichtig sein müssen.«

»Aber wer«, wiederholte Silberstein Dr. Leonhardts Eingangsfrage, »war es nun?«

Bettinas und Willenbachers Blicke trafen sich. Diese Frage war unsinnig. Viel zu simpel. Fast kontraproduktiv. Aber sie mussten nun antworten.

»Das wissen wir noch nicht. Es gibt nur einen ganz vagen Verdacht«, sagte Bettina schließlich. »Und der kann einfach falsch sein.«

»Wer?«

»Professor Sagan-Nory«, sagte Willenbacher.

»Können Sie das erhärten?«

Natürlich nicht. »Erstechen spricht für Leidenschaft«, sagte Bettina. »Es könnte eine Beziehungstat sein. Die ganze Szene wirkte so …«, sie überlegte, »als ginge es um eine ganz persönliche Geschichte. Und bei dem Professor gibt es zumindest auch *einen* konkreten Verdachtsmoment. Das habe ich vorhin mit Willenbacher überlegt, wir haben heute früh ein bisschen die Zeiten nachgerechnet.«

»Den Herrn Sagan-Nory«, fuhr Willenbacher fort, »haben wir gestern Abend als nächsten erreichbaren Angehörigen angerufen, fast unmittelbar nach dem Fund der Leiche..«

»Auf seinem Handy, wohlgemerkt«, sagte Bettina. »Über den Anschluss bei ihm zu Hause war er nicht zu erreichen. Und eine gute halbe Stunde später war er schon da. Das ist ziemlich schnell für die Strecke Darmstadt – Lautringen. Theoretisch könnte er sich im Aktsaal versteckt haben, nach der Tat rausgeschlichen sein und irgendwo auf unseren Anruf gewartet haben, um dann so zu tun, als käme er aus Darmstadt.«

»Hat er gesagt, dass er von zu Hause kam?«, fragte Dr. Leonhardt.

Bettina schüttelte den Kopf. »Mehr oder weniger.«

»Was soll das heißen?«

Sie schilderte Sagan-Norys filmreifen Auftritt. »Wir konnten ihn nur ganz provisorisch befragen. Natürlich hat er sich auch geweigert, ins Krankenhaus zu gehen, wir mussten ihn in ein Hotel bringen, und von seinem Zimmer dort ist wahrscheinlich nicht mehr viel übrig. Er war schrecklich aggressiv.«

»Aggressiv«, wiederholte Silberstein.

»Und wie.«

»Wie hat sich das geäußert?«

Bettina dachte nach. »Er hat sich richtig auf sie draufgeworfen. Und geheult hat er, aber wütend. Nicht traurig. Dann, als wir ihn dort weg hatten, schlug er ständig auf seinem Tisch herum und schimpfte heftig. Er hat seiner Freundin flammende Nachrufe gehalten.« Sie schüttelte den Kopf. »Also ehrlich, ich habe schon ein paar Todesnachrichten überbracht und Hinterbliebene gesehen, aber so eine Aufregung habe ich nie erlebt. Das war tiefste Tragödie.«

»Lächerlich war es«, sagte Willenbacher. »Schmierentheater. Das hat ihn für mich am verdächtigsten gemacht.«

Bettina blickte ihren Kollegen an. »Gerade den Punkt fand ich eher entlastend. Ich glaube, er hat es ernst gemeint. Der ist so.«

Silberstein lächelte. »Was für ein Gefühl hatten Sie, als Sie die Tote zum ersten Mal sahen?«

»Dass inszeniert wurde«, sagte sie wahrheitsgemäß.

»Sie starb auf dem Podest«, sagte Silberstein. »Auf der Bühne. Vor aller Augen. – Vor *Ihren* Augen, Frau Boll.«

Bettina schüttelte den Kopf. »Ich war während der gesamten fraglichen Zeit im Nebenraum. Und Willenbacher auch.«

»Da wollte vielleicht jemand mit Ihnen spielen, was meinen Sie?«

»Nein«, sagte Bettina abweisend. »Das glaube ich überhaupt nicht. Dieses Verbrechen hat mit mir nichts zu tun. – Außer dass ich es aufklären werde.«

Silberstein lehnte sich zurück und lachte. Wohlklingend, leise und schrecklich unhöflich. »Wie war Frau Ausammas?«, fragte er dann. »Sie waren da. Sie haben die Frau gesehen. Weshalb ist sie gestorben?«

»Sie war das Modell. Sie war schön. – Und ihr Mörder hat

einiges für ihren Tod riskiert. Trotzdem ist der Ablauf für uns im Moment noch ein ziemliches Chaos«, sagte Bettina. »Ich schlage daher vor, dass wir die Szene so bald wie möglich nachstellen. Das müssen wir, sonst kriegen wir da niemals Ordnung hinein.«

Dr. Leonhardt nickte. Härting lehnte sich auf der niedrigen Couch zurück, die Arme weit ausgebreitet. Einer der Lautringer sagte: »Finde ich auch.«

Silberstein blickte immer noch Bettina an. »Das ist kein Chaos. Das war elegant! Da war jemand am Werk, der sich auskannte.«

»Kußler«, sagte Dr. Leonhardt sofort. »Denken Sie mal, der Professor, weshalb sollte der seine kleine Freundin umbringen? Er ist der reiche Onkel in der Beziehung gewesen. Er hätte sie einfach vor die Tür setzen können. Aber Kußler hat den Kurs geleitet, oder nicht? Und der Mann *ist* elegant.«

Bettina starrte den Kriminalrat an. »Der Kußler hat eigentlich gar kein Motiv«, widersprach sie. »Zumindest nicht für eine Beziehungstat. Der kannte die Ausammas kaum.«

»Sie war immerhin sein Aktmodell. – Sie suchen doch jemanden, der sich auskennt. Wer kennt sich besser aus als der Kursleiter?«

Sogar Willenbacher runzelte nun die Stirn. »Sagan-Nory ist der Leiter des Fachgebiets«, sagte er. »Hartmann arbeitet ebenfalls dort. Und die Studenten mögen dieses Fach. Soweit ich gehört habe, verbringen die viel Zeit dort unten. Die kennen sich *alle* aus.«

Dr. Leonhardt nahm das gemalte Bild von der Staffelei, legte es fort und sah das Bild des Architekten an. »Trotzdem. Bleiben wir mal dabei. Was haben Sie bisher wegen Kußlers Frau erreicht?«

»Also«, sagte Bettina mit verschränkten Armen, »ich sollte mich ja unverbindlich mit ihm anfreunden und habe mich auch«, hier musste sie sich räuspern, »nett mit ihm unterhalten, aber dann ist mir das tote Modell in die Quere gekommen.«

* * *

»Den Kußler«, sagte Bettina kopfschüttelnd, als sie wieder in Willenbachers Wagen gen Lautringen fuhren, »kann Dr. Leonhardt einfach nicht vergessen.«

»Na, komisch ist es schon irgendwie«, sagte Willenbacher, der beim Autofahren ausnahmsweise mal entspannt aussah, Samstagvormittag, die Autobahn lag fast leer vor ihm, ganz so, wie er es mochte, »dass ausgerechnet in seinem Kurs jemand ermordet wurde.«

»Ja.« Bettina fand einen Fleck auf ihrer schönen Hose, den Sammy heute Morgen dort hinterlassen haben musste, es sah nach Müsli aus. Nachdenklich kratzte sie daran herum. »Also wie sieht der Plan heute aus?«

»Du machst alles, ich schlafe«, sagte Willenbacher und gähnte. »Ich bin um halb vier heimgekommen.«

»Ärmster. – Und wenn wir mit unseren Aufgaben fertig sind, fahren wir nach Darmstadt zu Sagan-Nory.«

Sie hatten von Dr. Leonhardt eine Menge explizite Aufträge bekommen: Den Kußler vernehmen! Den Tatort mit einem Insider sichten! Die Verbindung von Kußler zu seinem Modell untersuchen! An das gesuchte Grab denken! Also hatten sie eine Menge Leute bestellt und Termine ausgemacht.

»Da kommen wir heute nicht mehr hin«, erklärte Willenbacher.

»Müssten wir aber.«

»Hast Recht, das schaffst du noch«, sagte Willenbacher. Und gähnte wieder. »Zur Not stattest du ihm nachts einen kleinen Überraschungsbesuch ab. Tröstest ihn ein bisschen. Machst halt ein paar Überstunden. Rein dienstlich, versteht sich.«

Bettina funkelte den Kollegen an. »Allein?«

»Ich«, sagte Willenbacher, »werde heute Nacht schlafen. Sonst bin ich bald zu nichts mehr zu gebrauchen. Bei meinem Gehalt hat die Bevölkerung Anspruch auf ordentliche Arbeit.«

* * *

Ella war schon dreimal um den samstäglichen Wochenmarkt herumgefahren – die lange Strecke, nicht durch die Fußgängerzone –, dreimal vorbei an dem hohlen, offenen Betonklotz direkt am Markt, der mal ein Hotel hätte werden sollen und nun als Denkmal für den ehemaligen gutsherrlichen Oberbürgermeister seine Dienste leistete, dreimal ganz hinten herum über die Eisenbahnstraße, an den schönen Geschäften vorbei und wieder zum Markt zurück. Sie hatte noch genau acht Euro im Portemonnaie, die mussten die ganze nächste Woche reichen. Aber Lust auf Oliven und Wein hatte sie auch, heute fühlte sie sich aus irgendeinem Grund ganz gut, bereit, Geld auszugeben. Und für acht Euro bekam man eine Flasche Aldi-Chianti und eine Hand voll gute Sachen vom Griechen auf dem Markt, vielleicht reichte es sogar noch für ein Fladenbrot, und unter Umständen war nächste Woche der Geldautomat anders gepolt und spuckte ausnahmsweise mal was aus.

Und gerade, als sie bedauernd beschloss, doch vernünftig zu sein und dieses begehrliche Kreisen um Dinge, die sie sich nicht leisten konnte, aufzugeben, sah sie einen Mann in einem fahlen braunen Mantel, nicht sehr groß, mit heller Haut und dunklen Haaren, der ganz offensichtlich im Begriff war, seine samstäglichen Einkäufe auf dem Wochenmarkt zu tätigen, denn er schritt aufrecht auf die Blumenstände am Eingang zu.

Thomas Kußler.

Ella nahm es als Zeichen.

Sie kettete ihr Fahrrad an eine Bank. Laternen, an denen man etwas festmachen konnte, gab es auf dem hipp gestylten Platz nicht mehr, die Beleuchtung war in schimmernden Metallstelen untergebracht, die auf ihre spezielle Weise hervorragend mit dem *béton brut*-Look der benachbarten Bauruine kontrastierten. Wie immer, wenn sie mitten in der Stadt vom Fahrrad stieg, fühlte Ella sich merkwürdig, nackt, und ihr Gang war etwas ausgestellt wie der eines Seemanns, wahrscheinlich kam ihr das aber nur so vor. Sie schritt zwischen den Menschen und Ständen und dem ganzen Obst und Gemüse und den Eiern und Blumen und Honigsorten und Fischen auf den Tischen und hinter den Theken hindurch und wusste wieder, wieso sie nie auf den Markt ging: weil das mit ihrem Kontostand und acht Euro in der Tasche eigentlich unerträglich war. Doch sie beschloss, sich die Laune nicht verderben zu lassen. Sah sich nach Thomas Kußler um.

Und entdeckte ihn am Olivenstand. Und das, dachte Ella, war mehr als ein Zeichen. Da hatte die Liebeslyrik der Bildzeitung vielleicht doch Recht. Da musste der Mars seine Finger im Spiel haben.

Sie stellte sich neben Thomas, er trug einen Mantel aus unglaublich teuer aussehender brauner Wolle, auf dem einzelne Regentropfen wie kleine Perlen standen, darunter schimmerte ein weißes Hemd. Er bestellte die Oliven, die Ella auch genommen hätte. Langsam wurde es unheimlich.

»Hallo«, sagte sie munter. Hoffentlich nicht zu munter?, fragte sie sich sofort, vielleicht mochte er so forsche Anmache von der Seite nicht?

Doch er blickte auf, sah sie an und lächelte. »Hallo.«

Ella fuhr sich mit der Linken über den rasierten Schopf, jetzt etwas verlegen. Komm, sag was, ermahnte sie sich, schönes Wetter heute, glaubst du an Marsstrahlen, stellst du mich ein, bitte?

»Die mag ich auch«, erklärte sie stattdessen mit einem Blick auf die Oliven in der üppigen Auslage, hier würde sie gern mal einen Fünfziger lassen.

»Die Oliven?«

»Hmm.«

»Du solltest mal die Tomaten probieren«, schlug er vor und gab dem Griechen ein Zeichen, der griff mit der Tüte über der Hand in die betreffende Schale und holte eine gute Portion heraus. »Nicht so viel«, mahnte Thomas, »das muss ich alles allein essen.«

Ella grinste nervös, das, dachte sie, muss kein Problem für dich sein.

»Aber gut, dass ich dich treffe, Ella«, sagte der Architekt dann, »ich wollte sowieso noch mit dir sprechen. Wegen diesem Hügel beim Winterturm. Aber das hat, glaube ich, noch Zeit. – Isst du auch so gern diese Schafskäsepaste?«

Ella schluckte.

»Bitte?«, rief ihr der Bruder des Griechen von hinter der Theke zu. »Werden Sie schon bedient? Gehören Sie zusammen?«

Sie sahen sich an, und Ella wurde noch nervöser und überlegte in kurzer Zeit die unglaublichsten Dinge, als eine Stimme von hinten »Ah!« machte. Eine große schmale Gestalt schob sich heran. »Der Herr Kußler! – Jetzt sag mir mal, mein Freund, was da gestern Abend bei euch los war, ich hab ja vorhin was einfach Unglaubliches gehört!«

Klar, dachte Thomas, wenn es einer schon gehört hatte, dann natürlich der Geib. Er drehte sich um, sein Vereinsbruder stand da in vollem Ornat, schwarze gestrickte Kappe, goldener Ohrring, seidenes Halstuch, mehrere Lagen feiner Strickware, silberner Ring am Zeigefinger. Mehr konnte man bei dem Gedränge nicht sehen, aber Hose und Schuhe waren mit Sicherheit auch von ausgesuchter Lässigkeit.

Geib, der einen guten Kopf größer war, beugte sich herab und flüsterte ihm ins Ohr: »Dein Aktmodell ist erstochen worden?«

Thomas schüttelte den Kopf und wies mit dem Kinn auf die Leute ringsum, eigentlich nur auf Ella. Sein Blick blieb kurz an ihr hängen. Er sagte laut: »Und eine Schale Surimi, aber die ohne Knoblauch, bitte.« Dann sah er Geib bedeutungsvoll an und zuckte die Achseln.

Der hob das Kinn inklusive dem kleidsamen Dreitagebart. »Okay.«

»Nein, weniger«, rief Thomas dem Griechen zu. »Und jetzt noch von den Krabben.«

»Hm«, machte Geib, sein Interesse nun auf die lebende Frau an Thomas' Seite richtend. Die schaute ihrerseits begehrlich auf die Krabben. »Und ihr beide feiert was?«

»Wir«, sagte Ella frech, »könnten allerhöchstens meine Einstellung in Thomas' Büro feiern, ich hätte nämlich wirklich furchtbar gern Arbeit bei ihm.«

Liebe Zeit, dachte Ella, das habe ich nicht gesagt. Oder? Nein. Das kann ich nicht gesagt haben. Nein. Um sie tropfte es, vorne schrie einer der Griechen: »Sei so gut, gib mir das Pesto da runter!«, ein Hund bellte, die Luft roch kräftig nach Wald und Herbst und heißen Maroni.

Doch, sie hatte es gesagt. Thomas schaute sie erstaunt an, sein schicker neugieriger Freund grinste ihr zu, so ein Bewerbungsgespräch hatte er bestimmt noch nicht oft gehört.

»Tja«, sagte Thomas dann, sofort wieder gefasst, »kann sein, dass wir tatsächlich jemanden brauchen.« Er lächelte seinem Bekannten zu. »Nichts Großartiges, nur einen Hiwi für die kleinen Sklavenarbeiten. Kopieren, Kaffee kochen, Pläne falten.«

»Und dem Chef morgens die Zeitung vorlesen?«, schlug der Freund vor.

»Ja, das sollten wir einführen.«, Thomas lächelte und rief dem Griechen zu: »Das war's, danke.« Zu Ella sagte er: »Kannst du eigentlich auch Lammkeulen braten?« Er wandte sich wieder an seinen Freund. »Dann stell ich sie sofort ein. Ich hatte letztens so ein Desaster mit einer wunderbaren Keule, und ich weiß einfach nicht, was ich falsch gemacht hab.«

»Dir fehlt die Frau im Haus«, sagte der Mann im edlen Tuch anzüglich.

Ella zog sich etwas zurück, kochen konnte sie nicht. Doch der Grieche hatte jetzt entschieden, dass sie zu dem Mann in dem schicken Mantel gehörte, egal wie abgerissen sie aussehen mochte. »Zwölf Euro«, rief er und hielt Ella eine Plastiktüte hin. Sie nahm sie und gab sie an Thomas weiter.

»Schick mir eine Bewerbung«, sagte der, während er Geld über mehrere Köpfe hinwegreichte. »Ich glaube, dich könnte ich wirklich gebrauchen.«

* * *

Hartmann sah richtig mitgenommen aus. »Gestern Abend war viel zu viel los«, sagte er. »Aber jetzt schäme ich mich. Wirklich, dass wir so schlecht auf Florentine aufgepasst haben! Dass so etwas passieren konnte!«

Er stand, ganz ordentlich in Jeans und einem schwarzen Pulli, mit der Kaffeetasse in der Hand vor der Bürotür seines Fachgebietes, neben ihm schwebte eine kleine Bronzefigur auf einem langen gebogenen Stahlstab, der am Boden auf einer schweren Platte festgemacht war. Die Figur hatte etwas von einer Steinzeitgöttin, verschwindend kleiner Kopf, riesiges Becken, sie besaß eine rötliche, grobe Oberfläche; nur an einer Stelle zog sich eine winzige, goldfarbige blanke Ader über das Metall. Hartmann hatte die Bronze versehentlich angestoßen, als er aus dem Büro trat, und nun schwang sie gravitätisch auf ihrem Stab.

»Das muss man sich mal überlegen«, sagte er, den Blick nun in den Kaffee gesenkt. »Ich war so dicht bei Florentine! Und kann nicht sagen, ob sie da noch gelebt hat oder nicht!«

»Können Sie uns das nachher mal an Ort und Stelle zeigen?«, fragte Bettina.

Hartmann sah auf. »Klar. – Diese Geschichte ist völlig verrückt! – Tja, wollen Sie auch noch einen Kaffee?«

»Gern.«

Bettina und Willenbacher folgten ihm ins Büro, der Raum wirkte jetzt seltsam leer, fand Bettina, etwa so wie ein Festsaal nach einer rauschenden Party, der Tisch in der Mitte war immer noch völlig abgeräumt, dafür lag nun auf Sagan-Norys Nussbaumtisch eine Jacke, vielleicht seine, die er nicht mitgenommen hatte. Und die Staubränder an den Wänden wirkten jetzt besonders öde.

»Haben da mal Bilder gehangen?«, fragte Bettina und wies auf eine der Wände.

Hartmann nickte, er goss Kaffee in große Humpen.

»Was ist damit passiert?«

»Sagan-Nory hat sie abhängen lassen.« Er reichte Bettina eine Tasse. »Sie waren noch von vor seiner Zeit.«

»Danke. – Sieht unfertig aus. Als würde jemand umziehen.«

Hartmann lächelte spöttisch. »Ja, das finden wir auch, aber es ist Absicht.«

Bettina starrte die Wand vor ihr an. »Bitte?«

»Kunst, Frau Boll! Professorenhumor.« In Hartmanns Gesicht

zeigte sich sein hübsches, nun etwas erbittertes Grinsen. »Nach dem Motto, die Lücken, die sie hinterlassen, ersetzen unsere geschmacklosen Bilder von früher völlig.«

»Aber sonst«, sagte Willenbacher mit einem Blick zur Tür, nach draußen, wo sich die studentischen Werke nur so stapelten, »hat er nicht sehr viel aufgeräumt, oder?«

»Nein.« Hartmann drehte sich wieder zur Kaffeemaschine. »Der Herr Sagan-Nory hält montags abends seine Vorlesung und schaut vielleicht noch mal mittwochs zu den Übungen fürs Grundstudium vorbei, und der Rest ist ihm ziemlich egal. Er hat noch einen Lehrstuhl an einer Kunsthochschule und natürlich seine Projekte, er ist sehr gefragt und dementsprechend selten da.«

»Aber immerhin oft genug, um hier eine Studentin –« Bettina unterbrach sich, beinahe hätte sie »aufzureißen« gesagt.

»Aufzureißen?«, fragte Hartmann und reichte auch Willenbacher eine Tasse. »Ja, der Herr Sagan-Nory hat diesen Lehrstuhl seit einem Jahr, er hat sich also beeilt.« Er lächelte grimmig.

Der Professor und die Studentin. Die Maler und das Modell. Pygmalion, dachte Bettina. »Gab es mal Streit?«

»Nicht, dass ich wüsste.«

»Hat Frau Ausammas das Verhältnis ausgenützt? Hat sie bessere Noten beansprucht?«

»Nicht bei mir.«

»Und sonst?«

»Weiß ich nicht.«

»War Frau Ausammas eine gute Studentin?«

Darüber dachte Hartmann länger und ernsthaft nach. »Florentine«, sagte er dann sachlich, »war ehrgeizig.«

»Und wie stand es mit den Leistungen in Ihrem Fach?«

Der große Assistent goss auch sich selbst noch einen Kaffee ein. »Völlig normal, würde ich sagen. Nicht schlecht sogar.«

»Wie war Ihr persönliches Verhältnis zu Frau Ausammas?«

Hartmann hob die Hände. »Ich hatte wenig mit ihr zu tun. Persönlich kannte ich sie gar nicht.«

»Wie ist sie Ihr Modell geworden?«

»Florentine ist noch vom alten Professor engagiert worden, der mochte sie, und da sah sie auch noch besser aus.« Hartmann runzelte die Stirn und rieb sich den Nacken. »Ich sag's Ihnen ehrlich, ich hätte Florentine nie als Modell genommen. Sie war sehr schön, aber viel zu dünn, schon als sie hier anfing. Die Studenten wollen das zwar, weil sie an die Hungerhaken aus der Werbung glauben. Aber ich als Bildhauer kann mit so einer Figur wenig anfangen. Nur, als Sagan-Norys Freundin konnten wir Florentine schlecht vor die Tür setzen.«

Bettina stellte ihre Kaffeetasse auf den großen leeren Tisch, der damit gleich normaler wirkte. »Also wurde sie doch bevorzugt.«

»In diesem Punkt, gut.«

»Wie ging Herr Sagan-Nory eigentlich damit um«, fragte Bettina, »dass seine Freundin sich vor seinen Mitarbeitern und Studenten auszog?«

»Gelassen«, antwortete Hartmann. »Ich glaube nicht, dass er sich fürs Aktzeichnen, zumal mit den Studenten, groß interessiert hat. Meiner Meinung nach findet unser Herr Dozent das sterbenslangweilig wie alles, was mit figürlicher Darstellung und folglich mit diesem Fachgebiet zu tun hat.«

»Wir müssen den ganzen Abend nachstellen«, sagte Bettina, als sie in den Aktsaal traten. »Anders werden wir niemals all die Aussagen zusammenbringen.« Im Vorbeigehen grüßte sie ein paar weiß gekleidete Kollegen, die Leute von der Spurensicherung waren hier seit acht Uhr wieder bei der Arbeit. Die Männer betrachteten gerade fachmännisch das Anschauungsskelett, das gelb und vertrocknet aussah, aber trotz seiner angepassten Maße und des geschäftigen Treibens ringsum gruselig wirkte. Ganz, dachte Bettina, hat man den armen Inder doch nicht seiner Kräfte berauben können. Sie wandte sich zu Hartmann um. »Dann los, zeigen Sie uns, wo Sie sich umgezogen haben.«

Jetzt, am späten Vormittag, fand Bettina den Raum völlig anders, viel heller, schmutziger, noch voller als gestern, mehr ein Magazin als ein Arbeitsraum, die vielen Staffeleien verstellten zusätzlich den Blick; der einzige leere Platz war in der Mitte:

das große weiße Podest. Allerdings nicht ganz weiß, Ausammas' Position war markiert worden. Und es trug noch die Spuren vom Grafitstaub.

Hartmann führte sie daran vorbei. »So sind wir gegangen.«

»Sie haben für das Mädchen gesungen, nicht?«, fragte Willenbacher.

Hartmann blieb stehen. »Ein bisschen Fez muss sein.«

Willenbacher ging ein Stück weiter, drehte sich wieder um und sagte: »Und an dem Podest gerüttelt haben Sie auch.«

»Stimmt.«

»Sie kamen ziemlich nahe an sie ran, stimmt's?«

»Ja.«

»Haben Sie sie angesehen, als Sie an dem Podest rüttelten?«

»Ihren Rücken.«

»Hat sie noch gelebt?«, mischte Bettina sich ein.

Hartmann schüttelte den Kopf. »Ich habe die ganze Nacht darüber nachgedacht, glauben Sie mir das? – Ich weiß ja, es ist wichtig, wir haben schon gestern Abend drüber gesprochen, aber ich hatte das Visier heruntergeklappt, und da sieht man nicht mehr sehr viel. Ich glaube, dass ich ein Messer gesehen hätte, wenn da eins gewesen wäre, aber beschwören, also – beschwören könnte ich es nicht.«

»Hm.«

»Tja, wollen Sie jetzt die Schränke sehen?«

»Gern.«

Die Spurensicherer gaben ihr Okay, und so zwängten sie sich an dem Podest und den daneben stehenden Eisenböcken vorbei in den schmalen Umkleidebereich hinter den Spinden. Er befand sich unmittelbar unter einem in Kopfhöhe gelegenen Fenster, was die sorgfältig erzeugte Privatheit wieder zerstörte, aber in dieser Umkleide ging es ganz offensichtlich sowieso nur darum, sich einen Asbestmantel anzulegen oder allerhöchstens Pullover gegen Arbeitskittel zu tauschen. Die Asbestmäntel hingen an Haken, Bettina nahm einen in die Hand, er war schwer, silbrig und mit Leder abgesteppt. Die passenden Handschuhe und Helme waren in zwei Spinden gestapelt. An einem Bügel hing ein verdrecktes blaues Winzerhemd, und ein ähnliches war über die Heizung im Hintergrund geknautscht.

»Die Handschuhe«, sagte einer der Spurensicherer, der ihnen zusah, »haben wir untersucht, da ist kein sichtbares Blut dran. Sollen wir sie trotzdem mitnehmen?«

»Ist vielleicht besser«, sagte Bettina. Sie zählte. »Moment. Es sind ja sechs Mäntel!«

»Ja, klar«, sagte Hartmann.

»Sechs Stück«, bestätigte der Spurensicherer.

»Aber gestern Abend«, sagte Bettina und wandte sich an Hartmann, »waren Sie beim Gießen zu fünft, oder?«

»Ja«, bestätigte der.

Bettina sah Willenbacher an. »Herrgott, Will –«

»Das mobile Versteck.« Willenbacher schlug die Hände zusammen. »Heureka, da haben wir es doch schon. Ein Asbestanzug. Haben Sie auch sechs Helme?«

»Sicher.« Hartmann öffnete einen Spind und sah nach. »Sind komplett.«

»In dem ganzen Aufruhr gestern«, sagte Bettina langsam, »wäre es da aufgefallen, wenn sich einer den sechsten Anzug genommen hätte?«

»Na klar.« Hartmann schüttelte den Kopf. »Glauben Sie, wir merken es nicht, wenn sich einer beim Umziehen zu uns stellt?«

Bettina sah sich in der schmalen Umkleide um, es war jetzt schon, mit vier Personen darin, unerträglich eng, der Abstand zwischen Spind und Heizung betrug weniger als einen Meter. Staubige studentische Werke belagerten die Fensterbank über ihnen und trugen zu der klaustrophobischen Stimmung bei. Ein mit rotem Klebeband markierter Notausstieg wirkte wie ein Ruf der Freiheit. Als Bettina dann eine der Spindtüren öffnete, war die Sicht im Gang völlig versperrt.

»Der Täter hätte etwas später kommen können«, dachte Willenbacher laut. »Als Sie gerade fertig waren mit Umziehen. Er holt sich den Anzug, geht raus, nimmt das Messer. Und ersticht das Modell.«

»Und dann?«, fragte Hartmann.

»Dann ist er logischerweise nicht mit in die Gießerei gegangen, sondern raus. Ins Treppenhaus oder so. Dort hat er auf Ihre Rückkehr gewartet, sich dann unauffällig unter Sie gemischt, hat die Sachen wieder aufgehängt und ist verschwunden.«

»Ich weiß nicht«, sagte Hartmann, »also ehrlich –«

»Wer war denn der Erste von Ihnen, der nach dem Gießen wieder in diesen Raum kam?«, fragte Willenbacher.

»Ich«, sagte Hartmann.

»Und, denken Sie gut nach: Hing da der sechste Mantel an seinem Platz?«

»Ja«, sagte der Assistent nach längerem Überlegen. »Ja, er hing da.«

»Und der Helm?«

»Das kann ich nicht genau sagen.« Hartmann konzentrierte sich sichtlich. »Ich habe meinen Helm hinter mich gelegt, auf die Heizung, und da kam schon Martin und machte die Tür nebenan auf. Und dann waren die anderen da, und es war voll. Aber ich glaube, dass der Helm da war. Es wäre mir aufgefallen, wenn einer gefehlt hätte.«

»Wie viele Helme lagen im Spind, als Sie Ihren weggeräumt haben?«

»Zwei.« Hartmann stutzte. »Nein, drei. Oder?«

Die Polizisten sahen sich an, der Spurensicherer sah sehr nachdenklich aus.

»Der Mörder«, sagte Bettina langsam, »war vielleicht geschickt genug, den Ein- und Auszug der Gießer zu nutzen. Er könnte unmittelbar nach Ihnen«, sie wandte sich an Hartmann, »den letzten Mantel genommen haben und unmittelbar vor Ihnen wieder zurückgekommen sein. Das wäre draußen niemandem aufgefallen. Die Studenten haben bestimmt nicht nachgezählt, wie viele Leute in Asbest unterwegs waren. Er musste nur die Zeit genau abpassen, und er brauchte ein Versteck für die halbe Stunde dazwischen.«

Da schnaubte Willenbacher plötzlich laut und heftig durch die Nase. »Ha! Das Versteck kenne ich!«

»Wo?«

»Pass auf.« Der kleine Kollege gestikulierte wild. »Diese Olfat Abdallah, die Muslimin, kam während des Gießens hier in den Saal, weil sie sich ihr Kleid mit Schamotte versaut hatte.«

»Ja, und?«

»Sie wollte es gleich auswaschen. Ging also raus aus der Gieße-rei.«

»Und?«

»Und wollte logischerweise zu dem Klo, das direkt daneben liegt.«

»Und? Will, jetzt sag schon!«

»Und es war besetzt.«

»Besetzt?!«

»Besetzt.«

»War jemand drin, hat sie jemanden gehört?«

Willenbacher überlegte. »Sie sagte: besetzt.«

Sie schwiegen einen Moment. »So könnte es wirklich gewesen sein«, sagte Bettina endlich. »Das klingt fast nach einer Lösung.«

»Oh, ich weiß noch eine andere«, sagte der Spurensicherer.

* * *

Ella saß an ihrem Computer und kämpfte mit dem Textverar-beitungsprogramm, es war alt, genau wie der Computer, und sie brauchte eine spitzenmäßige Bewerbung, knapp, einfach und brillant formatiert. Eine ganze Stunde lang quälte sie sich mit dem Tabstoppbefehl ab, ständig verschob sich ihr Text, und sie war drauf und dran, rüberzugehen zu Stefan und ihn um seine fachmännische Informatikerhilfe zu bitten, als ihr Blick auf den Stuhl fiel, der ihr als Nachttisch diente. Dort lag, genau wie sie ihn gestern Abend hingelegt hatte, ihr Revolver. Die alte Smith & Wesson. Noch im Holster. Sie hatte die Waffe heute früh ganz einfach vergessen.

Das war ihr schon seit Urzeiten nicht mehr passiert.

* * *

»Gestern Abend dachte ich noch, das kriegen wir nie raus.« Der Lautringer namens Friedrich, ein großer magerer Mann mit langem Gesicht und traurigen Augen, seufzte. »Bei all dem Staub hier … Aber jetzt«, sagte er und wies in die Mitte des Raums, »sehen Sie mal.«

Dort stand das Podest, ein Konstrukt aus abgestoßenen, weiß beschichteten Platten, das rundherum geschlossen war. Jedenfalls soweit sie das sehen konnte.

»Was ist da drunter?«, fragte sie laut.

»Das ist es ja«, sagte Friedrich und sah Hartmann an. »Da drunter ist der sauberste und leerste und staubfreiste Platz im ganzen Raum.«

»Oh«, sagte Hartmann. »Stimmt, die Siebdruckanlage ist ja fort.«

»Oh«, wiederholte Bettina. »Da drunter ist also nichts?«

»Nein«, antworteten Friedrich und Hartmann unisono. »Und sehen Sie mal«, sagte der Spurensicherer und zog Bettina um die Ecke, »da kann man ganz leicht reinkommen.«

Das Podest bestand aus mehreren Platten, obenauf waren es zwei gleich große, an den Seiten dagegen hatte man unregelmäßig breite Stücke verwendet.

»Es fehlt ein Stück«, stellte Bettina fest.

»Gestern Abend«, sagte Friedrich bedeutungsvoll, »hing über dieser Stelle ein Tuch.«

Bettina kniete sich hin und sah unter das Podest, es war dunkel, nur ein paar Lichtritze am Boden konnte sie erkennen.

»Ja, vor einer Woche«, sagte Hartmann mit ausdruckslosem Gesicht, »hat unser Chef die Siebdruckanlage verschenkt.«

Bettina war plötzlich warm, obwohl sie nur ihren dünnen Wollpulli trug. »Bis vor einer Woche war hier noch etwas drunter?«

Hartmann nickte. Er sah nicht glücklich aus.

»Da war eine Siebdruckanlage?«

»Ein uraltes Ding, das Sagan-Norys Vorgänger selbst irgendwann geschenkt bekommen hat und das nie benutzt wurde. Wir haben damals diesen Kasten drum herum gebaut. Die Maschine hat immer gestört, aber nicht genug, um sie tatsächlich wegzuwerfen, das hätten wir nicht getan. Das Podest war als großer Tisch manchmal sogar ziemlich praktisch.«

»Und der Herr Sagan-Nory hat die Anlage vor einer Woche verschenkt.«

»Genau. Wir haben sie mit Mühe und Not da rausgekriegt, dabei ist auch dieses Stück Seitenwand abgefallen. Wir mussten ja das ganze Podest kippen.«

»Und Sie haben darunter sauber gemacht«, sagte Friedrich.

»Ja.«

»Wieso«, fragte Bettina mit aufgestützten Armen, »hat Herr Sagan-Nory diese Anlage ausgerechnet jetzt verschenkt?«

Sie sahen sich an.

»Weil er gerade jetzt einen Interessenten gefunden hatte?«, sagte Hartmann lahm.

Oder weil er gerade jetzt ein Versteck brauchte?

* * *

»Hier ist es«, sagte Bettina nach etwa vier Türschildern. »Sekretariat Geometrie.«

Sie standen zwei Stockwerke über der Gießerei in einem Flur, von dem lauter kleine Büros abgingen, der Gang war niedrig und lang und besaß die unbestimmte Leere von Räumen, die normalerweise viel belebter sind. Bettina klopfte an die zum Schild gehörige Tür und öffnete.

Tatsächlich wurden sie schon erwartet. »Guten Tag«, sagte die Geometriesekretärin, die zwar keine Künstlerin war, aber dafür ein Gesamtkunstwerk, sie sah aus wie ein wandelndes Hochglanzfoto. Die Retusche hatte zwar mit mindestens zwanzig zu leugnenden Jahren zu kämpfen, aber die Dame war immer noch sehr oval und hochmütig im Gesicht, ihre Haut rein und hell, die Haare erstaunlich goldblond und lang, und man war fast versucht zu glauben, dass es ihre echte Haarfarbe war, so seidig gepflegt sahen sie aus. Nur ihr Nachname, Bier, beeinträchtigte die Wirkung etwas, fand Bettina. Dessen ungeachtet blickte die Dame sehr streng auf ihre brillantenbesetzte schmale Armbanduhr, als die beiden Polizisten (zu spät!) eintraten, und ordnete mit wichtiger Miene Papiere, die sie sonst um diese Zeit sicher völlig kalt gelassen hätten, denn es war Samstag und sie war nur da, um die paar Fragen zu beantworten, wegen derer sie von Bettina und Willenbacher herbestellt worden war.

»Gut«, sagte Bettina, nachdem die recht kühle Begrüßung erledigt war und sie vor der Dame auf unbequemen Besucherstühlen hockten. »Frau Bier, wir gehen Florentine Ausammas' gestrigem Tagesablauf nach. Sie hatte einen Termin in ihrem Kalender notiert.« Bettina schlug das ledergebundene Büchlein auf und hielt es der Sekretärin hin. »Perspektive. Das wird hier unterrichtet.«

»Ja.«

»Und von wem?«

»Von der Professorin natürlich.«

»Und die hat gestern mit Frau Ausammas gesprochen.«

»Natürlich nicht.«

Bettina verschränkte die Arme. »Wer dann?«, fragte sie betont geduldig.

»Gestern«, sagte Frau Bier, »war Freitag. Freitags sind die Korrekturen fürs dritte Semester. Die machen im Moment Perspektive. Und abgehalten werden sie selbstverständlich nicht von der Professorin, sondern von unserem Hiwi. Ella Coressel.«

Bettina verordnete sich Ruhe. »Schreib auf, Will«, sagte sie. »Ella Coressel. – Wie können wir die erreichen?«

Unschlüssig blickte Frau Bier auf einen Karteikasten, der vor ihr stand. »Ich gebe eigentlich grundsätzlich keine Adressen heraus«, sagte sie nörgelig.

Bettina fasste es nicht. »Dann machen Sie jetzt mal eine Ausnahme.«

»Ich weiß nicht –«

Mit Bettinas Gelassenheit war es heute nicht weit her, vielleicht hatte auch der exaltierte Sagan-Nory auf sie abgefärbt. Sie erhob sich halb, hieb mit der Faust auf den Tisch und sagte: »Das ist ein Mordfall, Frau Bier. Möchten Sie uns Schwierigkeiten machen? Unsere Ermittlung behindern?«

Bier schlug die Augen nieder, hob aber das gepflegte Kinn und nahm mit spitzigen Fingern eine Karte aus dem Karteikasten, die sie Willenbacher hinhielt wie einen Hundekuchen. »Die hätten Sie aber auch im Fachgebiet Werken bekommen«, erklärte sie kühl, »wir haben alle die gleichen Adresskarteien.«

Bettina ließ sich auf ihren Stuhl zurückfallen. »Vielen herzlichen Dank«, sagte sie ärgerlich. »Gut, der Termin war um halb zehn, wissen Sie, ob er eingehalten wurde?«

»Ja«, schnappte Bier. Dazu lächelte sie aber hoheitsvoll, die Dame hatte ihre süße Miene voll im Griff. Und ihr rosenbestickter Pulli sah aus, als koste er mehr als ein Polizistinnengehalt. »Florentine Ausammas war da. Ich habe sie gehört.«

»Sie haben sie gehört.«

»Ja, sie war drin bei Frau Coressel.«

»Wo ist das, ›drin bei Frau Coressel‹?«

»Sie hat kein eigenes Büro, sie benutzt den Schreibtisch in unserem Archiv. – Möchten Sie es sehen?«

Bettina sah Willenbacher an. Er zuckte die Achseln. »Ja.«

Mit ihrem festgefrorenen Strahlen im Gesicht, aber unverhohlen verächtlichen Bewegungen kramte Bier nun einen großen, bedeutend aussehenden Schlüsselbund aus einer Schublade. Dann stand sie auf und stöckelte vor ihnen her, raus auf den leeren Gang, hin zu einer schmalen und ziemlich schäbigen Tür kurz vor einer Treppe. Die sperrte sie auf, drinnen war es eng und düster, alles voller Regale, aber irgendwie war noch ein kleiner Tisch hineingequetscht worden.

»Was genau haben Sie denn gehört?«, fragte Bettina, nachdem sie den Raum in Augenschein genommen hatte. »Von dem Gespräch zwischen Frau Coressel und Frau Ausammas, meine ich.«

»Sie haben sich gestritten«, sagte Frau Bier völlig gelassen.

Willenbacher ließ fast seinen Block fallen. Bettina starrte die Dame an. »Sie haben sich gestritten? Wie konnten Sie das hören? Ihr Büro ist doch da ganz hinten!«

210

Bier warf die Haare zurück. »Ich bin kurz aus meinem Büro gegangen, dahin – wo der Kaiser zu Fuß hingeht.«

»Wann war das?«

»Nach zehn. Ich sehe da nicht jedes Mal auf die Uhr.«

»Und was konnten Sie hören?«

»Stimmen. Hier aus dem Archiv.«

»Was wurde gesagt?«

»Ich habe nicht zugehört«, sagte Frau Bier hochmütig. »Ich habe nur gehört, dass es laut war.«

»Woher wussten Sie dann, dass Frau Ausammas bei Frau Coressel war?«

»Sie ist herausgekommen und hat die Tür hinter sich zugeknallt.«

Bettina und Willenbacher sahen sich an: Das war eindeutig.

»Und Sie wissen ganz genau«, fragte Bettina langsam, »dass es Florentine Ausammas war? Sie kannten die Studentin?«

»Na ja …« Frau Bier fuhr sich mit der Hand sanft durchs Haar. »Wir kennen hier natürlich nicht alle Studierenden persönlich, aber Frau Ausammas, ich weiß nicht, ob Sie das wissen –«

»… hat mit Herrn Sagan-Nory zusammengelebt.«

Bier stutzte, dann sagte sie: »Ja, wer nach dem dritten Semester noch keinen Doktor hat, muss ihn selber machen.« Dazu lachte sie laut, ihre weißen Zähne hielt sie aber hübsch zusammen, das gehörte wohl zum Schönsein dazu.

Ob *du* deinen Doktor schon hast?, dachte Bettina. Wahrscheinlich nicht, denn wenn sie ihn hätte, dann müsste sie nicht so aufgetakelt hier rumsitzen. Andererseits, allein von ihrem Verdienst als Sekretärin konnte sie sich die Takelage kaum leisten. Bettina beugte sich vor. »Florentine Ausammas war eine ziemlich attraktive Frau, nicht wahr?«

Bier zuckte zurück. »Sie war jung, und sie hatte wahrscheinlich – ich kannte sie nicht besonders gut, aber – ja, eine Schulmädchenattitüde. Manche Männer«, das sagte sie langsam und sah dabei Willenbacher an, »finden das reizvoll. Aber mit klassischer Schönheit«, jetzt versuchte sie unbeteiligt auszusehen, hob ihre schicke kleine Nase zum Gangfenster, was Bettina fast sympathisch fand, »hat das nicht viel zu tun. Und das ist auch keine Basis für eine Beziehung, wenn Sie mich fragen.«

»Aber bei den beiden hat es funktioniert?«

Bier legte die Hände zusammen wie zum Gebet. »Man sagt, er war verrückt nach ihr.« Nun musterte sie die Kommissarin zum ersten Mal direkt. »Aber Sie wissen ja, wie lange so was hält.« Nachdenklich betrachtete sie Bettinas Gesicht. »Und wohin es führen kann …«

* * *

»Will, fahr jetzt zu dieser Ella Coressel«, forderte Bettina, als sie im Auto auf dem Parkplatz hinter der Uni saßen und überlegten, wie sie weiter vorgehen sollten.

»Und unser Termin mit Thomas Kußler? So kommen wir doch endlich in sein Haus rein, ganz wie der Leonhardt es wollte …«

»Glaubst du, der sagt uns heute was Neues? Oder zeigt uns das Grab von seiner Frau? – Vielleicht schaffen wir es ja hinterher, ihn dranzunehmen.« Sie zögerte einen Moment. »Ganz nett ist er ja schon.«

Willenbacher blickte sie stirnrunzelnd an. »Nett, vor allem, dass er vielleicht ein Gattenmörder ist.«

Bettina schüttelte nur den Kopf. »Fahr einfach los, Will.«

»Und was sagen wir dem Dr. Leonhardt?«

»Wir haben neue Erkenntnisse. Ein Streit mit dem Mordopfer am Tag der Tat, ist das vielleicht nichts?«

»Schon.«

Dann schwiegen sie, bis sie vor Coressels Haus standen. »Schicke Hütte«, sagte Bettina, und Willenbacher pfiff durch die Zähne.

»So wohnen also die Architekturstudenten.«

In Wahrheit, dachte Bettina, war die Gründerzeitvilla aber gar nicht so groß, wie sie von der Straße aus schien. Und der Garten war jämmerlich ungepflegt, auf einem verwitterten klei-

nen Betonplatz mit den Stümpfen einer Wäschespinne rostete ein
halbes Fahrrad vor sich hin, überall lagen glitschige Blätter, und
es roch intensiv nach Holzfeuer, als gäbe es dort drin keine Zen-
tralheizung. Der Aufgang zu Coressels Wohnung in der Man-
sarde, zu dem sie durch Zurufe aus dem Fenster gelotst wurden,
war ebenfalls alles andere als feudal, die Wände schräg, die Decke
niedrig, der Boden mit billigem, ziemlich dreckigem Kunststoff-
belag beklebt.

»Hallo«, sagte die Studentin, die sie an der Etagentür empfing,
»ich konnte nicht runterkommen, ich hatte gerade Milch auf
dem Herd.« Sie fuhr sich über den bis auf wenige Millimeter
kahl rasierten Kopf, blickte sie aus dunklen braunen Augen an.
Gekleidet war sie in weite dunkle Sachen, ein an den Ärmeln
schon arg ausgefranster Wollpulli, alte Jeans mit leichtem Schlag,
dazu abgewetzte Schnürstiefel. Sie hatte etwas von einer Kriege-
rin.

»Kommissarin Boll und Obermeister Willenbacher.«

Coressel sah Bettina direkt ins Gesicht. »Also«, sagte sie,
unschlüssig in der Tür stehend, »sind Sie von der Polizei.«

»Ja, dürfen wir reinkommen?«

»Okay.« Die junge Frau trat einen Schritt zurück und ließ sie
ein. In der Wohnung roch es nach Kiefernadelbadeschaum, nach
dem billigen. Der Geruch überfiel Bettina ganz plötzlich: In dem
Zeug hatte ihre Mutter sie früher gewaschen. Als Kind. Samstag-
abends. Und ihr dann hinterher die Haare geföhnt. Die Erinnerung machte ihr die schmuddelige kleine Dachwohnung gleich
sympathischer. Auch die mit Edding voll gekritzelten Stühle in
der Küche und die volle Spüle schienen ihr dank des vertrauten
Geruchs gar nicht mal so ungemütlich. Sie setzte sich.

»Wollen Sie Kaffee?«

»Ja, gern.«

Coressel goss Kaffee aus einer Kanne, die Bettina nicht näher
ansehen wollte, in große Tassen. »Und Milch? – Heute«, sagte die
kurzhaarige Frau aufseufzend, »hab ich sie mal warm gemacht, es
ist schließlich Samstag.«

Beide lehnten die Milch ab, aber eigentlich, merkte Bettina, nachdem sie die scharf riechende Flüssigkeit nur einmal unter der Nase gehabt hatte, wäre die nötig gewesen, das war ein Kaffee, den sie wohl der Nähe zur Grenze zu verdanken hatten, eine tiefschwarze französische Billigröstung. Sie stellte ihre Tasse unberührt auf den zerkratzten Tisch.

»Frau Coressel, vielleicht ahnen Sie, weshalb wir da sind?«

»Nein.« Das kam eine Spur zu schnell, fand Bettina. Coressel presste unwillkürlich den rechten Arm an den Leib, ihr Gesicht war abgewandt.

Sie warteten.

Nur langsam wandte sich Coressel den Polizisten wieder zu.

»Gestern Abend«, sagte Willenbacher, »wurde Ihre Kommilitonin Florentine Ausammas während des Aktsitzens erstochen.«

»Was?!«

»Wir möchten Sie bitten, das vorläufig noch diskret zu behandeln.«

Die junge Frau verschüttete etwas Milchkaffee aus ihrer großen Tasse auf den Boden, blickte die entstandene Pfütze zerstreut an, unternahm aber nichts weiter. »Erstochen? Wie –?«

»Der Ablauf des Geschehens ist noch nicht ganz klar. Daher gehen wir nun Frau Ausammas' gestrigen Tagesablauf durch.«

Coressel stellte plötzlich die Tasse fort, leckte ihre mit Kaffee verkleckerte Rechte kurzerhand ab und langte nach der Schachtel Luckies auf dem Tisch. »Florentine?« Sie zündete sich eine Zigarette mit einem Streichholz an.

»Ja«, sagte Willenbacher. »Und Frau Ausammas hatte gestern Morgen einen Termin bei Ihnen. Eine Korrektur.«

»Stimmt.«

»Erzählen Sie uns doch mal«, sagte der Obermeister und klappte seinen Block auf, »wie die abgelaufen ist. Der Termin war um halb zehn, nicht?«

Gierig zog die Studentin an der Zigarette und stieß den Rauch sofort wieder aus. »Sie ist tot?«

»Ja.«

Coressel bemühte sich sichtlich um Konzentration. »Okay. Halb zehn war der Termin, ja, aber es hatte sich alles verschoben, wie das so ist. Florentine war dann vielleicht so gegen zehn bei mir drin.«

»Worum ging es?«

»Die Konstruktion einer Perspektive der Villa Savoye von Le Corbusier.«

»Und?«

Coressel zog wieder, jetzt gefasster, und lächelte ihrem Rauch etwas grimmig hinterher. »Florentine hatte Probleme damit.«

»Inwiefern?«, fragte Bettina.

Coressel sah sie dunkel an. Die Augen hinter der schmalen Brille waren fast schwarz, ihre Haut von gesunder Farbe, rosig, als hielte sie sich oft im Freien auf. »Tja, die Aufgabe sieht einfacher aus, als sie ist. Die Villa Savoye ist flach und hat ziemlich durchgehende Fensterbänder, aber auf dem Dach stehen geschwungene Wandschirme, die haben es bei der Perspektivenkonstruktion in sich. – Wenn man das Prinzip verstanden hat, ist es aber eigentlich ganz leicht.«

»Und hatte Frau Ausammas das Prinzip verstanden?«

»Florentine«, Coressel blickte irritiert auf ihre so schnell klein gerauchte Zigarette, »hatte keine Ahnung davon.«

»Haben Sie ihr erklärt, was sie nicht verstand?«

Die Studentin schüttelte den Kopf und sah Bettina direkt an. »Florentine wollte nichts erklärt kriegen. Florentine wollte, dass ich ihre Aufgabe anerkenne, obwohl sie abgeschrieben hatte.« Sie lehnte sich zurück und stellte nun ihrerseits eine Frage. »Wie konnte denn so etwas passieren? Ein Mord?«

»Sie wurde erstochen«, wiederholte Bettina. »Frau Ausammas hatte ihre Arbeit abgeschrieben?«

»Ja.« Coressel betrachtete nun Willenbacher, der sich Notizen machte.

»Woran haben Sie das gemerkt?«

»Die Arbeit besteht aus zwei Teilen. Die Konstruktion und die Präsentationszeichnung. Florentines Konstruktionszeichnung war ein Witz, die passte hinten und vorne nicht. Aber ihre Präsentation stimmte einwandfrei.«

»Wie haben Sie darauf reagiert?«

»Ich habe ihr gesagt, dass ich die Arbeit nicht anerkenne.«

»Und das hat sie widerspruchslos hingenommen?«

»Nein. – Erstochen? Während dem Aktsitzen?«

»Ja. – Sie haben sich gestritten?«

»Haben wir«, gab Coressel unumwunden zu. »Florentine war wütend. Wahrscheinlich erlebt sie das nicht oft, dass ihr jemand die Wahrheit sagt – o Gott, *erlebte.*«

»Frau Ausammas hat von Ihnen Bevorzugung erwartet?«

Die Studentin sah Bettina direkt an, ihr Blick war klug. Und sie dachte nach. »Ja«, gab sie schließlich zu.

»Warum?«

Diese Frage schien Coressel nicht zu gefallen. Sie zögerte jetzt. Lange.

»Weil sie mit Herrn Sagan-Nory liiert war?«, half Willenbacher schließlich nach.

Die dunkle Frau schenkte ihm einen unergründlichen Blick. »Vielleicht war sie deswegen an so etwas gewöhnt«, sagte sie.

»Aber es war nicht der wirkliche Grund?«, hakte Bettina nach.

»Nein.«

»Was dann?«

Coressel drückte erst ihre Zigarette aus, umständlich, fand Bettina, und nahm dann ihre große Kaffeetasse wieder zur Hand. »Ich kenne – kannte Florentine. Nicht gut, sie ist – du liebe Zeit! *war* ja erst im dritten Semester und auch nicht ganz meine Wellenlänge. Aber wir hatten einen gemeinsamen Bekannten, Lino, dem gehört dieses Haus, er wohnt unten in der *bel étage.*«

Den Ausdruck ignorierte Bettina. »Und deswegen sollten Sie ihre Arbeit anerkennen?«

»Ich habe es selbst nicht ganz verstanden, ich sage ja, Florentine war nicht meine Wellenlänge.« Coressel schüttelte den Kopf. »Aber ja, ich glaube, Florentine hat sich gedacht, dass sie über diese Verbindung was drehen kann. Sie hat mir gedroht.«

»Womit?«

»Ganz lächerlich. Dass sie zu Lino geht und sich bei ihm über mich beschwert. Gut, recht wäre mir das tatsächlich nicht gewesen, er ist immerhin mein Vermieter.« Nachdenklich nippte sie an ihrem Kaffee. »Andererseits war das völlig übertrieben, denn Lino würde mich bestimmt nicht rausschmeißen, nur weil ich seiner Exflamme bewiesen habe, dass sie im Unrecht ist. – Meiner Meinung nach wollte Florentine einfach nur mal sehen, ob es klappt. Wahrscheinlich hat sie mit der Masche ab und zu Erfolg – gehabt.« Sie senkte den Kopf.

»Seine Exflamme?«

»Ja, Florentine und Lino waren mal zusammen. Aber das ist schon einige Zeit her.«

»Wie lange?«

Coressel überlegte. »Das kann ich gar nicht so genau sagen. Ein Jahr, oder ein halbes? – Sie hat sogar bei ihm gewohnt.«

»Hier?«

»Nein, er hat noch eine andere Wohnung in der Stadt, was Kleines, sein Arbeitsraum, eigentlich. Da ist sie untergekrochen. Aber auch das ist länger her.«

»Wie lange hat sie dort gewohnt?«

»Na, bis sie zu ihrem Sagan-Nory gezogen ist, denke ich.«

»Ihr Exfreund wohnt aber hier im Haus?«

»Ja, unten, doch im Moment ist er verreist.«

»Wo ist er denn?«, fragte Bettina interessiert.

»Irgendwo surfen. Südafrika, bei Kapstadt, glaube ich.«

»Wie heißt er vollständig?«

»Lino Mattheis.«

»Was macht er?«

»Er ist Architekturstudent. Das Haus gehört genau genommen seinen Eltern. Sein Vater hat ein ziemlich großes Architektur-büro. Einer der wenigen, die mit dem Beruf wirklich Geld ver-dienen.« Coressel sah sich in der Küche um. »Und das alles hier wird es nur so lange geben, wie Lino studiert, deshalb hoffen wir alle«, sie lächelte plötzlich, was sie ungemein attraktiv machte, »dass er sich nicht überfordert.«

»Kann man Herrn Mattheis irgendwie erreichen?«

Die junge Frau hob die Hände. »Die Jungs von unten werden es wissen. Lino hat noch zwei Mitbewohner.«

»Okay.« Bettina setzte sich gerader hin. »Das müssen wir fragen: Frau Coressel, wo waren Sie gestern Abend von sechs bis zehn?«

Ein dunkler Blick traf Bettina. »Ich war Radfahren«, sagte sie.

»Wohin?«

»Nur so durch die Gegend.«

Sie sahen sich an. Von sechs bis zehn, dachte Bettina, das waren vier Stunden. Im Dunkeln. Im Regen. »Sie sind den ganzen Abend Rad gefahren? Bei dem Wetter?«

Coressel hob ihr Kinn. »Ja.«

»Kann das jemand bezeugen?«

»Nein.«

Willenbacher seufzte. Wieder eine Verdächtige mehr, zusätzliche Arbeit, sagte sein genervter Blick.

»Sie kannten Frau Ausammas«, wechselte Bettina das Thema. »Sie waren nicht eine Wellenlänge, sagten Sie. Was heißt das? Wie war sie?«

Die Studentin sah an sich hinunter, da war ein Loch am Ellenbogen ihres blauschwarz geringelten Pullis. »Sie war Baltin«, sagte sie. »Sie stammte aus, ich weiß nicht –«

»Estland.«

»Ja, und sie war noch nicht sehr lang hier, aber ich fand es immer bewundernswert, wie gut sie Deutsch konnte. Und sie hat sich ziemlich verändert in der kurzen Zeit. Als ich sie zum ersten Mal gesehen habe –«

»Wann war das?«

Coressel grübelte. »Das war, glaube ich, auf einer Party bei Lino, im Frühjahr vor einem, nein, vor anderthalb Jahren. Er war ihr Tutor, das heißt, er hat sie mit noch ein paar anderen Erstsemestern ein bisschen ins Unileben eingeführt. Sie war gerade angekommen und – na ja, ihre Klamotten hatten so diesen, Sie wissen schon, östlichen Touch, alles aus Synthetik, der Rock zu kurz, der Kragen zu brav, die Haare zum Knoten gesteckt ... aber das hatte sie in null Komma nix abgelegt. Ich weiß noch, dass ich sie kurz darauf in der Cafeteria getroffen habe, und da hätte ich sie fast nicht erkannt, so schick war sie! Und hatte eine ganz andere Frisur. Florentine ist hierher gekommen, um sich zu verändern, ich glaube, in dieser Hinsicht war sie richtig ehrgeizig.«

»Wer könnte Ihrer Meinung nach ein Interesse daran gehabt haben, sie zu töten?«

Die Studentin sah auf, wissend. Schüttelte aber den Kopf. »Das kann ich nicht sagen.«

»Kommen Sie.« Von der Frau würde sie eine Antwort kriegen, das hatte Bettina im Gefühl.

Coressel verschränkte die Arme. »Na –«

»Ja?«

Nun sah die Studentin etwas verlegen aus. »Also der Professor Sagan-Nory, hat, glaube ich, ein Problem mit Frauen.«

»Aha?«

»Ja.«

Jetzt wirst du einsilbig, dachte Bettina und beugte sich vor. »Wie kommen Sie darauf?«

»Hab ich gelesen«, brummte Coressel.

»Gelesen? Was denn? Und wo?«

»Ich glaube nicht, dass es lange mit Florentine und Sagan-Nory gehalten hätte«, wich Coressel aus.

»Wieso?«

»Er hat seine Freundinnen ziemlich schnell gewechselt, was man so hört. Und nicht immer sehr sanft. Vielleicht wollte er Florentine auch loswerden, aber sie hat sich irgendwie – gewehrt? Hat ihn erpresst oder so?«

»Kennen Sie den Sagan-Nory näher?«, fragte Willenbacher.

»Ich?« Das wirkte ehrlich erstaunt.

»Woher wissen Sie dann über sein Liebesleben Bescheid?«, erkundigte sich Bettina.

Darauf blickte Coressel unter sich und murmelte etwas, das Bettina nicht verstand.

»Bitte?«

»Aus der Bildzeitung«, wiederholte Coressel laut.

Um mit Linos WG-Genossen zu reden, musste man die ganze Dienstbotentreppe wieder runter zum Haupteingang an die Vordertür. »Was ist eigentlich eine *bel étage?*«, fragte Bettina, als sie geklingelt hatten.

»Das *piano nobile*«, antwortete Willenbacher hochnäsig.

»Will!«

Er drückte erneut auf den Klingelknopf. »Was?«

»Was ist das, ein *piano nobile?*«

Willenbacher sah sie abschätzig an. »Das ist das erste Obergeschoss in einer Villa oder einem Palast, wo die herrschaftlichen Wohnräume liegen.« Er lächelte und streckte die Hand aus. »Höhere Bildung in einer Minute. Macht fünf Euro.«

Da sagte eine Stimme hinter der Tür: »Wer ist da?«

»Kriminalpolizei«, rief Willenbacher laut, und mit einem Ruck wurde die Tür pflichtschuldigst geöffnet.

Ein junger Mann in einem grauen, lässig geschnittenen Trainingsanzug kam zum Vorschein, er blinzelte, obwohl es drinnen heller war als draußen im so düster verregneten Garten.

»Guten Tag«, sagte er höflich. Der hat gedient, dachte Bettina, und das ist noch nicht allzu lange her, der steht ja fast stramm.

»Tag.« Willenbacher machte sich die Ehrfurcht des Jungen zunutze und trat ohne viel Federlesens in die Wohnung. Der junge Mann konnte nicht anders als ausweichen. Er war eine Schönheit, dunkelbraune Augen, kastanienbraune Haare, schöne Haut und allerhöchstens fünfundzwanzig Jahre alt. Vielleicht gab sich Willenbacher deshalb so biestig.

Sie kamen in eine Halle, die nicht besonders groß war, den Namen Halle aber trotzdem verdiente, denn eine wunderschöne Treppe schwang sich von hier nach oben, wie eine Frau, die lange Röcke rafft.

»Kommissarin Boll und Obermeister Willenbacher«, stellte Bettina sie vor. »Und wer sind Sie?«

»Oliver Denzer«, war die zackige Antwort.

»Von Beruf?«, konnte Willenbacher sich nicht verkneifen.

»Physikstudent.«

»Herr Denzer, wir sind auf der Suche nach Lino Mattheis.«

»Der ist im Urlaub.«

Eine milchweiß gestrichene Tür zu ihrer Linken öffnete sich und eine Frau im Morgenmantel kam heraus. »Hallo«, gähnte sie mit schwerer Stimme. »Besuch, Olli?«

»Die Polizei.«

»Oh.« Die Dame wurde schlagartig wach. »Wieso?« Sie musterte die Beamten kurz und wandte sich wieder an Denzer. »Was wollen die hier?«

Die Frau musste ein paar Jahre älter sein als Denzer, dachte Bettina. Sie war groß, üppig, ihre Lippen voll, die Augen – jetzt – schnell.

»Mit Lino sprechen.«

»Wer sind Sie?«, fragte Bettina.

»Anita.«

»Anita Eckstein«, beeilte sich Denzer sie vorzustellen. »Architekturstudentin.«

Zwei Mitbewohner, hatte Coressel gesagt. Jungs. »Wohnen Sie auch hier?«, fragte Bettina die Eckstein.

»Vorübergehend.« Ihr Morgenmantel klaffte über einer beachtlichen Oberweite, sie zog ihn enger, aber viel war da nicht zu machen.

»Dann kennen Sie den Herrn Mattheis?«

»Klar«, erwiderte die Frau gedehnt.

»Wohin ist er denn in Urlaub gefahren?«

»Südafrika«, antwortete Denzer. »Glaube ich, jedenfalls.«

»Wohin genau?«

»Er hatte vor, nach Kapstadt zu fliegen. Surfen am Atlantik. Lino steht auf kaltes Wasser.« Denzers Blick ruhte auf Anita.

»Können wir ihn dort erreichen?«, fragte Bettina.

»Eine Adresse hat er uns nicht dagelassen. Vielleicht ist er auch längst woanders.« Nun sah Denzer nachdenklich aus. »Wo er eh schon dort unten war, ist er vielleicht auch noch weiter nach Australien.«

»Hm«, machte Bettina. Nettes Leben, dachte sie. »Wann kommt er denn wieder?«

»Das weiß ich nicht«, sagte Denzer.

Bettina wandte sich an die Frau im Morgenmantel. »Und Sie?«
Doch die gähnte nur und winkte ab.

»Florentine Ausammas?«, hakte Willenbacher ein. »Kennen Sie
die?«

Eckstein lachte, ein zähes, schweres Lachen. Auch sie wusste
noch nichts von den Geschehnissen. »Madame Sagan-Nory.«

»Sie war mal mit Lino zusammen?«

»Ja.« Eckstein nickte. »Hat sie nicht sogar bei ihm gewohnt,
Olli?«

»Doch.«

»Sie hat bei ihm gewohnt.« Die Frau sah sich um, nach einem
Glas wahrscheinlich. Ihr Auftreten hatte so etwas Alkoholisiertes.

»Hier?«

»Nein, in seinem Arbeitsraum. – Die meisten Architekturstudenten haben irgendwo noch einen Arbeitsraum. Diese riesigen
Zeichenmaschinen und so, die kriegt man in den Studentenapart-
ments nicht unter.«

»Hm. Herr Mattheis hatte also Platzprobleme?«, sagte Willenbacher mit einem Blick durch die Halle, der dann doch irgendwie an Ecksteins unvollständig geschlossenem Dekolletee hängen
blieb.

»Nein, er wollte nur Ruhe zum Arbeiten.«

»Und Frau Ausammas hat dort gewohnt?«

»Eine Zeit, ja. Nicht sehr lang allerdings.«

»Wo ist denn dieser Arbeitsplatz?«

»Oh, ich weiß gar nicht, ob der nicht längst weitervermietet ist.
Das ist alles eine Weile her.«

»Wie lange?«

Denzer sah Eckstein an. »Ein halbes Jahr?«

»Länger, da war sie doch, glaube ich, schon bei dem Sagan-
Nory.«

»Letztes Jahr im Winter jedenfalls, an Silvester, waren die beiden zusammen auf Katharinas Party.«

»Ja, und bei Axel, da waren sie auch, wo der Dings so abgestürzt ist, der Friedemann oder wie der heißt –«

»Aber gibt es denn«, ging Bettina dazwischen, »überhaupt

keine Möglichkeit, Herrn Mattheis zu erreichen? Nicht übers Internet? Handy?«

»Nein. Aber«, nun hatte Denzer einen Geistesblitz, »vielleicht versuchen Sie es mal bei seinen Eltern.«

»Gut.«

Der Student verschränkte die Arme.

»Herr Denzer, würden Sie uns freundlicherweise die Adresse –«

»Oh!« Eine attraktive Röte überzog sein Gesicht. »Na klar. – Moment.« Er sprang mit bewundernswerter Eleganz die Treppe hoch.

Eckstein musterte die Beamten, jetzt neugierig. »Was wollen Sie überhaupt von Lino?«

Willenbacher fuhr sich über das Kinn. »Leben viele Architekturstudenten in diesem Haus?«

Die Frau seufzte schlaff. »Zu viele.«

»Ist das nicht nett, von wegen Gedankenaustausch und so?«

Eckstein blickte Willenbacher an, leicht ironisch, aber vor allem träge. »Oje. Nein, den Damen von oben dürfen Sie nicht in die Quere kommen. Enthusiastinnen.« Ihre Stimme rollte schwer über das Wort. »Wenn die eine weiße Wand sehen, dann halten sie gleich einen Vortrag über – was weiß ich – Ornament in der Moderne.«

»Und Mattheis?«

»Der ist«, ihre Stimme wurde samtig, »ein richtig süßer Junge. Talentiert.« Worin, sagte sie nicht. »Dem gehört das alles hier.« Sie streckte den Arm aus, was ihren Morgenmantel gehörig ins Rutschen brachte. »Ist aber leicht zu beeindrucken«, Willenbacher war das auch, zumindest solange sie mit ihrem Mantel kämpfte, »dem imponiert das, wenn so eine wie die Ella von oben zwei Stunden lang über Mauerdicken spricht.« Wieder dieses schwere Lachen. »Andererseits, selbst wenn sie fünf Stunden redete, wenn sie Tage bei ihm im Arbeitsraum rumhinge, auch wenn sie für ihn fertig studierte – das, was sie wirklich will, würde sie trotzdem nicht kriegen.«

»Und das wäre?«

»Na«, Eckstein grinste, wobei ihre Züge ein wenig zerflossen, inzwischen roch das ganze Treppenhaus nach ihr, ein schwüles Parfüm mit einer bitteren Note, »seinen Alabasterkörper. Sein Haus, sein Auto, sein Baby.«

Bettina sah Willenbacher an, der konnte jedoch seinen Blick gerade nicht losreißen. »Lino ist ziemlich beliebt, wie?«, sagte sie in die sündigen Gedanken hinein, die tief im Raum hingen.

»Er ist niedlich«, schnurrte Eckstein.

In dem Moment kam Oliver Denzer mit einem Zettel die Treppe heruntergepoltert. »So, das ist, glaube ich, die Wohnadresse«, rief er. »Die Familie lebt in Trier. Falls es nicht stimmt, habe ich die Handynummer von Linos Mutter dazugeschrieben. Melanie Mattheis.«

»Danke.« Bettina nahm den Zettel.

»Falls Sie im Büro landen, ist das aber sicher auch kein Problem.«

»Okay.«

»Was ist denn nun eigentlich los?«, wollte der junge Mann wissen.

»Florentine Ausammas«, sagte Bettina knapp, »wurde gestern Abend erstochen.«

Denzer verharrte mitten in der Bewegung, war völlig still, gespannt, der Geruch seiner Freundin, oder was immer sie war, stand scharf und nun störend zwischen ihnen.

»Erstochen! – Wer hat sie erstochen?«

»Das« sagte Bettina, »ist eine der Fragen, die noch nicht beantwortet sind.«

»Sie wissen es nicht?«, fragte Eckstein vorwurfsvoll.

»Oh, keine Sorge, wir werden es herausbekommen.«

* * *

Als sie wieder draußen waren, erklärte Willenbacher, es sei höchste Zeit, was zu essen, es war schon vier Uhr. »Du musst ja zu allen lebensverlängernden Aktivitäten gezwungen werden«, sagte er etwas rau.

»Schön«, erwiderte Bettina, »wo?«

An einer viel befahrenen Straße entdeckten sie eine winzige, düstere Dönerbude, die den Namen *Sphinx* trug. Davor stand ein einzelner nass geregneter Stehtisch, und das einzige Lebenszeichen hinter dem dunklen Schiebefenster des Ladens war ein kleiner, hektisch blinkender Plastikweihnachtsbaum. Doch als Willenbacher klopfte, erschien dahinter undeutlich ein Mann in weißer Schürze. Eigentlich war sie grau, doch Bettina sah einfach nicht näher hin. Willenbacher gab schon Bestellungen auf, er orderte extrascharf, der Mann hinter der Theke sah ihn ergründlich an, er machte dem Namen seines Etablissements alle Ehre. Dann beugte Bettina sich ebenfalls zu dem kleinen Fenster. »Einmal vegetarisch, bitte.«

»Scharf?«, fragte der Dönermann unbewegt.

»Würden Sie das empfehlen?«

»Nein.« Der Mundwinkel des Mannes zuckte. »Nicht bei vegetarisch.«

»Dann nicht.«

Der Wind blies unfreundlich aus unterschiedlichen Richtungen, wie ihm gerade der Sinn stand. Willenbacher trocknete mit einer ebenfalls grauen Papierserviette den Tisch, doch sofort setzten sich neue winzige Tropfen darauf. Bettina betrachtete das handgemalte Bild der Sphinx über dem Laden: Sie hatte ihre Nase noch, dafür schielte sie ein wenig.

»Also, Frau Cheffe«, sagte Willenbacher dann mit vollem Mund und rieb sich mit dem Handrücken über die Stirn, um den Regen wegzuwischen, »was glauben wir?«

Bettina zupfte an ihrem unglaublich voll gepackten Döner herum und holte eine Tomatenscheibe heraus. »Der Mörder«, sagte sie, »muss unter dem Podest gesessen haben. Alles andere …« Noch ein Stück Tomate, und Blaukraut! Was hatte das in einem Döner zu suchen? »… ist, ich weiß nicht, Spekulation halt. Das mit dem besetzten Klo ist schön und gut, aber sich so einen Asbestanzug zu nehmen und die Frau dann zu erstechen – überleg mal, was du da für eine Chuzpe brauchst und wie sehr du dem Zufall ausgeliefert bist. Oder hat einer der Zeugen was von einem Gießer im Anzug gesagt, der alleine herumlief?«

»Nein«, sagte Willenbacher kauend.

»Und jetzt denk mal, du willst diese Frau da auf dem Podest ermorden. Die Position des Modells ist einfach zufällig günstig für dich. Du weißt auch, es gibt sechs Anzüge, aber nur fünf Leute, die gießen. Du kennst die Umkleide, da ist es eng und unübersichtlich, du hast wirklich die Chance, schnell und unerkannt an so einen Anzug zu kommen. Alles wunderbar. Aber dann …« Jetzt kamen die Gurken, der Dönermann hatte es echt gut gemeint. »… musst du raus. Du musst schnell sein, du darfst den Anschluss an die anderen nicht verpassen, denn du willst noch als Mitglied der Gruppe durchgehen. Das heißt, du kannst dir den Moment des Zustechens nicht aussuchen. Ganz zu schweigen davon, dass du auch das Messer unbemerkt nehmen musst. Und daran krankt diese ganze Theorie, das würde doch keiner wagen, selbst wenn die Leute noch so abgelenkt sind. Zu diesem Zeitpunkt war der Saal voll!«

»Der Mörder war vielleicht verzweifelt.« Willenbacher leckte sich die Joghurtsoße aus dem Mundwinkel.

»Das war er sogar mit Sicherheit«, sagte Bettina. »Bei dieser Irrsinnstat.«

»Aber wenn er sich unter dem Podest versteckt hat«, wandte Willenbacher ein, »hat er es richtig geplant, dann war der Wahnsinn kalkuliert und lange vorbedacht. Denn spontan hat sich da bestimmt keiner für zwei, drei Stunden hingehockt. Das passt nicht zusammen.«

Sie schwiegen, Bettina biss in die immer noch beachtlich große Pitatasche und musste sich darauf konzentrieren, den Inhalt nicht zu verlieren.

»Weißt du, was ich meine?« Willenbacher sah einem zu schnell vorbeifahrenden Auto nach. »Wenn Zeit zum Planen war, selbst bei nur ein paar Stunden, hätte der Mörder es allein viel einfacher haben können. Er hätte sie auf dem Weg zu ihrem Auto massakriert, meinetwegen. Nein, wenn da einer unter dem Podest saß, dann wollte der sie genau so, nackt vor den Studenten.« Willenbacher wischte sich den Mund und trat wieder ans Fenster, um eine Dose Cola zu bestellen. »Du auch?«

»Ja, bitte. – Eine merkwürdige Art von Lustmord. Normalerweise sind diese Typen doch anders drauf. Die schleppen das
Opfer in ihre Höhle und zeigen ihm dort, was für ein Kerl sie
sind.«

»Zwei Cola«, rief Willenbacher. »Vielleicht«, sagte er zu Bettina,
»ist der Aktsaal ja die Höhle gewesen.«

Wieder im Auto, halb fünf, beschlossen Bettina und Willenbacher, gemeinsam zu Sagan-Nory zu fahren, gleich nach ihrem
bereits vereinbarten Termin mit Susanna von Stauff. Deren Vernehmung würde weit weniger lange dauern als eine Führung
durch Kußlers Haus. Außerdem hatte auch sie gestern früh mit
Florentine Ausammas gesprochen, ja dieses Gespräch überhaupt
erst herbeigeführt, und das war, fand Bettina, ein bisschen unter-
gegangen. Nicht zu vergessen, dass von Stauff von über zwanzig
Zeugen als die Letzte angegeben worden war, in deren Hand man
das Messer gesichtet hatte.

Die Dame residierte in einem Vorort von Lautringen, der den
schönen Namen Monrepos trug. Das konnte, wie Willenbacher
sagte, nur der schlechte Scherz irgendeines Stadtvaters sein, denn
in diesem abseitigen Teil der Hinterpfalz gab es Barockes höchstens auf den Preisschildern von Möbelläden und folglich auch
keine ehemals frivolen kleinen Zuflüchte, die sich im Zeitenlauf
in Vororte verwandelt haben konnten. Von Stauffs Haus sah auch
kein bisschen verspielt aus, es war eine gedrungene Immobilie,
aus den fünfziger Jahren vielleicht, die sich in einem riesigen Garten voller alter Obstbäume breit machte. Obwohl ganz offensichtlich große Mühe darauf verwendet worden war, das Anwesen herrschaftlich herzurichten – der Splitt in der langen Einfahrt
sah nach Marmor aus, das ganze Haus war leuchtend weiß
gestrichen, auf den Rasenflächen waren trotz des schlechten Wetters ausgesuchte Gartenmöbel und -geräte strategisch verteilt –,
konnte das nicht das Stammhaus eines Adelsgeschlechts sein,
dazu war es zu jung. Und ein wenig sah es auch aus, als wäre es
einst für Leute mit geringeren Ansprüchen geplant worden und
erst in letzter Zeit künstlich zu einem »Anwesen« hochstilisiert

worden. Das Treppengeländer an den Stufen zur Eingangstür war blau, gelb und rot gestrichen. »Bauhausfarben«, sagte Willenbacher und klingelte.

Sie mussten warten, natürlich.

Bettina wies auf die dreckverspritzte Nase eines Jeep, Cherokee vielleicht, die wie die eines Raubtiers aus einer tiefer gelegten Garage herausschaute. »Sie jagt.«

»Aber das Messer kann nicht von ihr sein«, bedauerte Willenbacher. »Auch wenn's ein Jagdmesser ist. Das war schon seit Jahren im Fachgebiet.«

»Ja, ich weiß, ich sag's nur. Bin gespannt, wie es da drinnen aussieht.«

»Wahrscheinlich drei Bauhausschwinger und sonst alles voller Geweihe.«

Tatsächlich strahlten die Wände drinnen kahl und kalt gegen das Herbstlicht an. Nirgendwo hingen Geweihe. Susanna von Stauff führte sie in ein langes Wohnzimmer mit einem Stahlrohrsofa, dessen Lederbezug leicht angeknittert war und ziemlich alt aussah. Außerdem gab es noch ein kastiges Stehpult mit einem kunstvollen Gesteck aus ins Grünliche spielenden, morbide aussehenden Rosen. Keine Bilder an den Wänden, nicht mal Fotos von toten Krähen. Auf einer langen Fensterbank stand ein abgestoßener chinesischer Drache mit heraushängender Zunge, ansonsten war der Raum leer. Von Stauff wies auf das Sofa, sah dabei allerdings nicht sehr glücklich aus.

»Bauhaus?« Willenbacher setzte sich und klopfte anerkennend auf den Lederbezug.

Von Stauff zuckte leicht zusammen. Sie ließ sich auf der Fensterbank, die Sitzhöhe hatte, nieder. »Aalto.«

Der Obermeister pfiff durch die Zähne. »Ich dachte, der hat nur mit Holz gearbeitet?«

»Das ist ein Frühwerk«, sagte von Stauff mit zusammengezogenen Brauen. Sie trug ausgebleichte Jeans und einen Norwegerpullover. »Ein Original.«

»Oh.« Willenbacher nahm seine Finger vom Leder, den Hintern jedoch musste er drauflassen. »Frau von Stauff, wir müssen noch mal über dieses Messer reden. Sie waren die Letzte, die damit gesehen wurde, das haben mehrere Zeugen bestätigt.«

Dank der Jeans wirkte von Stauff heute jünger, der Pulli hing ihr dekorativ über die Handgelenke, sie hatte Socken in der passenden Farbe gewählt, jetzt zog sie ein Bein an und lehnte sich gegen die Fensterscheibe. »Ich habe es Ihnen doch gestern schon gesagt«, erklärte sie. »Ich habe mir dieses Messer nur angesehen. Das war, kurz bevor Klaus und seine Mannen zum Umziehen kamen. Ich habe vor Frau Ausammas gesessen, ich habe das Messer aus der Scheide genommen und wieder reingesteckt und dann habe ich es rechts von mir auf den Tisch gelegt. Und bin mit zum Gießen gegangen. Wo ich neben Ihnen«, sie blickte Bettina an, »gesessen habe. Die ganze Zeit. Und das ist alles.«

»Ja«, sagte Willenbacher nach einem Blick auf seine Notizen, »das haben Sie gesagt.«

Von Stauff schwieg, die Polizisten auch.

»Ich kann es gern noch ein weiteres Mal wiederholen«, sagte die Hausherrin schließlich etwas bissig, »wenn Ihnen das hilft.«

Bettina musste lächeln. »Es gibt Dinge, die uns mehr interessieren würden. Zum Beispiel diese Besprechung, die Sie gestern Morgen mit Frau Ausammas hatten. Den Termin haben Sie gemacht, nicht? Sie haben sie angerufen?«

»Vorgestern Nachmittag, ja. Bei ihr in Darmstadt.«

»Wann kam Frau Ausammas?«

»So gegen halb neun.«

»Wie hat sie gewirkt?«

Von Stauff schüttelte den Kopf. »›Wie immer‹ kann ich nicht sagen, dazu kannte ich sie nicht gut genug. Aber sie wurde, glaube ich, ihrem Ruf gerecht.«

»Und wie war der?«

Von Stauff überlegte. »Also diesen Mord, das möchte ich mal vorher sagen, finde ich grausam und schrecklich. Ich will Frau Ausammas gerade jetzt eigentlich nicht schlecht machen, aber sie hatte schon den Ruf, dass sie schwierig war.«

»Inwiefern?«

»Na, sie war die Lebensgefährtin von unserer Berühmtheit, dem Professor Sagan-Nory, und sie hat, meine ich, versucht, das auszunutzen.«

»Wie?«

»Sie wollte sich kleine Vorteile verschaffen. Vielleicht auch große.« Von Stauff lächelte säuerlich. »Sicher sogar.«

»Was für Vorteile?«

»Ja, sehen Sie, diese Seminararbeit, um die es in der Besprechung ging –«

»Skulpturenpark am Winterturm«, sagte Willenbacher, aus seinen Zetteln aufschauend.

Von Stauff nickte. »Das ist eine halbe Ruine auf dem Campus, die gerade wiederentdeckt wurde und jetzt ein bisschen aufgemotzt wird, es kommt ein kleiner Kiosk rein, vielleicht wird's gar ein Café, wir wissen es nicht genau, das entwickelt sich noch.« Sie grinste boshaft. »Jedenfalls, wir haben die Studenten über die Ferien rundherum Skulpturen anfertigen lassen. Leute aus dem Hauptstudium, wohlgemerkt. Das Seminar war sowieso proppenvoll, und die Sachen bleiben stehen, vielleicht für alle Zeiten, da wollten wir die ganz blutigen Anfänger ausschließen. Ohne Vordiplom sollte keiner mitmachen. – Nur, Frau Ausammas hat sich trotzdem in unsere Liste eingetragen.«

»Besaß aber kein Vordiplom?«

»Genau.«

»Und hat sie auch ein Werk angefertigt?«

»Das wissen wir nicht genau.« Von Stauff fuhr sich durch die Haare. »Wir haben etwas in der Art vermutet, es gibt nämlich eine herrenlose Arbeit auf dem Gelände. Nach der haben wir Frau Ausammas direkt gefragt, aber sie wollte nicht so recht raus mit der Sprache, wahrscheinlich aus eben diesem Grund. Weil wir die Leistung möglicherweise nicht anerkannt hätten. Sie dachte vielleicht, sie fühlt mal vor und versucht dann über ihren Sagan-Nory was zu deichseln.« Von Stauff drehte ihre Handflächen nach oben und betrachtete sie, als könnte sie etwas daraus lesen. »Normalerweise wäre uns das alles völlig schnuppe, hinterherrennen würden wir keinem, aber hier hat sich spontan eine private Liebhaberin gefunden, die willens ist, genau dieser, na, man kann das eigentlich nicht Skulptur nennen, diesem herrenlosen Steinhügel einen Preis zu verleihen. Was bedeutet, dass wir den Urheber finden müssen. Eine Zeit lang dachte ich sogar, die Ausammas und diese Sponsorin, Raisch heißt sie, hätten gemeinsame Sache gemacht. Aber das war vielleicht doch ein bisschen weit hergeholt. – Obwohl …«

»Darum ging es in dem Gespräch gestern früh?«

»Ja, genau.«

»Und was denken Sie jetzt? Ist die Arbeit von Frau Ausammas?«

»Das ist eben die Frage.« Von Stauffs Augen begannen plötzlich zu glitzern. »Es ist ein bisschen merkwürdig«, sagte sie langsam und legte ihre Hände auf die Oberschenkel, hübsch parallel nebeneinander. »Wo ich so drüber nachdenke, dass Frau Ausammas gestern Abend ermordet wurde, finde ich es geradezu auffällig.« Sie runzelte die Stirn. »Im Grunde grotesk. Sehr beziehungsreich. Auf jeden Fall eigenartig.«

»Was denn?«, fragten Bettina und Willenbacher fast gleichzeitig.

»Na, dieses Projekt ohne Urheber, der Steinhügel, den Frau Ausammas vielleicht gemacht hat –«

»Ja?«

»Er sieht aus wie ein Grab.«

Nachdem sie das gesagt hatte, sprang von Stauff plötzlich auf und lief aus dem Zimmer, Bettina und Willenbacher wussten nicht, was sie von der Sache halten sollten.

»Ein Grab.« Bettina dachte an Dr. Leonhardt.

Willenbacher sah aus dem Fenster. Draußen regnete es jetzt heftiger, der schöne Garten der von Stauff triefte vor Grau. »Tja, das werden wir uns ansehen müssen«, sagte er ergeben.

»Die ganze Zeit dachte ich, es sei ein Studentenscherz.« Von Stauff kam zurück, in einem Buch blätternd, das sie dann aufgeschlagen Bettina vor die Nase hielt.

Die nahm es in die Hand und sah die Blonde fragend an.

»Das Grab. Erst durch Ihren Besuch jetzt –« Von Stauff brach ab. »Dass es ein Scherz ist, habe ich wegen dem Zitat geglaubt.« Sie tippte von oben auf eine Textzeile. »Das ist ein ganz monumentaler Ausspruch der Moderne. Provokant genug, um Studenten herauszufordern, meine ich. Und wirklich jeder Architekt kennt ihn.«

Bettina und Willenbacher lasen gemeinsam:

Wenn wir im walde einen hügel finden, sechs schuh lang und drei schuh breit, mit der schaufel pyramidenförmig aufgerichtet, dann werden wir ernst, und es sagt etwas in uns: Hier liegt jemand begraben.

Das ist architektur.

»Loos«, verkündete von Stauff, als würde das einfach alles erklären.

Bettina lehnte sich in die unbezahlbaren Polster zurück. »Wie sieht dieses Grab denn genau aus?«

Die Assistentin blickte auf die aufgeschlagene Seite. »Sechs Schuh lang und drei Schuh breit.« Sie grinste schmal. »Sandsteine. Unter einer Eiche gelegen, glaube ich. Sieht wirklich echt aus, man erkennt die Anspielung sofort.«

»Wie kommen Sie eigentlich darauf«, fragte Bettina langsam, »dass es sich um das Projekt eines Studenten handelt?«

Die Assistentin setzte sich wieder auf die Fensterbank. »Es passt in den Rahmen«, sagte sie. »Wir haben einige ähnliche Sachen, Gebilde aus Dingen, die man direkt dort auf dem Grundstück finden kann. Und herrenlose Arbeiten gibt es immer. Nur hier müssen wir halt ausnahmsweise den Urheber ermitteln.«

»Ob das im Sinne des Erbauers war?« Bettina grübelte. »Sie sagten, die Sachen sollen bleiben, vielleicht für immer?«

Von Stauff starrte sie an. »Ganz recht.«

»Wie sind Sie noch mal darauf gekommen, dass Frau Ausammas das Grab gemacht hat?«

»Sie hat sich in die Liste eingetragen und nichts vorgestellt.«

»Gibt es noch mehr, die das getan haben?«

»Oh ja. An die zehn Leute, glaube ich.«

»Haben Sie die auch alle zu sich bestellt?«

»Ja.«

»Und?«

Von Stauff schüttelte den Kopf.

»Wie unklar hat Frau Ausammas sich denn ausgedrückt?«

Die blonde Assistentin zuckte die Achseln. »Die hat sich gestern Morgen einfach hingesetzt und versucht, uns auszuhorchen, die wollte sogar, dass wir sie hinführen, damit sie dann entscheiden kann, ob sie sich zu dem Ding bekennt oder nicht.«

»Also war es eher nicht von ihr«, schlussfolgerte Bettina. »Sind Sie mit ihr hingegangen?«

»Natürlich nicht.«

»Aber vielleicht«, setzte Willenbacher hinzu, »war sie hinterher allein dort.«

»Vielleicht ist ihr etwas aufgefallen«, ergänzte Bettina.

Sie sahen einander an.

»Sagen Sie mal«, fragte Bettina dann, »wer ist eigentlich für diese Skulpturengeschichte verantwortlich? Wer hat die Aufgabe gestellt? Wessen Idee war das?«

»Das ist ein Gemeinschaftsprojekt von drei Fachgebieten. Grünordnungsplanung, Werken und Innenraum. Das *Dreamteam.*«

»Was für Leute gehören dazu? Kennen wir da jemanden?«

»Ich denke schon«, sagte von Stauff. »Grünordnungsplanung, das ist Thomas Kußler, Werken wurde vertreten von Klaus Hartmann und Innenraumgestaltung von meiner Chefin Dr. Martens und mir.«

Bettina erhob sich von der Couch, Willenbacher klappte seinen Block zu. »Wir müssen dieses Grab sehen.«

Die Geweihe waren in der Waffenkammer, so etwas hatte Susanna von Stauff tatsächlich. Sie waren sauber abgestaubt, aber alt und schwarz – Damwild, schätzte Bettina – und hingen ganz oben in dem kleinen Räumchen über dem Metallschrank mit den Gewehren und den Borden mit robustem Mordwerkzeug, Messern, Patronenschachteln, aber auch Linsen, Okularen, einem Feldstecher, alles von unbestimmbarer, tiefer und wenig verlockender Farbe, um nicht zu sagen: grün.

Von Stauff nahm drei Taschenlampen, die auch als Totschläger durchgegangen wären, und reichte ihnen jeweils eine: »Die werden wir brauchen.« Aus einem abgestoßenen Holzschrank holte sie dann einen warmen Anorak, um den Bettina sie sofort beneidete, dazu zog sie ein Paar schwere Schuhe an. »Das hätte ich am Mittwoch auch machen sollen«, sagte sie. »Da waren wir einen ganzen Tag lang mit unseren feinen Klamotten im Wald, alle, die Eitelkeit, wissen Sie.« Sie lächelte zu ihnen hoch und sprang dann auf, federnd, sah plötzlich aus wie ein junges Mädchen auf dem Weg zum Tanzen. Zum Geliebten. »Fertig«, sagte sie erwartungsvoll.

Ein Grab suchen.

Oben am Winterturm schien es dunkler zu sein als sonst wo in der Stadt, hier waren sie im Wald. Sie parkten die Autos unweit einer merkwürdig bonbonfarbenen Bushaltestelle und schlugen sich sofort ins Unterholz. Es nieselte wieder, der Boden war glitschig. Ab und zu passierten sie Objekte, die tagsüber wohl eher unspektakuläre studentische Arbeiten waren, aber jetzt, da sie so unvermittelt aus der Düsternis aufragten, wie fremdartige, mächtige Götzenbilder wirkten.

»Da ist der Turm«, sagte von Stauff irgendwann und wies mit ihrer Lampe auf eine undurchdringliche schwarze Masse, die sich direkt vor ihnen erhob und die Bettina dennoch glatt übersehen hätte. Sie bedauerte längst, ihre guten Sachen angezogen zu haben, irgendwie schaffte sie es nie, passend gekleidet zu sein. Nässe und Dunkelheit krochen mit dem Geruch nach faulendem Laub aus der Erde. Sie stolperten über Äste, der Weg wurde, was kaum zu glauben war, noch um einiges schlechter. Hier die Orientierung zu behalten wäre Bettina schwer gefallen, doch Susanna von Stauff stapfte zielsicher in die Finsternis hinein.

»Da«, sagte sie endlich und leuchtete etwas an, das Bettina auf den ersten Blick nicht aufgefallen wäre: ein paar Steine. Als sie zu dritt ihre Lampen darauf richteten, erkannte sie mehr.

»Es sieht wirklich aus wie ein Grab.« Bettina zog ihre Jacke enger um sich und klaubte etwas Laub von ihrer Hose. Wie von Stauff gesagt hatte, lag da, tatsächlich unter einer Eiche, ein flacher Hügel aus kleinen Sandsteinen. Der Baum besaß seine gleichwohl braunen und vertrockneten Blätter noch, was der Szenerie etwas Melancholisches verlieh.

Willenbacher ging in die Knie und leuchtete den Hügel aus der Nähe an. »Wo kommen diese Steine her?«

»Die gibt's hier überall. Man muss sie nur zusammensuchen.«

Sie schwiegen eine Weile und sahen sich um, Bettina suchte mit der Lampe die Umgebung ab: Nirgends ein Weg zu sehen, weit und breit nur dichtes Gebüsch, hierher verirrte sich sicher nicht oft jemand. Willenbacher sah aus, als dächte er Ähnliches. Von Stauff bückte sich, hob einen der Steine auf und leuchtete ihn an, ihr Gesicht lag im Dunkeln.

Schließlich fragte Bettina leise: »Frau von Stauff, mit dem Thomas Kußler sind Sie gut bekannt, oder?«

Die Assistentin blickte auf, etwas spöttisch, als hätte sie diese Frage längst erwartet. Um Bettina besser sehen zu können, hielt sie ihre Lampe hoch und musterte deren schicke und daher im Wald unpassende Aufmachung. »Wir sind Kollegen«, sagte sie mit ihrer hellen Stimme, eine Spur Amüsement lag darin. Dann fügte sie hinzu: »Er sieht ganz gut aus, nicht? Ein waschechter alter Kelte mit seinen dunklen Haaren und den Sommersprossen. Unter einer Eibe geboren, wahrscheinlich. Sieht man nicht oft.«

Bettina fühlte, dass sie rot wurde. »Und er ist sehr erfolgreich, nicht?«

Von Stauff ließ den Stein fallen und hob einen neuen auf. »In so ziemlich jeder Hinsicht«, sagte sie, man hörte ihr Lächeln.

»Was wissen Sie über seine Frau?«

Von Stauff leuchtete ihren Stein genau an. »Valerie Ötting. – Eine richtige Intellektuelle, schreibt todsterbenslangweilige Reisebeschreibungen, ich war mal bei einer Lesung von ihr. Die war allerdings gut, weil sie dabei richtig fuchtig wurde.« Die Assistentin grinste. »Tja, die Dame ist auch *sehr* selten zu Hause.« Sie hob die Lampe wieder. »Meiner Meinung nach hat sie Thomas verlassen. Sie ist sehr attraktiv, für Männer. Spröde, aber unstet und selbständig. Und sieht gut aus. Die hält es nirgendwo lange.«

»Aber ist nicht das Haus, in dem Herr Kußler lebt, ihr Elternhaus?«

Von Stauff sah auf, nun hielt Bettina die Taschenlampe so, dass sie der Frau ins Gesicht blicken konnte. »Doch, ich glaube«, sagte die Assistentin, das ironische Lachen war nicht ganz aus ihren Augen verschwunden. »Ich denke ja, Thomas hält die Ehe nur noch zum Schein aufrecht, um sich die anderen Frauen vom Hals zu halten. Wenn bekannt würde, dass er wieder zu haben ist –« Sie brach ab und betrachtete Bettina mit einem Mal argwöhnisch. »Woher wussten Sie das? Mit dem Elternhaus von Valerie Ötting?«

»Ich bin ein Fan von ihr«, sagte Bettina obenhin. »Leider habe ich sie noch nie gesehen, aber ich würde sie wirklich gerne mal treffen.« Sie blickte auf das Grab. »Sie ist in Indien, nicht wahr? Schon sehr lange, wie ich höre.«

Von Stauff warf den Stein weg und schaute ebenfalls das Grab an. Man sah, wie es in ihr arbeitete. Dann wandte sie sich ab, räusperte sich, sah aus, als würde sie gern herumlaufen, was wegen des dichten Unterholzes nicht ging, blieb etwas zappelig stehen und sagte: »Wissen Sie was?«

»Was denn?«

»Mir ist gerade etwas eingefallen: An diesem Abend, als wir hier Vorstellung hatten, da hat uns eine Studentin zu diesem Platz geführt. Ich hab es gar nicht richtig mitbekommen, Thomas hat's mir vorgestern erzählt. Irgendwer von uns hat sie aufgefordert vorzustellen, und sie hat gesagt, das ist nicht von mir. Dann haben wir über das Loos-Zitat gesprochen, und kurz darauf ist sie wohl verschwunden.«

»Was meinen Sie damit, sie ist verschwunden?«

»Sie war weg. Dieses Mädchen hat wahrscheinlich – fragen Sie den Thomas Kußler! – den ganzen Abend mit uns im Regen gestanden und dann nichts vorgestellt. Sie hat uns exakt zu diesem Platz gebracht und ist gegangen. Wir haben sie dann noch mal bestellt, ich vielmehr. Und da hat sie definitiv wieder nichts gesagt.«

Willenbacher leuchtete direkt in von Stauffs Gesicht, was ziemlich unhöflich war, aber Bettina war froh darüber, denn es sah gerade etwas verschlagen aus. Oder wirkte das nur durch die tiefen Schatten so? Von Stauff blinzelte, Willenbacher sagte »Verzeihung« und hielt die Lampe tiefer. »Und wer ist ›sie‹?«, wollte er wissen.

»Ella … warten Sie –«

»Ella Coressel?«

»Ja, genau.« Das Licht aus Bettinas Lampe streifte von Stauffs Züge, sie wirkten befriedigt. »Kennen Sie die etwa?«

* * *

Sie waren spät dran und schmutzig. Die Stiefel, dachte Bettina bedauernd, als sie sich in Willenbachers Auto bei offener Tür notdürftig restaurierte, konnte sie wahrscheinlich wegschmeißen, und ihre schöne graue Hose hatte unten einen nassen Schmutzrand. Außerdem war ihr schrecklich kalt, morgen würde sie wieder den dicken Uniformpulli anziehen, das schwor sie sich.

»Nettes Auto«, sagte Willenbacher zu den Rücklichtern des Jeeps, der vor ihnen gerade anfuhr. »Was glaubst du, was der verbraucht?«

»Dasselbe wie mein Taunus wahrscheinlich.« Bettina löste ihr Haarband und schüttelte ihre nassen Locken.

»Hey«, beschwerte sich Willenbacher, »kannst du das nicht draußen machen? – Nein, der braucht mehr. Vierzehn, fünfzehn Liter.«

»So viel *braucht* meiner.« Bettina band die Haare wieder zusammen und zog sich die Schuhe aus, auf die Gefahr hin, dass sie nachher nicht wieder reinkam. »Ich muss ganz dringend ein neues Auto kaufen. – So, jetzt sag mal, Will. Ist das unser Grab?« Sie schloss mit unschönem Krach ihre Tür.

»Herr mein Heiland!«

»Sorry, ich bin den Taunus gewöhnt.«

Willenbacher klopfte auf sein Lenkrad, die Ärmel seines Pullis weit hochgeschoben, seine Müdigkeit schien verflogen. »Das könnte es tatsächlich sein. – Andererseits, es sieht aus wie eine Studentenarbeit. Mit deutlichem Bezug zur Architekturtheorie. An einer Architekturfakultät kann das vorkommen.«

Bettina zog ihre Jacke aus und warf sie auf die Rückbank. Sah auf ihre Uhr: halb sechs. Draußen war Nacht. »Herrgott, das ist alles so – fragwürdig. So … ich weiß nicht … verworren, mystisch, esoterisch – das komische Zitat, hast du gesehen, das war alles klein geschrieben!« Sie schlug sich mit der Hand auf den Oberschenkel. »Das ist doch genau das Gleiche wie bei unserer armen kleinen Estin, da ist so übermäßig viel Kunst drum rum! Ja, es sieht aus wie ein Studentenstreich, das Grab, aber soll ich dir mal was sagen, das dachte ich bei der Ausammas auch! Als ich sie gestern da hab liegen sehen –« Jetzt wurde Bettina tatsächlich übel, das musste an dem Döner liegen. Sie kämpfte das Gefühl nieder. »Ich sag's dir, ich dachte, die wollen uns auf den Arm nehmen. Ich hab noch nie so lange gebraucht, um zu glauben, dass eine Leiche wirklich tot ist.«

»Tja«, machte Willenbacher. »Du hast aber auch noch nie eine so frische gesehen, oder?«

»Nein«, gab Bettina zu.

»Gehen wir mal andersrum dran. Das Grab ist nicht sehr auffällig und liegt versteckt. Man muss in die tiefste Pampa und dann auch noch richtig drüber fallen, um es im Dunkeln zufällig zu entdecken. Aber es *ist* gefunden worden, im Dunkeln, was wohl heißt, dass es gefunden werden sollte. Und das wieder bedeutet –«

»Es liegt wahrscheinlich keiner drin«, ergänzte Bettina. »Höchstens eine tote Katze. Oder ein geheimes Betonrezept oder was weiß ich. Von dieser Ella Coressel. Irgendein spitzfindiger, aber harmloser Intellektuellenwitz, den wir nicht verstehen. – Oder aber wir haben es wirklich mit einem Psychopathen zu tun, der sich über uns kaputtlacht, was unter anderem bedeuten würde, dass wir den blöden Silberstein für alle Zeiten an der Backe haben.«

Willenbacher fuhr sich durch die feuchten Haare. »Nein, Tina, wenn das unser Grab ist, dann haben wir den Mörder sicher, dann brauchen wir keinen Silberstein mehr.«

»Tja«, sagte sie und verschränkte die Arme.

»Nur, *soo böse* sieht der Kußler gar nicht aus«, sagte Willenbacher freundlich, so kannte Bettina den Kollegen gar nicht.

»Hm.«

»Genaues wissen wir erst, wenn wir nachgesehen haben. Und das werden wir müssen. Aber das Schöne an einem Grab ist, dass es bis zum Morgen nicht wegläuft.«

Bettina nickte, erleichtert, dass Willenbacher auch dieser Meinung war. Wenn sie jetzt in der Dunkelheit die Lautringer Belegschaft durch ein paar hundert Meter schwieriges Gelände jagte, machte sie sich erstens bei den hiesigen Kollegen keine Freunde, und zweitens käme auch sie selbst heute nicht mehr heim. Damit würde sie es sich dann bei Rasta endgültig verscherzen. Wo sie doch für morgen noch keinen Babysitter hatte. »Wir werden uns das bei Licht ansehen.« Sie schnallte sich an. »Dieser Hype, den der Leonhardt da veranstaltet, ist sowieso merkwürdig. Die von Stauff hat völlig Recht, Valerie Ötting könnte genauso gut einfach mit irgendwem durchgebrannt sein. – So abwegig ist das auch wieder nicht. Sie ist ja eine Reisende. Und eine richtig attraktive Frau.«

»Abwegig?« Willenbacher ließ das Auto an und gab etwas zu viel Gas, sodass seine Worte im Motorgeräusch fast untergingen. »Mit einer richtig attraktiven Frau würde ich auch mal gern durchbrennen.«

* * *

Thomas Kußler saß über seinen Krabben und Tomaten und Oliven, er war hungrig, aber allein, und da schmeckte es nicht. Gerade jetzt hätte er gern Gesellschaft gehabt, Leben, eine Frau (ein Kind …?). Florentines Tod machte ihm doch mehr zu schaffen, als er sich eingestehen wollte. Sie war so jung gewesen, so voller Spannung.

Er brach ein Stück Weißbrot ab und tunkte es in das Öl, in dem die Tomaten eingelegt waren. Es schmeckte nach Oregano, nach Knoblauch und Dill. Wie hungrig diese düstere Ella heute früh die Auslage beim Griechen betrachtet hatte! Und hatte sie, fragte sich Thomas jetzt, seinen vollen Teller betrachtend, überhaupt selbst etwas gekauft? Auf den Mund gefallen war sie jedenfalls nicht. Wie es wohl wäre, sie jetzt hier zu haben? Essen, das würde sie wahrscheinlich, dachte er, einfach nur essen. Er schob das Gedeck von sich, nun hatte er überhaupt keinen Hunger mehr. Und ein anderes Bild schob sich in Thomas' Kopf: grüne Augen mit goldenen Sprenkeln ...

Das Telefon klingelte.

Unwillkürlich sah er auf die Uhr, gerade sechs durch. Er dachte wieder an Valerie, das passierte ihm oft, wenn das Telefon unerwartet schrillte.

»Kußler.«

»Von Stauff, hallo Thomas.«

»Oh, Susanna. Geht's dir gut?«

»Sicher.«

»Haben sie dich gestern Abend noch lange dabehalten?«

»Die Polizei? – Nein, nein. – Aber gerade eben waren sie bei mir.«

»Zu Hause?«

»Ja, wegen dem Messer. Ich bin mordverdächtig, weil ich euer Vorzeigemesser in der Hand hatte, was sagst du dazu?«

»Dass du maßlos übertreibst.«

Susanna lachte, etwas angespannt, fand Thomas. Oder war das nur die Telefonleitung? »Tja«, sagte sie, »ich wollte dir nur den neuesten Stand unserer Grabgeschichte mitteilen.«

»Grabgeschichte?«

»Ja, du erinnerst dich, der Hügel im Walde. Die Polizisten haben sich sehr dafür interessiert, die fanden mich richtig gut, ich habe meine Staatsbürgerpflichten voll erfüllt. Ich bin jetzt nicht nur verdächtig, sondern auch noch eine wichtige Zeugin. Ich werde in die Kriminalgeschichte eingehen.«

»Als Mordopfer höchstens.«

»Nein, bei diesem Gespräch haben sich wirklich ein paar neue Perspektiven aufgetan, ich meine, denk doch bitte mal an diese Ella. Ich hab ja die ganze Zeit geglaubt, das ist eine von denen, die einfach nicht zu Potte kommen, aber in Wahrheit hat sie uns zu dem Grab hingeführt, oder etwa nicht?«

»Ich meine fast, das hätte ich schon mal zu dir gesagt.«

»Ach Thomas, da war Florentine doch noch nicht tot, das waren ganz andere Umstände! *Ich* glaube ja inzwischen, dass die nichts mit dem Grab zu tun hatte, zumindest nicht, bis wir sie darauf aufmerksam gemacht haben.«

»Nicht, dass ich das je bestritten hätte.«

Susanna lachte verhalten. »Du tust mal wieder unbeteiligt, und morgen, wette ich, bringst du dieser Boll den Täter gefesselt und geknebelt mit dem schlagenden Beweis in der Hand zum Frühstück vorbei. – Oder du bist selbst der Mörder.«

»Gute Nacht, Susanna, ich muss jetzt –«

»Diese Boll, weißt du, die ist ganz hübsch, oder? – Jedenfalls, wir standen da so vor dem Grabhügel und –«

»Du hast sie hingebracht? Bei dem Wetter?«

»Ich habe ihnen einen Gefallen getan, die haben mich fast darum angebettelt. Dabei hatte die Boll sich extra so fein gemacht. Du hättest sie sehen sollen. – Na ja, sie hat also das Grab angesehen und mich gefragt, was ich über deine Frau weiß. Erst dachte ich ja, sie hätte persönliche Gründe, und so ganz, glaube ich, kann man das auch nicht –«

»Was«, fuhr Thomas aufgebracht dazwischen, »weißt du über meine Frau?«

»Ach komm, ich weiß, was alle wissen, dass sie dir weggelaufen ist und dass du das Haus behalten hast. Aber so wie die Boll dastand und fragte, hat es sich angehört, als würde sie am liebsten nachsehen, was unter den Steinen ist.«

»Und was hast du geantwortet?«

»Nichts, ich habe deine Idee mit Ella Coressel ausgegraben.«

»Was haben die Polizisten getan?«

»Sie sind dann gegangen, schon etwas derangiert, muss ich sagen, und ich glaube, ich habe sie ins Grübeln gebracht.«

Das glaubte Thomas auch. »Was haben sie jetzt vor?«

»Die Coressel rundmachen, denke ich. Wie sie allerdings auf die Idee kommen, deine Frau könnte da drin liegen, das verstehe ich nicht.«

Thomas hörte die Frage dahinter und schwieg grimmig.

»Aber weiß du was«, sagte Susanna, die Gesprächspausen nicht lange aushielt, »etwas Merkwürdiges ist mir schon aufgefallen.«

»Was denn?«

»Ich hab es nicht richtig gesehen, aber ich glaube fast, unter diesen ganzen Steinen ist Zement.«

»Ach, komm.«

»Doch, es hat wirklich so ausgesehen, da klebte was an einem Stein, also –«

»Susanna, hast du nichts anderes zu tun?«

»Ihr wollt mich ja nicht in euren Trauerverein aufnehmen.«

»Schick uns eine gescheite Mappe und –«

»Nein«, sagte Susanna. »Die Grabsache finde ich jetzt viel spannender.«

* * *

Ludwigshafen lag genau auf halbem Weg zwischen Lautringen und Darmstadt, und beim Zustand von Bettinas Klamotten bot es sich an, zu Restaurationszwecken einen kleinen Zwischenhalt an ihrer Wohnung einzulegen. »Beeil dich«, sagte Willenbacher, doch das hätte er sich sparen können, denn sie hatte Rasta und Vanessa den Zweitschlüssel gegeben, und die konnten jeden Moment kommen. Und hätten sicher wenig Verständnis dafür, dass Bettina noch mal weiter musste.

Ziemlich leise schlich sie daher die Treppe hoch und lauschte an ihrer eigenen Tür: Nichts. Licht brannte auch keins. Also nix wie rein und umziehen.

Nur zwei Minuten später jedoch, sie hatte kaum die Schuhe ausgezogen, hörte Bettina Stimmen von draußen, dann drehte sich der Schlüssel etwas umständlich im Schloss. Die jungen

Leute kamen herein. Mist, dachte Bettina, verwarf den spontanen Impuls, sich zu verstecken, und rief ein betont munteres:
»Hallo!« in den Flur.

»Guten Abend!«, antwortete Rastas Freundin, die süße Vanessa.
Fröhlich klang sie, dachte Bettina, oder war das Wunschdenken?
Sie entledigte sich auch noch der Jacke, trat hoffnungsvoll aus
dem Schlafzimmer und wurde beinahe von Rasta über den Haufen gerannt. »Hi«, machte der kurz angebunden. Er hielt den
schlafenden Enno auf dem Arm. Der junge Mann verschwand
mit seiner Last wortlos im Kinderzimmer, groß war er, ein bisschen breit in den Hüften, cool mit den lässigen Klamotten und
den langen blonden verfilzten Zöpfen, aber leider auch etwas verdrießlich.

Vanessa hingegen wirkte nach dem langen Tag mit den Kindern
frisch und beschwingt. Sie schäkerte hingebungsvoll mit Sammy.
Das machte sie für Bettina unwiderstehlich sympathisch. Wohlwollend lächelte sie dem Mädchen zu. »Und wie war's?«

»Wir haben Kühe gesehen«, sagte Vanessa hingerissen. »Nicht,
Sammy?«

»Muhkuh«, erklärte Sammy ernst. Bettina gab ihr einen Kuss.

»Was habt ihr heute Abend vor?«

»Kino«, sagte Vanessa zu Sammy, »hach, ich könnte dich fres-
sen.«

»Hör zu«, sagte Bettina, vorsichtig Richtung Kinderzimmer
schielend, »wir haben hier in der Gegend einen Spitzenpizza-
dienst, und unten über die Straße ist eine Videothek, die einfach
alles hat.« Sie holte ihre Tasche vom Tisch, Sammy griff sogleich
gierig danach, Bettina wich aus und nahm ihr Portemonnaie heraus, es war erschreckend leer, zwanzig Euro, bekam man dafür
eine Pizza und einen Film? »Auch die guten alten Sachen, weißt
du, *Casablanca*, oder *Brazil*, hast du mal *Brazil* gesehen?«

Brazil war so gut wie immer da und kostete nur einen Euro.

»Brazil«, sagte Vanessa, das Wort auskostend.

»Basill«, wiederholte Sammy und lächelte.

Bettina lächelte auch. Rasta füllte plötzlich die Tür. »Du hast
zu süße Kinder, Tina, aber ich bin doch froh, dass der Tag jetzt

rum ist.« Er streckte sich. »Oghhh! Kino! Los, Schatz, wir müssen uns beeilen, du wolltest dich doch noch umziehen.«

»In was geht ihr denn?«, fragte Bettina freundlich.

»Anatomie drei«, antwortete Rasta wichtig.

Vanessa rollte leicht die Augen.

»Tomie!«, sagte Sammy charmant.

Bettinas Lächeln wurde tiefer. »Anatomie«, sagte sie gedehnt. »Verrückt, eigentlich, dass Menschen sich so was freiwillig ansehen, wisst ihr, wenn ihr einmal bei einer Sektion dabei wart, dann wollt ihr das nie –«

»Tina!«, sagte Rasta stirnrunzelnd. »Halt die Klappe.«

»Schatz«, sagte Vanessa herzlich, »hast du schon *Brazil* gesehen?«

»Ja, dreimal, mit Tina zusammen.« Rasta war nicht doof, er sah seine Nachbarin an und wusste, was sie vorhatte. »Tina! Du –!«

»Pass auf«, sagte Bettina schnell, »es hat sich eine Komplikation ergeben. Ich muss noch mal weg. Und morgen auch, leider. Ich bin nur hergekommen, um mich umzuziehen.« Sie blickte auf ihre immer noch schmutzigen Hosen, die gottlob für sich sprachen. »Es geht um Leben und Tod.«

»Nein, Tina.«

Bettina grinste vorsichtig, Vanessa strahlte Sammy an, die sich auf ihrem Arm richtig wohl fühlte, drei lächelnde Frauen gegen einen Mann, der in einen Männerfilm wollte.

Rasta schüttelte den Kopf. »Das geht so nicht weiter, Tina.«

Bettina war schon zurück in ihrem Schlafzimmer an Barbaras Schrank. »Danke, Süßer«, rief sie durch die Tür. »Ich liebe euch.«

* * *

Viru valge stand auf der Flasche. »Wodka«, sagte Sagan-Nory obenhin und schwenkte sein Glas, ein Wasserglas. »Aus Estland.«

Bettina wollte gar nicht wissen, was er sonst noch alles geschluckt hatte. Er sah ziemlich deprimiert aus, wie er da saß, auf einem quadratischen Hocker, der so groß war wie ein halbes

Bett, die Flasche neben sich auf dem Polster, das Glas nun in beiden Händen. Er war, stellte sie fest – gestern Abend war sie gar nicht zu genaueren Betrachtungen gekommen –, ein sehr hässlicher Mann mit struppigen, ungewaschen aussehenden schwarzen Haaren, heller Gesichtsfarbe und vielen Aknenarben. Sein Körper verschwand unter der Farbe seiner Kleidung: Tiefschwarz. Wahrscheinlich war er darunter athletisch gebaut, seine Hände jedenfalls wirkten kräftig und schlank und als ob sie regelmäßig Tennisschläger oder Ähnliches hielten.

»Leben alle Angehörigen von Frau Ausammas in Estland?«, fragte sie.

»Ja.« Sagan-Nory sprach in das Glas. Dann blickte er auf. Seine Augen waren ungewöhnlich, fast zu schön, ein helles Braun, gar nicht warm, verschattet, aber wach. »Wenn Sie mich nicht mitzählen. Florentines ganze Verwandtschaft lebt dort.«

Willenbacher hatte die wenigen Adressen und Telefonnummern aus Ausammas' Kalender notiert, die Sagan-Nory mühsam identifiziert hatte (»Könnte ihre Mutter sein, *Paks Margareeta*, oder war das die Tante – ja, wichtig, das ist jedenfalls eine wichtige Nummer. Da erreichen Sie bestimmt jemanden.«), nun wollten sie Näheres über die Familie erfahren, doch der Professor wusste nichts darüber und wollte sowieso nicht reden. »Ich kenne überhaupt niemanden. Es hat sie nie jemand hier besucht.«

»Hatte sie denn Geschwister?«

Sagan-Nory drehte sein Glas und schwieg. Sein Wohnzimmer war riesig und unordentlich auf die Art, wie sie in Kinderzimmern von Reichen vorkommt. Man sah, dass sich jemand um die kostbaren Möbel kümmerte und alles regelmäßig putzte, doch überall waren Dinge verstreut: ein hingeworfener Pulli, Socken, Geschirr, Gläser, Papierstapel, Bücher, eine offene CD-Hülle auf dem Fußboden beim Kamin. Neben Bettina auf der hellen Wildledercouch lag ein schmutziger Fußball.

»Herr Sagan-Nory?«

Er sah auf. Seine Mundwinkel zuckten in einem winzigen nervösen Lächeln. »Ich weiß nicht«, sagte er, es klang herausfordernd. Dann senkte er den Kopf. »Ich wollte sie heiraten. Sie war eine Göttin. Sie war das, was meine Lautringer Belegschaft beschwört und anbetet und verzweifelt in Bronze zu fassen versucht.«

»Haben Sie sich immer gut verstanden?«

Er nickte und griff nach einem Damenhemdchen, das neben der Flasche auf seinem Hocker gelegen hatte. Es schimmerte, war aus grauer Seide. Er roch daran.

»Seit wann«, fragte Bettina, sanft, »waren Sie zusammen?«

»Seit einem halben Jahr? Mai? Im Juni ist sie nach Darmstadt gezogen. Hierher.«

»War es nie ein Problem für Sie, dass Frau Ausammas Ihre Studentin war?«

»Wieso?«

»Nun«, sagte Bettina, »schließlich wurde Ihre Freundin von Ihnen benotet. Oder von Ihren Assistenten. Hat nie jemand beanstandet, dass Frau Ausammas bevorzugt würde?«

Ein kühler brauner Blick traf Bettina. »Sie wurde nicht bevorzugt.«

»Okay. – Gab es Neider?«

Sagan-Nory schüttelte den Kopf, diese Frage, sagte sein Gebaren, war völlig idiotisch und nicht wert, beantwortet zu werden.

»Herr Sagan-Nory«, sagte Willenbacher jetzt, von seinem Block aufsehend, »Sie haben gestern Abend Frau Ausammas auf ihrem Handy angerufen?«

»Ja.«

»Was haben Sie gesagt?«

Sagan-Nory starrte Willenbacher an, als hätte der auf den Teppich gespuckt.

Der kleine Obermeister hob die Hände. »Abgesehen von belanglosem Privatkram.«

»Das war alles«, sagte Sagan-Nory eisig, *»belangloser Privatkram*, Herr – Willensbach.«

»Entschuldigung«, sagte Willenbacher gar nicht reuig. »Es geht doch nur darum, den Mörder Ihrer Freundin zu finden.«

»Ja.« Sagan-Nory schenkte sich großzügig nach und hielt die Flasche hoch. Dann sah er Bettina an und schüttelte den Kopf.

»Nein, Sie möchten nichts, nicht wahr? – Ich sagte ihr, dass ich sie liebe, und ich hab sie gefragt, ob sie was gegessen hat.«

»Und sie hat nichts Ungewöhnliches gesagt? Dass sie eine Entdeckung gemacht hat, vielleicht? Dass sie einen Streit hatte?«

»Sie sagte«, Sagan-Nory nahm einen tiefen Schluck, »dass sie mir was erzählen wollte. Das sagte sie immer.« Er verzog das Gesicht, blickte Bettina an wie ein Ertrinkender, beschwörend, fahlbraun, und senkte dann den Kopf, von ihr war keine Hilfe zu erwarten.

»War Frau Ausammas krank? Sie war sehr dünn, und man sagte uns, sie hätte stark abgenommen.«

»Nein«, sagte Sagan-Nory müde. »Das verstehen Sie nicht.«

»Versuchen Sie's zu erklären.«

»Wir leben«, begann er, »in einer Zeit der Postmoderne und –«

»Bitte ohne Kunst drum herum, wir sind einfache Polizisten.«

»Sie litt am Übermaß.«

»Sie war magersüchtig«, sagte Willenbacher hart.

»Sie war sensibel.« Sagan-Nory hob abrupt seine Linke mitsamt dem grauen Hemdchen. »Die Welt ist krank, kein Wunder, dass die Guten daran zugrunde gehen.« Er lachte unglücklich. »Sie und ich, wir drei sind nur noch am Leben, weil wir wissen, wie das Spiel funktioniert. Aber die wirklichen Menschen, die halten's hier nie lange aus. Das ist doch logisch.«

»Aber an der Magersucht ist sie nicht gestorben«, sagte Willenbacher, der immer unwilliger aussah.

Sagan-Nory starrte ihn an, mit einem sehr unangenehmen, wissenden, fast ironischen Blick.

»Herr Sagan-Nory«, sagte Bettina rasch, »wer hat Ihre Freundin getötet? Wer? Was glauben Sie?«

Er schüttelte nur den Kopf mit diesem halben bösen Lächeln zwischen den Zähnen. Bettina dachte daran, wie er über der Leiche gelegen und geheult hatte. Da hatte sie ihm die Trauer geglaubt.

»Gestern Abend«, sagte Willenbacher, »haben wir versucht, Sie hier anzurufen, Herr Sagan-Nory. Hier in Ihrem Haus. Aber erreichbar waren Sie nur übers Handy. Wo sind Sie gewesen?«

»Hier!«, das sagte Sagan-Nory plötzlich sehr laut. Und setzte leiser, aber grimmig hinzu: »Das Scheiß-Festnetztelefon finde ich nie.«

»Selbst wenn es Geräusche von sich gibt?«, fragte Willenbacher vielleicht etwas zu gehässig.

Sagan-Nory erhob sich, verschüttete dabei etwas Wodka. »Was wollen Sie von mir?«

Bettina blickte ihren Kollegen strafend an. »Herr Sagan-Nory«, sagte sie dann zu dem Professor, »bitte verstehen Sie uns nicht falsch, wir tun nur unsere Arbeit.«

Sagan-Nory starrte sie mit zusammengezogenen Brauen an, dann warf er den Kopf zurück und begann zu lachen. Es klang ziemlich hohl, er hörte mittendrin auf, starrte Bettina wieder an und lachte dann weiter.

Hilfe suchend sah sie Willenbacher an, der zuckte die Achseln. »Herr Sagan-Nory?«

Das Lachen versiegte, der Professor ließ sich wieder auf dem Hocker nieder.

»Wir haben uns heute den Tatort noch mal angesehen«, sagte Bettina vorsichtig. »Und darüber nachgedacht, wie dieser außergewöhnlich gut inszenierte Mord geschehen sein könnte. Dabei haben wir erfahren, dass sich das beste Versteck direkt unter Frau Ausammas befand.«

»Und?« Der Kunstprofessor blickte jetzt lauernd. Bettina fand es enorm schwierig, aus den Reaktionen des Mannes seine Gefühle zu erschließen. Ob das Absicht war? Er war heftig, sprunghaft, unsympathisch. Betrunken.

»Dieses Versteck haben Sie geschaffen. Sie haben die Anlage fortbringen lassen.«

Um Sagan-Norys Mund zuckte ein kleines Lächeln. Das, dachte Bettina, konnte aber keine Absicht sein, denn es wirkte als Antwort auf ihre Feststellung doch etwas verdächtig.

»Wir vermuten, dass der Mörder sich dort unter dem Podest verborgen hat. Anders war die Tat kaum zu bewerkstelligen.«

Jetzt richtete sich der Professor gespannt auf, als habe sie endlich, zum ersten Mal, etwas Interessantes gesagt. »Und Sie glauben, dass ich derjenige war, der da gesessen hat?«, fragte er sanft.

»Sagen wir mal so: Sie wussten genau, dass dort Platz war.«

Sagan-Nory sah sein Glas an und stellte es neben sich auf den Boden. »Das wusste jeder im Fachgebiet.« Sein intensiver Blick heftete sich auf Bettina. Er beugte sich etwas vor, sah nun völlig klar aus, trotz der gehörigen Portion Wodka, die er intus hatte.

»Der Punkt ist, dass Sie dieses Versteck überhaupt erst geschaffen haben.«

»Das spricht gegen mich.«

»Und wie.«

Er brach die Spannung ganz abrupt, sah weg und lächelte. »Sie werden mir nicht glauben, dass ich Florentine niemals etwas getan hätte. Sie werden mir auch nicht glauben, dass ich«, das Lächeln bekam nun einen sehr spöttischen Zug, »Gewalt verabscheue. Und natürlich ebenso wenig, dass ich gestern Abend zu Hause war, was ich nicht beweisen kann. Ich hatte keinen Besuch, ich hab das Telefon nicht gefunden, und unsere Haushälterin bleibt nur bis drei.« Mit einer automatischen Bewegung nahm er das Glas wieder zur Hand. »Vielleicht glauben Sie mir aber Folgendes: dass ich nicht, niemals, einen solchen Tod für Florentine gewählt hätte. Nackt vor Studenten.« Er lachte trocken auf. »Nie.«

Bettina verschränkte die Arme. »Und was für einen Tod hätten *Sie* gewählt?«

»Rosen«, sagte er rasch, schneller wahrscheinlich, als er denken konnte. »Ich hätte sie darin ertrinken lassen.«

* * *

Es war halb acht an einem Samstag, kein guter Zeitpunkt, um eine Studentin anzurufen, aber das war Thomas jetzt egal. Ella hatte sich mit ihrer Bewerbung ja auch nicht gerade an die Konventionen gehalten. Er lehnte an der langen Anrichte, wo sein Privattelefon stand, und blickte auf seinen immer noch gefüllten Teller auf dem Tisch. Hoffentlich war sie da. Am anderen Ende der Leitung klingelte es lange. Schon wollte er enttäuscht auflegen, da knackte es und jemand sagte abweisend: »Coressel.«

»Ella? – Thomas Kußler hier.«

»Oh! Ja! – Ich meine …« Die Ablehnung war schlagartig aus der Stimme verschwunden. Wenn ich doch nur bei allen Frauen so eine Wirkung hätte, dachte Thomas, und nicht nur bei halb verhungerten arbeitslosen Studentinnen.

»Tut mir Leid, dass ich so spät noch störe«, log er, »ich sitze hier im Büro bei der Arbeit und habe ganz die Zeit vergessen –«

»Sie – äh – du störst doch nicht«, versicherte Ella eifrig.

»Schön. Tja, Ella, wie ist das mit deiner Bewerbung, gilt die noch?«

»Na klar. Auf jeden Fall. Ich –« Sie stockte.

»Ja?«

»Ich würde echt gern bei dir arbeiten.«

»Das trifft sich gut, ich brauche tatsächlich jemanden, wir sind ein bisschen unterbesetzt. Nichts Großartiges, hab ich ja schon gesagt –«

»Kochen kann ich aber nicht«, erklärte Ella.

Thomas sah wieder auf seinen Teller, lächelte. Und fühlte sich einsam. Frag sie doch einfach, ob sie hier rauskommt und das fertig essen will, sagte eine ruhige Stimme in ihm. Frag sie einfach.

»Da schicken wir dich halt auf einen Lehrgang«, sagte er stattdessen ernst.

Darauf folgte nur Schweigen am anderen Ende der Leitung.

»Spaß beiseite«, sagte er, »es wird schon mal eine Kopie und eine Besorgung dabei sein. Ansonsten Änderungen, kannst du zeichnen?«

»Na klar.«

»Schön, dann komm doch morgen früh ins Büro, da können wir den Rest besprechen.«

»Oh! – Ja. Super, danke!«

»Keine Ursache«, sagte Thomas. »– Ella?«

»Ja?«

Er sah sie vor sich, mit ihren ausgefransten Kleidern, den rasierten Haaren, dem dunklen Blick. Und wusste auf einmal, warum sie ihn so rührte: weil sie ihn an sich erinnerte. Nicht Valerie glich sie, sondern ihm selbst. Auch er war so abgerissen herumgelaufen, hatte auf seine Chancen gehofft, sie spontan ergriffen – und war nun erfolgreich und glücklich, das würde Ella auch werden. Ganz sicher. Dann sah er die hellen Augen der toten Florentine, die ganze gespannte magere Frau, und schließlich schob sich mächtig das Bild eines monströsen rosa Sweatshirts in seine Gedanken. Alles Chimären? Wo war Valerie? Grüne Augen. *Es geht wieder aufwärts, Männer.*

»Nichts«, sagte er. »Gute Nacht, Ella.«

Sie zögerte, das hatte wohl merkwürdig geklungen. »Wiederhören«, sagte sie knapp. Dann war die Leitung tot.

* * *

Wenn er sie nicht auf dem Podest erstochen hatte, dachte Bettina, hätte der Herr Professor Sagan-Nory seine Florentine systematisch in den Hungertod getrieben. Sie waren wieder bei der Postmoderne angelangt und damit bei Florentines großer Leidensfähigkeit. Bedauernd, aber mit verstecktem Leuchten in den Augen erzählte Sagan-Nory, wie er seine Freundin zu jedem Bissen hatte zwingen müssen. »Sie hat es körperlich erfasst, wissen Sie? Sie war so ganz eins in Geist und Körper, so direkt, sie konnte unsere epochale kulturelle Situation ganz aufnehmen und ausdrücken, und das so sensibel! Und sie musste darauf reagieren!«

»Und musste sie deshalb sterben?«, fragte Bettina etwas provokant.

»Ja«, sagte Sagan-Nory leidenschaftlich. »O ja, mit Sicherheit sogar. Sie war eine Künstlerin bis zur letzten Konsequenz.«

Bettina und Willenbacher tauschten Blicke, Selbstmord schlossen sie aus. Sagan-Nory redete weiter, Florentine, das Opfer des Zeitgeists, Florentine, die begabte Künstlerin.

»Herr Sagan-Nory«, sagte Bettina endlich, »hat Frau Ausammas denn Werke hinterlassen? Die wir uns mal ansehen könnten?«

Als Antwort schleppte Sagan-Nory sie in die »Werkstatt«, einen wundervoll geschnittenen, hohen Atelierraum mit riesigem Nordfenster. Tatsächlich war Florentine Ausammas hier ein wenig präsent, obwohl sie es nicht annähernd geschafft hatte, den Raum zu füllen. Nur an einer Wand hingen Fotos von ihr, immer in Pose, sogar zwei, drei Zeitungsausschnitte. Der Professor wies mit ziemlich lässiger Geste auf ein Regal, dort lagen zerschnittene Modehefte, ein riesiger Stapel Kochbücher und Stoffballen mit rotem Filz. Direkt daneben stand eine schäbige Staffelei mit einem winzigen Block darauf, außerdem ein Schreibtisch, auf dem gerollte Papiere lagen, ein, zwei kleinere Modelle, Skripte und ein farbverschmiertes Notebook. Das packte Willenbacher sofort ein.

Bettina betrachtete derweil eine Installation, die neben dem Regal auf einem schmalen, tischhohen Holzkasten stand. Es handelte sich um einen pelzverbrämten Mantel, der mit irgendetwas getränkt worden war, das sich dann verfestigt hatte. Er bildete eine Art menschlichen Torso, aus dem vorne, an der geöffneten Seite, Dinge hervorquollen, verpackte Waren aller Art, hauptsächlich in Folie eingeschweißtes, vergammeltes Essen. Das ganze Werk roch unbestimmt nach Fäulnis und Nitroverdünnung. »Daran hat sie gerade gearbeitet«, erklärte Sagan-Nory etwas barsch.

Bettina konnte vage verstehen, weshalb Kußler und Hartmann sich geweigert hatten, die Studentin in ihren Verein aufzunehmen. »Wussten Sie, dass Frau Ausammas Mitglied in dem Kunstverein werden wollte, dessen Vorsitzender Ihr Assistent Hartmann ist?«

Sagan-Nory hatte die Wodkaflasche mitgenommen und betrachtete sie traurig. Er nickte.

»Was hielten Sie davon?«

»Wie, was hielt ich davon?«

»Standen Sie diesem Plan eher positiv oder mehr ablehnend gegenüber?«

»Das war ganz allein Florentines Sache.«

»Sie hätten nichts dagegen gehabt, wenn sie eingetreten wäre?«

Sagan-Nory starrte Bettina über sein Glas hinweg an. »Wieso glauben Sie, ich könnte etwas dagegen gehabt haben?«

Sie dachte an die entfernten Bilder in dem Büro vor der Gießerei, die Staubränder an der Wand, Professorenhumor, hatte Hartmann gesagt. »Weil ich den Eindruck habe, dass Sie – wenn ich das mal als Laiin sagen darf – künstlerisch eine ziemlich andere Richtung einschlagen.«

Er lächelte nur.

Bettina ließ sich hinreißen. »Hamster in Mikrowellen setzen ist was anderes, als mit viel Mühe und Liebe Bronzefiguren schaffen. – Meine Meinung.«

»Die bleibt Ihnen auch völlig unbenommen.« Sagan-Nory sah überhaupt nicht getroffen aus, sogar fast etwas zerstreut. Er runzelte die Stirn. »Und genauso war es mit Florentine. Jeder muss seinen eigenen Weg gehen.«

»Wissen Sie, ob Frau Ausammas sich an den Arbeiten für den Skulpturenpark um den Winterturm beteiligt hat?«, fragte Bettina weiter. »Das Projekt wurde auch von Ihrem Fachgebiet ausgeschrieben.«

»Ja, das betreut der Klaus. Aber ob Florentine da was gemacht hat –« Sagan-Nory zuckte die Achseln.

»Es geht speziell um eine umstrittene Arbeit, die aussieht wie ein Grab. Hat Florentine damit vielleicht zu tun?«

»Ein Grab? – Nein.«

»Sie steht auf der Teilnehmerliste.«

»Tatsächlich?«

»Obwohl sie offiziell gar nicht mitmachen durfte, sie hatte ja noch kein Vordiplom.«

»Das«, höhnte der Professor, »ist natürlich ein Hinderungsgrund.«

Wäre also keiner gewesen, dachte Bettina und verschränkte die Arme. »Sagt Ihnen der Name Ella Coressel etwas?«

Sagan-Nory schüttelte den Kopf.

»Sie macht die Korrekturen im Fachgebiet Geometrie und wollte eine Aufgabe von Frau Ausammas nicht anerkennen. Eine Übung in Perspektive. Es soll deswegen Krach gegeben haben.

Können Sie sich vorstellen, dass Ihre Freundin so eine Arbeit irgendwo abgeschrieben hat?«

»Das ist doch grotesk. Sehen Sie ihre Skizzen an.« Der Professor wies auf die Staffelei, wo Ausammas' Block stand.

Bettina hob auf gut Glück ein paar Blätter und sah die dilettantische Zeichnung eines offensichtlich toten Wellensittichs, was sie anwiderte. »Vielleicht lag ihr die Theorie nicht?«, sagte sie höflich.

»Theorie«, versetzte Sagan-Nory spöttisch. »Was verstehen *Sie* denn unter Theorie?«

Bettina atmete durch. Wieso konnte eigentlich nicht Willenbacher mit diesem Typen reden? Der war schließlich extra für solche Gespräche dabei.

»Hat Frau Ausammas oder hat sie nicht ihre Übung bei jemandem abgezeichnet?«

»Glauben Sie, Florentine hätte mir das erzählt?« Sagan-Nory setzte sich auf einen gepolsterten Barhocker, der mitten im Raum stand.

Nein, dachte Bettina, und das charakterisiert eure Beziehung ziemlich gut. »Aber von dem Streit mit Ella Coressel hat sie vielleicht erzählt? Bei Ihrem Telefongespräch?«

»Hat sie nicht. – Das sind doch nur studentische Eifersüchteleien.«

Gutes Stichwort, dachte Bettina und trat einen Schritt näher. »Waren Sie der einzige Mann in ihrem Leben?«

Sagan-Nory schüttelte den Kopf. Seine Mundwinkel hoben sich wieder zu dem nervösen, winzigen Lächeln, sein Blick war unstet, was aber auch am Wodka liegen konnte. »Hören Sie, mit diesen Fragen kann ich überhaupt nichts anfangen! Ich sagte Ihnen doch, ich wollte Florentine heiraten. Was wollen Sie noch hören?«

»Was Ihre Freundin wollte.«

Der Professor sah Bettina an, schüttelte abermals den Kopf, drehte die Wodkaflasche, blieb sprachlos.

»Hatte Frau Ausammas vielleicht Grund zur Eifersucht?«

Er lachte trocken auf. »Und wenn, glauben Sie, das würde ich *Ihnen* anvertrauen?«

Nicht ärgern lassen, dachte Bettina. »Kennen Sie einen jungen Mann namens Lino? Lino Mattheis?«

»Wer soll das sein?«

»Ein Freund von Frau Ausammas.«

Sagan-Norys Gesicht wurde ausdruckslos. »Nie gehört. Glauben Sie wirklich, das ist wichtig?«

»Ja.«

»Ich nicht.«

»So«, sagte Bettina aufgebracht, »dann erklären Sie mir doch mal, was *Sie* wichtig finden. Wie kann man das Rätsel lösen? Helfen Sie mir.«

»Wo ist ein Rätsel?«, erwiderte Sagan-Nory. »Florentine ist tot.«

»Was ist mit dem Mörder?«

»Der ist mir egal.« Er beugte sich vor, sein zuvor etwas wodkagetrübter Blick war plötzlich wieder klar und intensiv. »Wieso suchen Sie ihn?« Er hob ironisch die Flasche. »Was tun Sie, wenn Sie ihn haben? Gehen Sie hin und sagen: ›Mach sie wieder lebendig‹?«

6

Sonntagmorgen, es war fast so etwas wie hell, aber die dunklen Wälder neben der ausgestorbenen Autobahn stellten sich noch schlafend unter dem dunstigen Regen. Ganz hatten die Bäume ihr Laub nicht verloren, aber golden leuchtete längst nichts mehr, die Blätter waren unter dem kalten Niederschlag grau und unansehnlich geworden, und irgendwie, fand Bettina, war das ganz genau die Farbe ihres Autos. Goldbraunmetallic rund dreißig Jahre nach der Erstlackierung. In zehn Jahren wurde das wahrscheinlich wieder hipp, da konnte sie vielleicht einen Liebhaberpreis für das Auto bekommen. Und leider, dachte sie bitter, würde sie sich sowieso erst dann einen neuen Wagen leisten können, denn momentan ging all ihr Geld für den Babysitter drauf. Zur Nabinger konnte sie selbstredend nicht zurück, aber die Lage war nicht völlig verzweifelt: Vanessa wollte diese Woche einspringen. Vanessa war ein richtiger Schatz, ganz entzückend zu den Kindern, mit nur einem Nachteil: Ihr stand Rasta zur Seite, und das bedeutete, dass sie teuer war.

»Unglaublich, was der Kerl mir für das Wochenende abgeknöpft hat«, wetterte Bettina. »Ich dachte immer, Soziologie kommt von sozial. Ich weiß überhaupt nicht, wovon ich nächste Woche leben soll.«

Willenbacher schwieg vorsichtig, er war schon oft genug von ihr angepumpt worden.

»Wenigstens ist Sonntag«, sagte Bettina übel gelaunt und tastete mit einer Hand nach ihren Zigaretten, »da arbeiten die hohen Herren Chefs und Profiler nicht und wir brauchen keine Besprechung mit unserem Freund Silberstein durchzustehen.«

»Der steht auf dich«, sagte Willenbacher beiläufig.

Bettina schnaubte nur und zog das zerdrückte Päckchen aus der Tasche.

»Komm, du wolltest doch aufhören.«

»Herrgott, ich brauch die jetzt.«

Willenbacher verschränkte die Arme.

Bettina fluchte und steckte sie wieder weg.

»Was ist denn los, Bolle?«

»Nichts, ich bin pleite.«

Willenbacher sah aus dem Fenster.

»Keine Angst, auf dein Geld habe ich's nicht abgesehen.«

»So«, machte Willenbacher angelegentlich.

Bettina musste lächeln. »Bei dir war ich schon, du hast eh nichts mehr.«

Willenbacher fand das weniger komisch. »Du musst es machen wie die Ausammas«, sagte er bissig. »Such dir einen reichen Kerl, der mir deine Schulden zurückzahlt. Danach kannst du ihn ja wieder fallen lassen.«

Bettina pfiff durch die Zähne. »He, Will«, sagte sie, »vielleicht war es ja so? Vielleicht hatte Ausammas Schulden in Estland? Die der Herr Professor generös getilgt hat?«

»Die hätte ihn trotzdem nicht verlassen. Die hätte doch nie ihren schönen roten Alfa und dieses Haus und die Haushälterin aufgegeben. Die hätte eher neue Schulden gemacht.«

»Jetzt bist du aber zynisch. – Wenn sie was Besseres gefunden hätte?«

»Nein. Was Besseres als der Sagan-Nory war für die nicht zu haben.«

»Das ist Geschmackssache. Der Typ ist ein Verrückter. Der wollte sie in den postmodernen Hungertod treiben, und sie hat es vielleicht nicht mal gemerkt. Denk doch an die Hamster.«

»Der Sagan-Nory hat auch noch anderes gemacht«, erwidert Willenbacher und sah wieder aus dem Fenster. »Ich möchte den Mann wirklich nicht schönreden, aber ich glaube nicht, dass sie ihn verlassen hätte. So klug war die nicht.« Er schüttelte den Kopf. »Ich hab mir gestern Abend noch ihr Notebook angesehen.«

»Fleißig.«

»Ich war neugierig«, winkte Willenbacher ab, dennoch ein bisschen erfreut. »Und es hat auch nicht lang gedauert. Es ist traurig. Alles voller Kochrezepte.«

»Kochrezepte?«

»Mit Bildern, Anleitungen, was du willst. Sonst nichts. Fast jedenfalls.«

»Hm.«

»Viel war mit der Frau nicht los.«

Bettina dachte an den Mantel voller Esswaren. Sie fühlte sich plötzlich müde. »Vielleicht nicht«, sagte sie. Und sah zu Willenbacher hinüber. »Wir bringen das Notebook jetzt gleich zu den Lautringern«, sagte sie. »Die sollen sich auch um Ausammas' Familie kümmern. – Hast du feste Schuhe dabei?«

»Vergiss es, Bolle, ich hab nicht deine Größe.«

Nun war Bettina wirklich beleidigt. »Wieso denkst du eigentlich dauernd, dass ich was von dir will? – Das war eine rein freundschaftliche Nachfrage. Immerhin müssen wir gleich in den Wald.« Sie friemelte sich doch eine Zigarette heraus. »Ein Grab anschauen. Das Richtige für einen Sonntagmorgen im November.«

* * *

Der Wind war kalt, aber ausnahmsweise regnete es nicht und der Himmel klarte ab und zu auf. Die Luft roch, wie Bettina fand, wunderbar, kräftig und scharf nach Erde, Laub und fernen Feuern. Sie klappte den Kragen hoch, kämpfte sich durch das unwegsame Gelände, vor ihnen war das Gestrüpp richtig dicht. Also waren sie richtig. Willenbacher stapfte voran, eifrig, suchend, wie ein junger Hund, sicher auf dem glitschigen Laub, aber unsicher, was den Weg betraf.

»Ist doch unglaublich«, knurrte er, »dass diese von Stauff das gestern so schnell gefunden hat.«

»Die hat doch die Arbeiten betreut«, sagte Bettina. »Mit Korrekturen und all so was. Die kennt sich hier viel besser aus.« Zwischen den lockeren Büschen zur Rechten sah sie den eingerüsteten Winterturm, der diesmal hübsch langsam, wie es sich gehörte, näher gerückt war. Bei Tag wirkte er niedriger, zwanzig Meter, schätzte sie, ein eckiges Sandsteingebäude mit verwitterten grauen Betonstürzen über den kleinen Fenstern. Davor standen Baugeräte und ein Container, alles war eingezäunt und versperrt, Sonntag eben. Links von ihnen befand sich nun ein Kunstwerk, da hingen ein paar mannshohe Bambusstäbe panflötenartig von einem zwischen zwei Bäumen gespannten Seil. An die erinnerte sich Bettina plötzlich. »Dort müssen wir hin«, sagte sie und wies auf ein paar zerzauste Rhododendronbüsche, die noch ihr dunkles Laub trugen. »Da hinten durch.«

Willenbacher kniff die Augen zusammen, die Sonne war herausgekommen. »Ich fürchte, du hast Recht«, sagte er missmutig.

Bei Tageslicht sah der Hügel immer noch aus wie ein Grab. Vielleicht sogar noch mehr, denn jetzt nahm man ihn eher als Hügel denn als Ansammlung einzelner Steine wahr.

»Tja«, sagte Bettina. »Und nun?« Die kleine Eiche am mutmaßlichen Kopfende des Grabes hielt beharrlich an ihren braunen, trockenen Blättern fest, sie bewegten sich sacht im Wind, der hier zwischen den Bäumen nur mehr ein Luftzug war, weit über ihnen schwankten die kahlen Kronen.

Willenbacher stand breitbeinig da, ganz scharfsinniger Bulle. »Weißt du noch, was die von Stauff gestern Abend gemacht hat?« Er schaute angestrengt auf den Steinhügel.

»Sie hat die Steine aufgehoben«, sagte Bettina.

»Ja, und angeleuchtet. Sie hat sie ganz genau angeschaut.«

»Stimmt«, sagte Bettina. Sie bückte sich nach einem Stein und betrachtete ihn. »Nichts Besonderes.«

Willenbacher hob ebenfalls einen auf, fand nichts, legte ihn weg und nahm den nächsten.

»Das vielleicht?« Bettina hielt ihm ihren hin, einen rauen roten Stein, bemoost, Millionen Jahre alt und mit einem kleinen hellen erhabenen Fleck. Er ließ sich abkratzen, aber nicht leicht.

»Zement«, sagte Willenbacher. Sie sahen sich an.

Bettina seufzte. »Was soll das nun bedeuten?«

»Da hat«, sagte Willenbacher, »jemand für die Ewigkeit gebaut.«

»Hm.«

»Was machen wir?«

»Ich fürchte«, sagte Bettina, »wir werden selber nachsehen müssen, ob da jemand drinliegt. Bevor wir Leonhardt rebellisch machen.«

Willenbacher nickte, was anderes hatte er nicht erwartet. Und holte ein Paar Arbeitshandschuhe aus seiner Jackentasche. »Bin voll ausgestattet«, sagte er fröhlich und zog sie über. »Hast du etwa keine dabei?«, fragte er, als Bettina ihn neidvoll betrachtete.

Sie verzog nur den Mund und bückte sich, um einen weiteren Stein aufzuheben. Ein Paar Handschuhe landete vor ihr auf dem Grab.

Sie sah auf, Willenbacher grinste ihr zu. »Ich sag doch: *voll* ausgestattet.«

Sie lächelte ihn an.

Dann begannen sie systematisch die Steine abzutragen.

* * *

Ella hatte Thomas' Haus schon oft von außen gesehen, ein weißes, flaches, aber durch die eleganten Volumen dennoch schmal und hoch wirkendes Gebäude in einem trotz des fortgeschrittenen Herbstes immer noch mattgrünen Garten, der nur aus sumpfig aussehenden Wiesen und alten Bäumen bestand. Erlen, schätzte Ella. Weiter vorne grenzte ein lang gestreckter Weiher an. Nach einem trockenen Keller sah es nicht aus, dachte sie etwas nervös, aber dieser Gedanke war sicher kleinlich. Sie schob ihr Fahrrad durch das offen stehende Portal auf das weiße Haus zu, und hinter ihr drückte der harte Wind das übermannshohe, mit scharfen Spitzen bewehrte schmiedeeiserne Tor zu. Es bebte und knirschte in den Beschlägen, als wäre es das unwiderruflich letzte Mal. Ella jedoch hörte das kaum, sie war, vorerst zumindest, am Ziel ihrer Wünsche.

»Kaffee?«, sagte Thomas Kußler zu der aufgeregten Studentin, kaum zu glauben, dass sie so zappelig war. Wo sie sich doch so unglaublich lässig bei ihm beworben hatte. Wirkte etwa sein

Haus so einschüchternd? Oder er selber? Ella kannte ihn doch. Und sie musste auch schon ein Büro von innen gesehen haben.

»Ja – äh«, antwortete sie. »Wenn's keine Umstände macht –«

»Aber nein.« Thomas lächelte, beruhigend, wie er hoffte, und wies auf seine elegante neue Kaffeemaschine. »Sie ist eine kleine Diva. Wenn man sie nicht täglich hätschelt und fordert, ist sie beleidigt. – *Latte Macchiato?*«

»Oh«, sagte Ella und lächelte ebenfalls, etwas nervös, aber sehr hübsch. Sie hatte ihre Jacke über einen der Tische geworfen, trug einen ziemlich kaputten Pulli, den Thomas, so glaubte er jedenfalls, schon mal an ihr gesehen hatte, dazu dunkle Hosen und Stiefel. Sie hatte einen schönen Kopf, fand Thomas, kleine, anliegende Ohren, die rasierten Haare betonten die Form, und ihre Haut schimmerte rosig. »Ist ja toll«, sagte sie. »Gerne.«

Er stellte eine Tasse in die Maschine. Sie sah sich im Büro um, sicherer jetzt und auch ein klein wenig besitzergreifend. Irgendwie gefiel ihm das. »Du hast aber schon im Büro gearbeitet, oder? – Über deine Praktika hinaus?«

»Klar«, sagte Ella und sah zu einem der Computer. »Mit Autocad.«

»Prima. Aber wir brauchen im Moment vor allem jemanden für die Änderungen, der Rohbau steht, und du weißt ja: Da fangen die ganzen Probleme erst an.« Er lächelte verschwörerisch, von Architekt zu Architektin gewissermaßen.

Sie strahlte. »Das ging ja unglaublich schnell mit dem Rohbau.«

»Ja, es war Eile befohlen.« Er grinste. »Die Augen der Welt sind auf unseren Friedhof gerichtet, und außerdem hören die Leute nicht auf zu sterben, nur weil es keine Aussegnungshalle mehr gibt. – Die Stadt zahlt dafür auch gut.« Thomas nahm die volle Tasse und reichte sie Ella.

»Danke. – Oh, herrlich, das riecht gut.« Ihre Hände zitterten ein wenig, als sie den Kaffee entgegennahm, seine eigenen, stellte Thomas erstaunt fest, auch.

»Es muss jetzt auch *in* den Plänen geändert werden«, sagte er betont sachlich. »Ganz altmodisch. Mit der Rasierklinge Details rauskratzen und neue zeichnen – in Handarbeit. Kannst du das?«

»Ja, klar«, sagte Ella.

»Hast du einen Satz Tuschestifte?«

»Ja.«

»Schön, dann bring die mit.«

»Okay.«

Sie sahen sich an. Eine schöne Frau, dachte Thomas, hohe Wagenknochen, tiefer Blick. *Die* sollte Modell sitzen. Er erinnerte sich daran, dass dies ein Vorstellungsgespräch war. Und wie das zu führen war, wusste er inzwischen genau, auch allein mit ihr, auch an einem Sonntag, das hatte er alles schon gemacht: Er musste sie ein bisschen herumführen, ihr die Büroräume zeigen und vielleicht noch sein schönes Wohnzimmer, keine ganze Führung durchs Haus, es sollte nicht übertrieben wirken. *Wieso hatte er sie herbestellt?* Sie nippte an ihrem Kaffee, ihr Pulli war definitiv reif für den Mülleimer. Voller Löcher. Er dachte an seine Zeit als Einmannbüro, lächelte fast. Ihre Nervosität hatte sich gelegt. Nun war sie da. Was sollte er tun? Sie nach dem Grab fragen? – Wenn man nur die eigenen Motive besser kennen würde!

Latte Macchiato, das war Milchkaffee mit viel Milch, gerade so, wie Ella ihn liebte. Allein das war schon großartig an ihrem voraussichtlich neuen Job: dass sie da nun an der Quelle sitzen würde. Und natürlich der Hausherr. Ella lächelte ihrem neuen Arbeitgeber zu. Lino nachzutrauern, das konnte sie jetzt getrost vergessen, das hier war besser. Viel, *viel* besser. Und ein großartiges Büro, schöner, als sie es sich vorgestellt hatte, ein wunderbarer Raum, ganz sicher im goldenen Schnitt, mit einem großen flachen Podium, darauf ein Schreibtisch, offensichtlich der des Chefs. Dann Pläne und Fotos des Friedhofsgebäudes und Altenheims an den Wänden, Modelle, Computer und Schränke, Arbeitstische für die Angestellten, alles edel, aber funktional, sogar das Ölgemälde an der Wand hinter dem Tisch auf dem Podium hatte etwas von einer schwarzen Schultafel, einer ungeputzten allerdings.

»Ella«, riss Thomas sie aus ihren Gedanken, er hatte sich auf eine Tischplatte gesetzt und hielt nun ebenfalls eine Kaffeetasse in der Hand. »Sag mir bitte mal eins: Was war das für eine Geschichte mit diesem Steinhügel da am Winterturm?«

Sie sah auf, blinzelte, als ob sie im Kino wäre und es plötzlich hell würde, ihre Brille spiegelte das Deckenlicht. »Bitte?«

»Du weißt schon. Dieses Projekt ohne Urheber, zu dem du uns geführt hast.«

»Ich?«

»Ja, du hast uns dorthin gebracht.«

Ella trat einen Schritt zurück. »Wie kommst du denn darauf?«

»Na, so war es. Du bist mit uns dorthin gegangen, wir haben uns die Steine angesehen, plötzlich warst du weg.«

Sie atmete durch. Musste er das jetzt aufrühren! »Es ist ein bisschen peinlich, ich –«

»Na komm.«

»Mein Projekt muss dort in der Nähe sein. Ich hab es nicht gefunden. Es war dunkel.« Sie fasste an ihr Brillengestell, bald, hoffte sie, würde es eine neue geben. »Ich kann im Regen mit dem Ding hier nicht gut sehen, und – na, eigentlich bin ich gekommen, um zuzusehen. Ich brauche zwar den Schein, aber – mein Projekt ist einfach nicht so richtig gut. Ich hab's von der Situation abhängig gemacht. Ich dachte, wenn sich die Gelegenheit ergibt, stelle ich vor. Dann hat mich der Klaus Hartmann gefragt, und ich dachte, okay, das ist ein Zeichen, aber – ich hab die Stelle einfach nicht gefunden, und – na ja, ich war eben feige. Alle waren irgendwie ärgerlich, und so –«

»Was hast du denn gemacht?«, fragte Thomas.

Ella seufzte. »Ich hatte so eine schöne winzige Wiese entdeckt. Da habe ich Himbeersträucher drauf gepflanzt, im Karree.«

»Hm«, machte Thomas. »Aber es war dort in der Nähe, oder?«

»Ich glaube schon.«

»Und von wem dieser Steinhügel ist, weißt du nicht?«

»Nein.«

»Wir wollen denjenigen finden, es wird einen Preis dafür geben. – Hast du dort mal jemanden arbeiten sehen?«

Sie schüttelte den Kopf und sah Thomas über den Rand ihrer Brille hinweg an, schwarze Haare, helles Hemd, verschwommenes Gesicht. Er war einer der wenigen Menschen, die scharf gestellt, ohne den Weichzeichner der Kurzsichtigkeit, besser aussahen. Aber über das Grab wollte sie nicht mit ihm sprechen. Themenwechsel, dachte sie und nahm einen Schluck aus ihrer Tasse. Der Kaffee schmeckte wunderbar. Und der Friedhof interessierte sie sowieso mehr. »Was war das eigentlich für ein Gefühl«, fragte sie und wies auf die Wand mit den Friedhofsbildern, »diesen unglaublichen Auftrag zu bekommen?«

Das Thema schien *ihm* auch mehr zu behagen. Thomas stellte seine Tasse neben sich auf den Tisch und erhob sich. »Na, was glaubst du? – Wir haben die internationale Prominenz aus dem Feld geschlagen.« Er kratzte sich am Kopf. »Gut, der Absturz dieser Herkules hat viel Veränderung bewirkt. Das ist auch eine politische Entscheidung gewesen.«

»Klar.«

»Selbstverständlich hatten wir aber außerdem das überzeugendere Konzept.« Thomas grinste. »Zumindest reden wir uns das ein.« Er wandte sich um, zu einem Tischchen mit einem Modell drauf. »Da ist das Arbeitsmodell. Die neue Aussegnungshalle.«

Das Miniaturgebäude war hoch, länglich und besaß ein flaches Dach. Die Himmelsrichtungen wurden mit dem angrenzenden Straßenverlauf in dem sparsam ausgeführten Gelände auf elegante Weise angedeutet. An der schmalen Nordseite der kleinen Papphalle waren winzige Türen aus Holz angebracht, der längere Westen bestand ganz aus Pappe, Ost- und Südwände waren zuoberst mit harter Plastikfolie verkleidet, wandhohe Fenster, dahinter stand halb sichtbar ein wunderbar filigranes Lötwerk, das, wie Ella wusste, Drahtkörbe darstellte. Der Werdegang des Entwurfs war in aller Ausführlichkeit in der lokalen Tagespresse behandelt worden.

»Man kann es auseinander nehmen.« Vorsichtig, liebevoll sogar, griff Thomas nach der Schicht, die das Dach bildete, und nahm sie ab, in dem Haus wurden nun winzige Bankreihen sichtbar, außerdem ein kleiner Altar aus einem Holzklotz und dahinter und daneben zu den beiden geöffneten Seiten die bis unter die Decke gestapelten Drahtkörbe, die mit Metallspänen gefüllt und zur Innenseite mit einer anderen, matten Plastikfolie verkleidet waren. »Das ist unser Lichtkonzept«, sagte Thomas stolz. »Die Idee ist natürlich von –«

»Herzog & de Meuron. Napa Valley.«

»Aber nicht platt abgekupfert. Wir haben noch eine neue Dimension hineingebracht, die des Denkmals. Das war eine der Vorgaben: dass die Aussegnungshalle auch an den Absturz erinnern sollte. Also haben wir den Flugzeugschrott aufgehoben, er ist inzwischen freigegeben und ein bisschen zerkleinert und wird gerade in diese Stahldrahtkörbe verpackt. Die werden wir vor den Fensterwänden im Osten und Süden aufstapeln. Das Licht kommt dann nur noch gebrochen durch, das gibt dem Innenraum den feierlichen Effekt, natürlich sieht man von dort nicht direkt auf den Schrott, da sind die Scheiben mattiert, aber von außen kann man ihn als Denkmal wahrnehmen.« Thomas beugte sich weiter zu dem Modell herunter und kam damit Ella noch näher. Er roch gut, ganz leicht nach Aftershave. Und nach so etwas wie Tusche. »Ein Denkmal gehört ins Lichtkonzept, das Licht ist das, was eine Kirche zur Kirche macht.« Er blickte immer noch auf seine kleine Papphalle, Schulter an Schulter mit Ella.

»Gotik«, sagte die.

»Nicht nur«, erwiderte Thomas. »Willst du ein Beispiel sehen? Vorletzte Woche haben wir einen fertigen Probekorb bekommen.«

Sie gingen zu dem Podium hinüber. Etwas versteckt neben einem niedrigen Schrank befand sich dort ein sehr großer, flacher, kubusförmiger Korb, der aus einem Stahlrahmen und darüber gespanntem Drahtgeflecht bestand, etwa anderthalb Meter lang, jeweils einen Meter breit und hoch. Er enthielt verrußten, zerknautschten Stahl. Teilweise sah man noch den hellen Lack des Außenanstrichs des Flugzeugs, Federn eines Sitzes waren dabei, ein paar Plastikteile, undefinierbarer Schrott. Es wirkte sehr eindrucksvoll.

»Gewöhnlich werden diese Körbe mit Steinen gefüllt und im Gebirge zur Befestigung von Hängen benutzt«, sagte Thomas.

»Ja.« Ella beugte sich zu dem Stahlgebilde. »Ganz raus vor die Fenster wolltet ihr die Körbe nicht tun? Die beiden offenen Außenwände als große Flächen voller Schrott?«

Er sah sie an und lächelte anerkennend, schüttelte aber den Kopf. »Das Zeug verwittert zu schnell, da ist alles Mögliche drin, Metall mit offenen Bruchkanten, Plastik, sogar Holz und Stoff von den Sitzen.«

»War es aber nicht ursprünglich so geplant?«

»Schon, aber wir sind sehr schnell wieder davon abgekommen, denn nach ein oder zwei Jahren wäre das wahrscheinlich ein fröhliches Biotop mit Gott weiß was für Lebensformen drin.«

»Hm.«

Thomas grinste ihr zu. »Architektur besteht aus lauter Kompromissen, wir haben es hier nicht mit Kunst zu tun. Die Idee war so gut wie sofort vom Tisch.«

Ella sah ihn kurz über die Brille hinweg an und blickte dann wieder auf den Korb. Thomas stand so nah. Das Gespräch war sachlich, doch der Ton hatte rasch etwas Privates bekommen. Oder war das nur Einbildung? Was konnte sie Privates teilen mit einem Mann wie Thomas? »Sag mal«, sagte sie leise, »warst du eigentlich wirklich dabei, als –«

»Wo dabei?«

Ella schaute auf seine Hände. »Als Florentine –« Sie brach ab.

* * *

»Ich weiß, es ist Sonntag, Dr. Leonhardt«, sagte Bettina, die sich bemühte, möglichst sachlich zu klingen. »Aber das müssen Sie sich wirklich ansehen. – Ich glaube, wir haben das Grab gefunden.«

Willenbacher kniete vor ihr, zu Füßen der Eiche, und starrte auf die freigelegte Zementschicht mit den einzelnen eingebetteten Steinen darin. Und auf den klaffenden Riss, der durch den harten Zement verlief.

»Ja«, sagte Bettina. »Ja, wir haben einen dringenden Verdacht, Dr. Leonhardt, wir können die Leiche zwar nicht *sehen,* zumindest noch nicht ganz, aber –«

Willenbacher erhob sich und nickte, unbestreitbar befriedigt. »Ja, es ist eine Hand«, sagte er zum wiederholten Mal. »Eindeutig. Da drunter ist eine –«

»Ja«, sagte Bettina. »In Ordnung. Sie müssen zum Bau eins an die Lautringer Uni, dort holen wir Sie ab, allein finden Sie das nie. In Ordnung. Bis gleich.« Sie drückte die Austaste ihres Handys.

»Und?«, fragte Willenbacher, der sich wieder über den Riss beugte, neben ihm ein Riesenhaufen Steine, zerstörte Spuren, dachte Bettina.

»Wir sollen sofort die Lautringer rufen, er kommt in einer halben Stunde.«

Willenbacher schüttelte den Kopf. »Unglaublich, dass der alte Knabe Recht gehabt hat, ich hätte nie gedacht, dass wir wirklich auf die Frau von diesem Kußler stoßen.« Er beugte sich tiefer über den Spalt. »Bestimmt, eine Hand. – Nie hätte ich das gedacht.«

Bettina auch nicht.

Und sie war sich nicht mal so sicher, ob das überhaupt Kußlers Frau war, deren Hand unter dieser Zementspalte lag.

* * *

Nach billigem Tabak roch sie, nach warmer Wolle und ein bisschen herb nach Schweiß, nicht unangenehm allerdings, es passte zu ihr, zu diesen alten Klamotten, ihrem etwas martialischen Aussehen. Das Einzige, was ihn an Ella irritierte, war ihre Brille, die Art, wie sie groß und dunkel über den Rand sah. »Ja«, sagte er. »Ich war dabei, als Florentine gestorben ist.« Sie blickten auf den Schrott.

»Es ist so merkwürdig«, erklärte Ella endlich. »Ich kann mir gar nicht vorstellen, dass sie tot ist –«

»Hast du sie gekannt?«

Ella seufzte. »Gar nicht mal gut, sie war nur mit Lino befreundet.« Nun sah sie ihn von der Seite an. »Lino Mattheis, den kennst du sicher, ist schon ein höheres Semester.«

»Ja«, sagte Thomas. »Der Architektensohn mit der Villa.«

Ella sah auf und lächelte. »Der Immobilienhai, ja. Er ist mein Vermieter. Aber die so genannte Villa müsstest du mal von innen sehen.« Sie sah sich in dem Raum um. Dies, sagte ihr Blick, ist wirklich eine Villa. »Aber irgendwie gehört es dazu, mal bei ihm gewohnt zu haben.« Sie wurde wieder ernster. »Sogar Florentine hat das, fast ein Jahr. Allerdings exklusiver, in seiner Werkstattwohnung. – Es ist so merkwürdig, ich habe sie vorgestern noch gesehen, es ist so –« Wieder brach sie ab.

Thomas stellte seine Tasse ab und blickte sie an. »Möchtest du vielleicht das Haus sehen?«

»Gern.« Das klang zwar etwas zerstreut, aber dafür sah sie ihn diesmal durch die Brillengläser klar und offen an. »Sie war, ich weiß auch nicht – energiegeladen, oder? Dass sie einfach so –«

Thomas schwieg, was sollte er auch sagen? Er führte sie nur zu der Schiebetür an der rechten Raumseite, da ging es ins Wohnzimmer. »Florentine war ein gutes Modell«, bemerkte er dann etwas hilflos.

Ella schüttelte den Kopf, stolperte hinter ihm her. »Nein, sie war – spektakulär.« Nun sah sie auf. »Und so ist sie auch gestorben, oder?«

»Allerdings.« Thomas öffnete die Schiebetür, das Zimmer dahinter war das Glanzstück des Hauses, ein großer Raum mit Fensterfront zum See. Nur war er jetzt dämmrig trotz der breiten Fenster, November eben. »Ella –«

Sie sah ihn an. »Tut mir Leid. Es geht mir nur nach.«

»Mir auch, glaub mir. Ich hab sie gesehen.« Er trat in den unbeleuchteten Raum, sofort änderten sich die Farben, Ella sah größer aus, so groß wie er selber, noch dunkler, ihre Augen jetzt fast schwarz. »Zumindest«, setzte er etwas lahm hinzu, »hatte sie einen Tod, der ganz und gar zu ihr passte. Und schnell gegangen ist es sicher auch.« Er machte das Licht an, und Ella war wieder die Alte.

»Ja …«, sagte sie gedehnt.

Er räusperte sich. »Tja, also das ist der Salon mit Blick auf den See.« Betont munter wies er auf die Fenster. »Meine unbezahlbare Aussicht.« Und auf die Möbel: »Meine alten, aber soliden Antiquitäten.« Er lächelte.

Ella trat auf einen Sessel zu, legte die Hände darauf, fuhr vorsichtig, aber auch wissend mit den Fingerspitzen über das Lederpolster der Rückenlehne. »Ein Barcelona-Sessel«, sagte sie bewundernd. »Von Mies van der Rohe?«

»Eine Nachbildung«, winkte Thomas ab, dachte aber erfreut: eine kluge Frau.

»Darf ich?«

»Sicher.«

Und Ella ging langsam, andächtig, um das Möbel herum, betastete die Sitzfläche, setzte sich vorsichtig, der Stuhl schwang leicht unter ihr, sie lehnte sich zurück, fuhr mit den Händen sacht über das geschwungene Federstahlgestell, lächelte Thomas strahlend, ja fast ein wenig triumphierend an. Als wäre sie heimgekommen, als wäre der Sessel für sie gemacht.

Als gehörte er längst ihr.

* * *

Es hatte natürlich länger gedauert, bis Dr. Leonhardt kam, ganze zwei Stunden. Die Lautringer Kollegen waren längst dabei, die Stelle zu sichern und ihre Gerätschaften zu verteilen, diesmal brauchten sie nicht nur ihre zarten kleinen Säckchen und Pülverchen, sondern richtig handfestes Gerät, sogar der Einsatz eines Presslufthammers wurde diskutiert. Leonhardt war bester Laune, mit Krawatte und dunklem Mantel sah er aus, als käme er direkt vom sonntäglichen Kirchgang, und nahm leutselig die Honneurs der Lautringer Kollegen entgegen. »Ich wusste es«, sagte er dann zu Bettina, »dass Sie die richtige Wahl waren, Frau Boll. Der Herr Härting hat zwar versucht, mir das auszureden«, Härting war mit Dr. Leonhardt gekommen, stand daneben und lächelte säuerlich, »aber ich war von Anfang an von Ihnen überzeugt.«

Der Kriminalrat klopfte ihr auf die Schulter, was sie nicht nur froh stimmte. Immerhin musste sie mit Härting noch zusammenarbeiten, auch wenn Leonhardt nicht dabei war.

Die Haltestelle war nun von einem Großaufgebot an Polizeifahrzeugen hoffnungslos zugeparkt. An den Rändern formierten sich diverse Berichterstatter und Reporter, die von Lautringer Polizeimeistern zurückgehalten wurden, mit Mühe allerdings.

»Es wird dreckig«, warnte Bettina mit einem Blick auf Dr. Leonhardts sorgfältig geputzte Lederschuhe.

Die Lautringer hatten sich damit längst abgefunden, sie trugen feste Kleidung und schleppten immer neue Geräte, Kabel, Lampen den engen Pfad entlang, den Willenbacher ihnen gewiesen hatte.

»Das macht gar nichts«, sagte der Kriminalrat. »Ist es nicht ein Glück, Härting, dass wir die Frau Boll auf unser kleines Problem angesetzt haben?«

»Doch«, sagte Härting missmutig. »Schon.« Und stapfte mit Todesverachtung im Gesicht hinterher.

Am Grab selbst war von der leise unheimlichen Stimmung des vergangenen Abends nicht mehr viel zu spüren. Zwar befanden sie sich im Wald unter freiem Himmel, aber es waren zu viele Menschen da, und hier gab es kein Skelett, das wie im Aktsaal als *memento mori* über die sachliche Arbeit der Beamten wachte. Der Steinhügel war umringt von Fachleuten der Spurensicherung, die beratschlagten, wie mit dem Fund umgegangen werden sollte. Davon, dass Bettina und Willenbacher in Eigenregie das Grab abgedeckt hatten, waren sie alles andere als begeistert.

»Das hätte fotografiert werden müssen«, sagte der Wortführer, ein rundlicher, dick eingepackter Mann, der tatsächlich Breit hieß, er hatte es schon mehrmals gesagt, wiederholte es aber Dr. Leonhardt und Härting zu Ehren. »Das wissen Sie aber, oder? Sie sind ja vom K 11.«

»Dieses ganze Ding ist uns als Studentenscherz vorgeführt worden«, verteidigte sich Bettina ärgerlich, sie hatte sich mit Breit schon ausführlich darüber auseinander gesetzt. »Und Sie möchte ich mal sehen, wie Sie hier vor der vollen Belegschaft eine Stunde lang in der Kälte Steine abdecken und dann, was weiß ich, den goldenen Architektenbleistift finden.«

»Jedenfalls«, Breit sah mit einer gewissen ironischen Befriedigung auf den Spalt, unter dem der winzige Ausschnitt einer verwesten Hand zu ahnen war, »wird das nicht einfach.«

»Wie hoch ist der Zement?«, fragte Dr. Leonhardt.

»So fünf bis sieben Zentimeter, wenigstens am Rand und an der gesprungenen Stelle«, teilte Breit mit. »Es kann länger dauern, bis wir wissen, wer da drunter ist, egal ob wir versuchen, das Zeug zu zertrümmern oder es von der Seite her zu heben. Und in jedem Fall wird die Leiche leiden.«

Darauf trat eine beredte kleine Pause ein, alle zwölf Leute, die sich hier drängten, konnten sich ungefähr vorstellen, was sie unter der festen Schicht künstlichen Steins erwartete, und dieses Wissen machte es nicht besser.

»Tja«, sagte Dr. Leonhardt dann, »es ist aber sehr sorgfältig gemacht, nicht wahr? Sehen Sie nur, wie die Erde darauf verteilt ist, wahrscheinlich noch über das feuchte Material.«

»Es war von außen nicht zu sehen, dass da Beton drunter war oder was immer das ist«, bestätigte Willenbacher. »Es gab nur ein paar winzige Zementspuren auf den Steinen, und auf die hat uns die Dame aufmerksam gemacht, die uns hergebracht hat.«

»So«, sagte Dr. Leonhardt. »Wer war das?«

»Susanna von Stauff, eine wissenschaftliche Mitarbeiterin der Uni, die dieses Skulpturenseminar mitbetreut hat.«

»Eine Bekannte von Thomas Kußler?«, fragte der Kriminalrat.

»Die kennen sich hier, glaube ich, alle«, sagte Bettina.

»Hm«, machte Leonhardt. »Und wie ist die Verbindung von diesem Grab zu Thomas Kußler?«

Bettina und Willenbacher sahen sich an. »Er hat ebenfalls das Seminar betreut«, sagte Bettina dann langsam.

»Ach was?«

»Ja, in der Tat. Aber –«

»Sollen wir jetzt mal nachsehen«, fragte Breit ziemlich ungeduldig, »ob wir da wirklich eine Leiche haben, ich meine, dieser

Riss ist schön und gut, aber einwandfrei erkennen kann man es nicht, also, am Ende liegt da ein Hund oder so was ...«

Dr. Leonhardt warf einen letzten Blick auf den Spalt im Zement, der an der breitesten Stelle vielleicht drei Zentimeter auseinander klaffte, allerhöchstens. Viel konnte man wirklich nicht erkennen, nur vier charakteristisch nebeneinander liegende Knochen mit ein paar Hautfetzen daran, rings herum viel schmierige schwarze Erde, und die Ahnung eines Daumens. »Ja, los«, sagte Dr. Leonhardt und machte Platz für den Mann mit dem Meißel.

* * *

Der Wind pfiff nur so um Ellas Ohren. Sie war froh wie lange nicht mehr, richtig glücklich, endlich Arbeit, Arbeit! Bei *Thomas*. So durfte sie ihn nennen. Arbeit bei dem Erfolgsarchitekten Thomas Kußler, das war ein Riesending für sie. Und obwohl sie davon lange geträumt hatte, war sie jetzt von ihrer spontanen Freude überrascht. Kaum war sie aus seinem Haus getreten, hatte sie anfangen müssen zu laufen, rasch, vergnügt, sie hatte sich aufs Fahrrad geschwungen und war davongeprescht, mit enorm viel Energie, hatte den leichten Berg vor Thomas' Anwesen in Rekordzeit genommen und ließ sich nun auf der breiten zweispurigen Straße in Richtung Stadt rollen. Viel sah sie mal wieder nicht durch ihre alte Brille, aber das musste sie auch nicht.

Sie kannte den Weg ganz genau.

* * *

Bald war klar, dass das Ergebnis noch eine Weile auf sich warten lassen würde, der Mann mit dem Meißel wirkte zwar nicht gerade schmächtig, doch er war vorsichtig, Bettina konnte das verstehen. Und für mehr Leute war an der Stelle kein Platz. Härting begann ziemlich bald missmutig auszusehen und demonstrativ zu frieren, schließlich murmelte er etwas von Kaffee und verschwand. Dr. Leonhardt hingegen nutzte die Gelegenheit, um alte Bekanntschaften mit Lautringer Kollegen aufzufrischen, er war ganz in seinem Element, fasste die Leute bei der Schulter, sprach leise und freundlich, begrüßte schließlich einen Kollegen namens Walter, eine schräge Type mit grauem Bart und einer Art Minipli auf dem Kopf und ging plaudernd mit ihm zu der Bushaltestelle zurück, ein Fachgespräch mit Sicherheit. Willenbacher stand bei der Gruppe, die den Meißelmann anfeuerte.

»Du«, sagte Bettina, die sich langweilte, »das hier braucht noch Stunden.«

Willenbacher sah sie an. »Willst du diese Leiche etwa auch verpassen?«

»Pst«, machte Bettina ärgerlich. »Ich wüsste gern, wo dieser Lino Mattheis ist.« Sie sah nachdenklich auf den hämmernden Mann.

»Dann ruf seine Eltern an.«

»Ja.«

Der Kollege schlug mit seinem Meißel winzige Gesteinsbröckchen ab. Bei dem Tempo dauerte es wahrscheinlich bis zum nächsten Tag. Bettina fasste einen Entschluss. »Ich gehe noch mal mit dieser Ella Coressel sprechen.«

Im Wagen rief sie Lino Mattheis' Familie an. Seine Mutter war am Apparat. Lino sei in Urlaub. Kapstadt. Ja, er sei ein bisschen unstet. Aber schon öfter auf solch lange Reisen gegangen. Nein, sie hätten lange nichts von ihm gehört, aber das sei normal. Sorgen? Natürlich mache sie sich Sorgen, grundsätzlich, aber Lino habe ihr das andererseits längst ausgetrieben, wenn man sich um den Sorgen machen wolle, dann hätte man viel zu tun.

* * *

Ella Coressel war gut gelaunt, sie hatte rote Wangen und strahlte, während sie mit einem dreckigen Lappen in ihrer dreckigen WG-Küche herumwischte und es tatsächlich schaffte, etwas Glanz hineinzubringen. Bettina fand das sympathisch, aber sie hatte vor, die Studentin in die Mangel zu nehmen, daher saß sie breit auf ihrem wackeligen Stuhl und betrachtete streng die Staubflusen auf dem offenen Tellerregal.

»Ich sagte doch schon«, erklärte Coressel gerade der Spüle, »bei dem Streit mit Florentine – und man kann das nicht wirklich Streit nennen! –, da ging es nur um die Aufgabe, die sie abgeschrieben hatte. Sonst gar nichts. Ich hab sie nicht näher gekannt.«

»Doch«, sagte Bettina. »Frau Ausammas hat ja gerade darum versucht, einen Vorteil bei Ihnen herauszuschlagen, das sagten Sie selbst.«

Coressel drehte sich um. »Ja, aber nur über Lino! Sie war Linos Freundin und er ist mein Vermieter, mehr Verbindung gibt's da nicht!«

»Schön, dann bleiben wir doch mal bei Herrn Mattheis«, sagte Bettina. »Der ist ja nicht nur Ihr Vermieter.«

»Sondern?«, fragte Coressel aufmerksam.

»Ja, sondern?«

»Mein Nachbar.«

»Sie leben in einem Haus, einer Art WG, also praktisch mit ihm zusammen.«

»Nein, es sind zwei völlig getrennte Wohnungen. Er ist nur Nachbar, Vermieter und Bekannter.«

»Und Kommilitone, oder? Er studiert doch auch Architektur?«

»Er ist vier Semester über mir.«

»Kommen Sie, Sie haben ab und an miteinander zu tun.«

»Ja«, gab Coressel zu.

»Was?«

Die Studentin hob die Schultern. »Letztes Jahr hatten wir zusammen Denkmalschutz. Und dann waren wir mal in dem gleichen Entwurfsseminar. Ich hab ihm auch schon mal ein Modell gebaut.«

»So eins?«, fragte Bettina und wies auf den Tisch, wo über alten Zeitungen und neben lose hingeworfenen Äpfeln eine mit Tesa Krepp zusammengehaltene Pappkonstruktion stand, die vage an ein Haus erinnerte.

Coressel blickte irritiert. »Nein. Das ist nur ein Konzept für eine Korrektur, das hat man in ein, zwei Stunden zusammengehauen, nein, ich meine –«, sie brach ab.

»Sie meinen«, sagte Bettina freundlich, »in Herrn Mattheis' Sachen haben Sie mehr Arbeit investiert?«

Die junge Frau verschränkte die Arme. »Das machen alle. Sich gegenseitig helfen, meine ich. Sonst schafft man die Abgaben nicht. Die Einserentwürfe sind fast alle Gemeinschaftsarbeiten.«

»Und Herr Mattheis macht Einserentwürfe.«

»Zuweilen.« Coressel sah nun etwas mürrisch aus.

Bettina holte ihre Zigaretten heraus, betrachtete sie nachdenklich und legte sie auf den Tisch. »Was haben Sie denn für ihn gemacht?«

»Eine Hochzeitskapelle zum Beispiel, und auch bei dem Aquarium, das er mal geplant hat, hab ich geholfen.«

»Nein, ich meine, was genau haben Sie getan?«

»An den Abgabemodellen mitgebaut.«

»Wie sieht so was aus?«

Coressel warf Bettina einen etwas genervten Blick zu, verschwand aus der Küche und kam gleich darauf mit einem sehr kunstvollen Gebilde zurück. »Das ist ein Abgabemodell in eins zu zweihundert«, sagte sie barsch. »Mein Entwurf für eine Wohnbebauung in den Mannheimer Quadraten.«

Das Modell war nur etwa zwanzig Zentimeter hoch und doppelt so breit, aber jedes Fenster war einzeln ausgeschnitten, alle Balkone liebevoll aus winzigen Metallprofilen gelötet, die Pappe mal glatt, mal aufgeraut, mal irgendwie behandelt, mit Wachs vielleicht, um verschiedene Oberflächen darzustellen, es gab Bäume aus großen Papierkugeln, wenige Millimeter große Türen aus Holz. »Das sieht nach mehr als ein, zwei Stunden Arbeit aus«, sagte Bettina.

Coressel nickte. »Allein ist so ein Entwurf kaum zu schaffen. Dazu kommen dann noch Gelände- und Detailmodelle und verschiedene Pläne.«

»Wie lange hat es gedauert, dieses Modell zu bauen?« Bettina beugte sich über das kleine Haus, es war fast ein Kunstwerk. Sie sah winzige Menschen auf einem der Balkone stehen.

»Eine Woche«, erklärte Coressel.

»Solche Sachen machen Sie für Herrn Mattheis?«

»Ich helfe ihm dabei«, erwiderte die junge Frau.

»Und er, hilft er Ihnen auch?«

»Nein.« Nun lächelte Coressel unerwartet und ziemlich unbefangen, wie Bettina zugeben musste. »So verzweifelt war ich noch nie, dass ich Lino gebeten hätte. Seine Sachen sind – experimentell.«

»Hm.« Bettina hielt der Studentin das Zigarettenpäckchen vor die Nase und sah ihr direkt ins Gesicht. »Vielleicht ist Ihre Beziehung aber auch ein wenig einseitig?«

Coressel nahm mit ruhiger Hand eine Zigarette heraus. »Einseitig?«

»Sie helfen ihm, aber er Ihnen nicht …«

»Ich sagte doch –«

»Ich hörte, er wäre ein ziemlich attraktiver Mann.«

»Stimmt«, gab die Studentin zu. Sie sah im Moment selbst nicht gerade hässlich aus. Dann blickte sie auf. »Wer hat das gesagt?«

»Die Dame von unten.« Bettina gab ihnen beiden Feuer. »Frau –«

»Ughh«, machte die junge Frau halb amüsiert, »unsere Anita Eckstein, stimmt's?«

»Ja.«

Coressel sah sich nach einem Aschenbecher um und angelte einen angeschlagenen Teller aus der Spüle. Dann beugte sie sich vor und musterte Bettina mit klugen Augen. »Wieso interessiert sich die Polizei für Lino?«

»Ich«, sagte Bettina ruhig, »interessiere mich für Sie, Frau Coressel. Und Ihre Beziehung zu Herrn Mattheis.«

»Meine *was*?«

Bettina schnippte etwas Asche in die Kaffeepfütze auf dem Teller. »Frau Eckstein sagte, dass Sie Herrn Mattheis sehr mögen?«

Coressels gute Laune schwand zusehends. »*Was* hat die gesagt?

Ich und Lino? – Da war ihr eigener Wunsch der Vater des Gedankens.«

»Eigentlich«, erklärte Bettina, »sagte Frau Eckstein gar nicht, dass Sie und Herr Mattheis was miteinander hätten, sondern dass nur Sie allein–«

»Dass ich Lino hinterherschmachte? Das ist ja süß. – Wie kann ich beweisen, dass es nicht stimmt?«

Bettina zuckte die Achseln. »Erzählen Sie doch einfach mal was über ihn.«

»Ab und zu verschwindet er wochenlang«, sagte Coressel patzig.

»Und weiter?«

»Lieber Himmel! Er sieht gut aus. Er ist nett. Und reich. Und leichtsinnig.«

Bettina sah sie an. »Das können Sie besser. Sie sind doch eine Kreative.«

Coressel schenkte ihr einen finstern Blick. »Jedenfalls ist es nicht so, dass ich aus lauter Liebeskummer für ihn als Sklavin schufte. Ich helfe ihm ab und zu. Dafür sind seine Partys gut. Es macht halt jeder, was er kann.« Böse starrte sie ihre geschenkte Zigarette an und ließ sie auf den Teller fallen, wo sie verlosch.

Bettina seufzte innerlich und blickte zur Wand, wo ein fleckiges Poster mit Fassadenansichten italienischer Villen hing. »Andrea Palladio« lautete die Überschrift. Coressel schwieg, die Augen hinter den spiegelnden Brillengläsern versteckt. »Ist so eine Hilfe eigentlich legal?«, fragte Bettina. »Wo Sie ihm da ganze Modelle bauen …«

Die Studentin hob die Hände. Sie hatte sehr kurz geschnittene Nägel und am Daumen etwas, das aussah wie ein Tuschefleck. »Also erstens«, sagte Coressel, »hab ich Lino nur geholfen, so wie das alle tun, und zweitens – du lieber Himmel! Gehen Sie doch mal in die Büros! – Was glauben Sie, wie viele Wettbewerbe von Leuten gewonnen werden, die noch nicht bauvorlageberechtigt sind! Oder kleinen Architekten. Und hinterher kriegt dann eben doch das große Büro den Zuschlag.«

»So wie das von Herrn Kußler?« Bettina hielt der jungen Frau die Schachtel noch mal hin, Coressel bediente sich, ignorierte aber Bettinas Feuerzeug und zündete ihre Zigarette am Gasherd an, dann setzte sie sich ihr direkt gegenüber in den engen Küchengang.

»Nein«, sagte sie, den Rauch einsaugend, »Thomas, das ist die löbliche Ausnahme. Der war ein Einmannbüro, als er gewonnen hat. Normal ist: Der Student oder der einzelne Architekt macht den schönen Entwurf, gewinnt und bekommt dann eine Anerkennungsprämie, der Zuschlag aber geht an ein großes Büro mit mehr Kapazitäten. Oder aber das große Büro kauft Entwürfe von außen oder stellt von vorneherein Leute ein, die nur an Wettbewerben arbeiten.« Coressel lächelte zynisch. »Und das ist schöne Arbeit, wird also ganz schlecht bezahlt.«

»Haben Sie schon mal gewonnen?«, fragte Bettina.

Coressel zog an ihrer Zigarette und schüttelte langsam den Kopf. »Wettbewerbe sind zu viel Arbeit, im Studium meine ich. Ich muss ja noch nebenher Geld verdienen. – Und selbst wenn, würde es mir so wie den meisten gehen, ich könnte den Gewinn nicht nutzen, denn ich bin nicht mal Ingenieurin, und ich stehe auch nicht in der Architektenrolle. Ich müsste mir einen suchen, der abzeichnet. So jemanden hab ich nicht. Lino, der könnte das, der hat Papa Architekt und Bruder Architekt zu Hause.« Sie sah auf und runzelte die Stirn, wahrscheinlich merkte sie, dass sie von selber auf das Thema Lino Mattheis zurückgekommen war.

Bettina blickte ernst. »Herr Mattheis hat überhaupt wenig Sorgen, nicht? Ständige Reisen, eine große Wohnung –«

»Ja«, das kam nun wieder ziemlich kühl, »Lino ist ein reicher Junge.«

Bettina beugte sich vor. »Nicht nur Frau Eckstein hat vermutet, dass Sie sich für Herrn Mattheis interessieren. Auch Frau Ausammas hat das getan, nicht? Sonst hätten Sie keinen Streit gehabt.«

»Nein.« Die Studentin schüttelte den Kopf. »Nein. – Und wieso interessiert Sie der Lino überhaupt so? Was soll das?«

»Weil es da«, sagte Bettina, »am Winterturm ein Grab gibt. Das Sie, Frau Coressel, gefunden haben.«

Das Mädchen starrte sie an, die Brille spiegelte wieder.

»Es war dunkel«, sagte Bettina. »Es hat geregnet. Nicht sehr angenehm. Kein Tag für einen netten kleinen Ausflug. Das hat Sie nicht abgehalten, einer langen und wahrscheinlich langweiligen Veranstaltung beizuwohnen, dann eine Gruppe Menschen in den Wald zu führen, bis zu diesem Grab, und zu verschwinden.«

Coressel erhob sich so plötzlich, dass sie der vornübergebeugten Bettina beinahe einen Kinnhaken verpasst hätte. »Was ist mit diesem Grab?«

»Was«, sagte Bettina, ärgerlich über den Schreck, den die junge Frau ihr eingejagt hatte, »ist mit Lino Mattheis?!«

* * *

Der Mann mit dem Meißel hatte ein Ergebnis zutage gefördert. Niemand war überrascht. Sie standen alle drum herum, Dr. Leonhardt, Willenbacher, Härting, die Spurensicherer, sogar zwei Uniformierte, die sich neugierig zu ihnen gestellt hatten. Sie blickten stumm auf die freigelegte Stelle und die nicht mehr ganz vollständige, aber eindeutig menschliche Hand, die unter dem Zement zum Vorschein gekommen war. Teile davon hingen an den Steinen, die weggeklopft worden waren, ein trauriger Anblick, nur gemildert durch den Umstand, dass die Fetzen der umgebenden dunklen Erde glichen.

»Das«, sagte Dr. Leonhardt, der grimmig und plötzlich doch sehr mitgenommen aussah, »ist ziemlich eindeutig.«

»Sollen wir jetzt den Presslufthammer holen?«, fragte Breit und brach damit die Befangenheit der Runde. »Auf die Art brauchen wir ja noch Tage.«

»Nein«, entschied Dr. Leonhardt und wandte sich ab. »Versuchen Sie bitte vorsichtig zu sein.«

Immer noch starrten die anderen Beamten in das entstandene Loch. »Wo ist eigentlich Frau Boll?«, fragte Härting dann ziemlich gehässig. »Interessiert sie das nicht?«

»Die ist bei einer Zeugin im Fall Ausammas«, sagte Willenbacher. »Mit der hatten wir einen Termin vereinbart. Ich ruf sie gleich an.«

»Härting«, sagte Dr. Leonhardt, immer noch etwas blässlich, »was meinen Sie? Ist sie das?« Er trat einen Schritt zurück, sah wieder zu dem Grab. »Das muss sie sein.« Er atmete durch.

»Beweisen können wir es noch nicht«, erwiderte Härting nüchtern.

Willenbacher sah von seinem Handy auf. »Es gibt noch eine andere Möglichkeit – Frau Boll überprüft das gerade. Der Tote könnte auch ein Student sein, Bekannter von Florentine Ausammas, der lange nicht mehr gesehen wurde.«

»Was für ein Bekannter? Was soll der mit alldem hier zu tun haben?«

Willenbacher zuckte die Achseln. »Er war immerhin mal mit der Ausammas zusammen.«

»Der hat sie«, sagte Dr. Leonhardt düster, »im Wald verscharrt, unter einem Zementhaufen. Dass wir sie auseinander reißen müssen!«

»Das ist wahrscheinlich das Letzte, was der Mörder wollte«, erwiderte Willenbacher unvorsichtigerweise.

»Willenbacher!«, ranzte Dr. Leonhardt. »Wer ist dieser Student?«

»Der junge Mann heißt Lino Mattheis. Sonst ist alles noch ziemlich unklar, ich sage ja, es wird überprüft.«

»Und den Kußler lassen wir so lange laufen?! Bis er sich Gott weiß wohin abgesetzt hat? Wenn wir den jetzt nicht schnappen, ist er weg!«

Willenbacher fasste sich ein Herz. »Aber das ist vielleicht gar nicht seine Frau.«

Dr. Leonhardt funkelte ihn an und wandte sich an Härting. »Ich telefoniere sofort mit dem Staatsanwalt. Wir haben die Aussagen von Valeries Verwandtschaft. Wir wissen, dass der Mann angefangen hat, Geld auszugeben, nachdem Valerie zurückkommen sollte, es aber nicht tat, und vor allem«, hier wandte er sich aufgebracht an Willenbacher, der inzwischen sein Telefon ans Ohr hielt, »ist der Punkt doch folgender: Dass wir dies Grab aufmachen, weiß jetzt schon die halbe Stadt, schauen Sie sich den Aufruhr dort vorn an, sogar das Fernsehen ist da! – Wir können von Glück sagen, wenn wir den Kußler überhaupt noch erwischen! *Der* wird nicht noch den Tag warten, den wir brauchen, um die arme Frau da rauszuholen! – Und wenn sie es nicht ist …«

Willenbacher und Härting tauschten Blicke.

»… dann hat er«, schloss Dr. Leonhardt, »keine achtundvierzig Stunden in Gewahrsam gesessen. So lang können wir ihn nach StPO festhalten. Das ist völlig vernünftig und im Rahmen des Legalen.«

An Willenbachers Handy meldete sich nun Bettina. »Bolle?«, sagte er so leise er konnte, um nicht noch mehr Leonhardt'schen Zorn auf sich zu laden.

»Herr Willenbacher!«, rief der Kriminalrat.

»Ist eine Leiche«, raunte Willenbacher ins Telefon und laut: »Bitte.«

»Sie kommen mit!« Dr. Leonhardt hatte sich schon abgewandt.

»In Ordnung«, antwortete Willenbacher zackig.

»Was ist denn los bei euch?«, fragte derweil Bettina durch den Äther. »Weiß man schon, wer es ist? Oder *was*? Mann oder Frau?«

»Nein«, erklärte Willenbacher leise. »Natürlich nicht. Aber wir gehen jetzt trotzdem den Kußler verhaften.«

»Wieso das denn?«

»Fluchtgefahr.«

»Willenbacher!«, herrschte Dr. Leonhardt wieder.

»Bye, Bolle«, sagte Willenbacher. »Ich muss.«

* * *

Bettina kam aus dem WG-Flur zurück, in den sie zum Telefonieren gegangen war, sie fröstelte plötzlich, als sie die Küche wieder betrat, in dieser Wohnung war es zu kühl, um sich lange drin aufzuhalten. Coressel stand schwarz vor dem Herd und hantierte mit Töpfen. »Ich koch jetzt Kaffee«, verkündete sie. »Sie mögen keine Milch, oder?«

»Doch.« Bettina erinnerte sich noch an das Gebräu vom letzten Mal. »Frau Coressel, in dem Grab, das Sie Ihren Kommilitonen vorgeführt haben, liegt wirklich eine Leiche.« Und diese Leiche, fand Bettina, trug die Coressel mit wesentlich mehr Fassung als die letzte. Bei der Eröffnung, Florentine Ausammas sei gestorben, hatte die Studentin wenigstens ihren Kaffee verschüttet. Nun füllte sie völlig ruhig den Milchtopf. Gewöhnte man sich so schnell ans Verbrechen?

»Ist es Lino?« Coressels Stimme, immerhin, hörte sich bewegt an.

»Könnte er es denn sein?« Bettina blieb vor der Studentin stehen, sah sie an, die starrte in den Milchtopf und antwortete nicht.

»Wir wissen nicht, wer es ist«, sagte Bettina ungeduldig, »der Tote ist noch nicht ganz geborgen. – Aber wir haben mit Frau von Stauff ausführlich über den Abend gesprochen, an dem Sie Ihre Vorstellung hatten. Und sie sagte, *Sie*«, Bettina trat einen Schritt auf Ella zu, »hätten die Gesellschaft erst zu dem Grab geführt.«

»Mein Projekt war dort in der Nähe.«

»Was ist Ihr Projekt?«

»Himbeersträucher.«

Bettina starrte die Studentin an. Die sah verlegen aus, es wirkte eigenartig an der streitbaren Frau.

»Ich weiß!«, knurrte Coressel. »Es klingt komisch. Deswegen hab ich ja nicht vorgestellt! Für den Sommer ging die Idee, ich hab die Sträucher im Karree gepflanzt –«

»Und das war da in der Nähe.«

»Ja.«

Bettina betrachtete die junge Frau aufmerksam. »Haben Sie mal jemand anderen dort arbeiten sehen?«

»Nein.«

»Frau Coressel, wir waren gestern Abend im Dunkeln an dieser Stelle. Und wir hätten das Grab nicht mal gesehen, wenn wir drei Schritte daneben gestanden hätten. Dass es gefunden wurde, bedeutet fast sicher, dass es entdeckt werden *sollte*. Warum, Frau Coressel?«

»Weiß ich doch nicht. – Ich habe damit nichts zu tun!« Coressel war nun richtig aufgebracht. »Das war – Moment. Wir sind da hingekommen und –« Sie hielt inne, der Zündfunke des Gasherds, den sie gerade einschalten wollte, sprang an und an und an, »es war die von Stauff selbst. Ja, *Susanna!* Wieso fragen Sie die nicht? Die mit ihrer Zitierwut! *Die* hat diesen komischen Spruch von Loos aufgesagt. *Die* hat überhaupt erst mit dem Grab angefangen, wenn Sie's genau wissen wollen!«

* * *

»Eigentlich eine geniale Idee«, sagte Dr. Leonhardt und drehte die Standheizung seines Mercedes etwas höher. »Ein Grab in einem Skulpturenpark zu verstecken, zumal wenn es so ein allgemein bekanntes Zitat gibt, worauf man im Notfall Bezug nehmen kann. Die Stelle wäre für alle Zeiten Kunst, sakrosankt gewesen, da hätte kein Gärtner jemals gegraben.«

»Und wenn doch, wäre er auf Zement gestoßen.« Willenbacher gab dem Doktor innerlich inzwischen Recht. Wenn Valerie Ötting in dem Grab war, und da bestand zumindest ein vage begründeter Verdacht, dann mussten sie Kußler *jetzt* festnehmen. Auch der Staatsanwalt war dieser Meinung gewesen, und das gab den Ausschlag.

»Man fragt sich nur, wie Kußler es geschafft hat, die Ausammas zu erstechen«, sagte Willenbacher zu Dr. Leonhardt. Sie saßen im Auto des Kriminalrats unter einer Erle vor Thomas Kußlers Haus, er war nicht da, das ganze Anwesen wirkte völlig ausgestorben, sie hatten ausgiebig geklingelt, aber sonntags war natürlich niemand im Büro. Hatte Kußler sich vielleicht tatsächlich schon abgesetzt? Dennoch konnte Willenbacher es nicht lassen, weiter an der Theorie des Kriminalrats zu rütteln. »Wir waren an dem Abend dabei, Frau Boll und ich, und wir haben die Möglichkeiten geprüft, im Prinzip war an das Modell nicht heranzukommen. Für einen der Anwesenden, meine ich.«

»Der Mann«, sagte der Doktor, die Augen auf das elegante Haus gerichtet, »ist gerissen.«

»Ja«, sagte Willenbacher. »Aber Sie wissen ja, genau unter Florentine war ein wunderbares Versteck. Der Mörder saß fast mit Sicherheit unter dem Podest, auf dem sie posierte. Und wenn das so war, dann kann er nicht draußen im Saal rumgelaufen sein.«

»So.«

»Zumal er es dann bestimmt auch für seinen größten Trumpf hält, dass er offiziell gar nicht anwesend war.«

»Hm.«

»Und das weist«, Willenbacher verschränkte die Arme, »nicht auf Thomas Kußler.«

»Da müssen Sie besser nachforschen«, erklärte Dr. Leonhardt obenhin.

»Ja«, sagte Willenbacher, ein bisschen hörte es sich an wie »jawohl«. Einen Versuch machte er noch. »Professor Sagan-Nory hat für diesen Abend kein Alibi. Er hat vor einer Woche plötzlich die Siebdruckanlage verschenkt, die vorher jahrelang unter dem Podest stand. Er hatte ein Verhältnis mit der Ausammas, und die wiederum hatte zuvor eins mit diesem Mattheis, der seit einiger Zeit verschwunden ist. Es könnte ziemlich gut sein, dass –«

»Ah«, sagte Dr. Leonhardt und öffnete seine Tür. »Willenbacher, sehen Sie, er ist noch nicht weg – das muss er sein.«

Kußler kam so schnell angebraust, dass der Kies auf der Einfahrt knirschte, er sprang aus dem Auto, einem schwarzen BMW, öffnete die hintere Tür und nahm eine Planrolle von der Rückbank. Erst als er aufblickte, entdeckte er die Polizisten, und sein Gesicht, das musste selbst Willenbacher zugeben, verfinsterte sich ahnungsvoll.

Leonhardt trat auf ihn zu, sah ihn aufmerksam und traurig an und sagte: »Thomas Kußler? – Sie wissen, weshalb wir da sind, oder?«

Er gab nichts zu, aber Willenbacher hatte auch nicht den Eindruck, dass Thomas Kußler völlig unschuldig war. Natürlich konnte man das nie an dem bloßen Verhalten des Verdächtigen ablesen, aber Kußler wehrte sich nach Willenbachers Ansicht zu wenig, er wurde nicht wütend oder ironisch, er nahm Dr. Leonhardts Anschuldigungen gefasst und ruhig entgegen und sagte eigentlich gar nichts darauf. Außer nein.

»Nein, ich habe Valerie nicht getötet«, erklärte er gerade, betrachtete die Planrolle in seiner Hand und sah dann hinauf zum Himmel, der sich ebenfalls verdüstert hatte, bald würde es wieder regnen. »Und dieses Grab habe ich schon gar nicht gemacht. Ich versichere Ihnen, dass Valerie nicht darin liegt, es sei denn, sie wäre auf einem völlig absurden Weg dorthin gelangt. Florentine habe ich auch nicht erstochen. Ich komme gern mit Ihnen, aber lassen Sie mich doch noch meine Sachen reinbringen. So viel Zeit werden Sie sicher haben.«

»Wir müssen sowieso eine Haussuchung machen«, sagte Dr. Leonhardt, immer noch in dem scheinbar bedauernden Tonfall, doch seine Augen glänzten.

»Natürlich.« Thomas Kußler zückte seinen Schlüssel, machte einen Schritt auf das Haus zu, drehte sich dann um und hielt ihn Dr. Leonhardt hin. »Wollen Sie oder soll ich?«

Diese kleine Spur Sarkasmus gefiel Willenbacher, sie gefiel sogar dem Kriminalrat. Sie sahen sich gelassen ins Gesicht, der alte Bulle und der lange gesuchte Gangster, so sah es aus. Dr. Leonhardt nahm die Schlüssel. »Die werden Sie erst mal nicht mehr brauchen.«

Kußler verschränkte die Arme und sah mit todernster Miene zu, wie Dr. Leonhardt einen Schlüssel nach dem anderen an der Haustür ausprobierte, um den richtigen zu finden. »Sie irren sich gewaltig«, bemerkte er, und es klang so wenig amüsiert, dass es schon fast wieder verdächtig war. »Wer immer in diesem Grab liegt, Valerie ist es jedenfalls nicht.«

Drinnen im Haus durchmaß der Kriminalrat mit langen Schritten die Räume, Kußler ging hinterher, er bewegte sich weich, regelmäßig, es dauerte, bis man seine Anspannung wahrnahm. Willenbacher jedoch bemerkte, dass seine Hände zitterten, als er die Planrolle auf einen der Arbeitstische in dem großen Büro legte, das sie als Erstes betreten hatten.

»Wo kommen Sie jetzt her?«, fragte der Doktor mit einem Blick auf die Rolle.

»Aus dem Büro auf der Baustelle.« Kußler sah sich suchend um.

»Das werden wir alles auseinander nehmen müssen«, sagte Dr. Leonhardt scheinheilig.

»Bitte«, Kußler machte eine wegwerfende Handbewegung, »solange Sie meine Kaffeemaschine nicht behelligen.«

Sofort richtete sich Dr. Leonhardts Aufmerksamkeit auf das chromglänzende Gerät. »Hübsch.«

»Ja, machen Sie ihr Komplimente, das mag sie.« Kußler sah Willenbacher an. »Werde ich was zum Anziehen brauchen?«

»Eine Zahnbürste und Unterwäsche zum Wechseln«, sagte der automatisch.

»Gut.« Der Architekt hatte einen Zettel genommen und schrieb etwas darauf. Er wirkte geschäftig und nicht, als rechnete er damit, länger wegzubleiben. »Ich muss es Ihnen noch mal sagen: Ihre Vorwürfe sind nicht haltbar. Ich bin nicht schuldig, das wird sich sehr bald herausstellen. Ich komme trotzdem mit, aber ich möchte, dass Sie sich in diesem Haus anständig benehmen. Ich will, dass meine Möbel heil bleiben, das sind Antiquitäten.« Sein Blick streifte das schwarze Ölgemälde an der Wand. »Meine Kunstwerke und Bilder würde ich ebenfalls gern unversehrt wiedersehen. Vor allem aber meine Arbeit –«, er hielt inne und klebte den Zettel auf die Planrolle, »sollte nicht zerstört werden. Also wenn Sie hier alles durchsuchen, dann denken Sie bitte dran, dass ich sowohl unschuldig bin als auch kooperativ war.«

Dr. Leonhardt winkte Kußler zu sich und sah auf die Planrolle. *Nur rollen* stand auf dem Zettel.

»Möchten Sie reinsehen?«, fragte der Architekt und hielt dem Doktor die Pläne hin, seine Hand zitterte immer noch.

Leonhardt schüttelte den Kopf, wahrscheinlich dachte er an seine Nummer mit dem Schlüssel. »Das machen die Kollegen, die sollen sich einen Überblick verschaffen.«

Kußler stellte die Pläne in einen großen hohen Drahtkorb, auf dem *Eingang/Kopieren* stand.

»Herr Kußler«, sagte Dr. Leonhardt, es klang fast wie eine vorbereitete Rede, »wir haben Sie lange beobachtet, und jetzt haben Sie Ihren Fehler gemacht. Sie haben versucht, eine Leiche als studentische Arbeit zu tarnen, das war raffiniert, aber nicht raffiniert genug.«

Kußler betrachtete Dr. Leonhardt konzentriert. »Sie handeln ziemlich eigenmächtig, nicht? Sie haben nichts gegen mich in der Hand. Können Sie gar nicht haben.«

»Jetzt werden Sie aber nervös, Kußler.«

Das konnte Willenbacher nun gar nicht sehen.

»Sie machen Fehler, Herr Kußler. Eben gerade schon wieder. – Sie wollen, dass diese Pläne kopiert werden?«

Der Architekt blickte völlig verständnislos. »Was?«

Dr. Leonhardt wies auf den Drahtkorb mit den Plänen. »Wieso stellen Sie die dann in den Eingang?«

Kußler holte tief Luft, zwang sich sichtlich zur Ruhe, sah jetzt zum ersten Mal genervt aus. »Sie haben Recht«, sagte er mit nicht mehr unterdrückter Ironie in der Stimme. »Da haben Sie mich voll erwischt.« Er zerrte die Pläne aus dem Korb und warf sie in den, auf dem *Ausgang* stand. »Möchten Sie, dass ich sonst noch etwas aufräume?«

»Lassen Sie nur«, sagte Dr. Leonhardt befriedigt. »Das erledigen wir schon.«

* * *

Die Räume, in denen sich das Lautringer Ermittlungsteam traf, befanden sich in einem braun verkleideten, ungesund aussehenden Gebäude an einem Platz, der diese Bezeichnung eigentlich nicht verdiente, es war eher die unübersichtliche Kreuzung mehrerer stark befahrener Straßen, um die herum ein paar Geschäfte mit vom Verkehr grau angeschmutzten Fassaden überlebten. Nur dem Polizeigebäude sah man den Dreck nicht an, es war dank der scheußlichen Platten außen ohnehin finster. Von innen wirkte es ein bisschen freundlicher, Hochbetrieb herrschte nicht gerade, als Bettina eintraf, aber unten in der Anzeigenaufnahme liefen ein paar Uniformierte herum, ziemlich entspannt, und es gab viele Pflanzen, die jemand wirklich zu lieben schien. Oben im dritten Stock dann traf sie auf Willenbacher, der neben einem älteren grauhaarigen Polizisten saß, Strack, so wurde er ihr vorgestellt. Die beiden blickten in Ausammas' Laptop.

»Und?«, fragte Bettina.

»Kußler ist hier«, verkündete Willenbacher und drehte sich zu ihr. »Ich hab ihn mit Dr. Leonhardt abgeholt. Sie sind drei Zimmer weiter, er, Härting und der Kriminalrat, und sein Anwalt. Aber er sagt nix.«

»Hm«, machte Bettina. »Ist er einfach mitgekommen?«

»Folgsam wie ein Lamm.« Willenbacher wandte sich wieder dem Bildschirm zu.

»Was macht er für einen Eindruck?«

»Schwer zu sagen«, antwortete Willenbacher über die Schulter. Dann warf er einen abschätzenden Blick auf Strack und senkte etwas die Stimme. »Ich glaube nicht, dass wir da seine Frau gefunden haben.«

»Hm.«

»Die Frage ist doch auch, was er mit dem Mädchen wollte.« Der Kollege Strack hatte ein rotes, gesundes Gesicht und etwas schüttere, zu lange Haare, die er altmodisch quer über den Kopf gekämmt hatte. »Die Todesfälle hängen zusammen, davon zumindest sollte man ausgehen, oder?«

Sie sahen sich an. Bettina und Willenbacher nickten gleichzeitig.

»Tja«, sagte Bettina, »vielleicht prügeln die Herren Kriminaler ja Hergang und Motiv für den Mord an dem Modell aus ihm raus. – Was macht Ausammas' Verwandtschaft? Hat man da schon jemanden erreicht?«

Strack schüttelte den Kopf. »Wir haben noch keinen estnischen Dolmetscher bekommen. Morgen, frühestens.«

Bettina ging einen Schritt auf den Tisch zu, an dem die Männer saßen. »Und was sagt der Computer?«

»Sie hatte hier in Lautringen eine Freundin, Irina, an die hat sie Mails geschickt. Nix Besonderes, so: Weißt du, wann Professor Neunmalklug seine Vorlesung über modernes Wohnen hält, und was lernst du für die Statikklausur.«

»Mit der müssen wir trotzdem reden. Nichts an die Familie?«

»Nein.«

»Ein Tagebuch?«

Strack schüttelte den Kopf. »Ein paar Spiele, ganz einfache, Tetris und so Zeug. Dann Sachen wie der *freundin*-Newsletter. Und ein Programm, mit dem man Frisuren an seinem eigenen Foto ausprobieren kann. Make-up-Tipps. – Ah.« Strack klickte mit der Maus herum. »Und natürlich das.«

Der Bildschirm wurde rosa, darauf erschien das Bild einer schreiend goldhaarigen Barbie. »Das große Barbie-Schönheits-programm für Mädchen ab zwölf«, sagte Strack kopfschüttelnd.

Bettina starrte entgeistert den Computer an.

»Was war denn nun bei Ella Coressel?«, fragte Willenbacher dazwischen. »Hast du was rausgekriegt?«

Sie konnte sich kaum von dem rosa Bildschirm losreißen. Mädchen ab zwölf. Florentine war ein Mädchen ab zwölf gewesen, einfach, rosa, auf tragische Weise völlig überschätzt von ihrem überintellektuellen Freund, der nicht ganz dicht und wahrscheinlich gefährlich war, egal ob er nun der Mörder war oder nicht.

»Bolle!«

»Ja. – Ella Coressel sagt, dass nicht sie, sondern Susanna von Stauff die Gesellschaft auf das Grab aufmerksam gemacht hat. Die Stauff hat auch spontan diesen Spruch aufgesagt, den sie uns gestern in ihrem Haus gezeigt hat.« Bettina setzte sich auf den Tisch neben das Laptop, so konnte sie das Rosa ignorieren und die Männer ansehen. »Das ist überhaupt ein interessanter Punkt: Sollte das Grab gefunden werden oder nicht?«

»Nein«, sagte Strack sofort. »Wieso sollte sich jemand die Mühe machen, eine Leiche zu verstecken – und es ist ein kluges Versteck! –, um sie dann absichtlich finden zu lassen?«

Bettina wickelte ihre Haare zu einem Knoten und steckte sie in den Kragen. »Das klingt unlogisch, da haben Sie völlig Recht, aber wir haben es mit Künstlern zu tun. Vielleicht wollte da jemand, wie soll ich sagen –«

»Inszenieren«, half Willenbacher.

Bettina machte eine zustimmende Geste. »Denken Sie an den Mord an dem Modell. Das war nicht klug, sondern rotzfrech! Dieser Täter hat nicht nur eine Frau umgebracht, sondern es fünfzig Leuten einschließlich zweier Polizisten mal so richtig gezeigt. Und vielleicht«, sie verschränkte die Arme, »war das eben doch sein eigentliches Anliegen.«

»Sieht ein bisschen danach aus«, gab Strack zu.

»Es gefällt mir zwar nicht«, das sagte Bettina zu Willenbacher, »wenn der Silberstein Recht hat, aber zwei solche Nummern sind dann doch auffällig. Das Grab ist ja im Grunde genauso eine Darbietung, wenn auch weniger Aufsehen erregend.«

»Vielleicht hat der Mörder da noch geübt«, schlug Willenbacher vor.

»Nehmen wir an, er wollte wirklich, dass wir die Leiche finden.« Bettina sprang von ihrem Platz wieder runter und begann auf und ab zu gehen. »In dem Fall ist der Schuldige derjenige, der das Grab an die Öffentlichkeit gebracht hat.«

»Der das Zitat aufgesagt hat«, setzte Willenbacher hinzu.

»Susanna von Stauff.«

Strack sah die beiden an. »Ich dachte, die war am Tatabend in der Werkstatt.«

»Wie hat Dr. Leonhardt es so schön formuliert?«, sagte Willenbacher. »Da müssen wir *besser nachforschen.*«

»Oder einfach«, sagte Bettina, »noch mal mit ihr reden.«

»Aber Kußlers Frau wird sie nicht umgebracht haben«, gab Strack zu bedenken.

»Nein.« Bettina blieb stehen. »Und selbst wenn unser anderer Kandidat, der Herr Mattheis, in diesem Grab liegt, hat sie kein erkennbares Motiv.« Sie seufzte. »Für beide Morde. – Das gibt's doch nicht, wir müssen das doch lösen können!«

»Soll ich den Silberstein anrufen?«, neckte Willenbacher.

Bettina sah ihn nur an. Und sagte an Strack gewandt: »Unser Profiler.«

»Oh«, machte der mitleidig.

»Ja. – Zwei Morde sind begangen worden, das heißt, wir haben es trotz allem Klimbim außenrum vermutlich mit einer Haupt- und einer Nebentat zu tun. Logischerweise wäre der ältere Mord dann der echte und der an Florentine Ausammas vielleicht nur ein schief gelaufener Erpressungsversuch ihrerseits. Würde sogar zu ihr passen. Was bedeutet, dass der Mörder nicht unbedingt eine persönliche Beziehung zu ihr gehabt haben muss.«

»Bei dem Mord an Florentine sind alle verdächtig«, folgerte Willenbacher.

»Ja, bis wir den genauen Tathergang rekonstruieren können. Wichtiger wäre dann die Situation beim Auffinden des Grabes. Wer war da noch gleich alles dabei?«

»Von unseren Verdächtigen Kußler, Ella Coressel und die von Stauff.«

»Was hieße, der Sagan-Nory wäre raus.« Wieder sahen sie sich an. Dann seufzte Bettina. »Das nützt alles nichts, wir müssen mit den Leuten reden. – Willenbacher, du fährst jetzt nach Trier.«

»Was?«

»Ja, zu Lino Mattheis' Familie. Und findest raus, wo er ist. Irgendeine Adresse oder so müssen die doch haben. Und wenn nicht –«

»Sollen wir nicht einfach warten, bis wir wissen, ob doch die Ötting in dem Grab –?«

»Ich denke«, sagte Bettina hoheitsvoll, »wir sollten darauf vorbereitet sein, dass es ein Mann ist. Und daher, lieber Will –«

»Schon gut«, sagte der. »Schon gut, schon gut, schon gut. – Was machst du in der Zeit?«

»Ich besuche die Frau von Stauff.«

* * *

Kaum war Willenbacher jedoch nach Trier aufgebrochen und Bettina auf dem Weg runter zum Parkplatz, lief sie Dr. Leonhardt über den Weg. Er hatte wohl eine Verhörpause eingelegt und sah alt und ziemlich müde aus. »Ah, Frau Boll«, rief er, Vorbeidrücken war nicht drin, »kommen Sie mal.«

Bettina kam.

»Wir haben den Herrn Kußler festgenommen«, verkündete er.

»Ich habe es gehört.«

»Er ist verstockt.«

»Auch das –«

»Eine harte Nuss.«

»Ja.«

»Eine Frau könnte da vielleicht mehr erreichen.«

Das hatte sie doch schon mal gehört. »Dr. Leonhardt, ich habe einen wichtigen Termin mit einer Zeugin im Fall Ausammas, den sollten wir nicht vernachlässigen –«

»Glauben Sie etwa«, fragte der Kriminalrat tiefernst, »dass wir es mit zwei verschiedenen Fällen zu tun haben?«

»Nein«, knirschte Bettina.

»Also kommen Sie?«

»Und die Zeugin?«

»Bestellen Sie morgen her, ganz einfach.«

»Na schön.«

* * *

Die Beamten um Thomas Kußler machten keinen allzu frischen Eindruck mehr und sogar der Anwalt des Verdächtigen sah ziemlich geschafft aus. Kußler indessen wirkte, als hätte er nicht mal angefangen sich anzustrengen. Eine harte Nuss? Ein Unschuldiger?

»Hallo.« Bettina setzte sich auf den Stuhl ihm gegenüber, er hob den Blick ohne ein sichtbares Zeichen von Erkennen, schaute sie mit unbewegtem Gesicht an.

»Schlimme Dinge passiert in letzter Zeit«, sagte Dr. Leonhardt in Bettinas Rücken. »Sie kennen sich, nicht wahr?«

Kußler nickte knapp. Der Kriminalrat betrachtete ihn fast wohlwollend. Bettina fühlte sich wie auf einer Party, wo sie dem wichtigsten Gast vorgestellt wurde. Das gefiel ihr nicht. Wie Kußler sie ansah auch nicht. Sollte sie so »die Wahrheit« aus Kußler herausschmeicheln? Dessen Anwalt, ein Mann von Mitte dreißig mit sehr glatter Haut, saß auch am Tisch, Härting stand mit noch einem Kollegen in einer Ecke, die beiden unterhielten sich halblaut. Bettina wünschte, zumindest Dr. Leonhardt würde gehen.

»Nun«, sagte sie, »ist also Ihre Frau gefunden worden, Herr Kußler.«

Der Anwalt sprang fast vom Stuhl. »Das haben Sie eben gerade nicht! Sie haben – ich war da! – eine Hand. Nicht einmal eine komplette Leiche! Sie sind nicht berechtigt, meinen Mandanten hier zu behalten.« Schweißtropfen standen auf seiner Stirn, obgleich das Zimmer gut gelüftet war. In zehn Jahren würde er wahrscheinlich einen Herzinfarkt haben. Oder eine Kanzlei in Frankfurt. Vielleicht beides. Bettina meinte sogar, ihn schon gesehen zu haben, Glass hieß er. Dem Anzug nach war er teuer. Trotzdem beachtete Kußler seine Einwürfe gar nicht. Er saß nur da, Bettina gegenüber am Tisch, und sah sie an.

»Herr Kußler, es gibt tatsächlich nicht viel, was gegen Sie spricht.« Sie lächelte leicht, allerdings ohne eine sichtbare Reaktion bei ihm zu erzielen.

Glass jedoch freute sich. »Ganz recht.«

Dr. Leonhardt schien das alles erstaunlicherweise für einen ersten Ermittlungserfolg zu halten. Befriedigt klopfte er ihr auf die Schulter. »Ich sehe schon, Frau Boll, Sie kommen zurecht.« Damit wandte er sich zur Tür. »Trinken Sie auch einen Kaffee, Härting?«

Kaum waren die Chefs draußen, ergriff der Anwalt das Wort. Wie er Bettina einschätzte, stand ihm deutlich ins Gesicht geschrieben: naive Frau, leicht abzufertigen. »Hören Sie«, sagte er, das jugendliche Gesicht arrogant auf seine Unterlagen gerichtet, die er bereits zusammenpackte, »wir haben schon alles behandelt, was Sie fragen könnten. Den Fund des Grabs. Herrn Kußlers Frau und ihre Reise nach Indien zu den Rabari.« Er legte die Papiere in seine kostspielig aussehende Ledermappe. »Jedes einzelne Lebenszeichen von Valerie Ötting. »Er blickte auf und sah Bettina zum ersten Mal direkt an, nicht verächtlich, eher zweifelnd, fast als wunderte er sich, tatsächlich einen anderen Menschen vor sich zu haben. Geübt wischte er sich den Schweiß von der Stirn. »Ganz zu schweigen von Frau Öttings Verwandtschaft, ihrer finanziellen Situation und Herrn Kußlers Versuchen, mit dem Familienvermögen das Haus zu sanieren. Außerdem haben wir den Tod von Frau Ausammas besprochen, inklusive der Verstrickungen mit den Kunstplakaten. – Wenn Sie, Frau, äh, Boll, also etwas darüber erfahren wollen, würde ich vorschlagen, Sie sehen sich einfach die Protokolle an. Herr Kußler wird nichts mehr sagen und wünscht jetzt frei gelassen zu werden.« Damit erhob sich Glass und nahm mit Elan seine Aktenmappe vom Tisch.

Kußler blieb sitzen und schwieg. Er hatte die Lider gesenkt, als er sie gleich darauf ansah, war das Blau seiner Augen gefährlich rauchig.

»Sie wissen genau«, Bettina fing sich in dem Blick und hätte fast angefangen zu stottern, »dass wir Herrn Kußler in Gewahrsam genommen haben.« Sie lächelte den Architekten an, nicht unbedingt willentlich, aber wahrhaft von Herzen. »Er bleibt vorläufig hier.«

Auch Kußlers Mundwinkel hoben sich, wenige Millimeter nur.

»Unberechtigterweise«, schnarrte Glass von oben.

»Wenn da irgendein Formfehler vorläge«, sagte Bettina, riss sich los und sah zu dem schwitzenden Mann auf, »hätten Sie den längst gefunden. Es hat hier alles seine Ordnung, Herr Glass, dafür sorgen Sie schon.«

Der Anwalt rollte die Augen. »Dann bringen Sie ihn runter in die Zelle, äußern möchte mein Mandant sich jedenfalls nicht mehr.« Er sah auf die Uhr und schien innerlich zu fluchen. Kußlers Miene hatte etwas kaum merklich Herausforderndes bekommen.

Er will, dass ich ihn hier behalte, dachte Bettina. Er will sehen, wie ich seinen Anwalt ausboote, nur um mit ihm zusammen zu sein. Neues sagen wird er mir nicht. Kann er wahrscheinlich gar nicht. Die Versuchung, darauf einzugehen, war trotzdem groß. Sie legte die Hände auf den Tisch. »Ist das wahr, Herr Kußler? Sie möchten nichts mehr sagen?«

Er hob das Kinn, verzog seinen Mund fast arrogant. »Es ist wohl alles besprochen«, sagte er dann ein wenig zögernd.

Sie erhob sich schwungvoll. »Schön. Ist mir sehr recht, ich hab auch noch zu tun. Ich bring Sie selber runter. Einen Moment, bitte. – Moment, Herr Glass.«

Als sie den Raum verließ, blickte sie kurz in das verblüffte Gesicht Kußlers, was sie ziemlich heiter stimmte. Im Grunde war es nämlich eine Frechheit, wie sein Anwalt sie als Schließerin behandelte und Kußler selbst einfach voraussetzte, sie würde alles stehen und liegen lassen, nur um mit ihm zu flirten.

Außerdem war die Vernehmung ja noch nicht wirklich vorbei. Aber die Fragen, die Bettina interessierten, sollte Thomas Kußler ihr ohne seinen nervigen Anwalt beantworten.

Drei Zimmer weiter zog Strack gerade seine Jacke über. »Feierabend«, verkündete er fröhlich.

»Moment«, sagte Bettina. »Wo ist denn unser Dr. Leonhardt?«

»Bei mir hat er sich nicht abgemeldet«, erklärte Strack und wand sich einen Schal um.

»Also wahrscheinlich in der Cafeteria.«

»Haben wir nicht.«

»Umso besser, dann ist er bestimmt ganz draußen. Herr Kollege, wie kommt man denn bei euch zu den Gewahrsamszellen? – Ich bring den Kußler jetzt runter.«

»Rufen Sie einfach unten an, dann wird er abgeholt.«

»Nein«, sagte Bettina, »unser Gespräch ist noch nicht zu Ende.«

»Oh«, sagte Strack und zog den Schal wieder aus.

»Aber der Anwalt will heim.«

»Ja«, sagte Strack mit einem wehmütigen Blick auf die Uhr, »um die Zeit …«

»Na los, zeigen Sie mir, wo ich hin muss.«

»Soll ich nicht mitkommen?«

»Nein.«

»Und wenn er doch der Mörder ist?«

»Ich komme mit ihm klar«, sagte Bettina zuversichtlich, »Außerdem wird er das ganz sicher nicht zugeben, indem er flieht. Dazu ist Kußler zu klug.«

Strack betrachtete sie nicht sehr überzeugt. »Wenn Sie meinen. – Also kommen Sie.«

Zehn Minuten später war Bettina im Besitz eines großen Schlüsselbunds und entließ lässig den kleinen Uniformierten, der in der Zwischenzeit auf Kußler aufgepasst hatte. Dass der schwitzende, überbeschäftigte Glass längst fort war, überraschte Bettina nicht, das hatte sie fast erwartet.

Kußler saß immer noch auf seinem Stuhl. »Endlich allein«, sagte er mit einem aufregenden kleinen Flackern in der Stimme.

Sie lehnte sich an den Tisch. »Im Grunde genommen«, erklärte sie, »finde ich es ja nett, mit Ihnen zu plaudern.«

Er sah sie unergründlich an.

»Schön«, sagte sie. »Wollen wir?«

»Was?«

»Runtergehen.«

»Möchten Sie«, sagte er, »mir denn gar keine Handschellen oder so etwas anlegen?«

»Halten Sie das für notwendig?«

Er lächelte schmal und sah sie plötzlich klar und blau und sehr herausfordernd an. »Was tun Sie jetzt, Frau Boll, wenn ich der Mörder bin?«

Bettina hob das Kinn. »Sie wären dumm, wenn Sie fliehen würden. Und erst recht, wenn Sie mir etwas täten.«

»Das stimmt nur bedingt«, wiedersprach er mit samtiger Stimme. »Wenn nun wirklich meine Frau in dem Grab liegt?

Wenn ich auf genau so eine Situation wie diese hier gehofft und gewartet habe? Wenn ich Ihnen –«

»Was?«

Er stand plötzlich. »Ja, was könnte ich Ihnen tun, Frau Boll?«

»Nichts«, sagte sie, langsam gefiel ihr die Situation nicht mehr.

»Sind Sie sicher?«

Das bedrohliche Gefühl schwand so schnell, wie es gekommen war. Er flirtet, dachte Bettina. Er ist gut darin.

»Was, wenn ich einfach gehe?«

»Halte ich Sie auf.« Sie maßen sich mit Blicken.

Er sah als Erster weg, ernst, plötzlich fast müde. »Sie bringen mich jetzt in eine Zelle?«

»Ganz recht.« Bettina tastete nach ihren Zigaretten. »Es sei denn, Sie möchten mir noch etwas erzählen.«

»Was denn zum Beispiel?«

»Wo Ihre Frau ist?«

Seine Lippen wurden schmal. Dann stand er auf. »Wo ist diese Zelle?«

Bis zum Ende des Gangs liefen sie schweigend, niemand begegnete ihnen. Bettina führte ihn am Aufzug vorbei Richtung Treppenhaus. Laufen dauerte länger. »Sagen Sie mal«, fragte sie in beiläufigem Ton, »kennen Sie eigentlich eine Studentin, die Ella Coressel heißt?«

»Ja.«

Sie lief einen Schritt hinter ihm, in Griffnähe. Dass er fliehen würde, glaubte sie zwar immer noch nicht, aber ganz ausschließen, da gab sie Strack nun doch Recht, konnte man so etwas nie. Wenn er ihr entwischte, würde sie enorm dumm dastehen. Denn sie hatte so ziemlich alle elementaren Vorsichtsregeln missachtet. Er war nicht gebunden, sie war allein mit ihm unterwegs und wahrscheinlich schwächer als er, sie hielt ihn nicht fest, sie hatte keine Waffe.

»Ich hab sie heute Morgen eingestellt.«

Der Satz kam so unerwartet und trocken, dass Bettina stehen blieb. »Bitte?«

Er ging zwei Schritte weiter, merkte, dass sie nicht mehr an seiner Seite war und hielt auch an. »Was ist?«

»Sie haben sie *heute Morgen* eingestellt? An einem Sonntag?«

»Sie hat sich bei mir beworben.«

Sie standen sich an der Tür zum Treppenhaus gegenüber. »Herr Kußler, langsam sind Sie mir nicht mehr geheuer. Wie sind Sie ausgerechnet heute an Ella Coressel geraten?«

»Ich betreibe ein Architekturbüro. Es läuft gut, ich brauche Angestellte. Ella ist meine Studentin, und sie ist begabt. Sie wird bei mir als Hiwi arbeiten.«

»Aber an einem Sonntag?«

Kußler lächelte. »Sonntag ist für mich der Tag, an dem ich alles mache, wozu es in der Woche zu hektisch ist.«

»Leute einstellen?«

»Sie arbeiten schließlich auch gerade. Oder sind Sie aus privaten Gründen hier?« Sein Blick war einen Moment richtig frech.

Bettina schüttelte den Kopf, öffnete die Tür zum Treppenhaus und schob ihn hindurch. »Frau Coressel hat Sie und Ihre Korrekturgesellschaft vor drei Tagen zu dem Grab geführt, nicht?«

»Ja.« Er schritt über die Schwelle.

»Sie haben geglaubt, dass Frau Coressel das Grab gemacht hat, oder? Frau von Stauff hat uns das erzählt.«

»Das stimmt.«

»Und glauben Sie es jetzt immer noch?«

Nun blieb Kußler stehen. Bettina prallte fast gegen ihn.

»Dass Ella das Grab gemacht hat?«, fragte er.

Bettina sah ihm gerade in die Augen, sie stand so nah, dass sie sein Aftershave riechen konnte, altmodisch, ein bisschen nach Seife. Und auch etwas verschwitzt war er, klar, heute hatte er einen langen, aufregenden Tag gehabt. Sie alle.

»Ja. Glauben Sie es?«

»Wie könnte ich das jetzt noch?«, sagte er ernst. »Natürlich nicht. Dann wäre sie ja … Ich hab Ella vorhin eingestellt. Ich finde sie«, er senkte den Blick, »sympathisch.«

»Es gibt eine Menge sympathische Mörder«, sagte Bettina schroff und ging auf die Treppe zu, er folgte. »Die Frage ist ein-

298

fach: Was *genau* ist passiert? Die Details. Erstens mal war es dunkel. Frau Coressel hat Sie zwar in die Richtung geführt. Aber sie ist halb blind, es ist glaubwürdig, dass sie ihr Werk in dem Gestrüpp dort einfach nicht gefunden hat. Und hat sie sich hingestellt und gesagt, hallo Leute, schaut mal was da ist?«

»Nein.«

»Ja, das war jemand anderes. Wer? Wer sagte: Seht her? – Sie waren dabei. Sagen Sie es.«

»Susanna«, antwortete Kußler langsam. »Es war Susanna.«

Bettina hob die Rechte. »Frau Coressels Worte. – Und Frau von Stauff hat sogar, soviel wir wissen, diesen Spruch von Loos aufgesagt.«

Sie blieben wieder stehen. Kußler schüttelte den Kopf. »Aber Susanna«, sagte er schwach, »ist eine Katze. Die kann im Dunkeln sehen. Und sie liebt ihre Loos-Zitate. – Wahrscheinlich war sie von uns allen die Einzige, die den Grabhügel auch im Dunkeln entdecken konnte. Sie geht jagen, wissen Sie. Susanna ist es gewöhnt, nachts im Wald herumzulaufen.«

Sie sahen sich an. Bettina fühlte sich müde. Wenn das stimmte, war wieder alles offen.

Unten vor dem Flur zu den Gewahrsamszellen erwartete sie ein ziemlich mürrischer Kollege, der sie einließ und Bettina anranzte: »Und denken Sie bitte an den Gürtel und die Schnürsenkel, Fräulein!« Wahrscheinlich hatte der Mann auch längst Feierabend. Sie klimperte als Antwort mit ihrem Schlüsselbund. Er knurrte und verschwand.

»Nettes Arbeitsklima ist das bei der Polizei«, spöttelte Kußler, jetzt leicht nervös.

»Und was glauben Sie, wie nett erst die anderen Häftlinge sind«, antwortete Bettina. Der Architekt schrak tatsächlich etwas zurück. »Keine Sorge«, fügte sie an und öffnete eine Tür, hinter der grelles Licht brannte. »Sie sind hier ganz allein. Und es gibt sowieso nur Einzelzellen.«

Der fensterlose Raum war wohl nicht ganz das, was Kußler sonst gewohnt war, er wirkte blass. »Schick«, sagte er niedergeschlagen. »Minimales Wohnen. Ein wichtiges Thema für unsere Studenten.«

»Das Sie nun die nächsten«, Bettina sah auf die Uhr, »na, sagen wir mal, vierundzwanzig Stunden vor Ort studieren können. Aber vielleicht kriegen wir Sie früher raus. – Tja, wo alles ist, sehen Sie ja selbst.« Sie wies auf den gekachelten Wandvorsprung, auf dem ein hölzerner Rost stand. Eine einsame Decke lag darauf. In einer Ecke war ein Loch, das als Klo diente, ein Waschbecken gab es auch, sonst war der Raum leer.

»Rauchen ist verboten«, sagte Bettina, holte ihre Zigaretten hervor und hielt sie ihm hin, »es sei denn, Sie haben was dabei.«

Er schüttelte den Kopf und betastete die Decke.

Bettina genehmigte sich selbst eine und sah den attraktiven Mann an, den sie gleich um seine Schnürsenkel bitten musste, zumindest diese Vorschrift konnte sie nicht umgehen. Das Leben, dachte sie und sog den Rauch ein, meinte es nicht gut mit ihr. Endlich lernte sie mal jemanden kennen, der ihr gefiel, dann war es gleich ein mutmaßlicher Gattenmörder. Das war so klassisch, typisch ihr Glück bei Männern, ein unlösbares Dilemma: Falls unschuldig, war er verheiratet. Und nicht nur das, gleich am Abend ihres Kennenlernens musste ein Mord passieren. Nun stand sie ihm in einer Zelle gegenüber. Unser erstes Date, dachte sie. »Die werden regelmäßig gereinigt«, sagte sie etwas unglücklich. »Wöchentlich.«

Er sah wieder erschreckt aus.

Sie schüttelte den Kopf. »War nur –«

»Lassen Sie doch diese blöden Witze!«, fuhr er sie ganz unvermutet an.

Sie nahm es nicht übel. Er wirkte mitgenommen. Vielleicht lag es an dem ungesunden Licht. Wieder hielt sie ihm ihre Schachtel hin. »Kommen Sie, zur Beruhigung.«

Zögernd nahm er sich eine Zigarette. »Danke.«

Bettina reichte ihm das Feuerzeug, setzte sich auf die Pritsche und klopfte darauf. »Geht doch, für eine Nacht.« Hoffentlich, dachte sie, ist das kein Nichtraucher, den ich nun auf dem Gewissen habe. Aber etwas anderes Tröstliches war ihr nicht eingefallen. Er hielt seine Zigarette etwas zittrig und setzte sich neben sie. Bettina sah ihn von der Seite an, er war ein bisschen zusammengesunken. Vor zehn Minuten hatte sie ihm noch fast geglaubt, dass er der Mörder war! War das die Wirkung des einschüchternden Raums auf den sensiblen Architekten?

»Wo«, sagte sie leise und freundlich, »ist denn nun Ihre Frau, Herr Kußler?«

»In Indien«, antwortete er ganz automatisch.

»Wo genau?«

Er fuhr sich mit der Linken übers Gesicht. »Ich weiß es nicht.« Dann sah er sie an, bittend. »Sie glauben es nicht, oder? Dass ich es war?«

Bettina seufzte. »Wichtig ist, was der Staatsanwalt glaubt. Und der hat ganz eindeutig –«

Er winkte ab. »Ist gut.«

Sie sah auf ihre Hände. »Herr Kußler, macht es Ihnen und Ihrer Frau denn gar nichts aus, drei Jahre lang völlig von einander getrennt zu leben? Telefonieren Sie nie? Schreiben sich E-Mails? Briefe?«

»Sie hat ja angerufen!«, fuhr Kußler auf.

»Wann?«

»Vor einem halben Jahr.«

»Und genau?«

»Herrgott, ich weiß es nicht mehr!«

»Was hat sie gesagt?«

»Dass sie noch ein bisschen länger bleibt.«

»In Indien?«

»Ja.«

»Sonst nichts?«

»Die Verbindung war sehr schlecht. Wir haben kaum zwei Minuten gesprochen.«

Bettina sah ihn von der Seite an. »Ein Telefonat im halben Jahr«, fragte sie sanft, »ist das nicht – ein bisschen wenig?

Er blickte herüber. Allerdings, sagten seine Augen, es sah traurig aus. »Ich wusste von Anfang an, dass sie eine Globetrotterin ist. Wir führen so etwas wie eine Zweckehe.«

»Wirklich?«

»Ja.« Er sah sie tiefblau an.

Bettina zog sich ein wenig zurück, paffte an ihrer Zigarette. »Wie haben Sie sich kennen gelernt?«

Sie saß so erstaunlich nah, unbefangen, rauchend, interessiert – *sexy*.

»Sie wollen sicher die lange Fassung«, sagte er, »mit allen schmutzigen Details.«

»Genau.« Die Kommissarin lehnte sich zurück. Das grelle Licht stand ihr, machte ihre durchscheinende Haut weißer, die langen Haare matter und dunkler rot. »Ich habe Valerie auf einer ihrer Lesungen kennen gelernt.« Er lächelte, beim Gedanken an diesen Abend musste er das immer. »Sie hat eine ganz miserable Lesung hingelegt. Es war richtig schlecht.«

Die Kommissarin erwiderte das Lächeln nicht, aber sie sah ihn aufmerksam an.

»Sie hatte eine Buchvorstellung. In dem Werk ging es um die Yanomami-Indianer. – Es war«, nun zog er zum ersten Mal an der Zigarette, »drüben in Neustadt in einer Buchhandlung mit einem lateinischen Namen, genau weiß ich ihn nicht mehr, doch: Quod Libet.« Der ungewohnte Rauch brannte heiß in seiner Lunge. »Es war großer Andrang und Valerie ein Nervenbündel. Noch bevor es losging, schimpfte sie offen, weil das Mikrofon nicht so hielt, wie sie das wollte, und dann hat sie sich praktisch sofort mit einer älteren Dame angelegt, die was an den Fruchtbarkeitsriten der Yanomami zu beanstanden hatte.« Er musste grinsen, trotz seines klaustrophobisch unheimlichen Gefühls hier in der Zelle, das nicht einmal die Boll ganz vertreiben konnte. »Anschließend hat sie sich ständig verlesen, und zum Schluss hat sie ihr Buch zugeklappt, erklärt, dass sie heute nicht signiert, und ist aufgestanden. Im Hinterzimmer hat sie dann noch den Typen von der Presse beleidigt, das konnte man am nächsten Tag in der Zeitung lesen.« Jetzt sah er auf dem Gesicht der Kommissarin ein kleines Lächeln. Er rauchte zügig, die scheußlichen weißen Fliesen schienen ihn anzufeixen. Er schüttelte den Kopf. »Ich weiß heute gar nicht mehr, wieso mir das so imponiert hat, es war auf jeden Fall alles ziemlich komisch.«

Boll schien das nur bedingt zu finden, sah ihn aber warm und grüngolden an. »Was haben Sie getan?«, fragte sie.

»Ich hab an der Tür auf sie gewartet. Sie ist ziemlich gut aussehend, und – es war auch eine Art Mutprobe, hinzugehen und darum zu bitten, dass sie mir das Buch doch unterschreibt, wissen Sie? Ich war, glaube ich, der Einzige, der an diesem Abend überhaupt eins gekauft hat. Die Buchhändler haben sich fast mit Handschlag bei mir bedankt, denen war das alles ungeheuer peinlich.«

»Wieso war sie denn so ärgerlich?«

»Damals dachte ich, dass Lesen vor Publikum – es war allerdings noch ein gutmütiges Publikum! – sie vielleicht nervös macht. Das stimmt auch, wie ich jetzt weiß, war aber nicht der einzige Grund.« Er sah die Zigarette an, er hatte sie bis zum Stummel aufgeraucht. »Ich hätte nie gedacht, dass sie mehr sagt zu mir sagt als ›Scheren Sie sich zum Teufel‹.«

»Und was hat sie gesagt?«

»Selbstverständlich, gern, geben Sie her.« Thomas merkte, dass er lächelte. »Die Buchhändler waren dermaßen aufgeregt, die merkten gar nicht, dass eigentlich sie Valerie noch pflichtschuldig zum Essen eingeladen hatten, aber ich es war, der dann allein mit ihr ausgegangen ist.«

Boll hatte sich weiter auf die Pritsche zurückgezogen, versteckte ihr Gesicht hinter etwas Rauch.

»Im Lauf des Abends hab ich dann entdeckt, dass Valerie überhaupt nicht bewusst war, *wie* grantig sie gewesen ist. Sie hat eine, na, selektive Selbstwahrnehmung. Auf Bedrohung reagiert sie spontan mit Angriffslust, so direkt, dass sie es kaum merkt.« Er verschränkte die Arme. »Im Dschungel wahrscheinlich eine ganz nützliche Reaktion.«

»Und was war die Bedrohung?«, fragte die Kommissarin. Sie hatte sich etwas vorgebeugt und wirkte gespannter.

»Sie hatte Ärger mit einem aufdringlichen Fan«, sagte er.

Bettina nahm eine weitere Zigarette aus der Schachtel und hielt sie Kußler schwesterlich hin. »Was für Ärger?«, fragte sie, während sie ihr Feuerzeug anknipste und seine zuerst anbrannte.

Er zog, das Ende glomm dunkelorange auf. »Er hat Val aufdringliche Briefe geschrieben. Vor meiner Zeit allerdings, sobald ich auf der Bildfläche erschienen war, hörte das auf. Val sagte, zuerst fand sie es nett, dass er ihre Bücher so genau gelesen hat. Er analysierte sie, war aufmerksam, das wird ihr geschmeichelt haben. Aber dann ist es wohl irgendwie gekippt. Die Briefe müssen am Ende ziemlich bedrohlich gewesen sein.«

»Inwiefern bedrohlich?«

»Er wusste ein paar Details aus ihrem Leben. Die hat er weiter ausphantasiert, und zwar erstaunlich treffsicher.«

»Wie hat er das gemacht?«

»Ich habe nie einen von den Briefen gesehen. Aber zum Beispiel war ihm natürlich Valeries Adresse bekannt, dann meinetwegen, dass sie gern ausschläft und zum Frühstück am liebsten frische Brötchen isst. Aus solchen Informationen hat er dann gefolgert, dass sie morgens gegen elf in einer bestimmten Bäckerei anzutreffen ist. Und er muss ziemlich oft Recht gehabt haben. Valerie hat nie zugegeben, dass er sie beunruhigt, sie hat die Briefe immer zerrissen, sagt sie, und – ich meine, sie kam gerade von den Yanomami! Die sind weiß Gott kriegerisch. Aber dieser Schreiberling war so eine ekelhafte schleichende Bedrohung. Außerdem musste sie immer annehmen, er wäre bei den Lesungen, und es gibt nichts auf der Welt, was Valerie nervöser macht als Sprechen vor anderen Menschen.«

»Woher wusste er denn die Details?«

»Aus Valeries Büchern, nehme ich zumindest an. Sie bringt viel Persönliches. Keine Intimitäten, aber ihr Alltagsleben eben. Sie schreibt ganz offen darüber. Was sie gern isst, was sie anzieht, welche Männer sie mag, welche Bilder sie kaufen würde, was sie im Bett trägt, was sie gegen Grippe tut und so weiter, das steht da alles unverfälscht drin. Er muss es irrtümlich als Einladung an sich verstanden haben.«

»Kennen Sie den Namen des Briefschreibers?«

»Moment, warten Sie, ich erinnere mich daran – ja: *Löwenherz*. Ein Pseudonym, nehmen wir an.«

»Klingt ganz so.« Bettina runzelte die Stirn. »Hat er sich jemals gezeigt?«

»Nein. Obwohl er vielleicht an diesem Abend da war und Valerie und mich zusammen gesehen hat. Seitdem hat er sich jedenfalls nie wieder gemeldet.«

»Sie waren Ihr Retter.«

»Ja. Ich glaube, ich habe ihn ganz unabsichtlich einfach aus dem Feld geschlagen. Wir haben einen Monat nach dieser Lesung geheiratet und das stand ziemlich groß in der Zeitung.« Er sah traurig aus.

»Hm«, machte Bettina. »Woher wusste Ihre Frau eigentlich, dass nicht *Sie* derjenige welcher waren? Dass Sie an der Tür gewartet haben und der Einzige waren, der ein Buch gekauft hat, muss sie doch nachdenklich gestimmt haben.«

»Ich war es aber nicht«, sagte Kußler und sah Bettina ruhig an. Sie lächelte ganz leicht. »Und woran hat Ihre Frau das gemerkt?«

»Sie hat mir einfach geglaubt.«

»Sympathisch«, sagte Bettina etwas melancholisch. »*Löwenherz.* – Haben Sie eine Idee, wer er gewesen sein könnte?«

Kußler schüttelte den Kopf. Er hielt die Zigarette von sich fort und runzelte die Stirn.

»Gibt es noch einen dieser Briefe?«

»Nein«, antwortete Kußler und blickte sie ernst an. »Vielleicht war es ja ein Polizist? Sie bei der Polizei leben von den Details, nicht? – Genau wie wir Architekten. Wissen Sie, wie man bei uns sagt?«

Bettina blickte über ihren Rauch in die tiefblauen Augen. »Nein.«

»Ohne Detailkenntnis bleibt man ein schlechter Liebhaber.«

Schlagartig war ihr wieder bewusst, wie nah er war, wie gut er roch, aber auch, dass sie hier allein mit ihm, dem Verdächtigen, in einer Zelle saß, wo sie nichts verloren hatte. *Löwenherz.* Sie stand auf. »Herr Kußler, sagen Sie mal, der Dr. Leonhardt, kam der Ihnen irgendwie bekannt vor? Haben Sie ihn vorher schon mal gesehen?«

Er überlegte. »Nein.«

»Wissen Sie das ganz genau?«

Er hob die Achseln. »Wieso –?«

»Das kann ich Ihnen jetzt nicht erklären. Sie haben nichts dagegen, wenn ich mal in Ihr Haus gehe und in Frau Öttings Schränken wühle? Nach einem dieser Briefe?«

»Die gibt es nicht mehr.«

»Vielleicht hat sie einen vergessen.«

Kußler schüttelte langsam den Kopf. »Ihre Kollegen sind doch sowieso gerade da. Da läuft eine komplette Haussuchung.«

Bettina starrte ihn an. »Wie hat der das denn durchgekriegt?!«

Er blickte verständnislos.

Sie rang die Hände. »Hat Ihr fixer Anwalt denn nichts dagegen gehabt?«

»Nein, wieso?«

Bettina schüttelte den Kopf. Was sie gerade tat, war völlig unmöglich, sie konnte dem Verdächtigen nicht erzählen, was für Fehler die Kollegen machten. Ihr Chef, besser gesagt. Der Chef ihres Chefs. Sie tat es trotzdem.

»Also, Sie hier wegen Fluchtgefahr festhalten ist eine Sache. Aber einen Durchsuchungsbeschluss für Ihr Haus kann der Leonhardt beim Stand der Dinge im Grunde gar nicht kriegen, da hat er irgendwo noch ein Blankoformular in der Schublade liegen gehabt. Oder der Staatsanwalt –«, sie brach ab, das ging jetzt doch zu weit. »Ich fahre jetzt in Ihr Haus«, sagte sie entschieden.

»Oh, gut«, bemerkte er lakonisch. »Im Kühlschrank steht noch eine halbe Flasche Chardonnay. *Sie,* Frau Boll, dürfen ihn haben. Trinken Sie auf mein Wohl, bitte, ich kann es brauchen.«

Sie lächelte ihm zu. »Gern, falls ich noch einen Brief finde, und das vor –« Wieder brach sie ab.

»Oh«, machte er da. »Ich hab eine Idee, wo noch einer sein könnte, allerdings ein netter, einer von den ersten.«

»Hauptsache von Löwenherz.«

306

»Schauen Sie doch mal in einem von den alten Fanpost-Ordnern, die stehen hinter Valeries Schreibtisch auf dem Regal, ganz leicht zu finden.«

»Wird gemacht.« Bettina schenkte dem Mann ein etwas nervöses, vielleicht zu strahlendes Lächeln. »Schön, Herr Kußler, würden Sie dann freundlicherweise Ihren Gürtel ablegen?«

»Was?!«

»Und Ihre Schnürsenkel. Das ist Vorschrift, damit Sie sich nicht aufhängen, sobald ich draußen bin.«

* * *

Linos Familie residierte in einem biederen Stadthaus aus der Gründerzeit. Passend zum Wochentag wirkte es sonntäglich, vielleicht wegen der malerisch angegammelten Töpfchen mit herbstlichen Blattarrangements auf sämtlichen Fensterbänken. Hinter einem angerosteten Gartentörchen wies eine Schiefertafel darauf hin, dass besagte Töpfe nebst anderen hübschen Dingen wochentags von dreizehn bis achtzehn Uhr auch käuflich zu erwerben waren. Willenbacher drückte die Klinke, die Pforte öffnete sich willig, er folgte einem Weg hinters Haus, wo ein rustikal aufgemotzter Schuppen der Kundschaft harrte. Rundherum stapelten sich künstlich gealterte Tontöpfe, eiserne Engelchen mit dunkler Patina, Rosenkugeln, nur rote, ein Fest an Ornament. An die ganze Pracht grenzte ein alter Stadtgarten hinter kniehoher Mauer, nur Wiese mit einem hübschen Birnbaum darin, der verlieh dem Geschäft etwas Würde. Eine Frau mit einem Besen stand unter dem Baum.

»Hallo«, rief Willenbacher. »Sind Sie Frau Mattheis?«

Das war sie. Mit etwas hochmütiger Miene kam sie näher, ihr Gesicht war glatt und sehr schön, gebräunt, ungeschminkt, edel, sie trug ihre langen blonden Haare im Zopf, einen roten Strickpulli und aufgekrempelte Jeans und passte zu den Rosenkugeln. Wieso sie allerdings auf einer Wiese einen Besen trug, war Willenbacher unersichtlich, zumal der aus Reisig und wahrscheinlich völlig unbrauchbar war. »Wir haben sonntags geschlossen«, teilte sie Willenbacher mit und stützte sich auf den Stiel. »Vielleicht kommen Sie am Montag wieder.«

»Nein«, sagte Willenbacher, »ich möchte jetzt mit Ihnen sprechen, wenn's recht ist. Ich bin von der Kripo Ludwigshafen. Und ich suche Ihren Sohn Lino.«

Mattheis trat einen Schritt zurück und sagte scharf: »Nein, Brentano!«

Willenbacher sah sich nach einem Hund um und entdeckte einen dreijährigen Jungen, der sich hinter einem etwas zerzausten Strohballen versteckt hatte.

»Lass das Stroh drin, bitte! – Mein Enkel«, fügte sie an Willenbacher gewandt hinzu. »Was ist denn mit Lino?«

»Das«, sagte Willenbacher, »wüsste ich gern von Ihnen.«

* * *

Bettina stand etwas benommen auf dem Gang hinter dem öffentlichen Bereich des Geschäftszimmers der Wache. Neben ihr wucherte ein riesiger, unglaublich gesunder Ficus Benjamini, vor ihr befand sich die doppelte Glastür, durch die man bis nach draußen blicken konnte. Es war schon wieder dämmrig und die nass geregnete Straße glänzte im Licht der Laternen. Dunkle, geduckte Gestalten eilten im Niederschlag vorüber. Bettina rieb sich den Magen. Sie hatte bis auf ein paar Kekse aus der Kaffeebar noch nichts gegessen und müsste eigentlich riesigen Hunger haben, spürte ihn auch irgendwo in den Tiefen ihres Magens. Doch momentan hatte sie gar keine Lust, sich darum zu kümmern. Ihre Gedanken waren bei dem Mann, den sie gerade in seiner Zelle zurückgelassen hatte.

Da lösten sich zwei Gestalten aus dem grauen Regeneinerlei draußen und kamen herein, einer leutselig die Tür öffnend, im dunklen Mantel, der andere eher mürrisch, doch das war Kriminalhauptkommissar Härting, wusste Bettina, von Natur aus, das musste nichts mit dem Wetter zu tun haben. Der andere, Dr. Leonhardt, gestikulierte fröhlich, sie kamen direkt auf sie zu. Dann öffnete der Kriminalrat auch die Glastür vor ihr, ließ

Härting wieder vorgehen und sagte dabei völlig zuversichtlich und heiter: »… seine Frau ausgegraben haben, morgen also, dann werden wir ihn drankriegen, Härting, dann nehmen wir beide ihn uns noch mal vor.«

Und in dem Moment schoss Bettina ganz plötzlich die Frage durch den Kopf, was wäre, wenn in dem unglückseligen Grab, entgegen allem, was sie glaubte, *doch* die Frau von Thomas Kußler lag …?

»Ah«, machte da die muntere Stimme des Doktors, »unsere Frau Boll. – Verhörpause?«

»Das Verhör ist zu Ende«, erklärte Bettina fest.

»Oh?« Dr. Leonhardt war überrascht.

»Die interessanten Punkte haben wir alle durch.« Stirnrunzelnd musterte sie den Kriminalrat. Seine grauen Augen glänzten, ein bisschen blass war er, aber seine sportliche Figur ließ ihn frisch wirken. Härting neben ihm sah ziemlich ältlich aus, und der war bestimmt ein Stück jünger.

»Sie haben also Fortschritte gemacht?« Unsere Frau Boll, sagte sein wohlwollender Blick. »Ist er schon ein bisschen weicher geworden?«

Und warum, dachte Bettina in weiterer blitzartiger Erkenntnis, hat er *mich* auf Thomas Kußler angesetzt? Wegen meines Rufs als kompetente Ermittlerin? Oder vielleicht doch wegen meiner roten Haare? *(Kaufen Sie sich einen Rock!)* Damit er jemanden hatte, den er im Notfall leicht für unzurechnungsfähig erklären konnte?

»Er hat sich gefragt«, versetzte sie, »vielmehr, Herr Glass hat das, wie Sie so schnell an den Durchsuchungsbeschluss gekommen sind. Kußler hat sich darüber aufgeregt, dass wir sein Haus auseinander nehmen. Und ein bisschen habe ich mich da, ehrlich gesagt, auch gewundert, denn von einer Durchsuchung war mir überhaupt nichts bekannt –«

Dr. Leonhardt blickte Bettina interessiert an. »Wie kommt der Glass darauf, dass wir einen Untersuchungsbeschluss haben?«

Bettina verschränkte die Arme. »Wird das Haus von Kußler nicht untersucht?«

»Doch.« Dr. Leonhardt lächelte. »Er hat mir persönlich den Schlüssel in die Hand gegeben.«

»Das können Sie nicht machen!«, rief Bettina. »Sie wissen genau, dass er das nie –«

»Regen Sie sich nicht auf, morgen haben wir den Untersuchungsbeschluss.« Er lächelte Bettina jovial zu, seine grauen Augen glänzten noch immer.

Morgen, dachte Bettina alarmiert, wenn klar war, wer in dem Grab lag. »Gut, wenn wir schon durchsuchen, werde ich jetzt rausfahren zu Kußlers Haus, mir ein Bild machen.«

»Ja, das ist gut, tun Sie das, Frau Boll!« Dr. Leonhardt lächelte ihr zu. »Versuchen Sie, ein Gefühl für den Mann zu kriegen.«

»Hab ich«, sagte Bettina. »Äh. – Werd ich.« Und machte, dass sie davonkam.

* * *

Brentano war ein kleines Ekel, der hatte sofort heraus, dass Willenbacher kein willkommener Gast war und hemmungslos gepiesackt werden durfte. Er besaß ein Holzschwert, ein richtig schönes, aus warmem Holz, oval geschliffen, glänzend geölt, aber hart. Mit einem herzhaften *En garde!* schlug er es dem Polizisten gegen das Knie.

Willenbacher unterdrückte einen Schmerzenslaut.

Oma Mattheis lächelte wohlwollend. »Sie haben jetzt Französisch im Kindergarten«, sagte sie stolz. »Und schon hat das Kind überhaupt keine Angst mehr vor Fremden.«

Was aber vielleicht nicht mal dumm wäre, dachte Willenbacher. Wenn er allein mit dem Kleinen wäre … Brentano setzte zu einem neuen Hieb an, Willenbacher schob seine Rachefantasien beiseite und erhob sich rasch aus dem Sessel, bevor seine Kniescheibe irreparable Schäden davontrug. Das Zimmer, in das ihn die blondbezopfte Frau mit dem roten Pulli geführt hatte, war eigentlich kein günstiger Ort für ein Kind mit einem Holzschwert, es standen zu viele alte Porzellanschüsselchen und Vasen und anderes mühevoll arrangiertes Zeug herum, doch das war wahrscheinlich im ganzen Haus so, und irgendwo musste der kleine Französischschüler ja sein neu erworbenes Wissen anwenden.

»Also wann«, fragte Willenbacher schnell, stehend war er wenigstens beweglicher, »haben Sie Ihren Sohn Lino denn nun zum letzten Mal gesprochen?«

Diese Frage beherrschte seit etwa einer halben Stunde das Gespräch, oder lag vielmehr als leises Grundthema unter den eigentlichen Geschehnissen, deren Held Brentano war. Frau Mattheis zu Konzentration zu zwingen war eine Aufgabe, an der sicher schon ganz andere Männer gescheitert waren. Sie hatte sich Mühe gegeben, hatte ihren Kalender geholt, sich mithilfe blumiger Erinnerungsfetzen in die Vergangenheit zurückzuversetzen gesucht, und doch: Lino Mattheis' letzter Anruf konnte auf höchstens plusminus einen Monat um Mitte Juni herum eingegrenzt werden. Nun blätterte sie wieder nachdenklich in dem schwarz gebundenen Buch und sagte: »Ja, da am dritten, da habe ich der Elsie ein paar Pinienkerntörtchen vorbeigebracht, das weiß ich noch.«

»Was hat er denn gesagt?«, fragte Willenbacher, passte einen Moment nicht auf und bekam prompt das Schwert gegen die Wade. »Au!«

»Brentano!«, sagte Mattheis zerstreut und zupfte an ihrem roten Pullover herum, wahrscheinlich war es ihr hier drin damit zu warm. »Er hat sich verabschiedet, eben. Seine Oma hatte ihm Geld gegeben, für den Sommer. Und Lino ist sehr aufgeschlossen, wissen Sie. Der hat schon die ganze Welt bereist.« Nun sah sie den kleinen Jungen an, der sich mit ausgestrecktem Schwert im Kreis drehte, gefährlich nah an einem Tischchen mit silbern gerahmten Fotografien vorbei.

»Wo wollte er denn hin?«

»Ja, Kapstadt eben.« Frau Mattheis musterte Willenbacher streng, das erwähnte ich bereits, sagte ihr Ton.

»Nein, ich meine, seine Adresse. Hat er Ihnen keine Nachsendeadresse hinterlassen?«

»Herr im Himmel, Brentano!« Das Kind hatte begonnen, mit

dem Schwert einen Stuhl seiner weißblau gestreiften Husse zu
entkleiden, ein bisschen hatte es was von einem Striptease, auf
Seiten des Stuhls natürlich nur. Brentano war der junge Genießer,
der mit der Degenspitze nachhalf, wenn es irgendwo hakte.
»Lass das bleiben.« Der Stuhl wurde wieder züchtig verhüllt,
Frau Mattheis sah anschließend etwas irritiert aus. »Was war die
Frage?«

»Frau Mattheis«, sagte Willenbacher, dem es reichte, »es ist
wirklich gut, dass Sie sich vorerst keine Sorgen um Ihren Sohn
machen. Das ist eine sehr vernünftige Haltung.«

Mattheis sah auf, ihr Gesicht war nun etwas selbstmitleidig.
»Wissen Sie, wann ich mir das letzte Mal Sorgen um Lino gemacht
habe? Als er fünfzehn war. Da war er drei Wochen verschwunden – an den Genfer See. Mal sehen wie's da ist. Geschmack hatte
er schon immer, aber ich hab mir geschworen, dass ich ihn nicht
mehr suchen gehe. Wissen Sie, was er damals zu mir gesagt hat?
›Hallo Mama, ihr habt aber lang gebraucht, um mich zu finden.‹
In den nächsten Sommerferien ist er nach Schweden getrampt, da
hat er morgens seinen Rucksack gepackt, ist gekommen und hat
gesagt: ›Du Mama, ich fahr jetzt in den Norden.‹ Was soll man
da noch tun? Hätte ich ihn festbinden sollen? Ihm die Polizei
hinterherschicken?«

»Und wo ist er jetzt?«, fragte Willenbacher scharf, das musste
doch herauszukriegen sein.

»Bald ist Weihnachten«, sagte die Frau etwas zynisch, »da hat
er noch nie gefehlt. – Kommen Sie doch in einem Monat noch
mal wieder, da wird er hier sitzen und sich mit Makronen voll
stopfen.«

»Gibt es jemanden, der es genauer wissen könnte?«

»Die Jungs aus seiner WG.«

»Die haben wir schon gefragt.«

»Dann tut es mir Leid. – Nein, Brentano!«

Willenbacher wollte gar nicht sehen, was der Junge jetzt schon
wieder angestellt hatte. »Mir würde es auch Leid tun«, sagte
er, »falls es Ihr Sohn ist, dessen Leiche wir auf dem Campus
der Lautringer Uni entdeckt haben.« Das war unsensibel, aber

Willenbachers Geduld war erschöpft. Und Brentano, der auf einem Sofa herumgehüpft war, erhielt die Quittung dafür: Statt einfach heruntergenommen zu werden, bekam er eine Ohrfeige, es pfiff kurz, dann schrie das Kind. »In dein Zimmer«, sagte Frau Mattheis kalt. »Sofort.« Sie schritt zur Tür und rief: »Sarah! Brentano kommt jetzt zu Ihnen!«

Erstaunlicherweise ging der Kleine tatsächlich, schreiend, aber folgsam. Er knallte die Tür hinter sich zu, das Schwert vergaß er.

»Was haben Sie da eben gesagt?« Frau Mattheis sank auf das Sofa. »Wiederholen Sie das bitte.«

»Es tut mit Leid«, log Willenbacher, »dass ich Sie jetzt vielleicht unnötig beunruhige. Aber wir haben heute bei der Lautringer Universität eine Leiche gefunden, die noch nicht identifiziert werden konnte. Sie haben wahrscheinlich keinen Grund zur Sorge, wir würden nur eben gerne wissen, wo sich Ihr Sohn momentan aufhält. Gibt es vielleicht eine Mailadresse, unter der man ihn zumindest übers Internet erreichen kann?

Mattheis schüttelte ihren schönen Kopf. »Ich kenne mich mit diesem Zeug nicht aus.«

»Vielleicht Ihr Mann? Oder – Ihr Sohn hat noch Geschwister, oder?«

Die Frau mit dem roten Pulli zeigte auf eine Stelle hinter Willenbacher. »Da ist das Telefon, wären Sie so gut …«

* * *

Lino Mattheis' Mutter hatte sich ihres roten Gartenpullis entledigt, von Sarah, einer kompakten dunkelhaarigen Frau, Tee bringen lassen und ein weiteres Familienmitglied, ihren ersten Sohn Konstantin, einen Architekten, an ihre Seite bestellt. Er war ein etwas kräftiger Mittdreißiger, der seiner schönen Mutter nicht sehr ähnlich sah, in dem mit zierlichen Dingen vollgestellten Raum sehr dominant wirkte und sofort das Gespräch übernommen hatte.

»Mein feiner Bruder«, sagte er gerade stirnrunzelnd, »war schon immer ein richtiges Früchtchen. Und sobald wir ihm hier endlich den Hahn zudrehen, wird er sich die Haare grün färben und sich mit einer Bierdose auf die Straße zum Betteln setzen. Oder Banken ausrauben. Wenn's um Geld geht, ist der völlig hemmungslos.«

»Also Konny«, mahnte die Mutter undeutlich hinter ihrer Teetasse hervor. »Sei nicht so unfreundlich. Lino kann eine Menge.«

»Er nimmt gern Geld an«, sagte Konstantin Mattheis, »das kann er.«

Auch er wusste nichts über den Verbleib seines Bruders, so viel hatte Willenbacher schon herausbekommen. In gewisser Weise konnte der Obermeister Lino verstehen: Diesem missgünstigen Typen hätte er auch keine Adresse hinterlassen, der war ein Grund zum Verreisen. Konstantin Mattheis wusste allerdings eine Menge über den Charakter seines Bruders, und daher blieb Willenbacher noch ein bisschen.

»Wir haben ihm ein Haus gekauft«, sagte der kräftige Architekt böse, »eine Villa. Er kriegt jeden Sommer von unserer Omi Gott weiß was für seine Reisen.« Aufgebracht hob er die Linke. »Er ist im sechzehnten Semester!« Nun wandte er sich direkt an seine Mutter: »Weißt du, wie lange die Regelstudienzeit für Architektur ist?«

»Zehn Semester. – Konny, man muss von der Welt was sehen, immer an der Arbeit kleben ist auch nichts.«

»Arbeit«, versetzte der Architekt, »von wegen. Weißt du noch, damals, seine Idee, Profisurfer zu werden?« Er blickte Willenbacher kurz an. »Mein Bruder studiert seit acht Jahren Architektur, vorher war es Anglistik, und davor wollte er Masseur werden.«

»Das ist doch schon Jahre her«, sagte die Mutter aus dem Hintergrund.

»– Glauben Sie, der hätte mal einen Fuß ins Büro gesetzt? Der weiß *nichts* über das, was er macht. Der wird mal bös auf die Nase fallen, wenn er wirklich versucht, als Architekt zu arbeiten.«

»Ach komm.« Frau Mattheis richtete sich in ihrem Sessel etwas auf, sie hielt immer noch höchst dekorativ ihre geblümte Teetasse in der Hand. »Das ist nicht der richtige Zeitpunkt, Konny, um eifersüchtig zu sein. Ich meine, der Herr – Inspektor – hat immerhin eine Leiche ausgegraben, wenn das, ich meine –«

»Unkraut«, sagte Konstantin Mattheis obenhin, »vergeht nicht.« Damit nahm er sich seine eigene Tasse von einem Tablettchen mit Geschirr und Besteck und Keksen und Rosen und trank einen kräftigen Schluck. Das Geschirr war viel zu niedlich für den großen, energischen Mann, andererseits benutzte er es so routiniert, als habe er selbst Zuckerzängchen und Milchkännchen und Zitronendrückerchen und all die verschnörkelten Henkel ausgesucht.

»Sie können sich überhaupt nicht mehr daran erinnern, was Ihr Bruder Lino in diesem Telefongespräch im Sommer zu Ihnen gesagt hat?«, fragte Willenbacher ohne viel Hoffnung zum ungefähr zehnten Mal.

»Er wollte unseren Anwalt sprechen«, sagte Frau Mattheis völlig unerwartet.

»Den Liebermann?«, fragte Konstantin Mattheis, von seinem Tee aufsehend.

»Ihren Anwalt?«, warf Willenbacher rasch dazwischen. »Wieso?«

»Ja, genau den.« Frau Mattheis stellte nachdenklich ihre Tasse auf das Tablett und zog die Beine an, aus ihren Schuhen war sie herausgeschlüpft. »Lino wollte seine Nummer.«

»Hast du sie ihm gegeben?«

»Wieso wollte er einen Anwalt sprechen?«, fragte Willenbacher alarmiert.

Frau Mattheis sah ihn etwas irritiert an und antwortete dann ihrem Sohn. »Ich habe ihm gesagt, er soll erst mit seinem Vater sprechen.«

»Worüber?«, fragte Willenbacher.

Der Architekt blickte ihn genervt an. »Worüber?«, echote er.

»Ich weiß nicht mehr, er war aufgeregt, ich kriege es nicht mehr zusammen. Es war etwas mit einer Heirat. – Oder waren es Gräber? Ein Friedhof?«

»Er wollte heiraten«, sagte Konstantin Mattheis und sank in seinem Sessel zurück, es wirkte etwas merkwürdig, als sei er auf von der Allgemeinheit nicht tolerierte Weise am Liebesleben seines Bruders beteiligt.

»Nein.« Da war sich Frau Mattheis sicher. »Das hätte ich herausgehört. Es ging um ein Projekt.«

»Er wollte Geld«, sagte Konstantin Mattheis.

Nun wandte sich Frau Mattheis tatsächlich an Willenbacher. »Leider«, sagte sie, »dachte ich das wirklich. Konny hat nicht ganz Unrecht, Lino verkleidet das nur immer so nett. Aufträge, die in Aussicht stehen, Streitereien mit Freunden, die seine Ideen klauen – es ist immer das Gleiche.«

Konstantin Mattheis schnaubte durch die Nase. »Seine Ideen klauen, dass ich nicht lache. – Kannst du dich noch an diesen Wettbewerb mit dem Kiosk erinnern?«

»Also das«, versetzte Frau Mattheis streng, »interessiert den Inspektor bestimmt nicht.«

»Was ist denn passiert?«, fragte Willenbacher prompt.

»Lino wollte für unser Büro einen Wettbewerbsentwurf machen – das war seine eigene Idee, übrigens!«

»Er wollte Initiative zeigen«, erklärte die Mutter. »Das, was du und dein Vater ihm immer absprecht.«

»Ja, eigene Initiative! Aber wenn man schon während der Arbeit Streit mit seinem Ghostwriter bekommt ...«

»Konny!«

»Er hat sich das von einem Kommilitonen machen lassen. Wir haben ihm dann nicht mehr erlaubt, sich für das Büro an Wettbewerben zu beteiligen.«

»Und deswegen brauchst du dich auch nicht zu beschweren, dass er nicht mitarbeitet.«

Die beiden starrten sich an, die Einrichtung dieses Hauses, dachte Willenbacher, stand in krassem Gegensatz zum Umgangston. »Was hat er denn über das Projekt gesagt?«, fragte er. »Ihr Sohn Lino. Was hat er gesagt?«

Frau Mattheis blickte ihn kurz an. »Das weiß ich beim besten Willen nicht mehr.«

»Wieso wollte er den Anwalt sprechen?«

»Er hat sich aufgeregt, irgendwas mit seinen Kommilitonen.«

»Das hat er doch ständig«, sagte Konstantin Mattheis.

»Das stimmt nun nicht«, widersprach die Mutter und betrachtete versonnen die gestickten Rosen auf ihren dicken handgestrickten Wollstrümpfen. »Gar nicht. Der Streithammel in der Familie bist du, Konstantin.«

»Nein!«, sagte der Mann streitlustig.

»Aber sicher!«

Willenbacher dachte an Brentano, den kleinen Krieger mit dem Holzschwert. Die ganze Familie, fand er, hatte etwas Reizbares. Langsam und von den streitenden Mattheis völlig ignoriert erhob er sich, stellte seine kaum berührte Tasse mit dem guten, aber in dieser Gesellschaft ungenießbaren Tee auf eines der kleinen Tischchen und ging einfach aus dem Zimmer. Ein aufgebrachtes »Nein, Konny!« geleitete ihn zur Tür. Sanft schloss er sie hinter sich, wobei er draußen im Flur fast einen weiteren Tisch mit Nippes umgestoßen hätte. Dann herrschte wohltuende Ruhe.

Warum Lino Mattheis so gerne reiste, war Willenbacher inzwischen völlig klar.

* * *

Kußlers Haus war hell erleuchtet, ein weißes Schiff in einem gründunklen, dämmrigen Garten, über dem Wald ringsum lag schon die Nacht. Zwei Autos aus dem Lautringer Polizeifuhrpark standen direkt vor der Eingangstür des Gebäudes. Bettina klingelte. Es dauerte eine Weile, bis geöffnet wurde, den Beamten, dem sie schließlich gegenüberstand, kannte sie nicht.

»Der Herr Kußler ist nicht da.« Der Kollege musterte sie aufmerksam, fast anerkennend, er hielt sie, dachte Bettina, für Kußlers Freundin.

»Boll vom K 11«, sagte sie und reichte dem Mann die Hand.

Er begann zu lächeln. »Wiesinger. Freut mich.« Er war groß und jung und wahrscheinlich nett, seine Haare waren kurz rasiert und seine Augen standen weit auseinander.

»Ich muss mal kurz das Haus ansehen, um mir ein Bild zu machen.«

»Ja, klar.« Wiesinger trat einen Schritt zurück und ließ sie ein.
»Es ist schön. Und ziemlich groß.«

Bettina trat durch einen niedrigen Garderobenbereich in eine
Halle. Die war hoch, lang, in der Mitte gab es, etwas dramatisch,
eine dreistufige Treppe zum Herunterschreiten. Die Wände waren
weiß, an der linken hing, klein im Vergleich zur Wand, ein
Gemälde aus schwarzen, creme- und rosafarbenen Strichen, das
von Weitem aussah wie ein zerborstenes Herz. Sie trat näher, es
wurde schöner, die Striche hatten es ihr angetan, nach Herz allerdings sah es jetzt nicht mehr aus. Es löste sich bei genauem Hin-
sehen einfach in die einzelnen Striche auf, genau wie die Muster
in diesem merkwürdigen Fall, dachte Bettina.

Sie wandte sich ab. Auf der gegenüberliegenden Seite war eine
Tür. »Das Büro«, erklärte Wiesinger. »Da vorn ist dann eine Art
Wintergarten und noch ein kleiner Salon, Speisezimmer, würde
ich sagen, und ein großes Archiv mit Planrollen und Modellen
drin. Den versteckten Gang dort links runter sind Toiletten und
Küche. Und oben Schlafzimmer und Terrasse.«

»Haben Sie schon was Interessantes gefunden?«

Wiesinger zuckte die Achseln. »Na, wir sind auf seine Finanzen und die persönlichen Papiere von Valerie Ötting angesetzt.«

»Und?«

»Es gibt jede Menge Unterlagen. Kußler geht's gut, jede Menge
Kredit, aber das war vor anderthalb Jahren noch anders. Der
Auftrag für den Friedhof kam ihm enorm gelegen. Wir müssen
natürlich noch mit den Leuten von der Bank reden.«

»Also hatte Frau Ötting gar nicht so viel Geld?«

Wiesinger schüttelte den Kopf. »Ihr Vermögen ist langsam zur
Neige gegangen. Gut, sie hat noch das Haus gehabt, aber davon
kann man nicht leben, das ist eher ein Kostenfaktor. Ein großer
sogar.« Er blickte nach oben in die schöne hohe Halle. »Die
Hütte ist fast neunzig Jahre alt. Sie müssten allein mal die Rechnungen für die Dachreparaturen sehen. Und in der letzten Zeit
ist das Geld tatsächlich fast ausschließlich ins Haus gesteckt worden. Da haben wir alle Rechnungen. Vorher wurde einfach abge-
hoben oder irgendwie ins Ausland transferiert, ohne Belege über

den Verbleib, das ist eine ganz andere Handschrift, das muss die Ötting gewesen sein. Ihr Mann hat dann Ordnung hineingebracht. Nur, viel ist nicht mehr da. Er hat zwar verdient, aber längst nicht das, was die beiden ausgegeben haben.«

»Hat sie ein Testament hinterlassen?«

»Nein.«

»Er erbt also das Haus und den Rest des Geldes, falls sie für tot erklärt wird.«

Wiesinger hob die Hände. »Er verfügt sowieso schon darüber. Es ist unauffällig gemacht, aber ganz so, wie Dr. Leonhardt vermutet: Vor anderthalb Jahren hat sie aufgehört, Geld auszugeben, und er hat damit angefangen.«

Bettina blickte wieder auf das Gemälde mit den schönen Strichen. Von hier aus gesehen war es ein Herz, eindeutig. »Gibt es denn nicht mal kleine Bewegungen auf ihren Konten? Die man als Lebenszeichen von ihr werten könnte? Vielleicht sitzt sie ja irgendwo auf einer Insel fest, wo noch der Tauschhandel mit Naturalien herrscht.«

»Ich denke nein, aber ganz durch sind wir natürlich nicht.«

»Hm.« Bettina sah zur Treppe. »Ich schau mir gleich mal die persönlichen Räume oben an.«

»In Ordnung.« Wiesinger rührte sich nicht vom Fleck. »Wenn Sie Hilfe brauchen oder so –«

»Nein, ist schon gut.«

»Ich bin dann im Büro bei den Kollegen.«

»Okay.«

»Also wenn Sie Kaffee wollen, da gibt es wirklich guten –«

»Nein, danke.«

Wiesinger wandte sich ab.

»Ach, Herr Wiesinger?«

»Ja?«

»War Dr. Leonhardt heute Nachmittag noch mal hier?«

»Ja.«

»Was hat er gemacht?«

»Sich die Schlafzimmer angesehen.«

Tatsächlich hatte Bettina das Gleiche vor. So weit weg, dachte sie fast erschrocken, als sie einen Stock höher durch den stillen Flur schritt, bin ich von dem Leonhardt gar nicht. Eine Polizistin halt. Sie sah sich um. Alle Türen standen offen, alle Lichter brannten, aber die Kollegen schienen unten zu sein. Aufmerksam blickte sie in die Räume. Da war Thomas Kußlers Schlafzimmer. Das musste es sein. Etwas zögernd trat sie ein.

Der Raum war nicht groß, aber irgendwie luftig, das Wort drängte sich ihr sofort auf, vielleicht lag das an den neunzig Jahre alten Fenstern. Jedenfalls aber wirkte das Zimmer bewohnt und, ja, aufregend, etwas unterkühlt nüchtern, aber mit einem bequem aussehenden Bett und großem Bücherregal, und Bücher im Schlafzimmer, das war sexy. Auf dem Nachttisch lag aufgeschlagen Jean-Philippe Toussaint, *Fernsehen*. Über dem Bett war ein Bord, auf dem noch mehr Bücher lagen und Bilder standen, in dunklen Farben. Auf einem Sessel ein weißes Hemd und eine rote Krawatte. Einen Kleiderschrank gab es nicht, aber eine Tür an der Schmalseite, die in eine kleine begehbare Garderobe führte. Bettina trat ein und sah sich ein wenig verschämt um, die Durchsuchung dieses Raums stand nun wirklich nicht auf ihrem Programm, aber es war zu verlockend, allein der saubere Geruch war verführerisch. Zaudernd berührte sie einen Stapel Hemden, es knisterte, sie waren mit Papier zusammengelegt. Irgendwie war es schon merkwürdig, diese seidenen Hemden, farbigen Krawatten und Anzüge aus festem, dunklem Tuch hätten sie nie auf Thomas Kußler schließen lassen. Zehn Jahre älter, affektiert, gutes Verhältnis zur Mutter, so hätte sie den Besitzer dieser Sachen eingeschätzt. Oder aber, überlegte sie dann, als einen völlig kompromisslosen Typen. Denn hier gab es nichts, was nicht neu war und zu den anderen Klamotten passte, keine alten Lieblingspullis, kein angefetzter Morgenmantel, kein Fach mit Abi-T-Shirt und enger Lederhose und den Fehlkäufen, die zu gut zum Weggeben waren. Das Bild des geschockten Kußler in seiner Zelle schob sich ihr vor Augen. *Minimales Wohnen.* Auf eine blasierte Weise war es das hier auch.

Sie verließ den Ankleideraum, setzte sich in einen Sessel, wahrscheinlich wieder irgend so ein Designerstück, bequem jedenfalls, und stellte sich vor, Kußler käme herein, lockerte seinen Schlips, würfe irgendetwas, eine Tasche, auf den Stuhl, öffnete die Tür zur Terrasse, hielte einen – ja, was? – Chardonnay in der Hand. Dann dächte er über den Tag nach.

Hatte er drei Menschen getötet? Bettina ließ ihren Blick durch den schönen, hohen Raum schweifen. Dann seufzte sie. Wenn sie hier sitzen blieb, würde sie es nie erfahren.

Valerie Öttings Zimmer war ebenfalls leicht zu erkennen, es war riesig, voller Papier: Manuskripte, Bücher und lose Blätter stapelten sich auf dem riesigen Schreibtisch und in den Regalen. Ötting besaß auch einen alten und ziemlich großen Computer, ihr Bett war schmal und stand fast hinter der Tür, wie eine Liege, die man sich für den Notfall im Büro aufgebaut hat. Die Sammlung von Reiseandenken, die Bettina erwartet hatte, fehlte, es gab ein paar fremdartige Gerätschaften aus Leder, die an einem Haken hingen, einen kleinen Buddha aus Jade, ein bemaltes hölzernes Ding, das nach einem Blasrohr aussah, und ein Paar pelzgefütterter Schuhe, die wahrscheinlich von jenseits des Polarkreises stammten. Sonst nichts. Nur noch etwa zehn fleddrige Ordner mit Klarsichthüllen voll altem Werbematerial für Öttings Lesungen und Bücher. Kleine Flyer, Plakate, Zeitungsausschnitte, Fotos, dazwischen die eine oder andere Illustrierte, in denen wohl Kritiken erschienen waren. Und Fanpost. Nicht unendlich viel, aber doch ein kleiner Packen pro Ordner. Das alles zu sichten würde seine Zeit dauern. Bettina sah auf die Uhr: sechs. Rasta erwartete sie sicher sehnlich.

Sie seufzte innerlich, dann stapelte sie die Ordner alle aufeinander und hob den Turm an, er wankte bedenklich, sie wäre lieber hier geblieben. Sehr viel lieber sogar. Doch lesen konnte sie auch zu Hause. Sie machte drei Schritte zur Tür, der oberste Ordner kam ins Rutschen, sie hielt ihn mit dem Kinn und rief dann, so laut und liebreizend sie das in dieser Haltung konnte: »Herr Wiesinger, kommen Sie doch mal hoch, bitte!«

* * *

Auf der Heimfahrt wurde Bettina von Willenbacher angerufen, der wissen wollte, was sich in der Sache Kußler getan hatte.

»Sitzt noch im Bau«, sagte Bettina, das Handy verbotenerweise unters Ohr geklemmt, sie befand sich wieder auf der Autobahn und überholte gerade einen BMW, diese Lautringer Dienstwagen waren vom Feinsten. »Und Mattheis' Familie?«

»Keine Adresse«, sagte Willenbacher. »Nichts. Die wissen gar nichts. Junior hat vor einem halben Jahr angerufen und wollte den Familienanwalt sprechen, das ist alles. Hat was von einem Grab erzählt.«

»Einem Grab.« Der BMW, ein schwarzer Siebener, zog erst etwas an, dann gab er klein bei. Bettina rauschte in dem Mercedes an ihm vorüber, so ein Auto hätte sie gern für immer. »Das ist merkwürdig. – Wann haben sie denn zuletzt von ihm gehört?«

»Das kann die Mutter nicht genau sagen, Anfang bis Mitte Juni, die haben sich um ihren Lino nicht groß gekümmert.«

»Freunde?«

»Hat er jede Menge, aber keine, die Mama kennt.«

»Wann wurde noch mal diese Aufgabe für die Skulpturen um den Winterturm ausgegeben?«

»Ende Mai«, antwortete Willenbacher.

»Hm. Und Florentine? Wussten die von ihr?«

»Nein.«

»Hat er irgendeine andere Freundin?«

»Die wissen gar nix, außer dass er von ihrem Geld lebte. Er war – ist, was weiß ich, ein Hallodri. Hat das Studium nicht ernst genommen, hat sich von Kameraden Arbeiten machen lassen, wollte aber wahrscheinlich schon von Vater und Bruder anerkannt werden und hat's nicht geschafft.«

»Der verlorene Sohn.«

»Ja, er steht so ein bisschen außerhalb, der Bruder ist sehr aggressiv, den Vater hab ich nicht kennen gelernt, aber ich denke mal, noch ein Architekt würde bei denen einfach nicht reinpassen. Der kleine Mattheis hat zwar versucht, da Fuß zu fassen, aber besonders klug hat er es nicht angestellt, er hat sich seine Arbeiten gekauft, zumindest behauptet der Bruder das, auch die Sachen, mit denen er dann im Büro seines Vaters landen wollte.«

»Die Brüder haben sich gemocht, wie?«

Willenbacher schnaubte. »Der Konstantin Mattheis ist wahrscheinlich richtig froh, wenn sein Bruderherz nicht mehr auftaucht. Die Mutter dagegen mag ihren Lino, glaube ich, der ist der Jüngere und gut aussehend, ich hab ein Foto gekriegt. Aber sie ist eine Chaotin, die weiß nach zehn Minuten nicht mehr, was sie gesagt hat, die hatte Schwierigkeiten, sich an das genaue Alter ihres Sohns zu erinnern.«

»Eine gute Zeugin.«

»Und wie. – Und was ist bei euch? Ist es denn nun ein Mann, da im Grab?«

»Sie sind jetzt«, sagte Bettina, die vor ihrer Abfahrt noch mal nachgefragt hatte, »bei der Schulter. Die ist breit, habe ich mir sagen lassen. Aber eindeutig bewiesen ist noch gar nichts. Nur, dass die Leiche wahrscheinlich jünger ist als anderthalb Jahre.«

»Aha.«

»Nichts aha, unter dem Zement kann die Verwesung auch langsamer vonstatten gegangen sein. Das muss alles erst genau in Mainz untersucht werden. – Und inzwischen«, das sagte Bettina zögernd, »könnte ich mir sogar vorstellen, dass es wirklich die Ötting ist, da in dem Grab.«

Willenbacher schwieg so lange, dass sie dachte, er hätte versehentlich die Verbindung getrennt.

»Will?«

»War der Herr Kußler böse zu dir?«, fragte der Kollege etwas bissig. »Ist er jetzt doch der Mörder?«

»Nein, pass auf, Will, ich habe da was rausgefunden. Die Ötting ist vor Jahren von einem Stalker verfolgt worden.«

»Und?«

»Der Kerl hat sich Löwenherz genannt.«

»Und weiter?«

»Löwenherz. Fast wie Leonhardt, nicht?«

»Ach komm.«

»Ja! Es hat aufgehört, als Kußler und sie geheiratet haben, aber der Typ hat sie vielleicht nicht vergessen.«

»Tina«, sagte Willenbacher, »was willst du damit eigentlich andeuten? Glaubst du im Ernst, der Leonhardt hätte die Ötting da in diesem Grab verscharrt?«

»Wenn ja«, sagte Bettina langsam, »dann hat er sich seinen Verdächtigen ganz spitzenmäßig aufgebaut. Dann ist der Kußler dran, aus der Falle käme er niemals raus.«

»Bolle! Meinst du vielleicht, unser Kriminalrat hat Florentine erstochen?«

»Hat er ein Alibi für den Abend?«

Willenbacher seufzte nur.

»Er ist ein erfolgreicher Polizist«, sagte Bettina. »Er weiß, wie man Details über das Leben von anderen Leuten rauskriegt. Er hat sich vielleicht jahrelang vorbereitet und das Leben vom Kußler studiert …«

»Hast du denn irgendeinen kleinen Beweis?«

»Na, erstens benimmt Leonhardt sich unmöglich, hast du gewusst, dass er gar keinen Durchsuchungsbeschluss hat? Das würde doch vor Gericht als grober Verfahrensfehler gelten! Aber da ist er wohl in Zugzwang gewesen, er hat ja noch seine Briefe aus dem Haus holen müssen.«

»Bolle!«

»Er war heute Mittag noch mal dort. Ich glaube, er hat sie gesucht, aber vielleicht nicht an der richtigen Stelle …«

»Wovon redest du?«, fragte Willenbacher misstrauisch.

»Ich habe Öttings Fanpostordner.«

»Mitgenommen?«

»Ja.«

»Wohin?«

»Ins Auto.«

»Und jetzt fährst du heim zu deinen Kindern?«

»Will –«

»Herrgott, Bolle, und du beschwerst dich über die Verfahrensfehler von anderen Leuten!« Willenbacher schwieg einen

Moment. Dann sagte er: »Und die Ausammas? Was hätte er mit der gewollt?«

Bettina schwieg, sah auf ihren Tacho und bekam einen Schreck.

»Und was hast du jetzt vor, Bolle?«

»Ich schaue mir nur diese Ordner an.«

»Wenn ich so drüber nachdenke«, erklärte Willenbacher, »ist der Leonhardt bestimmt ein ehemaliger Geliebter von der Ötting und Florentine die gemeinsame Tochter, die Möglichkeit springt ja fast ins Auge.«

»Ich habe nicht gesagt, dass er ein Mörder ist, okay? Ich meine nur, der Leonhardt –«

»Tina«, sagte Willenbachers Stimme durch den Hörer in ihr Ohr, »der Kußler ist ziemlich nett, wie? Ein gut aussehender Mann.«

»Hör mal zu, Will –!«

»Lass uns einfach warten, bis die Leiche gehoben ist, bevor wir den Herrn Kriminalrat verhaften, okay? Das ist unser Chef, Tina. – Nein, der *Chef* unseres Chefs.«

* * *

Kriminalkommissarin Bettina Boll verbrachte eine lange Nacht mit der Fanpost von Thomas Kußlers Frau. In den Ordnern waren eine Menge Bilder der Ötting, sie war, dessen wurde Bettina sich immer deutlicher bewusst, eine sehr schöne Frau: dunkelhaarig, aufrecht, energiegeladen, immer in Aktion, im Mittelpunkt, von Männern angestrahlt. Begehrenswert. Eine ungeheure Konkurrenz, mit Sicherheit, wenn es um einen Mann ging. (*»Ein gut aussehender Mann, Bolle?«*)

Wer würde eine solche Frau töten?

Die Briefe an die Autorin waren teils schwärmerisch, teils begeistert, und einige, von anderen Reisenden, lang und sachlich, es ging um Dinge wie: »Welche Schuhe brauche ich auf einem Trip in die Amazonasregion?« Zwei, drei süße Anfragen von Kindern waren auch dabei: »Gibt es noch Kannibalen?«, »Auf welcher Insel würden Sie leben wollen, wenn –?« Und etwas altkluge: »Stimmt es, dass die ägyptischen und mexikanischen Pyramiden signifikante Gemeinsamkeiten haben? Sie waren dort, was sagen Sie dazu?«

Schade, dachte Bettina zuweilen, dass Valerie Ötting die Antworten nicht dazu geheftet hatte.

Und schade, dass kein kleiner netter Brief von *Löwenherz* dabei war.

In den ganzen voll gestopften zehn Ordnern nicht.

7

Vor den Fenstern von Dr. Leonhardts Büro verdunkelte schwerer Regen den frisch angebrochenen Tag. Innen, im grauen Halbdunkel, wartete Profiler Silberstein. Wahrscheinlich hielt er sich für eine Lichtgestalt, fähig, eine normale Zimmerbeleuchtung zu ersetzen.

Bettina war ebenfalls früh dran. »Morgen«, schmetterte sie energisch, um die Müdigkeit der durchwachten Nacht zu vertreiben, und blieb in der Tür stehen, da sie keinen Lichtschalter fand.

Silberstein blickte auf und schenkte ihr ein alpenländisch souveränes Lächeln. »Grüß Gott«, sagte er gedehnt, »Frau Kollegin.«

»Finster hier, Herr Kollege. – Was macht Ihr Psychopath?«

»Wird nervös.« Silbersteins Augen glänzten. »Den haben wir bald. – Ihr Mörder macht uns mehr Sorgen.«

»So.« Sie betrat den Raum und setzte sich direkt neben Silberstein, sie wusste, dass ihm das mehr Freude bereitete als ihr, aber sei's drum. »Sie meinen Kußler?«

»Sie nicht?«, fragte Silberstein zurück. Aus der Nähe roch er nach Heu. Zünftig, dachte Bettina. Die Augen des Profilers reflektierten den Lichtstreifen aus Dr. Leonhardts Vorzimmer. »Die Aufgabe«, sagte er, »ist jedenfalls hochinteressant, normalerweise schließen wir von der Tat auf den Menschen, hier jedoch müssen wir herausbringen, wie der Verdächtige, den wir schon haben, es angestellt hat.«

»Da das aber so ein Problem ist, heißt das doch, die Tat passt wahrscheinlich gar nicht zu ihm.«

Silbersteins Blick wurde kurz aggressiv. »Nein, das heißt es mit Sicherheit nicht.«

»Haben Sie denn überhaupt schon mit Kußler gesprochen?«

Silberstein blieb die Antwort schuldig, denn plötzlich flammte das Deckenlicht auf und Dr. Leonhardt trat ein, Willenbacher und Strack vor sich herschiebend. »Guten Morgen, guten Morgen!« Der Kriminalrat wirkte frisch, er hatte mit einem Handgriff Kußlers Foto auf die Staffelei gestellt, setzte sich hin und strahlte seine Leute an. »So. Heute müssen wir rauskriegen, wie er es gemacht hat. – Ideen?«

»Sie sollten«, sagte Silberstein sofort, »diese Situation des Aktzeichnens nachstellen. Das muss neue Erkenntnisse bringen.«

Bettina starrte ihn nur an, hatte sie das nicht vor zwei Tagen vorgeschlagen?

»Eine sehr gute Idee.« Dr. Leonhardt wandte sich an sie. »Frau Boll, wollen Sie das organisieren?«

»Das hatten wir sowieso vor. Heute Abend.«

»Prima.« Dr. Leonhardt nickte. »Ich bin auch froh, dass der Herr Silberstein sich gestern Nacht mal Zeit genommen und unsere Akten studiert hat. Vielleicht ist er ja schon zu einem Ergebnis gekommen?«

Aber sicher. »Künstler.« Der Profiler sprach zu Bettina, nun sah er wieder aus wie der fesche Forstmeister, der seine junge Praktikantin unterwies. »Ganz klar, das war eine Inszenierung. Dieses Grab in einem Umfeld, wo man es sofort als Zitat aus der Architektur wahrnimmt. Und eine junge, nackte Frau, erstochen beim Posieren. Das sind ganz perfekte Bilder, die da jemand geschaffen hat. Und da steckt auch die Leidenschaft. Sehr unterdrückt, sehr ordentlich, brandgefährlich. Vielleicht ist Eifersucht dabei. Jedenfalls Lust. Die Vergewaltigung bei der Frau ist nur angedeutet mit dem Dolch, aber doch sehr präsent. Das passt auch zum Täter: der Dozent, also der Künstler, und sein Modell. Pygmalion, wenn Ihnen das was sagt. Pervertiert natürlich.«

Bettina dachte an Hartmann und was er über Pygmalion gesagt hatte. Dass Silberstein die gleiche Idee hatte, gefiel ihr nicht. Der, dachte sie, soll gefälligst bei seinen dumpfen Triebtätern bleiben. »Aber Kußler hat mit der Ausammas überhaupt keine persönlichen Beziehungen unterhalten«, widersprach sie. »Was hätte der für einen Grund zur Eifersucht?«

»Wahrscheinlich finden Sie eine Beziehung, wenn Sie mal ordentlich suchen.«

Arsch, dachte Bettina. »Herr Silberstein, Mord ist nicht erotisch.«

»Das glauben Sie nicht im Ernst, Frau Boll.«

»Wissen Sie was, Herr Silberstein, diese ganze inszenierte Erotik verstellt Ihnen den Blick. Sie denken, mit Verlaub, nicht mehr mit dem Kopf.«

Die Herren starrten Bettina an, Willenbacher, der ihr gestern Abend Ähnliches vorgeworfen hatte, rollte nur mit den Augen.

»Denken Sie denn, Herr Silberstein«, fauchte sie, »dass einer Morde begeht, nur weil sie lasziv aussehen oder was über Architektur aussagen?«

»Frau Boll. Ich versuche, mal eine gemeinsame Basis für uns zu finden.«

Die Antwort darauf verbiss sich Bettina, aber wahrscheinlich konnte man sie in ihrem Gesicht lesen.

Der Profiler lächelte unfreundlich und hob die Hände. »Die Arrangements in diesem Fall sind sorgfältig gemacht, elegant, kann man sagen. Der Täter sucht sich seine Situationen bewusst aus. Was bedeutet, dass der Wunsch, auf diese – sinnliche! – Weise zu morden, *vor* der konkreten Mordabsicht gestanden hat. Sie können Motiv und Methode in so einem Fall nicht scharf voneinander trennen. Es ist verwoben.«

Bettina sah Dr. Leonhardt an, er nickte ihr wohlwollend zu. Ja, gehen Sie aus sich raus, diskutieren Sie ruhig ein bisschen, schien sein Blick zu sagen. »Ich behaupte gar nicht, dass dieser Fall nichts mit Leidenschaft zu tun hat«, erklärte sie. »Im Gegenteil. Ich bin der Meinung, dass wir gerade das vernachlässigen.«

»Ach.« Der Doktor runzelte die Stirn.

»Es gibt interessante Paare in diesem Fall. Florentine Ausammas und Lino Mattheis, zum Beispiel. Zwei junge, schöne Menschen, wie füreinander geschaffen. Sie waren liiert. Dann verschwindet er und sie geht eine Beziehung mit einem reichen alten Kerl ein. Und wird ermordet. – Was werden wir tun, wenn es Mattheis ist, den wir nachher aus dem Grab herausholen?«

»Das ist hochgradig unwahrscheinlich«, erklärte Dr. Leonhardt lässig.

Bettina stand auf und ging zum Fenster, der Regen klatschte gegen das Glas und rann zäh die Scheibe herab. »Dann gibt es noch Thomas Kußler und diese Studentin Ella Coressel. Coressel hatte Streit mit Ausammas, wohnt in Mattheis' Haus, hat irgendwas mit unserem Grab zu tun und wurde just gestern Morgen von Kußler eingestellt, was ganz einfach eigenartig ist. Und ...«, Bettina holte tief Luft und drehte sich um, »dann wären da noch Valerie Ötting und ein Stalker, der sie vor Jahren belästigt hat. Ein Mann, der vielleicht im Stillen immer noch eifersüchtig ist.«

Willenbacher sah sie an und schüttelte langsam den Kopf, sie ignorierte es.

»Ein Mann, der sich *Löwenherz* nannte.«

Schweigen senkte sich über den Raum.

Dann sagte Dr. Leonhardt ziemlich kühl: »Wie interessant. Haben Sie da nähere Informationen?«

»Ich weiß es von Herrn Kußler.«

»Ein vertrauenswürdiger Zeuge. – Gibt es«, fragte der Kriminalrat weiter, »denn Beweise für diese Geschichte? – Briefe?«

»Woher wissen Sie, dass es um Briefe geht?«, fragte Bettina.

Kurz flackerte Dr. Leonhardts Blick, dann verschloss sich sein Gesicht völlig. »Das war eine *Frage*, Frau Boll, eine berechtigte, denke ich, arbeiten diese – Leute nicht immer mit Briefen?«

»Gewöhnlich ja«, sprang Silberstein Dr. Leonhardt bei.

»Kannten Sie Valerie Ötting persönlich, Herr Kriminalrat?«, fragte Bettina todesmutig.

Nun wurde er rot. »Ich habe nie mit ihr gesprochen«, versetzte er eisig. »Frau Boll, Sie werden jetzt diese Gegenüberstellung im Aktsaal vorbereiten, es sei denn, Sie möchten Ausammas' Obduktion überwachen?«

Bettina sah Willenbacher an, er fuhr sich mit dem Zeigefinger über die Kehle. Strack machte ein ausdrucksloses Gesicht, sogar Silberstein wirkte distanziert. »In Ordnung, Herr Kriminalrat.«

»Gut, dann fangen wir am besten sofort alle mit unserer Arbeit an.«

* * *

Der Regen hatte Ella durchweicht, sie hinterließ beim Gehen Pfützen, kleine trübe Wasserlachen auf dem kostbaren Marmorboden von Thomas' Eingangshalle. Die Polizisten hatten sie hereingelassen, sie war ja eine Angestellte. Die anderen Büroangehörigen hielten sie wahrscheinlich für eine Beamtin. Sehr aufgeregt standen sie im Büro zusammen. »Die Anne«, sagte ein schlaksiger Mann im Norwegerpullover gerade, »hat eben gekündigt.«

Vier Menschen starrten einander an, dann erklärte eine Frau in Jeans, Anne sei nicht mehr ganz richtig im Kopf, so eine Stelle aufzugeben, als fair bezahlte Architektin in einem aufstrebenden Büro. Mit einem netten Chef.

»Der vielleicht ein Mörder ist«, sagte eine andere, dunkelhaarige. »Es hat in der Zeitung gestanden.«

Ella hatte es auch gelesen. Aber Thomas war kein Mörder. Das wusste sie.

Der Mann in dem Pullover sah auf seine Uhr. »Ja, dann wird unser Sebastian wahrscheinlich auch nicht mehr kommen, wo kriegen wir denn jetzt so schnell einen neuen Praktikanten her? Ich meine, die Baustelle muss ja auch weiterlaufen –«

»Hallo«, sagte Ella und zog ihre Strickmütze ab, dass die Tropfen nur so flogen. »Ich bin Ella, der neue Hiwi.«

Allzu begeistert wurde sie nicht aufgenommen, sie war zu nass und zu fremd, um sofort eine Hilfe zu sein. Der Mann im Norwegerpulli, ein gewisser Otto, fand schließlich eine Notiz auf Thomas' Schreibtisch, die Ellas Einstellung bestätigte, und so wurde sie in eine kleine Kammer geführt, in der trockene, wenn auch nicht mehr ganz frische Klamotten hingen, »unsere Baustellengarderobe, da können Sie sich was aussuchen«. Anschließend teilte Otto ihr einen Tisch zu und stellte schwungvoll drei dicke, staubige Ordner darauf. »Das ist die Dokumentation von unserem Friedhofsentwurf, damit machen Sie sich erst mal vertraut, und dann sehen wir weiter. Später müssen Sie vielleicht ein paar Stadterledigungen machen.« Stirnrunzelnd sah er ihr neuerworbenes, fremd riechendes Holzfällerhemd an. »Können Sie überhaupt Auto fahren?«

»Ja, klar.«

Dann blätterte sie pflichtschuldig die dick gepackten Klarsichthüllen durch, da waren Fotos, Zeitungsartikel, verkleinerte Pläne,
das meiste kannte sie ohnehin. Schließlich blieb sie an der Vergrößerung einer einzelnen Fotografie hängen.

* * *

Auf der Lautringer Dienststelle herrschte Betrieb, der estnische
Dolmetscher war eingetroffen und telefonierte mit seiner melo-
dischen Stimme die Nummern aus Ausammas' Notizbuch ab,
die Mutter, so erfuhr man zwischendurch, war erschüttert, die
Gespräche waren lang und aufgeregt und traurig. Bettina hatte die
Organisation des Ortstermins mit den fünfzig Aktzeichnern schon
hinter sich, er würde heute um neunzehn Uhr stattfinden, wieder
am Abend, dachte Bettina, das geht so nicht weiter. Wenigstens
würde die süße Vanessa ihre Kinder nicht vor die Tür setzen. Hinter ihr lärmten die Kollegen, Willenbacher hing noch am Telefon,
den letzten Teilnehmer der Aktsitzung benachrichtigen.

Strack, der am Tisch direkt vor Bettina saß, tat sehr geschäftig
mit seinem Computer, schrieb aber eigentlich nur Berichte. Sie
schlenderte zu ihm. »Gibt's was Neues von dieser Irina? Der
Freundin von Frau Ausammas?«

»Kommt heute Nachmittag«, murmelte er über die Schulter.
Wahrscheinlich ärgerte er sich, dass er wegen der kurzen und
nicht gerade aufschlussreichen Szene mit Leonhardt morgens
nach Ludwigshafen gefahren war. »Ein ganz neuer Aspekt, den
Sie da vorhin gebracht haben«, sagte er ziemlich kühl.

»Ja.«

»Was haben Sie jetzt vor?« Sein Gesicht war unverwandt auf
den Bildschirm gerichtet. »Solange nicht klar ist, wer in dem
Grab liegt? In welche Richtung wollen Sie ermitteln?«

Willenbacher hatte den Hörer aufgelegt und erhob sich von
seinem Stuhl.

»Wir sehen uns die Mitbewohner und die Wohnung von Lino
Mattheis an«, sagte Bettina.

»Ach, auf einmal«, kommentierte Willenbacher.

»Was dagegen?«

»Glauben Sie«, erkundigte sich Strack, ohne aufzusehen, »dass dem Dr. Leonhardt das gefallen wird?«

Bettina starrte den Kollegen an. »Wieso?«

»Immerhin geht er davon aus, gehen *wir alle* davon aus, dass Frau Ötting in dem Grab liegt.«

»Der kann froh sein«, versetzte Bettina, »wenn es *nicht* Frau Ötting ist.«

»Scheiße, Tina.« Willenbacher packte sie hart an der Schulter und zog sie aus dem Zimmer.

»Was soll das?«, herrschte er draußen auf dem Gang. »Bist du verrückt, willst du dich mit Leonhardt anlegen?«

»Wenn es sein muss.«

»Herrgott, was bringt das denn?«, schimpfte Willenbacher. »Wenn du wenigstens so einen Brief gefunden hättest!«

»Ich habe heute Morgen nur zur Sprache gebracht, was der Kußler mir erzählt hat, soll ich das vielleicht verheimlichen? Das gehört zu den Ermittlungen dazu!«

»*Kannten Sie Ötting persönlich?*«, schnarrte Willenbacher.

»Ich habe Leonhardt nicht gefragt, ob er die Briefe geschrieben hat.«

»*Woher wissen Sie, dass es um Briefe geht?*«

»Ich wollte wissen, ob er es war«, versetzte Bettina aufgebracht. »Wie hätte ich es sonst herausbekommen sollen, ganz ohne Beweis, ohne Brief, ohne Fingerabdrücke?«

»Und, war er es?«, fragte Willenbacher ironisch.

* * *

»Wer will alles Kaffee?«

In Thomas' Büro war man nach einiger Fassungslosigkeit über die Inhaftierung des Chefs und die gleichzeitige Kündigung zweier Kollegen zu dem Schluss gekommen, dass Thomas Kußler einem vorübergehenden Justizirrtum zum Opfer gefallen war. In

Wahrheit würde wohl – Namen vermied man – ein gewisser Herr mit exaltiertem Geschmack seine junge Geliebte auf dem Altar der *Shocking Art* geopfert haben. Folglich musste er auch mit der absonderlichen Grabstätte oben an der Uni zu tun haben. Die war morgens in den Zeitungen als mysteriös und möglicherweise echt, mit anderen Worten: *belegt!* beschrieben worden. Selbst die Bildzeitung hatte sich eingeschaltet und stellte Bezüge zu dem Mord an dem armen (erotischen! nackten! willigen!) Aktmodell her, womit dann auch die Mitschuld eines bestimmten rötlichen Gestirns bewiesen war.

Bis Kußler befreit war, so der allgemeine Konsens, sollte man ihn mit positiven Gedanken stärken. Das erschien im Moment wesentlich wichtiger als profane Arbeit. Inzwischen war fast eine Belagerungsstimmung ausgebrochen. Das notwendige Feindbild bot sich auch wie von selbst an: die durchs Haus polternden Polizisten. Sie wühlten sich durch und hinterließen Unordnung, das war unsympathisch und bedrohlich. Und hielt zusätzlich von der Arbeit ab. Bald wurden – belagert werden war anstrengend – erste Vorräte gesichtet. Eine Angestellte holte Kekse und Brot und Sekt aus der Küche, eine andere zählte Tassen.

»Sie auch?«, fragte sie Ella freundlich.

»Oh, ja bitte. Milchkaffee.«

Die Architektin wählte eine große Tasse für sie aus, stellte sie in die chromglänzende Kaffeemaschine und drückte einen Knopf. Dann baute sie sich neben Ellas Schreibtisch auf. »Karin«, stellte sie sich vor. Sie war sehr schlank und dunkelhaarig und sah ein bisschen verhärmt aus, hatte aber eine warme, samtige Stimme.

»Ella.« Inzwischen gefielen ihr die fremd riechenden Klamotten, die schienen dabei zu helfen, dass die Leute hier sie akzeptierten. Sie stand auf und streckte sich.

»Schöner erster Arbeitstag, wie?«, sagte Karin. »Waren Sie eigentlich schon mal draußen auf der Baustelle?«

»Klar.« Auf dem Friedhof war bis runter zum letzten Zeichnerlehrling jeder Baumensch in Lautringen schon gewesen. »Es wird schön«, setzte Ella liebenswürdig hinzu und sah zu dem Modell der Halle hinüber, das Thomas ihr gestern vorgeführt hatte. Sie spürte ihre Waffe an der Seite. Heute hatte sie den Revolver nicht vergessen. Man machte das Grab auf. Thomas saß im Gefängnis. Die Welt war manchmal merkwürdig.

Karin reichte ihr die Tasse. »Ist natürlich ein bisschen Herzog & de Meuron, aber nicht zu sehr, denke ich.«

»Danke.« Ella nahm die Tasse. »Nein, gar nicht.« Der Kaffee schmeckte so gut. Hier würde sie bleiben. »Haben Sie an der endgültigen Entwurfsfassung mitgearbeitet?«

Die magere Architektin lächelte, ging eine weitere Tasse in die Maschine stellen und kam zurück, berührte leicht die kunstvollen Plastikfensterflächen des Modells. »Nein, das hat Thomas noch allein gemacht, aber ich war fast von Anfang an dabei. – Manchmal frage ich mich ja, wie das wohl aussehen würde, wenn der Schrott außen wäre. Ich meine, vor dem Glas. Vielleicht ein bisschen schade, dass da keiner drauf gekommen ist. Bei Herzog & de Meuron in dieser Weinkellerei in Napa Valley mit den Steinkörben außenrum ist es schließlich auch so.«

Ella runzelte die Stirn. »Eindrucksvoller wäre es auf jeden Fall.«

Karin kam näher heran. »Sie sind doch noch an der Uni. Kannten Sie denn diese Frau, die erstochen wurde? Dieses – Aktmodell?«

»Ein bisschen.«

Karin blickte etwas gierig. »Aber an diesem Abend, als der Mord stattfand, da –«

Ella drückte unwillkürlich ihren Arm gegen das Holster. »Nein, da war ich nicht dabei«, sagte sie.

»Wieso«, fragte Karin verschwörerisch, »hat er sie bloß getötet? Wissen *Sie* das?«

»Der Professor Sagan-Nory?« Ella verschränkte die Hände um die warme Tasse. Das Steingut brannte an ihren kalten Fingern.

Karin zuckte leicht zurück, als Ella den Namen laut aussprach. »Ja.«

»Leidenschaft?«, sagte Ella schwach.

* * *

Um Lino Mattheis' Villa pfiff der Wind und zerrte die nassen Blätter von den Bäumen; der Himmel war tief taubengrau, im Haus brannte warmes Licht. Willenbacher klingelte.

Diesmal wurde die Tür gemächlich geöffnet. In der Halle stand schwere, laszive Musik wie ein Geruch, wahrscheinlich um die üppige Anita zu ersetzen. Die war heute nirgends zu sehen. Oliver Denzer, der sie hereinbat, wirkte an diesem späten Montagvormittag kühler und weniger zackig, dafür begrüßte sie sein Mitbewohner, ein junger Mann namens Christian Soest, souverän wie ein Diplomat. Soest war ebenfalls Student der Physik, blond, blass und wahrscheinlich insgesamt helle. Und furchterregend. Dass Mattheis vielleicht im Sommer seine letzte Reise angetreten hatte, berührte ihn vorwiegend als intellektuelles Problem.

»Dann müsste der Mörder ja auch das Auto entsorgt haben«, sagte er sofort, nachdem er ohne viel Bedauern die traurige Vermutung der Beamten zur Kenntnis genommen hatte. »Und – Moment mal, wann ist Lino denn gefahren? Das war Anfang Juni. Da waren grade Pfingstferien.«

»Wissen Sie noch, was für ein Tag das war?«

Soest zog die Stirn in Falten. »Olli, kannst du dich erinnern?«

Konnte Denzer nicht. »Ich war in der Toskana.« Er gähnte wegwerfend. »Weißt du doch. Familienurlaub.«

Soest lächelte mitleidig. »Also ich bin nach Hause geflogen an die Nordsee. Als ich wegfuhr, das war, Moment –« Er nahm einen winzigen Organizer aus der Hosentasche und hielt ihn hoch. »Da frag ich mal mein Tamagotchi.« Er drückte drei Knöpfe. »Am siebten, ein Sonntag. Lino war noch da, das weiß ich, aber er sagte, er würde auch was unternehmen, nach Südafrika fliegen. Kapstadt. Zur Elandsbaai, das ist so ein Geheimtipp, ein noch ziemlich unerschlossener Wellenreitspot. Dort wollte er vielleicht auch länger bleiben. Er hatte letztes Semester sowieso ziemlich wenig Lust auf Uni. Deswegen dachten wir auch die ganze Zeit, dass er noch Surfen ist.«

»Sie haben sich nicht gewundert«, das konnte Bettina immer noch nicht fassen, »dass er statt vierzehn Tage ein halbes Jahr weggeblieben ist?«

Die Jungs sahen sich an und hatten wenigstens so viel Anstand, bedauernd die Köpfe zu schütteln.

»Hm. – Was hatte Herr Mattheis denn für ein Auto?«, fragte Bettina, die Idee war wiederum ihr noch nicht gekommen.

»Einen alten Neun-elfer.«

Natürlich, ein Porsche, das hätte sie eigentlich nicht noch extra zu fragen brauchen. »Und der stand normalerweise wo?«

»Hier vor der Tür.«

»Wissen Sie das Kennzeichen?« Sehr schnell hatte Willenbacher den Stift in der Hand.

»LAU – TE 54«, sagte Soest wie aus der Pistole geschossen.

»Farbe, Baujahr?«

»Schwarz, oh, der war alt, was, Olli? So Baujahr neunzig, würde ich sagen. – Muss zu finden sein, oder?«

»Einen Porsche loswerden ist keine große Kunst«, sagte Bettina reserviert, der Eifer des jungen Mannes störte sie. »Könnten wir uns vielleicht das Zimmer von Herrn Mattheis ansehen? Und seine Post? Da muss ja seit Juni einiges gekommen sein.«

»Ist alles oben«, erklärte Soest.

»Würden Sie freundlicherweise mitkommen?«

Denzer wandte sich leise ab.

»Alle beide!«

Die Tür zu Mattheis' Zimmer war geschlossen, trübes Herbstlicht und Kälte erwarteten sie dahinter. Der Raum ging nach Süden, mit einem verglasten Balkon, der einen eigenen kleinen Wintergarten bildete, ohne Pflanzen drin allerdings. Die Einrichtung war hipp, auf eine gekonnt lässige Art, aber Ordnung herrschte keine. Der Schreibtisch hätte dringend aufgeräumt gehört und überall lagen Kleidungsstücke herum, Sommersachen. Nicht mal das Bett war gemacht.

»Sieht nicht aus, als hätte hier jemand sechs Monate verreisen wollen«, sagte Willenbacher und nieste, Staub hing in der Luft.

»Das ist bei Lino immer so«, versicherten die beiden Studenten.

»Außerdem ist sein Surfbrett weg«, setzte Denzer hinzu. »Ein todsicheres Zeichen.« Dann merkte er, wie unglücklich er sich ausgedrückt hatte, und sah betreten aus.

Soest ordnete einen Haufen Briefe auf dem Schreibtisch zu einem symmetrischen Stapel. »Lino ist wirklich so«, erklärte er. »Einmal ist er morgens aufgestanden und hat verkündet, dass er jetzt nach Thailand fährt. Dann haben wir kurz gelacht, und vierzehn Tage später kam eine Postkarte von dort.«

Bettina nahm die Briefe vom Tisch und reichte sie an Willenbacher weiter. »Haare«, sagte sie zu ihm. »Am besten nehmen wir gleich welche mit, für den Vergleich. Denn die Herren von der Spusi werden wir vorerst nicht herbemühen können.«

»Hat der Herr Mattheis auch eine Bürste?« Wenig begeistert sah Willenbacher das zerwühlte staubige Kissen an.

Soest wandte sich an Denzer. »Olli, im Bad?«

Denzer ging folgsam aus dem Zimmer, Willenbacher eher lässig hinterher.

Soest blickte gönnerhaft, jetzt war er der einzige Mann im Raum. »Glauben Sie wirklich, dass er tot ist?«, fragte er in höflichem Ton.

»Wir werden es bald wissen«, antwortete Bettina. »Kurz bevor er verreist ist, hatte Herr Mattheis Streit mit einem andern Studenten. Es könnte auch eine Frau gewesen sein. Sagt seine Familie. Wissen Sie, mit wem?«

»Nein.«

»Wie ist Herr Mattheis denn so?« Bettina nahm ein Foto vom Schreibtisch, es zeigte einen Strand, ein junger Mann im Vordergrund stützte sich auf ein Surfbrett, zu seinen Füßen hockte ein dunkelhaariges Mädchen, das konzentriert in eine tropische Frucht biss. »Ist er das?«

»Ja.« Soest war ein ordentlicher Mensch, er rückte schon wieder Dinge auf dem Schreibtisch gerade, Papiere, den Backstein, das Telefonbuch, das Telefon.

»Bitte lassen Sie das. – Also, wie ist er?«

»Beliebt. Nicht wirklich fleißig bei der Arbeit, aber gut. Und hat Glück bei den – Frauen.« Soest sah Bettina zweifelnd an, wahrscheinlich fragte er sich, ob sie angesichts ihres fortgeschrittenen Alters und ihres Männerberufs überhaupt wusste, was er meinte.

Sie machte sich nicht die Mühe, darauf zu antworten, sondern betrachtete das Foto. Lino Mattheis war wirklich ein hübscher Junge. Braun gebrannt lächelte er offen in die Kamera, er war klein, feingliedrig. Und besaß schön von der Sonne gebleichte, wellige lange Haare, die er zurückgebunden im Zopf trug. Bettina legte das Foto zurück auf den überladenen Schreibtisch. »Wissen Sie, woran Herr Mattheis zuletzt gearbeitet hat?«, fragte sie.

»Nein. – Doch, Moment, er war in einem Ornament-Seminar, aber ich glaube, das hat ihm nicht viel Spaß gemacht. Stickbilder und so.«

»Hm. Wo sind die Arbeiten?«

Soest sah leicht unwillig aus, dann zuckte er die Achseln. »Keine Ahnung.«

Bettina betrachtete den Schreibtisch. Noch mehr Briefe, Fotos, Stifte, ein Computer, eine Planrolle, verschiedene andere Dinge vom voll gekrümelten Teller bis hin zum halben Backstein. Sie griff nach den Plänen, rollte sie auf. Ein Lageplan kam zum Vorschein, er zeigte ein unbebautes Grundstück, ein Geländeschnitt war auch dabei und ein DIN-A4-Blatt mit einer Aufgabenstellung: Freibad am Teufelstisch. Bettina rollte die Sachen wieder zusammen. Kunstvolle Modelle, wie Ella Coressel ihr eines vorgeführt hatte, gab es hier nicht. »Das Studium macht ihm sowieso nicht allzu viel Spaß, oder?«

»Oh, das würde ich so nicht sagen. Er langweilt sich nur manchmal. Er stammt aus einer Architektenfamilie, und das, was die da an der Uni fabrizieren, ist manchmal arge Schaumschlägerei, sagt er. Aber seine Noten sind gut.«

»Ich habe gehört, er hätte sich seine Arbeiten – tja, auch mal von jemand anderem anfertigen lassen?«

Soest verschränkte die Arme. »Kann ich mir nicht vorstellen.«

»Von Frau Coressel von oben zum Beispiel?«

»Ella?«

»Ja, die hat ihm geholfen, oder?«

»Schon.« Soest räusperte sich. »Aber mehr so als Modell-bauknecht.«

Der Mann wurde Bettina immer unsympathischer. »Wie ist das Verhältnis zwischen Herrn Mattheis und Ella Coressel?«

»Gut.«

»Wie, gut? Gab es Gefühle? Waren sie mal ein Paar? Oder Freunde? Eher voneinander genervt? Wer hat für den anderen was getan und warum?«

»Sie studieren das Gleiche, da hat man Gemeinsamkeiten«, sagte Soest altklug. »Aber dass sie ein Paar waren – nein.« Dann sagte er mit gesenkter Stimme, wir sind ja unter uns, hieß das wohl: »Ella kommt aus ärmlichen Verhältnissen. Sie lebt schon lange im Haus, viel länger als die anderen von oben und aus dem Souterrain. Eigentlich hält man es hier aber nur in den großen Zimmern mit einem Elektroofen aus. Die Räumchen in den anderen Wohnungen sind kalte Löcher. Nur Ella macht das nichts aus, die findet das alles ganz toll, eine Villa halt.«

Bettina sah den Studenten nur an.

»Der Snobismus des kleinen Mannes«, setzte der hinzu und verscherzte es sich damit ganz bei ihr. »Oder der kleinen Frau, Verzeihung.«

Ach, dass sie eine Frau ist, dachte Bettina, ist dir immerhin aufgefallen. »Vielleicht hat das weniger mit Snobismus zu tun«, sagte sie kalt, »als mit Zuneigung? Zu diesem schönen Haus und – eben doch – auch zu seinem Besitzer?«

»Hm«, machte Soest zweifelnd. »Vielleicht. Aber Ella scheint mir nicht so der schwärmerische Typ zu sein.«

»Also hat sie es oben in dem kalten Loch so lange ausgehalten, damit sie ihm helfen konnte, wann immer es sie danach verlangte?«

Soest warf ihr einen ironischen Blick zu. »*Touché*«, sagte er herablassend.

»Die Zusammenarbeit der beiden fand gar nicht hier statt«, sagte Bettina. In dem Zimmer war nicht das kleinste Modell zu sehen. Nicht wie bei der Coressel, die so etwas sogar in der Küche hatte. »Stimmt's? Herr Mattheis hat noch eine andere Wohnung, soviel ich weiß. Vielleicht haben die beiden dort abendelang, was weiß ich, gemeinsam Pappe ausgeschnitten.«

Soests Gesichtsausdruck hatte sich verändert, er war womöglich noch blasser geworden, trat einen Schritt zurück und starrte Bettina an.

Touché, mein Lieber, dachte die grimmig. »Wie ich gehört habe, wohnte in dieser Wohnung für einige Zeit zufällig auch Frau Ausammas. Die Exfreundin von Herrn Mattheis, nicht?«

Soest blickte sie weiter beunruhigt an. »Also eine richtige Freundin war sie nicht.«

»Und wieso lebte sie dann bei Herrn Mattheis?«

»Völkerverständigung.«

»*Was?*«

»Der internationale Gedanke. Florentine kam aus Estland, sie war hier allein, sie hat Architektur studiert, sie –«

Draußen waren Stimmen zu hören. Bettina schüttelte den Kopf. »Ich will diese Wohnung sehen«, sagte sie. »Sofort.«

»Das geht nicht.«

»Wieso?«

Soest räusperte sich. »Nun, es kann sehr gut sein, dass Lino die Schlüssel mitgenommen hat.« Willenbacher und Denzer betraten wieder den Raum. »Olli«, sagte Soest sofort, »Lino hat doch immer seine ganzen Schlüssel bei sich getragen, nicht?«

»Ja.«

»Auch den zu seiner Arbeitswohnung?«, fragte Bettina.

»Ja, aber da kann man doch –« Denzer brach ab.

»Ich nehme an«, sagte Bettina und lächelte Soest zu, »man kommt dort auch irgendwie anders rein, stimmt's?«

Soests Augen waren Schlitze. »Dürfen wir das denn?«, fragte er finster.

»Wir«, sagte Bettina großzügig, »erlauben es uns einfach mal.«

Zehn Minuten später saßen Christian Soest und Oliver Denzer im Fond von Bettinas Taunus und beschossen die Polizisten von hinten mit finsteren Blicken. Sie hatten die Jungs mitgenommen, denn ein deutliches Gefühl sagte Bettina, dass es besser war, *beide* im Auge zu behalten, bis die Wohnung erreicht war. Doch gerade als Soest missmutig sagte: »Da vorn«, klingelte Bettinas Telefon.

Sie klemmte ein Knie unters Steuer, friemelte das Handy aus der Jacke und reichte es Willenbacher. »Da, geh ran.«

»Hallo«, sagte er. »Was? Offen? Gut, und was ...?« Angespannt rieb er mit der linken Hand über sein Hosenbein. »Kann man es – sehen? – Oh.« Willenbacher verzog das Gesicht, sah Bettina an und deutete auf die Straße.

Sie ging etwas vom Gas und bedauerte, das Telefon abgegeben zu haben.

»Hm. Hat der Arzt ihn schon angesehen? Eindeutig? – Gut. Nein, nein. – Ja, wir kommen. Ja, sofort.« Willenbacher drückte auf den Ausknopf.

»Was?« Bettina sah sich schon nach einer anderen Route um.

»Tja«, sagte Willenbacher. »Jetzt bist du gespannt, wie?«

»Will! – Wie kommen wir denn jetzt am besten hoch zur Uni?«, fragte Bettina nach hinten.

»Da rechts«, sagte Soest. »Was ist los?«

»Die Leiche aus dem Grab«, sagte Willenbacher gemütlich, »ist jetzt einem Geschlecht zuordenbar.«

»Welchem?«, rief Bettina und raste mit siebzig über eine gelbe Ampel. »Eine Frau? Die Ötting?«

»Nein«, sagte Willenbacher, »es ist ein Mann.«

Gott sei Dank, dachte Bettina spontan, viel fehlte nicht und sie hätte es laut gesagt, so erleichtert war sie.

»Lino?«, fragte Soest hingegen ziemlich kleinlaut von hinten.

Sofort bereute Bettina ihre Erleichterung. Aber der Gedanke, gegen ihren Chef ermitteln zu müssen, war nun mal nicht sehr erbaulich, zumal bei ihrem wackeligen Stand im Kollegium.

»Das zu klären können Sie uns jetzt gleich helfen«, sagte Willenbacher zu Soest. Sie sah flüchtig im Rückspiegel, wie der junge Mann noch bleicher wurde.

»Wir müssen da nicht unbedingt mit, oder?«, sagte er aufsässig.

»Doch, Herr Soest«, antwortete Bettina. »Denn wir haben anschließend noch eine kleine Verabredung miteinander. Herrn

Mattheis' Wohnung. Die jetzt umso interessanter für uns ist. Und wir wollen sie in völlig unverändertem, jungfräulichem Zustand sehen. Ohne dass noch schnell jemand aufräumt. Daher werden wir da gemeinsam hingehen. Wir vier. Und zwar dann, wenn die Zeit es uns erlaubt.«

Soest murmelte Unverständliches, dann besann er sich offenbar seiner Rechte. »Heißt das, wir sind festgenommen?«

Bettina drehte sich um, Willenbacher packte sie am Arm: »Herrgott, pass auf!«

»Entschuldigung.« Sie lenkte das Auto in die Mitte der Spur zurück. »Möchten Sie das? – Kein Problem. Dann liefern wir Sie jetzt auf der Dienststelle ab und Sie können in aller Ruhe Ihren Eltern Bescheid geben, die Herren.«

Die Herren sahen sich an, eine stumme Konferenz. Dann sagte Denzer fest: »Mit Linos Tod haben wir nichts zu tun.«

»Tja, das sagen Sie jetzt so …«

»Es ist wahr«, erklärte Soest in einem Ton, den er wohl für vernünftig und überzeugend hielt, der aber hauptsächlich ängstlich klang, »wir haben Lino nichts getan. Wir haben nur –«

»Die Poster«, fiel Denzer ein. »Wir haben diese Kunstposter aus den Vitrinen in der Fußgängerzone ähm – mitgenommen …«

»Tina!«, schrie Willenbacher.

Sie bremste haarscharf hinter einem schmutzigen Lieferwagen, der stärker als sie gewesen wäre.

»Lass mich fahren!«

»Ach was.« Der Laster fuhr an, Bettina hinterher. Auch das noch, die Plakate. »Sie waren das? Was wollten Sie denn damit?«

»Ich«, erklärte Soest, »*nichts.* Gar nichts. Ich habe Schmiere gestanden. Die Idee war so eine Kunstgeschichte zwischen einem gewissen –«

»Sie hätte es auch allein gemacht«, erklärte Denzer verstimmt. »Das weißt du genau. Sie wollte das sowieso tun und –«

»Sie hätte auch einen anderen Dummen gefunden.«

»Jetzt hör mal gut zu –«

»Wo lang?«, fragte Bettina dazwischen. »Zur Uni, rechts oder links?«

»Rechts«, sagten Denzer und Soest unisono.

»Wer«, fragte Willenbacher nach hinten, »hätte einen noch Dümmeren gefunden?«

Die Jungs schluckten die Beleidigung, anderes blieb ihnen gar nicht übrig. »Das sagen wir nicht«, erklärte Denzer standhaft.

»Anita«, offenbarte Soest gleichzeitig.

Denzer knurrte ihn regelrecht an. »Nun tu bloß nicht so, als wärst *du* nicht dabei gewesen!«

»Moment, Moment«, fuhr Bettina dazwischen. »Sie haben diese Plakate in Herrn Mattheis' kleine Wohnung gebracht?«

»Ja«, sagte Soest kooperativ. Denzer hatte die Arme verschränkt und sah aus dem Fenster in den Regen.

Bettina klopfte nervös mit der Linken aufs Steuer. »Sagt uns das was, Will? Irgendwie –«

»Tina«, sagte Willenbacher, »bitte schau auf die Straße.«

»Was war da mit diesen Plakaten und der Ausammas?«

»Ah«, machte Willenbacher. »Stimmt, Kußler hat so etwas ausgesagt. Die Ausammas wollte ihm verraten, wo die Plakate waren. Damit er sie in diese Kunstvereinigung aufnimmt.«

»Die Herren«, sagte Bettina nach hinten, »haben Sie jemandem von Ihrem Kunstraub erzählt?«

»Nein.«

»Könnte Frau Eckstein es Frau Ausammas zugetragen haben?«

»Kaum«, sagte Soest.

»Frau Ausammas hat früher in Herrn Mattheis' Arbeitswohnung gewohnt.«

»Ja.«

»Sie hat also gewusst, wie man ohne Schlüssel reinkommt?«

»Mit Sicherheit.«

»Danke, *jetzt* haben Sie uns wirklich geholfen.«

»Wieso?«, fragte Soest geschmeichelt.

»Weil Frau Ausammas dann wohl irgendwann nach den Diebstählen in dieser Wohnung war.«

* * *

Dass es ein Mann war, konnte man noch sehen, dazu brauchte man keinen Doktor, der Hüftgelenke analysierte. Doch in gewisser Weise, dachte Bettina, wäre das besser gewesen, gnädiger. Der Regen machte ihre Mission nicht leichter. Zwar gab es inzwischen ein Zelt, unter dem gearbeitet wurde, doch die Plane konnte nur das Wasser von oben abhalten. Und sie fing mit der Wärme der Lampen und der arbeitenden Menschen auch den Geruch der Leiche. Der Boden war von Blättern und Ästen befreit und daher schlammig; das Wasser tränkte Schuhe und Kleider der Arbeitenden und färbte die weichen Reste des Toten dunkel. Man konnte sie kaum von der Erde unterscheiden. Kopf und Rumpf waren nun freigelegt, einzelne Stofffetzen lagen noch darüber, ein paar gelbliche lange Haare schwammen fast auf dem teilweise bloßen Schädel. Bettina dachte an das Foto des strahlenden jungen Mannes mit der Südseeschönheit zu Füßen.

»Das ist Mattheis«, sagte sie zu Willenbacher, der neben Dr. Lee, dem Pathologen, kniete und sich die Details zu Gemüte führte. »Die Haare. Die Größe. Er ist es.«

»Ja«, nuschelte Willenbacher, er hielt sich ein Taschentuch vor die Nase. »Wie lange liegt er hier?«, fragte er Dr. Lee.

»Halbes Jahr«, sagte der Koreaner und stocherte völlig gelassen mit einem silbernen Instrument im Boden herum. »Nicht genau, natürlich, das wissen Sie. Waren keine Tiere an ihm dran, nur die vom Boden.« Der Spatel kratzte über ein Stück Zement. »War gut zugedeckt.«

»Ja.« Neben dem Toten lag ein schmutziges Häufchen Bruchstücke. Und dort war eine dünne Haarsträhne, die sich um einen der Steine ringelte – Bettina versuchte, nicht wieder hinzusehen, doch es war nicht leicht. Dies war das Material, das den toten Mann bedeckt hatte, ganz unmittelbar. *Gut zugedeckt*. Die Bruchsteine hatten eine grausige Faszination. »Was hatte er an?«

»Jeans«, sagte Dr. Lee, »Unterhose, kurzes Hemd. Muss warmer Tag gewesen sein, als er starb.«

»Juni.«

»Ja.«

»Gibt es Papiere? Schmuck?«

Dr. Lee schüttelte den Kopf.

»Wie ist er gestorben?«

Der Pathologe wies auf den Schädel. Bettina entdeckte nichts, woraus sie etwas anderes hätte schließen können, als dass der Mann tot war, länger schon.

»Er ist erschlagen worden?«, fragte Willenbacher hingegen zögernd. Er traute sich einfach, genauer hinzusehen. »Da ist eine Art Fraktur.«

»Muss natürlich noch richtig untersucht werden«, bestätigte Dr. Lee nickend.

»Ist der Leonhardt schon informiert?«

Dr. Lee sah auf. »Er will lieber Frau finden, habe ich gehört.«

»Weiß er es etwa noch nicht?«

Der Pathologe schüttelte den Kopf. »Sie sind Hauptermittler. Sie haben es als Erste erfahren.«

»Oje«, sagte Bettina, »das heißt, Kußler sitzt noch immer in Gewahrsam?«

»Denke schon«, murmelte Dr. Lee undeutlich.

»Und wer sagt es dem Kriminalrat?«

Die Männer bückten sich wieder über die Leiche.

»Scheiße.«

»He, Tina«, sagte Willenbacher schadenfroh, »es kann nicht immer nur Vorteile haben, der Boss zu sein.«

Zum Telefonieren ging sie raus, das immerhin war ein kleiner Vorteil. Sie vergewisserte sich, dass die Jungs, die sie einem Uniformierten zur Aufsicht übergeben hatte, noch brav in ihrem Wagen saßen, und hockte sich dann in den einigermaßen warmen Bus der Spurensicherer.

Dr. Leonhardt war sofort am Apparat. »Ah, Frau Boll.« Die Begrüßung war ziemlich kühl. »Wo sind Sie?«

»Oben an der Uni, am Grab. Dr. Leonhardt –«

»Und ich bin bei Kußler im Büro. Es gibt Neuigkeiten.«

»Bei uns auch«, sagte Bettina. »Es ist ein Mann.«

»Wir haben hier unter dem Podest, das in seinem Büro steht –«

346

»Dr. Leonhardt«, unterbrach Bettina ihn, »in dem Grab liegt ein Mann.«

»Das Podest hat einen doppelten Boden –«

»Herr Kriminalrat, der Tote ist nicht Valerie Ötting.«

Eine längere Pause entstand. Dann sagte Dr. Leonhardt: »Und Sie sind mir schon vorher fast an die Gurgel gegangen, um den Kußler zu retten.«

»Herr Kriminalrat –«

»Wir haben Sie nicht auf den Mann angesetzt, damit Sie mit fliegenden Fahnen zu ihm überlaufen, Frau Boll.« Die Stimme ihres Chefs wurde immer lauter. Er machte es ihr richtig schwer.

Trotzdem sagte Bettina, etwas zittrig: »Ich rufe jetzt unten auf der Dienststelle an. Der Kußler muss sofort raus.«

»Nein, hören Sie, Frau Boll, geben Sie uns eine Stunde. Dieser doppelte Boden unter dem Podest, das müssen wir noch untersuchen.«

»Sie glauben immer noch, dass er es war?«

»Ich glaube, dass seine Frau verschwunden ist«, sagte der Kriminalrat müde.

»Sie *sind* Löwenherz, nicht?«

»Haben Sie eigentlich nichts Besseres zu tun?«, fragte er eisig.

Bettina schluckte. Dann nahm sie all ihren Mut zusammen. »Ich führe diese Ermittlung und ich lasse den Kußler jetzt raus. Sofort. Das muss ich.«

»Wie Sie meinen«, sagte Dr. Leonhardt. Und das klang gar nicht gut.

* * *

Eine halbe Stunde später schon stand Thomas wieder vor seinem schönen weißen Haus.

»Wer sind Sie?«, fragte der Polizist, der ihm öffnete, streng. Thomas hatte, in Ermangelung seines Schlüssels, klingeln müssen.

»Kußler«, sagte er etwas gereizt, »Besitzer dieses Hauses.«

Das brachte den Polizisten aus der Fassung. Er trat zurück und blickte sich zweifelnd um, für diesen Fall hatte er offenbar keine Order.

»Würden Sie mich reinlassen?«

»Oh. Klar.« Der Mann wich noch weiter zurück.

»Ist der Kriminalrat Leonhardt im Hause?« *Löwenherz*, dachte Thomas.

»Ja«, antwortete der Polizist, jetzt stramm.

»Wo?«

»Oben im – Schlafzimmer.«

Thomas war schon an der Treppe. »In Valeries, nehme ich an.«

»Dr. Leonhardt?«

Der Kriminalrat drehte sich um, er hatte in Valeries Zimmer gestanden, am Fenster. Und hinausgesehen auf den Weiher.

»Ah«, sagte er. »Kußler. Da hat die Frau Boll ja ganze Arbeit geleistet.« Er lächelte dünn. »Wir wollten eben das Podest unter Ihrem Schreibtisch heben.«

Thomas starrte den Polizisten an, er stand gerade, sah so – kompetent aus, intelligentes Gesicht, sportliche Figur, keiner, dachte er, dem man zutraute, so einen Feldzug gegen einen anderen Menschen anzuzetteln. »Oh«, sagte er laut, »Sie haben das alte Schmuggelwarenfach der Öttings entdeckt. Stammt noch aus dem Ersten Weltkrieg. Das müssen Sie nicht heben, ich kann es Ihnen auch so zeigen.«

»Nicht nötig«, winkte der Kriminalrat ab, »wir haben den Mechanismus bereits selbst entdeckt.«

»Interessante Funde?«, fragte Kußler mit leiser Ironie.

»Sie brauchen einen Kammerjäger.«

»Ach.«

»Hier gibt es Ungeziefer.« Dr. Leonhardt sah ihm direkt ins Gesicht.

Thomas ging ein paar Schritte auf den Mann zu. »Jetzt reicht es aber –«

»Herr Kußler, ich war zwanzig Jahre aktiv in der Mordkommission. Ich erkenne einen Mörder, wenn ich ihn sehe.« Dr. Leonhardt hatte kein Licht gemacht, stand am Fenster. Der

Wind drückte gegen das Glas, sodass der Regen Schlieren darüberzog. Das Zimmer war grau, genau wie der Polizist.

»Führen Sie alle Ihre Ermittlungen so? Nach Gefühl?«, sagte Thomas stirnrunzelnd. »Wie haben Sie es geschafft, zwanzig Jahre dabeizubleiben?«

»Nun, *ein* Grab ist immerhin gefunden, nicht?«

Thomas verschränkte die Arme. »Ich werde Sie verklagen, weil Sie mein Haus ohne Recht betreten und durchsucht haben.«

»Versuchen Sie's. Sie werden verlieren.«

Sie starrten sich an.

»Außerdem«, lächelte Dr. Leonhardt plötzlich, »habe ich auf diese Weise meine Briefe wiederbekommen.«

»Sie sind *Löwenherz?*«

»Ich bin kein Stalker. Meine Frau starb, wissen Sie. Vor zehn Jahren. Da war ich einsam und habe vielleicht nicht den richtigen Ton getroffen. Aber es sind gute Briefe.«

»Dann ist es ja verständlich, dass Sie einen Unschuldigen unter Mordverdacht festnehmen lassen und in sein Haus einbrechen, um sie zu stehlen.«

»Ich bin nicht eingebrochen«, sagte Dr. Leonhardt, plötzlich sehr kühl. »Sie haben mir den Schlüssel gegeben. Und das mit den Briefen war auch notwendig, um hier Tabula rasa zu machen für die nächste Runde.«

»*Was?*«

»Dann brauche ich sie nicht zu suchen, wenn wir Sie wirklich verhaften, Kußler.«

»Sie sind verrückt.«

»Nein.«

»Wo waren sie denn?«

»Bei den anderen Liebesbriefen«, versetzte Dr. Leonhardt kalt.

Die Kommissarin schien leider zu spät gekommen zu sein. Plötzlich fühlte Thomas sich müde. »Dr. Leonhardt«, sagte er scharf, »Sie können sich gar nicht vorstellen, wie wurscht mir diese Briefe sind. Natürlich werde ich das alles vor Gericht zur Sprache bringen. Da können Sie sich dem Richter erklären. Aber jetzt haben Sie einfach die Freundlichkeit und gehen. Und zwar dalli.«

Der Kriminalrat blieb am Fenster stehen.

»Soll ich meinen Anwalt anrufen? Und Ihre Kollegen?«

»Nein.« Dr. Leonhardt wandte sich ihm zu, ein grauer alter Mann in einem grauen Zimmer, das früher sehr bewohnt gewesen war und nun umso verlassener wirkte. Aufrecht ging er an Thomas vorbei. »Wir werden uns bald wiedersehen.«

Es war wirklich verrückt, dachte Thomas, während er zuhörte, wie Dr. Leonhardt unten seine Getreuen einsammelte, da hat ein frischer Witwer Valeries Bücher gelesen und darf sich so einen sentimentalen Mist leisten. Langsam folgte er dem Kriminalrat die Treppe hinunter. Ob jemand im Büro war? War von seinen Angestellten heute überhaupt jemand gekommen? Was, fragte er sich mit wachsendem Groll, würde der, wenn auch kurze Gefängnisaufenthalt für seine Arbeit bedeuten? War –

»Oh, Thomas.« Sein Vize Otto erwartete ihn am Fuß der Treppe. Er war sonst ein zurückhaltender Typ, doch nun ergriff er Thomas' Hand und schüttelte sie. »Ich wusste, dass du bald raus bist.«

»Danke«, sagte Thomas und sah dem Kriminalrat nach, bis die Tür hinter ihm zufiel, den Schlüssel hatte er widerstrebend ans Bord gehängt.

»Wir haben um dich gebangt.«

Zwei Polizisten kamen aus dem Büro, offenbar ärgerlich, mitten in der Arbeit erfahren zu haben, dass sie sinnlos gewesen war. Sie grüßten knapp. Als sie gegangen waren, schien das Haus leer zu sein. Doch Thomas hatte keine Lust nachzusehen.

»Du brauchst sicher erst mal einen Kaffee. Oder einen Schnaps? Wir könnten an Sebastians eiserne Reserve gehen, der kommt eh nicht mehr.«

»Sebastian?« Thomas folgte Otto ins Büro, nun merkte er erst richtig, wie müde er war.

»Und Anna.«

»Oh nein, will sie es sich nicht noch mal überlegen?«

»Sie hält dich für einen Mörder.« Otto nahm eine kleine Flasche von einem Regal und hielt sie hoch. »Gin ist das, glaube ich.«

Thomas schüttelte sich. »Da muss mehr passieren, dass ich den Gin von meinen Praktikanten trinke. Mach uns doch Kaffee.«

Otto stellte sich an die Maschine. »Willst du Anna denn zurück, unter diesen Umständen?«

»Es hat in der Zeitung gestanden. Man kann ihr das nicht verübeln.« Thomas sank auf den erstbesten Stuhl, vergrub sein Gesicht in den Händen. Und sah wieder auf. »Außerdem haben wir sie gerade erst eingearbeitet.«

»Auch wahr. Tja, die anderen habe ich heimgeschickt, zwischen diesen ganzen Polizisten konnte ja doch keiner arbeiten. Alle außer deiner Neuerwerbung. Die ist noch draußen, Erledigungen machen. Hat sich heute Morgen sehr pünktlich zum Dienst gemeldet. Ich hab sie an deinen Tisch gesetzt.«

»Oh, Ella meinst du.«

»Eine kleine Fürstin der Finsternis. – Kam pitschnass und schwarz hier an. Durch den Regen mit dem Fahrrad.«

»Ja«, sagte Thomas einsilbig.

»Sie ist eifrig.«

Thomas knetete seine Stirn. »Was habt ihr sie machen lassen?«

»Die große Tour, Tiefbauamt, einkaufen, pausen und noch raus zum Friedhof fahren und zum Kollegen von der Statik.«

»Oj.«

»Mit deinem Auto.«

Thomas sah auf. Für diese Zwecke gab es einen Dienstwagen, einen kleinen Nissan, den seine Mitarbeiterin Karin abends mit nach Hause nehmen durfte.

»Komm, ich wusste genau, dass ich die Karin und sonst auch keinen lang hier halten kann.«

»Okay, dann geh auch heim.«

»So war das doch nicht gemeint.«

»Ich weiß.« Thomas lächelte mühsam. »Aber wenn du willst, kannst du jetzt gehen.«

Otto sah zweifelnd die Kaffeemaschine an.

»Na los, zur Not trinke ich zwei Tassen.«

»Bist du wirklich in Ordnung?«

»Ja!«

»Okay, dann …«

»Tschüss.«

Als Otto draußen war, fiel Thomas' Blick auf den aufgeschlagenen Ordner vor ihm. Ein Bild seines ersten Friedhofsmodells. Dass sie so ein altes Ding überhaupt noch besaßen! *Das* hatten sie Ella zum Anschauen gegeben? *Fürstin der Finsternis,* hatte Otto gesagt. Damit hatte er sie ganz gut getroffen, das hatte Thomas von Anfang an gedacht, sie sah so – wehrhaft aus, diese scharfe Falte auf der hübschen Stirn, und wie sie sich beworben hatte, frech drauflos! Aber bei ihrem Einstellungsgespräch gestern hatte sie dann einen intelligenten, freundlichen Eindruck gemacht. Richtig gestrahlt hatte sie. Die ganze Zeit. Und dann –

Er schluckte. Was hatte Ella gesagt? *Was?* – Konnte er so dumm gewesen sein?

Und Thomas spürte, wie das Adrenalin, das er vor lauter Überproduktion versiegt geglaubt hatte, wieder durch seine Adern zu pumpen begann.

* * *

Dr. Leonhardt war nicht weit weggegangen. Er saß, mollig warm gehalten von seiner Standheizung, in dem dunklen Auto unter ein paar düsteren Eiben ganz in der Nähe des Ötting'schen Anwesens. Diesen guten Beobachtungsposten kannte er noch von früher, und die Eiben waren in den letzten sechs, sieben Jahren kaum gewachsen. Zwischen den Zweigen sah er das weiße Haus wie ein großes Schiff schimmern. Er dachte nach. Er dachte an Valerie, deren Bild trotz aller Mühen nie mehr sehr deutlich werden wollte. Sie entglitt ihm, aber ihr unverschämter Mann, der würde ihm nicht entgleiten, dafür würde er schon sorgen. Irgendeinen Fehler, und sei er noch so winzig, musste er doch gemacht haben!

* * *

BMW-Fahren, dachte Ella, während sie auf der zweispurigen Ausfallstraße einen Opel überholte, den linken Ellbogen lässig ans Fenster gelehnt, war aber so was von genial! Noch nie hatte sie am Steuer eines dermaßen kraftvollen Wagens gesessen. Wie der anzog! Elegant, nicht zu heftig, aber zügig und stark. Das wird mein nächstes Auto, dachte sie sehnsüchtig, den Jaguar verkaufe ich und den Ferrari nehm ich nur noch für den Sommer. Ich muss es nur wie Thomas machen, mit einem einzigen Entwurf den großen Knaller landen und reich werden. Oder mir den zum Auto gehörigen Mann – aneignen? Alles war nagelneu, die Ledersitze rochen noch nach Farbe, die Fußmatten schimmerten jungfräulich sauber, kein Staub, kein Kratzer, nirgendwo. Genussvoll lenkte Ella den schwarzen Wagen zur Stadt hinaus, nach Otterstein, damit sie nicht am Büro vorbeikam. Da war schon die Landstraße. Nur eine klitzekleine Spritztour. Wer wusste schon, wie bald sie wieder an den BMW durfte. Der Chef verlieh sein Auto ungern, hatte man im Büro durchblicken lassen. Ella konnte das verstehen. Sie hätte das gute Stück auch nicht jedem X-beliebigen anvertraut. Nun bog der alte Benz vor ihr rechts ab, und sie hatte endlich freie Bahn. Ella lehnte sich fest zurück in den Sitz, spürte den Druck des Revolvers an ihrer Seite kaum, gab Gas! Die schwarzen Bäume am Straßenrand flogen nur so vorbei, der nasse Asphalt glänzte im Licht der Scheinwerfer, der Scheibenwischer rotierte, es war *geil*. Besser als Rad fahren.

Dann klingelte das Telefon.

Vor lauter Schreck hätte Ella das kostbare Gefährt beinahe rüber auf die linke Spur gezogen. Sie ging vom Gas und blickte suchend auf das Armaturenbrett. Irgendwo musste ein Knopf sein.

Es klingelte wieder. Dies Auto hatte bestimmt eine Freisprechanlage. Aber der Anruf war sicher für Thomas, sollte sie überhaupt drangehen?

Erneutes Klingeln. Spontan drückte sie den Knopf, der ihr am wahrscheinlichsten vorkam.

»Hallo, Ella?« Die Stimme war sehr laut.

»Hallo?«

»Thomas hier. Hörst du mich?« Seine Stimme hörte sich aufgeregt an. Aber auch warm.

»Ja. Du – du bist wieder frei?«

»Ja.«

»Ich wusste, dass du unschuldig bist.«

»Danke, Ella. – Toller Start bei uns im Büro, was?«

»War in Ordnung«, murmelte sie.

»Bitte?«, schrie der Lautsprecher.

»War in Ordnung«, brüllte Ella in Richtung Rückspiegel, wo sie das Mikrofon vermutete.

»Okay. – Hast du alles erledigen können?«

»Kein Problem.«

»Du warst lang unterwegs, hast in der Pauserei warten müssen, hm?«

Ella sah auf die Landstraße vor sich. Keine Möglichkeit zum Wenden. Da musste sie halt bis Otterstein fahren. »Ein bisschen.«

»Ja, die sind lahm und auch nicht zuverlässig mit den Rändern – hast du die Pläne überprüft?«

»Äh –«

»Macht gar nichts, vergiss sie. – Ich rufe wegen was anderem an. Es ist kompliziert, aber wir haben wenig Zeit. Es geht um diese Mordgeschichte, Ella. Ich – ich will dich damit nicht behelligen, aber du bist genau die Person, die mir im Moment helfen kann.«

»Wirklich?«

»Und du hast mein Auto.«

»Äh, ja.«

Nun entstand eine kleine Pause. »Wo bist du eigentlich?«

»In der Eisenbahnstraße«, log Ella. »*Vor* der Baustelle. Schritt-tempo.« Bei dem Wort musste sie einfach aufs Gas treten. Kraftvoll und vor allem leise beschleunigte der schwarze Wagen. Es ging doch nichts über Qualität. »Wird noch etwas dauern, bis ich da raus bin.«

»Hm.« Er klangzerstreut, als koste es ihn Anstrengung, sich wirklich zu konzentrieren. »Ich hab heute Nacht endlos Zeit gehabt nachzudenken – in dieser ganzen verworrenen Chose geht's um Architektur, das weiß ich. Ich – *wir* können das lösen, glaube ich! Ich hab nämlich eine Idee. Und ich müsste etwas tun, doch dafür brauche ich Tageslicht.«

»Was denn?«

»Ein Foto … Wie viel Uhr – es ist jetzt halb vier und regnet, um vier wird's schon wieder dunkel …«

»Weißt du denn, wer?«, fragte Ella interessiert.

Thomas zögerte. »*Wie*«, sagte er. »Wer, das zeigt sich dann. – Oh. Okay. Herrgott noch mal!«

Ella blickte auf den Tacho. »Ich kann sehr schnell bei dir sein.«

»Nein, Moment, warte, ich brauch mal kurz –«

Sie hörte etwas fallen, dann ein Quietschen und lautes Knistern. »Thomas?«, fragte sie. »Hallo, bist du noch da?« Eine längere Pause trat ein, in der Ella nicht wusste, was sie tun sollte, weiter wie eine Verrückte den Rückspiegel anschreien? Dort vorn näherte sich bereits undeutlich das Ortsschild von Otterstein. Und war da noch jemand in dem Haus bei ihm? Er hatte doch gesagt, er sei allein. Allein.

»Okay.« Da war er wieder, Ella erschrak, so nah klang es. »Du Irrer. – Das hätte ich mir denken können.«

»Was?«, fragte Ella.

»Er sitzt vor meiner Tür.«

»Wer?«

»Dieser Polizist, der was von meiner Frau wollte und mir jetzt aus Rache, weil er sie nicht gekriegt hat, die Morde anhängen will. Ich kann ihn sehen.«

»Mist«, sagte Ella.

»Bitte?«

»Äh – entschuldige. Ich bin nur – so was passiert mir nicht jeden Tag, weißt du.«

Thomas' Stimme wurde warm. »Ja, glaubst du, mir? – Hör zu, Ella, ich brauch ein Foto. Im Handschuhfach ist eine Kamera, so eine Pocket, die muss es halt tun. Ich versuche, mit dem Rad nachzukommen. Du aber fährst, bitte pass jetzt gut auf …«

* * *

»Hier ist es«, sagte Christian Soest. »Linos kleines Liebesnest.« Er hatte schnell wieder zur alten Form zurückgefunden, nachdem ihm klar geworden war, dass die Polizisten sich herzlich wenig für den Plakatdiebstahl interessierten, sondern nur Lino Mattheis' Wohnung sehen wollten. Und selbstverständlich Florentine Ausammas' letzten Weg rekonstruieren. Munter klapperte er mit dem Schlüssel (den er natürlich doch gehabt hatte) und machte sich in der kleinen Seitengasse an einem Holztor zu schaffen.

Die dazugehörige alte Werkstatt wirkte bei dem schlechten Wetter richtig baufällig, das vor Nässe dunkle Tor war mit uralten Plakatfetzen übersät, der Putz der angrenzenden Hauswand löste sich in großen Lappen und gab bröckeliges Mauerwerk frei. Bis hoch zum Dach reichte der Blick im Regen nicht, man hatte nur den Eindruck, dass etwas unregelmäßig Schiefes über der ganzen Anlage dräute. Kaum war das Tor offen, übernahmen die Polizisten. Inzwischen hatten sich noch drei Spurensicherer zu Bettina und Willenbacher gesellt. »Am besten«, sagte einer von ihnen, »geben Sie mir den Schlüssel.«

Soest gehorchte widerwillig. Sie traten in einen hohen finsteren Raum. »Vorsicht«, warnte der Student, »passen Sie auf, da vorn ist der Mechanikergraben.« Er schritt zu einer Wand und betätigte einen Drehschalter, worauf drei altersschwache Röhren an der Decke klackernd ansprangen. Viel heller wurde es nicht, aber man konnte sich zumindest orientieren. Der Raum besaß noch ein zweites ähnliches Tor linker Hand, war schwarz vor Ruß, voll altem Schmutz, aber auf eine unerfindliche Weise angenehm, obwohl es nichts gab, woran man das festmachen konnte. Vielleicht lag es an den rührenden alten Kalenderblättern mit nackten Mädchen und den Metallwerbeschildern für Reifen und Zündkerzen, die vor langer Zeit, so schien es, halb in die Wände gesogen worden waren. Möglicherweise gefiel ihr einfach das Klima, dachte Bettina, der Raum war ziemlich warm, die Luft weich, es roch schwach nach Öl und Arbeit. An der Rückwand führte eine Treppe aus rostigen Metallgittern nach oben. Die steuerte Soest zielsicher an.

»Moment«, sagte Bettina, »Herr Soest, jetzt müssen wir uns ein bisschen konzentrieren. Wir wollen herausbekommen, was Frau Ausammas getan hat, falls sie da war, also sollten Sie versuchen, sich genau zu erinnern, wie Sie hier alles zurückgelassen haben. Sehen Sie sich den Raum an. Hat sich etwas verändert?«

Soest blickte sich um und zuckte die Achseln. »Nein.«

»Herr Denzer?«

»Es war mitten in der Nacht«, sagte der unwillig. »Wir waren betrunken.«

»Immerhin haben Sie es geschafft, zwölf Plakatvitrinen zu plündern.«

»Nein, es hat sich nichts verändert«, schnappte er.

»Na schön«, sagte Bettina. »Dann hinauf.«

Einer der Spurensicherer ging vor, da sagte Denzer: »Aber weißt du, was wir gemacht haben, Chris? – Die Zeitungen mit raufgenommen.«

Bettina blieb stehen und drehte sich um. »Was für Zeitungen?«

»Da vorn auf dem Boden am Tor lagen ein paar Zeitungen«, sagte Soest. »Die haben wir mit in die Wohnung genommen.«

»Hm«, machte Bettina. Wenn man nur immer wüsste, was wichtig war und was nicht, dachte sie und stieg hinter ihrem Kollegen von der Spusi die wackelige Treppe hoch.

Die Wohnung oben war so winzig, dass die Spurensicherer erst allein hineingingen, Fotos machen. Bettina und Willenbacher standen, beziehungsweise saßen derweil oben auf der Treppe. Weiter unten unterhielten sich halblaut die beiden Studenten.

»Was hat Leonhardt eigentlich gesagt?«, fragte Willenbacher Bettina.

»Wahrscheinlich werden sie demnächst irgendwo in Hinter-Sulzbach-Au oder so die einzige Ampel abstellen und mich direkt dort auf die Kreuzung versetzen.«

»So schlimm.«

»Ich weiß nicht. Ich wollte –«

»Sie können jetzt!«, rief es aus der Wohnung.

»Okay!«

»Was wolltest du?«

»Wir könnten ihn irgendwie«, Bettina sah zu, wie die Jungs aufstanden und sich die teuren Hosen abklopften, »im Auge behalten, gerade jetzt, weißt du.«

* * *

Dr. Leonhardt schaltete die Standheizung aus, langsam machte die warme, trockene Luft ihn müde, und er wollte aufmerksam bleiben. Er betätigte kurz den Scheibenwischer, damit er wieder besser sehen konnte, die Aussicht war immer noch die gleiche: weißes Haus unter Bäumen und ein Tor, durch das jeder gehen musste, der das Ötting'sche Grundstück betrat oder verließ. Jahrzehnte war es her, dass er zum letzten Mal so auf einen Verdächtigen wartend in einem Auto gesessen hatte, und eigentlich, dachte er, war er zu alt dafür.

Und dann sah er doch etwas, das er fast mit der Bewegung des Scheibenwischers verwechselt hätte. Eine schwarze, schmale Gestalt. Auf einem Fahrrad. Sie passierte das Tor in Richtung Straße.

Kußler. Er musste es sein, sein Mitarbeiter war schon vor einiger Zeit gefahren. Und sonst war niemand mehr im Haus gewesen.

Dr. Leonhardt ließ den Mercedes an.

* * *

Der Raum, den sie nun betraten, war niedrig und wirkte durch die Dachschräge weniger breit als die Werkstatt unten. Er war ebenso lässig möbliert wie Mattheis' Zimmer in der Villa, doch es gab nicht annähernd so viel Platz, eine Couch, ein Schrank, ein riesiges, tiefes, voll beladenes Regal mit einem Bett obendrauf, ein kleines Tischchen mit einem Computer und ein Schreibtisch. Auf dem lagen aufgerollt die Plakate.

»Da sind sie also.« Bettina ging darauf zu und betrachtete das oberste, es war mit einem grellen Stoff beklebt, und jemand hatte groß die Worte »lustig, lustig« darüber gepinselt. Es wirkte auf dem Diebesgut wie ein kleines, böses *Ätsch.*

»Sind genau zwölf«, sagte der Spurensicherer, der davor stand. »Da werden sich die Künstler freuen, dass sie ihre Sachen wiederkriegen.«

Die werden sich freuen, dass es noch rechtzeitig vor der Versteigerung in die Zeitung kommt, dachte Bettina zynisch. Und vielleicht werden sie die Diebe einladen und öffentlich befragen, weshalb die ausgerechnet diese Auswahl getroffen haben. »Okay. Herr Denzer, Herr Soest. Bitte. Haben Sie den Raum damals in der Nacht so verlassen?

Die beiden jungen Männer sahen sich an, dann blickten sie sich kurz im Raum um und schüttelten die Köpfe.

Ein kribbeliges Gefühl breitete sich in Bettina aus. Das Mädchen war tatsächlich hier gewesen. »Was ist verändert?«

»Die Plakate«, sagte Soest, »waren zusammengerollt und gebunden. Wir haben sie auf den Schreibtisch gelegt, aber in der Rolle.«

»Also hat sie sich die Plakate angesehen«, sagte Willenbacher. »Hat sie daran noch mehr verändert?«

Soest runzelte die Stirn. »›Lustig, Lustig‹ war das Letzte, das weiß ich noch.« Er hob die Plakate an den Ecken, sah alle an. »Die sind vollzählig, an die Reihenfolge kann ich mich jetzt nicht mehr so gut erinnern, aber die stimmt wahrscheinlich auch noch.«

»Ist sonst noch etwas anders?«

Wieder blickten die Jungs sich um. »Auf dem Tisch«, sagte Denzer dann zögernd, »haben noch Sachen gelegen. Die sind jetzt weg.«

»Was waren das für Sachen?«

»Fotos«, sagte Denzer. »Und – ah. Das.« Er wies auf das Regal mit den vielen Planrollen und verpackten Modellen, dort lagen in einem sonst leeren Fach ein Backstein und eine merkwürdige Bronze, eine Art Pistole, außerdem waren ein paar Stifte und Zettel darin. »Das hat Florentine wohl beiseite geräumt, um die Plakate ausrollen zu können.«

»Und da waren auch Pläne«, sagte Soest, »auf dem Tisch ausgebreitet. Mit dem Backstein beschwert und der Pistole.«

»Und alte Zeitungen haben da gelegen.«

»Pläne und Zeitungen. – Sind die noch da?«, fragte Bettina.

Willenbacher hob wortlos die Plakate an, darunter war nichts.

»Die hat Florentine vielleicht auch beiseite gelegt.«

Oder mitgenommen, dachte Bettina. Aber dann? Jemandem
gegeben? Bei ihr gefunden hatten sie nichts. »Was war drauf?«

»Hm«, machte Denzer.

»Pläne halt«, fügte Soest wenig hilfreich an.

»Ihre Freundin Anita wüsste das vielleicht, die ist doch Architektin, oder?«

»Ja, aber die war nicht mit hier drin.«

»Schade. – Könnten es welche von diesen hier gewesen sein?«

Alle sahen den großen Schrank an, er war übermannshoch und
voller Papierstapel und Rollen.

»Keine Ahnung«, sagte Soest, und auch Denzer schüttelte den
Kopf.

»Was ist mit den Zeitungen? Sie haben welche mit hochgebracht, sagen Sie?«

»Ich habe sie in den Papierkorb getan.« Denzer zog einen
Plastikeimer unter dem Tisch hervor und blickte nachdenklich
hinein. »Sie haben aber anders ausgesehen.«

»Wie?«

»Ziemlich gelb und wellig. Die hier sind glatt.«

»Dann könnten es die sein, die auf dem Tisch gelegen haben«,
sagte Bettina.

Denzer griff nach den Zeitungen, doch einer der Spurensicherer hielt ihn zurück und nahm sie, eine nach der anderen,
mit seinen behandschuhten Händen heraus. Zwei offensichtlich
ungelesene Ausgaben der *Rheinpfalz,* eine *Sonntag aktuell,* dann
eine Zeitung, die tatsächlich älter und verregnet aussah. »Die
haben Sie mit raufgebracht?«, fragte der Spurensicherer und hielt
sie hoch. »Davon gibt es einen ganzen Packen.«

Denzer beugte sich über den Eimer. »Ja, die habe ich da rein-
getan.«

»Und das?« Der Beamte blätterte durch, was er in den Händen hielt. »Achter und neunter Juli und die *Sonntag aktuell* vom siebten. – Lagen die oben auf dem Tisch?«

Denzer sah seinen Freund Soest an. »Ich denke, ja«, sagte er dann. »Aufs Datum habe ich natürlich nicht geguckt.«

»Gut, so wird's gewesen sein«, entschied Bettina. »Die hat Frau Ausammas also weggeworfen. Das wäre geklärt. – Gibt es sonst eine Veränderung? Lassen Sie sich Zeit.«

Das taten die Jungs, sie standen mit angestrengten Gesichtern da. Aufgeregt waren sie auch, trotz aller Coolness, wann war man schon mal wichtiger Zeuge in einem Mordfall. Den wahrscheinlichen Tod ihres ehemaligen Mitbewohners nahmen sie eher gelassen. Ganz so beliebt schien Lino Mattheis doch nicht gewesen zu sein. Bettina verdrängte den Gedanken und sah sich selbst im Raum um. Hier würde man die Lösung möglicherweise finden können, das spürte sie, diese Wohnung war ein zentraler Ort in diesem Fall. Mit ihrem Fund waren sie ein Stück weiter gekommen. Florentine Ausammas hatte hier gelebt, Ella Coressel war vielleicht auch schon dagewesen, bestimmt sogar. Und Lino Mattheis hatte hier gearbeitet. Außerdem ein kleines Liebesnest unterhalten. – Wieso eigentlich?

»Herr Denzer?«, sagte sie.

»Ja.«

Der junge Mann wandte sich ihr zu, wieder dachte Bettina, wie hübsch er war, schlank, lässig angezogen, schöne Haut, zurückhaltend. Den hatte die durchtriebene Anita sich ausgesucht, nicht umgekehrt. »Wie genau wurde diese Wohnung genutzt? Sie hat Herrn Mattheis gehört, sagen Sie?«

»Er hat sie nur gemietet.«

»Und im letzten halben Jahr hat sich niemand beschwert, dass keine Miete gezahlt wurde?«

Der junge Mann starrte Bettina an. »Dauerauftrag«, sagte er nur.

»Okay. Was hat Herr Mattheis hier gemacht? Gearbeitet?«

Denzer hob die Hände und wies auf den Schrank. »Ja.«

»Und sonst?«

»Partys.«

»Ist dafür in der Villa kein Platz?«

Denzer zuckte die Achseln. »Das alles hier ist super für Partys. Die Werkstatt unten, der Hof, und dann gibt's noch eine kleine Terrasse vor der Küchentür. – Und vielleicht brauchte Lino eine andere Umgebung zum Arbeiten.«

Das waren nun wieder solche Reichenallüren. Bettina seufzte innerlich. *Eine andere Umgebung.* »Aufwändig, oder?«

»Ich glaube nicht, dass die Bude viel kostet.« Geringschätzig betrachtete Denzer die Nut- und Federbretter an der Dachschräge.

»Es war sein Liebesnest«, mischte der weißblonde Soest sich ein.

»Aber er ist doch nicht verheiratet gewesen?«

»Nein«, sagte Soest, fast entsetzt.

»Der hatte nicht mal eine feste Freundin«, ergänzte Denzer.

»War Ella Coressel irgendwann hier?«, fragte Bettina.

»Ja, klar, die hat er auf alle Partys eingeladen«, sagte Denzer stirnrunzelnd.

»Ist das ungewöhnlich?«

»Viel hat er sich sonst nicht mit ihr abgegeben.«

»War sie auch sonst mal da? Zum Helfen, vielleicht, wenn er einen Entwurf abgeben musste?«

»Weiß nicht«, sagte Denzer, Soest hob die Schultern.

»Was ist mit Frau Ausammas?«, fragte Bettina. »War sie keine feste Freundin?«

Denzer schüttelte den Kopf. »Die hat er hier wohnen lassen, aber eine richtige Beziehung für die Ewigkeit – nein. Von Lino aus war es mehr so …«, er überlegte, »eine Hilfe halt. Florentine hatte kein Geld und –«

Völkerverständigung, dachte Bettina. »Aber was«, sagte sie etwas ungeduldig, »war an Frau Ausammas anders als an den anderen Kommilitonen, die er bei sich in der Villa wohnen lässt? Oder zahlen Sie auch alle nichts?«

»Oh doch«, sagte Soest. »Und nicht wenig. WG-Preise.«

»Also war es doch eine Liebesbeziehung?«

»Na«, sagte Denzer zögernd, »aber nicht fest. – Lino mochte Florentine einfach. Sie war ...«, er suchte nach Worten, »eine von uns, wissen Sie? Die beiden hatten bestimmt auch mal was, aber – es war eigentlich Großzügigkeit von ihm. Oder Sammeln.«

»*Sammeln?*«

»Ja, so wie diese Wohnung hier, die ist halt krass, wissen Sie, die hat er gemietet, weil sie ihm gefiel, aber groß genutzt hat er sie nicht.«

»Aber seine ganzen Arbeiten stehen doch hier. Wo hat er denn eigentlich gearbeitet, als Frau Ausammas hier wohnte?«

Die Jungs zuckten die Achseln. »Besonders viel«, sagte Denzer, »hat er eh nicht gearbeitet.«

Bettina sah den wohl gefüllten Schrank an. »Wie lange hat Frau Ausammas hier gelebt?«

»Vielleicht ein halbes Jahr. Oder ein bisschen länger.«

»In der ganzen Zeit hat er nichts getan?«

Denzer und Soest sahen sich an. »Er hat so viel getan wie immer«, sagte Soest.

»Hallo, Frau Boll, kommen Sie mal?«, rief der größte der drei Spurensicherer, Hauser, und blickte durch den Fliegenvorhang, der den Hauptraum von der Küche trennte.

»Was ist?«

»Vielleicht interessiert Sie das.« Hausers Kopf verschwand wieder hinter den Glasperlen.

Bettina folgte ihm in den winzigen Raum. Die Küche hatte eine Tür nach draußen, davor lag eine Terrasse. »Ach, da ist die Hintertür.«

Hauser sah grimmig aus. »Ja, das ist auch so was, von der Straße können Sie ganz einfach hier reinkommen, wenn Sie erst den Zaun überwunden haben. Von unten führt eine Außentreppe zu der Terrasse dort vorn. Und dann geht's ganz einfach hier herein, die Tür ist so leicht aufzumachen wie ein Kühlschrank.« Er öffnete die Tür, tatsächlich schien etwas zu klemmen. Als sie offen war, wirbelten Regentropfen herein.

»Mein Kühlschrank geht leichter auf«, sagte Bettina.

»Nicht wenn Sie ihn abgeschlossen haben.« Er wies auf die Tür, der Riegel stand vor. Das metallene Gegenstück am Türrahmen, eine rostige Platte mit einem Loch, war beschädigt, dem Riegel stand als Widerstand nur noch etwas sehr abgewetztes Holz entgegen. »Man kann zwar verriegeln«, sagte Hauser, »aber viel bringen tut es nicht.«

»Hier kommt jeder rein«, sagte Bettina nachdenklich.

»Hmm. – Aber eigentlich wollte ich Ihnen was anderes zeigen.« Hauser wies auf den Boden.

Einfaches, altes Linoleum. »Da ist nichts«, sagte Bettina.

»Eben.« Hauser fuhr mit seinem behandschuhten Finger über die Spüle. »Sehen Sie mal hier.«

»Staub.«

»Genau. Und jetzt –« Er bückte sich, berührte den Boden mit einem anderen Finger. Auch den zeigte er Bettina.

»Kein Staub.«

Sie sahen sich an. »Das«, Hauser hob den schmutzigen Finger und machte ein strenges Gesicht wie in einer altmodischen Putzmittelreklame, »ist der Staub von einem halben Jahr.«

»Und das andere?«

»Keine Woche.«

»Hm. – Herr Soest!«, rief Bettina in Richtung Hauptraum.

»Ja?« Sofort teilte sich der Perlenvorhang und der Student erschien.

»Haben Sie hier drin gekehrt?«

»Nein.«

»Könnte Frau Ausammas das getan haben?«

Soest sah zweifelnd aus. »Keine Ahnung.«

»Hatte Frau Ausammas einen Schlüssel für die Wohnung?«

»Klar.«

»Ich meine, jetzt immer noch?«

»Ach so.« Nun schüttelte Soest den Kopf. »Meines Wissens gibt es nur zwei, Linos und den, den wir mitgebracht haben. Den hat Florentine benutzt, als sie hier gewohnt hat.«

»Sie kann also nur durch die Hintertür gekommen sein.«

Bettina blickte auf den alten Holzrahmen, immer noch sprühte Regen in den Raum.

»Wahrscheinlich.«

In dem Moment klingelte ihr Telefon.

»Oh, Dr. Leonhardt«, sagte Bettina ein wenig bang.

»Frau Boll, ich möchte –«

»Wir sind hier in Florentine Ausammas' alter Wohnung und machen gute Fortschritte.«

»… vorerst mal ausreden.«

»Oh, Verzeihung.«

»Bitte«, sagte der Kriminalrat verschnupft. »Kann ich mal Ihren Satelliten sprechen?«

»Wen?«

»Den außerordentlich findigen Herrn Willenbacher.«

Gott im Himmel, was hatte der nun angestellt? »Aber natürlich.«

Der Satellit turnte oben in dem Bett herum und war überrascht, dass Leonhardt was von ihm wollte. »Keine Ahnung«, flüsterte er Bettina zu. Sie nahm den Daumen vom Mikrofon und reichte ihm das Telefon.

»Hallo, Dr. Leonhardt«, sagte Willenbacher vom Hochbett aus. »Ja.« Er rollte die Augen. »Na, also wir machen hier gerade eine hochinteressante Haussuchung – ja. – Nein. – Doch, wichtig ist es schon, Dr. Leonhardt, ich – ja. – Ja. – Okay.« Er seufzte, sah Bettina an und tippte sich mit dem Zeigefinger an die Stirn. »Ich komme.«

»Was ist?«, fragte sie, als er auf die rote Taste gedrückt hatte.

»Hat er nicht gesagt. Ich soll sofort kommen.«

»Wohin?«

»Kußler beschatten.«

»Herrgott noch mal!«

»Sollte ich nein sagen? Zu unserem Kriminalrat?!«

»Du weißt, was ich meine.« Sie schüttelte den Kopf. »Andererseits haben wir ihn so wenigstens im Auge.«

»*Ich* habe ihn im Auge. Und ich brauche ein Telefon, hat er gesagt.« Willenbacher betrachtete begehrlich Bettinas Handy, das er noch in der Hand hielt.

»Vergiss es, was ist mit deinem?«

»Leer.«

»Nein.« Bettina schnappte nach dem Telefon. »Pump die Spusi an. Ich muss erreichbar sein.«

Und prompt klingelte es wieder.

Vanessa. Sie weinte fast. Bettina winkte Soest und den Kollegen und zog sich in die Küche zurück.

»Was ist los?«

»Enno«, sagte die süße, aber aufgeregte Stimme. »Er – hörst du das? Er hat so eine Art Weinkrampf, er zittert, er – ach du großer Gott!«

»Was?«, sagte Bettina betont ruhig. »Was ist los? Vanessa! Vanessa, wo seid ihr?«

»Café Schäfer.«

»Was tut er, hat er sich übergeben?« Im Hintergrund hörte Bettina Enno schreien – und Sammy. Und andere, besorgte Stimmen.

»Ja!«

»Bleib cool«, sagte Bettina, »du kriegst das hin. Hast du schon bestellt?«

»Enno, Schatz, ach je – ja.«

»Ist der Kuchen schon da?«

»Nein.«

»Bestell ab und geh raus mit den Kindern, hörst du?«

Dass sie das vergessen konnte. In all dem Stress die Kinder vergessen. Enno, der arme kleine Kerl. »Lass dich nicht bemuttern von den Leuten. Mach den Jungen draußen sauber. Geh einfach raus.«

»Okay«, sagte Vanessa, schon etwas gefasster. »Wir gehen jetzt, na los, Enno, mein Süßer, das ist egal. – Was bin ich schuldig?«

Bettina hörte fürsorgliche Stimmen im Hintergrund, Angebote.

»Geh raus«, sagte sie. »Na los, raus, raus.«

»Okay. – Nein, danke«, hörte sie Vanessa dann sagen. »Nein, wirklich, das ist nett, nein. Komm, Enno.« Etwas krachte. »– Puh. Draußen.«

»Super. Du bist schnell.«

Vanessa lachte aufgelöst.

»Es tut mir so Leid«, sagte Bettina. »Ich hab vergessen, dir das zu sagen. Ihre Mutter ist in einem Café gestorben.«

»Scheiße.«

»Hattet ihr so einen Marmortisch?«

»Ja.«

»War die Bedienung schwarz angezogen?«

»Ja.«

»Das war es. Genau wie damals. Die schwarze Frau. Davon kriegt er Zustände. Du liebe Zeit! Gib Enno einen Kuss von mir, bitte.«

Sie hörte es schmatzen, am liebsten hätte sie geheult.

»Der ist von deiner Tante Tina, Süßer. – Bettina, er weint immer noch.«

»Ich weiß. Schaffst du es schnell nach Hause?«

»Ja.«

»Ich werde noch Zeit brauchen hier.«

»Tante Tina kommt, sobald sie kann.«

Tante Tina wünschte in dem Moment, sie könnte Vanessa kaufen.

Als Soest ihr den Schleichpfad in die Wohnung zeigte, war Bettina ziemlich unkonzentriert, der Gedanke an ihren Adoptivsohn ließ sie nicht los. Sie erreichte die Terrasse von außen und sah nichts außer dem kleinen Enno. Und Vanessa. Das Café. Die schwarze Frau.

Und da, ganz plötzlich, gebar ihr überreiztes Hirn eine merkwürdige Idee. Es gab viele schwarz gekleidete Menschen in dem Fall. So viele. Schwarz. Man konnte fast von Uniform sprechen. Wie schnell wurde da eine Frau zum Mann und umgekehrt … Ha! Da war etwas … *Der Abend des Gießens. Die menschen-*

gefüllte Gießerei. Eine verschlossene Klotür. Kein Zeuge hatte sich gefunden, der in der fraglichen Zeit auf der Toilette gewesen wäre. – Und plötzlich schien dieser kleine ungeklärte Punkt richtig logisch …

»Und so«, sagte Soest gerade und warf sich mit voller Wucht gegen die inzwischen wieder geschlossene Tür zur Küche, »kriegt man sie auch auf.«

Wie eine Schlafwandlerin trat Bettina ins Trockene. Drinnen schüttelte sie sich. Sie sah eine verstaubte Kaffeetasse auf der Spüle, vertrocknete Kräuter auf der Fensterbank. Soest redete, sie hörte nur seine Stimme. Da waren nun sogar zwei Ideen, dachte sie angespannt. Die so gar nicht zusammenpassten! War sie nur überreizt?

Die eine war erst überprüfbar, wenn sie den Mord an Ausammas nachstellten. Deswegen sollte sie sich hier besser um die andere kümmern. Die war schwieriger zu fassen, kaum mehr als ein Unbehagen.

Florentine Ausammas war hier gewesen, vor kurzem erst.

Was hatte sie hier gesucht?

Ihren alten Gönner Lino Mattheis?

Was hatte sie gesehen?

Plakate. *Lustig, lustig!* Pläne. Einen Backstein, eine Bronzepistole. Zeitungen. Zettel. Fotos.

Zettel. *Fotos.*

* * *

Klapp, klapp, machten Susanna von Stauffs Stiefeletten auf der Treppe, die runter in den Fachbereich Werken führte. Erstaunlich, dachte sie, dass so wenig los war. Sollte hier nicht eine Hundertschaft Polizisten aus und ein gehen? Und wenn schon nicht die, so mussten um die Zeit wenigstens noch ein paar Studenten unterwegs sein. Aber die mit Plakaten tapezierte Stahltür lag einsam unter dem grellen Licht der Treppenhausbeleuchtung. Beinahe wäre Susanna umgekehrt. Doch dann hätte sie vor der Rekonstruktion von Florentine Ausammas' Tod, die für heute

Abend angesetzt war, noch mal nach Hause fahren müssen, und dazu hatte sie keine Lust. Einer, dachte sie, wird sicher da sein. Und tatsächlich war die Tür unverschlossen.

Hinter dem Stahl waren Licht und Luft gleich viel angenehmer und wärmer, sogar eine leichte Musik war zu hören, ein uralter Schlager, *Brazil*. Die Räume wirkten ungewohnt leer, auch hier keine Polizisten, keine Studenten, nirgendwo. Sonderbar war auch der Duft, der Susanna nun in die Nase stieg. Normalerweise roch es hier nach Kaffee, vermischt mit dem Geruch von Wachs und Kolophonium und bearbeitetem Metall. Heute jedoch lag etwas Stärkeres und gleichzeitig Lieblicheres in der Luft. Auch eine herbe Note war dabei, fast bitter säuerlich, doch die Süße überwog bei weitem: Rosen.

Der Fachbereich Werken roch nach Rosen.

Und dann sah Susanna, wie aus dem Durchgang zum Aktsaal ein winziges, weißliches kleines Ding wirbelte, leicht und schnell. Sie trat hinzu und fand sich unverhofft neben Klaus Hartmann, der direkt hinter der Tür stand und seinerseits fasziniert und befremdet zu dem Podest blickte.

»Hallo«, sagte Susanna, folgte seinem Blick und blieb stehen.

Klaus erschrak fast, so vertieft war er gewesen. »Hallo Susanna«, antwortete er, »endlich kommst du mal in einem Moment, wo man dich brauchen kann.«

Der Kollege sah tatsächlich hilflos aus. Irgendwie war es fast rührend, fand Susanna, denn das passierte nicht oft. »Klausi«, gab sie zurück, »dein Charme zwingt mich wie immer auf die Knie.«

Er warf ihr nur einen kurzen Blick zu. Ordentlich sah er heute aus, stellte Susanna halb bedauernd fest, schwarzer Pulli, dunkle Hose, ziemlich ungewohnt. Er fuhr sich mit der Hand über die kurzen Haare. »Scheiße. Ich hätte die Nachmittagsübung für die Erstsemester doch nicht absagen sollen, *die* hätten weniger Chaos angerichtet.« Damit schaute er wieder in den Saal.

Direkt am Podest stand Sagan-Nory, schwarz gekleidet wie immer, in erstaunlich gelassener Haltung, und zählte einen Stapel länglicher, flacher Pappschachteln durch. Es war ein großer Stapel. In der Hand hielt er eine Astschere, vor ihm auf dem Boden lagen bereits geöffnete und leere Kartons, daneben ein Haufen grüner Stiele. Und direkt neben ihm auf dem Podest türmten sich Rosenblätter. Es war ein ganzer Berg, hoch, üppig, schimmernd, aus weißen Blüten gerissen. Ein zarter Rosaton färbte die helle Pracht. An den Rändern des Bergs spielte es in kaum merkliches, changierendes Grün. Starker Duft stieg von den Blüten in einzelnen Schwaden auf.

»Wo ist denn die Polizei?«

»Waren fertig«, knurrte Klaus. »Und sie dachten, sie könnten bis zur Rekonstruktion heute Abend alles unverändert stehen lassen.«

»Hm«, machte Susanna und beobachtete, wie Sagan-Nory nun eine seiner Schachteln öffnete, hineingriff und mit vollen Händen Rosen hervorholte. »Jetzt gibt's noch eine Konkurrenzveranstaltung, wie's aussieht.«

Klaus verschränkte die Arme. »Du hättest mal sehen sollen, wie vorsichtig die Polizisten die ganze Zeit um die Staffeleien herumgeturnt sind, um nur ja nichts zu verschieben. Und jetzt geht der hin –«

Alle Staffeleien lagen auf einem großen Stapel im hintersten Eck des Raums, auch die Eisenböcke, auf denen die Studenten ihre Tonfiguren gelassen hatten, waren zur Seite gerückt, wahrscheinlich um freien Blick auf das Rosenbett zu schaffen.

»Ich glaube, ich rufe bei der Polizei an«, sagte Klaus, rührte sich aber nicht von der Stelle.

»Wieso?« Susanna lachte trocken. »Der Herr Professor hat sicher schon alles beiseite geräumt, was ihn störte.« Sie schüttelte den Kopf. »Irgendwie lässt er nach, finde ich. Die Sache mit den Hamstern hatte wenigstens noch ihren Grusel. Doch das hier ist ja – *Rosen!*«

»Hollywood«, pflichtete Hartmann bei, den Blick immer noch auf Sagan-Nory gerichtet. »Gut, seine Frau ist gerade gestorben.«

»Hast Recht.« In einmütigem Verständnis blickten sie eine Minute lang auf den in sein Werk vertieften Sagan-Nory, hörten die alte, sehnsuchtsvolle Musik, dann schüttelte Susanna den Kopf. »Vielleicht sollte jemand mit ihm reden.«

»Bitte«, sagte Klaus mit einer Geste hin zu seinem Chef.

»Ich dachte mehr an ein Männergespräch.«

In dem Moment sah Sagan-Nory auf und rief: »Sie könnten mir ruhig helfen, statt bloß herumzustehen!«

Klaus und Susanna sahen sich an. »Herr Sagan-Nory«, sagte Susanna dann, »was habe Sie vor? Haben Sie ganz vergessen, dass hier nachher ein Polizeieinsatz stattfinden soll?«

»Im Gegenteil.«

Das Merkwürdige an Sagan-Nory war, fand Susanna, dass er Dinge wie Rosen köpfen an dem Platz, wo seine Freundin ermordet worden war, mit einer Gelassenheit verrichtete wie andere Leute Unkraut jäten. Er sah völlig klar aus. Und planvoll. Sein hässliches narbiges Gesicht war ruhig, die schwarzen Haare standen struppig vom Kopf wie immer, insgesamt wirkte er in seinem seltsamen Tun bodenständig wie ein Handwerksmeister, zumal mit der Astschere in den Händen.

»Ich will, dass Florentine genau an diesem Platz gewürdigt wird«, sagte er. »Von allen, die dabei waren und sie haben sterben lassen. *Geehrt soll sie werden.* – Das wunderbare Wesen.« Nun klang er nicht mehr ganz so bodenständig, aber er fing sich wieder, nur seine linke Hand krampfte sich plötzlich um den Büschel Rosenstiele, den sie hielt – jetzt, dachte Susanna distanziert, müsste man noch Blut herauslaufen sehen, dann wäre es perfekt. Doch Sagan-Nory hob nur den halb zerschnittenen Strauß, sah die verbliebenen Blüten an und sagte: »Moosrosen. Die duften. Ich wollte welche, die duften. *Echte.*«

»Aber was werden Sie den Polizisten sagen?«

»Nichts. Ich möchte nur Rosen hier haben, für Florentine.« Er köpfte eine weitere Blüte, ließ die Petalen auf den hellen Haufen zu ihren Schwestern fallen und trat einen Schritt zurück, um die Wirkung zu begutachten. »Genau so habe ich es mir vorgestellt«, sagte er. »So war sie, oder? So – weiß, rosig, so –«

Entblättert, dachte Susanna. »Nackt«, raunte sie Klaus zu.

»Tot«, sagte der gleichzeitig halblaut zu ihr. Sie sah auf.

Ihr Kollege trat einen Schritt auf Sagan-Nory zu und sagte: »Wussten Sie eigentlich, dass das Grab jetzt gehoben ist?«

»Was für ein Grab?«, wehrte Sagan-Nory ungnädig ab. Schnipp, fiel eine weitere Rose.

»Im Skulpturenpark am Winterturm. Die Polizisten da, die haben es mir erzählt.«

»Kußlers Frau?«, erkundigte sich Sagan-Nory.

»Nein, ein Mann.« Klaus verschränkte die Arme und musterte seinen Vorgesetzten aufmerksam. »Vielleicht ein gewisser Lino Mattheis.«

Sagan-Nory hörte nicht auf, Blüten zu köpfen, wurde eher noch schneller. »Mattheis, hm?«

»Der ist im Fachgebiet bekannt. Hat schon eine Bronzefigur bei mir gemacht.«

»Mattheis«, sagte Sagan-Nory, »das sagt mir gar nichts.«

»War mal mit Florentine zusammen«, sagte Hartmann, ohne den Blick zu lösen. »Ein schönes Paar eigentlich.«

Sagan-Nory schnitt der letzten Rose des Straußes in seiner Hand den Kopf ab. Dann ließ er die Stiele fallen, legte plötzlich den Kopf schief und sah freundlich aus. »Du denkst, dass ich es war.« Er deponierte die Astschere auf dem Podest und wischte sich grünes Laub von den Händen. »Bist du verrückt? Glaubst du, ich muss einen umbringen, um an eine Frau zu kommen?«

Klaus wies auf die Rosen. »Um an *so* eine Frau zu kommen, vielleicht schon.«

Sagan-Nory blickte seinen Assistenten unergründlich an, er hatte sehr schöne Augen, fiel Susanna auf, kühles Braun. Etwas Müdigkeit lag darin. »Ja«, sagte er, »ich weiß, wer dieser Mattheis war. Und? Er war nichts. Völlig uninteressant. Florentine hat ihn einmal erwähnt. Ich habe halt ein gutes Namengedächtnis.« Nun wandte der Professor sich an Susanna. »Ihr denkt alle, dass ich es war, oder? Schon die ganze Zeit. Schon als der Kußler noch in Haft saß.«

Susanna fand es unpassend, wie ihr Herz plötzlich anfing zu klopfen, als die rätselhaften Augen nun auf sie gerichtet waren, aber sie konnte nichts dagegen tun. »Aber wieso *Rosen?*«, fragte sie. »Finden Sie das nicht –« Sie brach ab.

»Abgedroschen?« Sagan-Nory hob die Brauen. »Da müssen Sie drüber stehen, gute Frau. Das eben ist die Crux der Postmoderne. Drittes Semester, was weiß ich, wie dieses Fach hier heißt. Umberto Eco. Sie möchten Ihrem Kerl sagen ›Ich liebe dich‹, aber der Satz steht auf jeder Milchtüte, das sind nicht Ihre wahren Gefühle, *Sie* möchten es so einzigartig ausdrücken, wie es sich anfühlt. Versuchen Sie es, stellen Sie fest, dass auch die abgefahrenen Spielarten alle schon da waren. Sie können Bäume illuminieren, mit Silvesterraketen Herzen an den Himmel malen, es wird Ihnen alles nicht helfen. Zum Schluss können Sie eben doch ganz einfach nur sagen: Ich liebe dich.« Er blickte traurig auf den Haufen Blütenblätter vor sich. »Und Rosen streuen. Selbst wenn die Geste noch so verschlissen ist.« In dem Moment klingelte sein Telefon. Plötzlich sah er wieder geschäftmäßig aus. Er zog es aus der Hosentasche, drückte einen Knopf, sah die beiden Assistenten vor ihm an und ging aus dem Saal.

»Hm.« Susanna trat an das Rosenbett und ließ ein paar der hellen Blütenblätter durch ihre Finger gleiten. Klaus stellte sich neben sie und blickte kopfschüttelnd auf das Chaos. Susanna räusperte sich. »Tja. Vielleicht hat er Recht.«

»Na, ich weiß nicht«, sagte Klaus und verschränkte die Arme. »Da gibt's noch eine andere Crux an der Postmoderne.«

»Welche?«

»Dass man nie weiß, ob einer Rosen für seine tote Frau streut oder nur mal schnell vor der Rekonstruktion den Schauplatz des Verbrechens aufgeräumt hat.«

* * *

Florentine Ausammas' Weg abgehen, dachte Bettina. In kleinen Schritten. Die junge Frau war die Hintertür zu Lino Mattheis' Klause hereingekommen. Was hatte sie gesehen? Eine staubige Küche. Weiter in den Hauptwohnraum. Bettina teilte die Perlenfäden des Fliegenvorhangs und sah drei arbeitende Kollegen und zwei Studenten auf dem Sofa. Der Raum war zu klein. Doch es musste auch so gehen. Wo sollte sie suchen? »Herr Hauser?«

»Ja.«

»Waren Sie schon an diesen Sachen, die angeblich auf dem Tisch lagen? Der Bronze und dem Stein?«

»Ja, sind fertig.«

Bettina ließ sich ein Paar Latexhandschuhe reichen und zog sie über. Die Jungs auf dem Sofa verfolgten schweigend jeden ihrer Schritte. Bettina ging zum Schrank. Dort nahm sie den Backstein, die Bronzeskulptur und die Zettel heraus. Der Stein hatte überhaupt keine besonderen Kennzeichen außer dass er rund um das Griffloch in der Mitte Tintenspuren hatte, vielleicht war er als Stiftehalter benutzt worden. Die Bronze war die Darstellung einer Pistole, deren Lauf viel zu breit war, das Griffloch nicht offen, das ganze Teil ungenau und lieblos gemacht. Dann die Zettel. Es waren drei Stück, einer war undeutlich verkritzelt, der zweite leer, und auf dem dritten stand die Zahl 11880, dann der Name Liebermann mit einer Telefonnummer dahinter.

»Sie haben hier Fotos liegen sehen?«, fragte die Kommissarin die Studenten.

Denzer nickte. »Drei, vier Stück.«

»Was war drauf?«

Denzer und Soest schüttelten die Köpfe. »Es war Nacht, wir sind rein und haben die Plakate hingelegt und fertig.«

Fotos fehlten also, wer hatte die genommen? Florentine? Der geheimnisvolle Putzteufel, der hier gekehrt hatte? Bettina seufzte, durch bloßes Nachdenken kam sie nicht weiter. Sie nahm sich die Zettel vor. 11880 war die Nummer einer Auskunft. Jemand hatte die Auskunft angerufen und sich die Nummer eines Liebermann geben lassen. – Angerufen von wo aus, eigentlich? »Gibt es hier Telefon?«, fragte Bettina in den Raum.

»Nein«, sagte einer der Spurensicherer.

»Nein«, bestätigte Soest. »Unten ist ein alter Anschluss, aber den hat Lino nie benutzt, er hatte ja sein Handy.«

»Hm.« Bettina hielt ihm den Zettel hin. »Liebermann. Wer ist das?«

Soest zuckte die Achseln.

»Ich glaube, das ist Linos Anwalt«, sagte Denzer.

»Hat Herr Mattheis diesen Zettel geschrieben?«, fragte sie. »Der Schrift nach?«

Soest beugte sich darüber. »Ich denke schon. So macht – machte Lino seine Ls.« Nun sah er richtig mitgenommen aus. Vielleicht war er doch nicht so herzlos, dachte Bettina, vielleicht war der Tod seines Freundes einfach nur zu schnell für ihn gekommen. »Okay.« Sie sah auf die Uhr, vier. »Dann versuche ich mal den Anwalt zu erreichen.«

Zum Telefonieren ging sie wieder in die Küche. Sie erreichte Liebermann nach dem Vorgespräch mit der dafür zuständigen Dame tatsächlich noch persönlich. Er war der Anwalt der Familie Mattheis, ein Treffer.

»Herr Liebermann«, sagte Bettina, »ich gehöre zu einem Kommissariat, das Kapitalverbrechen bearbeitet. Wir haben hier in Lautringen eine Leiche gefunden, die wahrscheinlich Lino Mattheis ist. Die Familie weiß es noch nicht.«

»Großer Gott.«

»Nun haben wir in Mattheis' Arbeitsraum Ihre Telefonnummer gefunden. Hatten Sie Kontakt zu ihm? So vor einem halben Jahr vielleicht?«

Liebermann schwieg einen Moment. Dann sagte er: »Wie ist er denn gestorben?«

»Er wurde wahrscheinlich erschlagen. Hatten Sie Kontakt?«

»Moment.«

Es entstand wieder eine Pause.

»Hören Sie, Frau – äh –«

»Boll.«

»Gut. Lino hat mich tatsächlich angerufen, er – ist er etwa schon ein halbes Jahr tot?«

»Ja. – Was hat er denn gesagt?«

»Das ist ja schrecklich. Verzeihung – was er gesagt hat? – Ich weiß nicht mehr so recht, aber ich versuche es mal – also, er hat abends angerufen.«

»An welchem Tag?«

»Moment, ich schau in den Kalender. Es war um Pfingsten herum, also Mitte Juni, ja, ich glaube, das ist ein L.« Eine Pause entstand. »Es war wohl der zehnte.«

Bettina hatte selbst ihren Kalender vorgeholt. »Sicher?« Endlich mal ein Zeuge, der sich an etwas erinnerte. »Das war Mittwoch, der zehnte?«

Sie hörte Liebermann blättern. »Genau. Ja. Das muss der Tag gewesen sein.«

»Was wollte er?«

»Tja«, sagte der Anwalt. »Ich erinnere mich, aber nur undeutlich. Hier sehe ich, dass ich einen Termin an dem Abend hatte. – Ja. Jetzt. Ich war etwas in Zeitdruck. Genau. Und Herr Mattheis schien mir sehr aufgeregt. Deswegen war ich wohl etwas kurz angebunden. Ich kenne die Familie persönlich, den jungen Mattheis allerdings weniger –« Er brach ab. »Großer Gott, er ist wirklich tot? – Das wird seine Mutter schwer treffen.«

»Wir haben den Eindruck, dass die Familie Mattheis ihm gegenüber eher gleichgültig war. Sie haben ihn im letzten halben Jahr gar nicht vermisst.«

Liebermann schwieg einen Moment. Dann sagte er: »Die Familie musste sich frühzeitig daran gewöhnen, dass ihr Jüngster immer seine Extratouren unternommen hat. Ich habe von seinen Eskapaden gehört, er war – leichtlebig. Und –« Er zögerte.

»Ja?«

»Er hat so seine kleinen Laster gehabt. Sein Vater hat mich zwei, drei Mal deswegen konsultiert, sein Sohn neigte zu windigen Unternehmungen.«

Surfen, dachte Bettina. Laut sagte sie: »Was für welche?«

»Einmal wurde er beim Kiffen erwischt, und dann ging es um Urheberrechtsgeschichten. Der junge Mattheis war kein Architekt, wäre wahrscheinlich nie einer geworden, aber in gewisser Weise kannte er sich fast zu gut aus. Er wusste, wie das Procedere in der freien Wirtschaft ist, da können Sie Ideen einfach kaufen. Nur in der Ausbildung dürfen Sie so etwas halt nicht machen. Im Härtefall kann man das ganze Studium vergessen.«

»Er hat sich Studienarbeiten gekauft.«

»Versucht hat er es zumindest. Das ist alles, was ich weiß. Mit ihm persönlich hatte ich nie als Berater zu tun. Dieser Anruf war ungewöhnlich, nur deswegen kann ich mich jetzt noch daran erinnern. Offen gesagt, dachte ich damals sofort, dass er sich richtig in Schwierigkeiten gebracht hat.«

»Wie kamen Sie darauf?«

»Weil er so aufgeregt war und etwas ›ganz Großes‹ mit mir besprechen wollte. Sein Tonfall. Dass er überhaupt von sich aus Kontakt zu mir aufgenommen hat. Ist dieses Telefonat denn sehr wichtig für Ihre Ermittlungen?«

Bettina sah den Zettel an. »Ja.«

»Großer Gott. Das heißt, er wurde wegen dieser Sache, die er mit mir besprechen wollte, ermordet?«

Etwas ganz Großes. »Wahrscheinlich.«

»Und ich habe ihn abgewimmelt. Ich riet ihm, sich mit seiner Familie oder einem Freund auszusprechen und dann noch mal anzurufen.«

»Worum ging es ihm denn genau?«

»Er sagte, jemand hätte ihm etwas gestohlen.«

»Was?«

»Ich denke nach. – Er war so hibbelig. Am Anfang, Moment – da glaubte ich, ja, jemand hätte ihm seine Freundin ausgespannt! Und er hätte dann eine Dummheit begangen. Aber das war es nicht. – Hochzeit! Ja! Eine Hochzeitskapelle. Er sagte was von einer Hochzeitskapelle.«

»Was bedeutet das?«

»Pläne vielleicht? Eine Idee? Ein Modell?«

»Die hatte ihm jemand gestohlen?«

Der Anwalt seufzte. »Ganz ehrlich: Es war so eins von diesen Was-wäre-wenn-Gesprächen. Was wäre, wenn mir jemand meine Hochzeitskapelle gestohlen hätte und ich beweisen könnte, dass es so ist.« Er machte eine Pause. »Wissen Sie, was ich meine?«

»Nein«, sagte Bettina.

Liebermann holte tief Luft. »Ich sage es wirklich ungern, aber Sie brauchen ja unparteiische Informationen.«

»Wir brauchen mehr solche Zeugen wie Sie«, sagte Bettina warm.

»Danke. – Also, so aufgeregt wie der junge Mattheis war, dachte ich sofort, dass es auch umgekehrt er selbst gewesen sein könnte, der diese Kapelle, oder die Pläne dafür, was immer er meinte, jedenfalls, dass er –«

»Dass eigentlich er derjenige war, der die Hochzeitskapelle gestohlen hatte.«

»Tja«, sagte der Anwalt. »Ja, das dachte ich leider.«

* * *

»Willenbacher«, schrie Dr. Leonhardt in das Telefon, dass es nur so krachte, »wo sind Sie? Haben Sie ihn?«

Willenbacher fuhr eine ziemlich langweilige regengraue Straße entlang, für die eine solche Aufregung entschieden übertrieben war. Vor ihm tuckerte eine Frau mit toupiertem Haar in einem blassgrünen Ford Ka dahin, davor quälte sich ein Radfahrer, der wahrscheinlich Kußler war, durch den Niederschlag.

»Ja, Dr. Leonhardt.« Zu zweit und verbunden über Satellit hatten sie es tatsächlich geschafft, dem Architekten zu folgen, beziehungsweise ihn wiederzufinden, sehr schwierig war es nicht, denn besonders viele Radfahrer waren nicht unterwegs bei dem Wetter. Da bog Kußler plötzlich in eine Einbahnstraße, entgegen der Fahrtrichtung. »Scheiße.«

»Was ist, Willenbacher? Wo ist er? Was tut er?«

»Er fährt in die …« Das Straßenschild konnte Willenbacher nicht mehr lesen, er war schon viel zu weit dran vorbei. Kurz entschlossen hielt er an und stieß zurück. »Siebenliststraße. Aber falsch rum.«

»Bitte?«

»Es ist eine Einbahnstraße, er fährt in die falsche Richtung. Und jetzt?«

»Ach, ich glaube, ich weiß, wo Sie sind. Nehmen Sie die Parallelstraße.«

Willenbacher seufzte, er hatte nicht übel Lust, den Mann wirk-

378

lich zu verlieren, wahrscheinlich machte er einfach nur eine kleine Fahrt, um Wut und Spannungen abzubauen. Kein Wunder nach einer Nacht in der Zelle.

»In Ordnung.«

* * *

Als sie wieder aus der Küche kam, hockte einer der Spurensicherer auf dem Boden und sortierte die Zeitungen. »Frau Boll? Interessiert Sie das vielleicht?« Er wies auf zwei Stapel, einen dicken, hohen, welligen und einen kleinen glatten. »Wir haben hier fast die komplette Juniausgabe. Einmal vom siebten bis zum neunten«, er wies auf den kleinen Stapel, »die lagen auf dem Tisch und wurden wohl von Frau Ausammas in den Müll geworfen. Und dann vom elften bis zum dreißigsten. Die haben die Jungs mit hochgebracht.«

»Das heißt, eins bis sechs fehlen«, sagte Bettina.

»Ja. – Der siebte war ein Sonntag«, ergänzte der Spurensicherer. »Da gab's die *Sonntag aktuell,* dann zwei normale Ausgaben und –«

»Der zehnte fehlt.«

»Ja.«

»Der *zehnte.*« An dem Tag hatte Lino Mattheis seinen Anwalt angerufen.

»Hmm.«

»Das«, sagte Bettina, »ist tatsächlich interessant.«

»Der zehnte, der zehnte«, sagte eine Stimme, die sich ein wenig gebrochen anhörte, sehr weiblich, aber alt, »da haben wir ihn ja. Was wollen Sie hören?«

»Versuchen Sie's mal mit der Hauptschlagzeile«, sagte Bettina. Sie tigerte unten in der rußigen Werkstatt herum, Denzer und Soest hatte sie auf die Dienststelle fahren lassen, so ganz ohne Strafe sollten die beiden mit ihrem dreisten Diebstahl auch nicht davonkommen, oben werkelten noch die Spurensicherer, aber viel zu finden war wohl nicht mehr.

»Lautringer Architekt gewinnt Wettbewerb um Wiederaufbau des Hauptfriedhofs«, sagte die Dame von der *Rheinpfalz*, die für Bettina ins Archiv gegangen war.

»Hm«, machte Bettina. »ja, lesen Sie das mal vor.«

»Zur Überraschung der übrigen, eher prominenten Teilnehmer am Wettbewerb um den Wiederaufbau des Lautringer Haupt-friedhofs wurde gestern das junge Lautringer Nachwuchstalent Thomas Kußler zum Gewinner des Wettbewerbs gekürt. – Weiter?«

»Eine kurze Zusammenfassung wäre vielleicht gut«, sagte Bet-tina. Ihr Herz klopfte unruhig. War das nun ein Hinweis? Auf Kußler?

»Er wurde von der Konkurrenz und vom Bürgermeister beglückwünscht«, sagte die Dame. »Die Bauarbeiten sollten unverzüglich aufgenommen werden, besonders gefallen hat den Juroren der Umgang mit dem Thema Denkmal. Kußler hat geplant, den Schrott der Herkules, die abgestürzt ist, in Stahl-körben hinter den Fenstern aufzustellen.«

Das hatte Bettina alles selbst vor einem halben Jahr in der Zei-tung verfolgt. »Okay«, sagte sie. »Ist ein Bild dabei?«

»Ja. Der Bürgermeister von Lautringen schüttelt dem Archi-tekten die Hand.«

»Okay.«

»Und ein Modell von dem Friedhof.«

»Hm.«

»Soll ich mal die anderen Überschriften lesen?«

»Ja.«

»Gut … ›Amerikanische Streitkräfte reduzieren die Anzahl der Überflüge nicht.‹ Darüber haben wir viel berichtet. War sonst nicht viel los im Sommer.«

»Nein, das ist es nicht«, sagte Bettina.

»›Saarhölzbach: Millionenschwerer Goldschatz aus dem acht-zehnten Jahrhundert in kleinem Ort an der Saar entdeckt.‹«

»Auch nicht.«

»Womit hat es denn zu tun?«

»Kunst und Architektur.«

»Ah«, machte die Dame. »Da ist noch was an der Seite. ›Lautringer Kunstprofessor eröffnet Ausstellung in der Zehntscheune.‹«

»Hm«, machte Bettina wieder. »Wer ist dieser Professor?«

»Ein gewisser Sagan-Nory.«

»Oh. Was für eine Scheune?«

»Zehntscheune in Lautringen. Ich schaue mal nach dem Artikel. Ah ja: Vernissage gelungen, Künstler entspannt, Liste der wichtigen Leute, die da waren. Wollen Sie die hören?«

»Ja.«

Die Dame las vor, aber keiner der Namen sagte Bettina etwas.

»Und ein Bild ist dabei, von diesem Sagan-Nory. Merkwürdiger Mann.«

»Tja –«

»War es das, was Sie wollten?«

Bettina war sich nicht sicher. »Ich muss es selbst lesen. Es wird gleich jemand bei Ihnen vorbeikommen und die Zeitung abholen. Danke erst mal.«

»Aber gern geschehen.«

* * *

Willenbacher hatte seinen Radfahrer verloren. Er hatte die Parallelstraße genommen und an der nächsten Ecke gewartet; wer nicht gekommen war, das war der Mann auf dem Rad. Ob er gemerkt hatte, dass er verfolgt wurde? Viel Mühe mit Tarnung hatte Willenbacher sich nicht gegeben, aber auf einem Fahrrad im Regen bekam man nicht viel vom Straßenverkehr mit, und schon gar nicht von dem hinter einem. Dr. Leonhardt plärrte nervös Anordnungen durchs Telefon, Willenbacher antwortete einsilbig, es war sowieso eine Zumutung, mit einem unters Kinn geklemmten Handy fahren zu müssen. Er hatte vor, noch eine Runde um die Stelle zu drehen, wo Kußler verloren gegangen war, und dann umzukehren.

In dem Moment sah er ihn.

Der Architekt legte sich schräg in die Kurve, zog Wasserspuren durch eine hohe Pfütze, rasch und gefährlich, und verschwand unter einer Eisenbahnbrücke.

»Ich hab ihn wieder«, sagte Willenbacher und fuhr hinterher.

»Wo sind Sie?«

»Keine Ahnung«, sagte Willenbacher genervt, er kannte die Stadt nicht, hatte die Orientierung verloren und musste sich konzentrieren. »Ich sag's Ihnen gleich.«

Sie fuhren eine steile Strecke hoch, Kußler wurde nicht wesentlich langsamer, aber Willenbacher musste trotzdem irgendwann eine Abfahrt nehmen, um den Architekten nicht zu überholen. Dann verfranste er sich ein bisschen in den Einbahnstraßen, fand aber noch gerade rechtzeitig wieder zu seinem Mann zurück, um ihn auf das Gelände einer großen, ziemlich marode aussehenden Halle mit einer verwaschenen alten BBK-Leuchtreklame an der Front einbiegen zu sehen.

»Er ist bei der …« Willenbacher hielt den Wagen an und verrenkte den Hals, um den ausgeblichenen Namen auf der Reklametafel lesen zu können, die war natürlich nicht beleuchtet. »*Alten Concordia.*«

»Gut, was tut er?«

»Er ist reingefahren in das Gelände.«

»Gehen Sie hinterher!«

Bei dem Regen. »In Ordnung, Herr Kriminalrat«, sagte Willenbacher mit einem resignierten Blick auf seinen voll aufgedrehten Scheibenwischer.

* * *

Bettina stieg langsam die rostigen Metallstufen zu der kleinen Wohnung hoch. Es wackelte, die Treppe war wahrscheinlich baufällig und auf jeden Fall unbequem. Man konnte durch die Stufen hinunter in Halle sehen, das machte den Aufgang umso mehr zu einem Weg in ein Nest, ein Versteck.

Wozu brauchte ein extrovertierter Typ wie Lino Mattheis ein Versteck?

Als Liebesnest?

Nein, dachte Bettina, das war es nicht. Die Wohnung oben war wohl klein und lauschig, aber das war nur ein Nebeneffekt. So ein Versteck mietete man dann, wenn man etwas vorhatte, das zu Hause in der offiziellen Wohnung keiner mitbekommen sollte. Etwas Illegales. Etwas, wofür man Zeit und Platz brauchte.

Bettina blieb stehen und sah in die düster beleuchtete Halle hinunter. Es gab eine Menge verbotene Dinge, die ein junger Mann in so einer Wohnung tun konnte. Rauschmittel herstellen und vertreiben, ein Bordell eröffnen, Minderjährige verführen, Schmuggelwaren einlagern, illegale Einwanderer aufnehmen. Hatte Mattheis alles nicht gemacht, jedenfalls gab es keine Anzeichen dafür. Es gab nur sehr viele Pläne und Modelle. Einen riesigen Schreibtisch. Einen Computer. Werkzeug in Kisten. Hier war gearbeitet worden. Diese Wohnung war ein Büro.

Windige Unternehmungen.

Lino Mattheis war aufgeregt gewesen. Eine Hochzeitskapelle war gestohlen worden. Oder ging es doch ums Heiraten? *Ich wollte sie heiraten.*

Bettina trat in die Wohnung,

Lino hat so viel getan wie immer.

Hatte Mattheis seine Kommilitonin Ella Coressel hierher zu einem Liebesabenteuer geschleppt? Um nicht mit ihr in der WG gesehen zu werden? Hätte er sich wirklich nach außen desinteressiert gezeigt? Und Coressel trotzdem zu allen Partys eingeladen? Wohl kaum. Ella Coressel war ein hübsches Mädchen, mit der brauchte man sich nicht zu schämen.

Waren hier Studienarbeiten für Geld angefertigt worden?

Verstecken musste man dabei nur die Tätigkeit an sich, das Ergebnis – die Planrollen und Modelle – konnte man dann ruhig auch bei Partys sehen lassen. Man konnte sogar ein halbes Jahr eine Freundin hier einquartieren, eine, bei der man wusste, dass es sowieso nur vorübergehend war. Grübelnd betrat Bettina wieder die Wohnung. Studienarbeiten kaufen, dachte sie, war illegal. Wurde man erwischt, hieß es Ende der Ausbildung. Für Lino Mattheis wäre das nicht unbedingt die Tragödie gewesen, die sein Leben zerstört hätte. Vielleicht hatte er es sogar ein bisschen drauf ankommen lassen? Doch zu dem Handel gehörten zwei. Studienarbeiten *verkaufen* war ebenso Betrug. Und Ella Coressel machte ganz den Eindruck, als ginge sie in ihrer Arbeit richtig auf. Diese Frau würde um den Beruf, den sie sich ausgesucht hatte, kämpfen.

Nur – Bettina bekam die Teile immer noch nicht richtig zusammen – was hatte das alles mit dieser Zeitung vom zehnten zu tun? Mit der verschlossenen Tür? Und der Hochzeitskapelle? Die war gestohlen worden. Von Ella Coressel? Was hieß das? Hatte sie die vielleicht hier gemacht und dann nochmals verkauft? Oder selbst genutzt?

Bettina seufzte. Sie würde diese Hochzeitskapelle finden müssen.

Die Spurensicherer hatten ihr Okay gegeben, und nun saß Bettina in dem winzigen Raum auf dem Boden, umgeben von Schachteln und Plastiktüten und Modellen, und nieste fast ununterbrochen, so viel Staub hatte sie aufgewirbelt. Den Computer hatte sie auch hochzufahren versucht, dabei war ihr noch eine kleine Sensation gelungen: »Da hat jemand die Festplatte rausgerissen.« Hauser hatte seine Kollegen angesehen und sich am Kopf gekratzt.

Die Herren Spurensicherer, hatte Bettina gedacht. Da musste eine wie sie kommen, damit so etwas überhaupt bemerkt wurde. »Rausgerissen?«

»Ja, sehen Sie, das Gehäuse wurde wahrscheinlich mit dem Schraubenzieher aufgemacht und dann hat jemand mitgehen lassen, was immer in der Kiste drin war.« Wieder hatte Hauser seinen Kopf bearbeitet. »Spuren verwischen. Sieht ganz nach der Person aus, die auch gekehrt hat.«

Der geheimnisvolle Dritte. Noch ein Rätsel mehr, dachte Bettina, während sie nun Pläne auseinander rollte, einen dicken Packen nach dem anderen. Die Zeit drängte, bald musste sie weg zu ihrem Termin im Aktsaal, aber bis dahin wollte sie noch etwas finden, *einen* kleinen Hinweis zumindest. Doch der Inhalt des Schranks war mächtig und durcheinander, auch wenn es aufgeräumt aussah. Oft waren Pläne verschiedener Projekte ineinan-

der gerollt, das meiste unbeschriftet, es gab Skizzen in Hülle und
Fülle, vieles, was Bettina überhaupt nicht erkennen, geschweige
denn zuordnen konnte. Sie machte sich gerade an eine weitere
dicke Rolle, als das Telefon klingelte.

Willenbacher.

»Was ist? Hat der Kußler sich von der Haft erholt?«

»Der Kußler«, sagte Willenbacher, es klang irgendwie gepresst,
»ist bei dem Wetter mit dem Fahrrad durch die ganze Stadt gefahren.«

Bettina dachte an ihre Tour mit Fillibeck. »Nicht dass das hier
bei den Lautringern ein ungewöhnliches Verhalten wäre.«

»Spar dir die Häme, er ist am Winterturm.«

»Wo?«

»Am Winterturm, ich hab ihn mit dem Auto verfolgt bis zu
einer Halle mit einem Sportplatz, da hinten herum gibt's einen
Schleichweg zu dem Grundstück, oder was heißt Schleichweg,
man kommt halt hin. Ein Weg war da nicht.«

»Was tut er denn?«

»Er – Scheiße!«

»Will! – Was ist?!«

»Tina«, sagte Willenbacher, »komm her, schnell. Da ist noch
jemand.«

»Wer?«

Es raschelte im Lautsprecher, dann flüsterte Willenbacher: »Ich
weiß nicht, diese blöden Typen mit ihren schwarzen Klamotten
alle. – Hör zu, ich geh jetzt hoch.«

»Hoch, wieso hoch?«

Doch in dem Moment klickte es und die Verbindung war tot.

Bettina versuchte rasch, die Rolle mit Papieren, die sie gerade in
der Hand gehalten hatte, wieder einigermaßen zusammenzuwi-
ckeln, damit sie in ihren Karton passte. Das war gar nicht so einfach, es waren viele Pläne, und sie waren lang, und Bettina war
den Umgang damit nicht gewöhnt. Als die Rolle von der Dicke
her in die Pappschachtel gepasst hätte, war sie zu lang, Bettina
musste alles noch mal auf dem Tisch ausbreiten. Die schweren

Pläne bogen sich an den Ecken sofort wieder nach oben. Bettina kämpfte ungeduldig mit dem Papier, rollte den Packen hin und her, zupfte und zerrte. Und fand plötzlich, jetzt, da sie in Eile war, zwischen all den Gebäudeansichten ein einzelnes DIN-A4-Blatt mit einem schmalen Balken von Bildern an der linken Seite. Da waren Paare, Torten, Kleider, Reis.

Sie zerrte es hervor. Eine Aufgabenstellung, *Großer Entwurf Hochzeitskapelle*. Eine lächelnde Braut. – War sie jetzt einen Schritt weiter? Bettina seufzte innerlich. Immerhin wusste sie nun, dass es diese Aufgabe überhaupt gegeben hatte. Vor zwei Jahren war der Entwurf gelaufen, las sie auf dem Blatt. Sollte ihr das nicht etwas sagen, das *musste* –

Eine Hochzeitskapelle.

Der Tod und das Mädchen.

Etwas *ganz Großes*.

Bettina starrte das Blatt an. Da stand wirklich etwas, ganz unschuldig in der Aufgabenstellung, da *war* eine Verbindung! Konnte es das sein? – Sie musste zu Willenbacher.

Wie eine Schlafwandlerin schnappte sich Kommissarin Bettina Boll ihre Jacke, die über der Couch gelegen hatte, vergaß die Rolle aufzuräumen, rief den Kollegen einen Gruß zu und war schon aus der Tür. Hoch zur Uni wollte sie sowieso.

* * *

Der Winterturm sah unfreundlich aus im kalten Regen, trutzig und viereckig hockte er in dem verwachsenen Grundstück, ein Ausguck, ein Krähennest über den großen Forstflächen, die sich von hier aus bis Gott weiß wohin zogen, Pfälzerwald halt, der endete im Nirgendwo. Das Gerüst umgab das ganze Gebäude bis oben hin. Kußler und der Schwarze befanden sich auf der dem Grab abgewandten Seite, also dort, wo sie höchstens mit einem Fernglas vom Sportplatz aus gesehen werden konnten, an einer versteckten Stelle, in einem toten Winkel, direkt neben dem immer noch beachtlichen Polizeiaufgebot und doch für keinen wahrnehmbar.

Außer für Willenbacher.

Er blickte nach oben, der Regen traf sein Gesicht, sehen konnte er tatsächlich nicht viel, nur einen schwarzen Schatten, der im Gerüst herumkletterte. Und hören konnte er nur das sanfte, enervierende Rauschen der übrig gebliebenen Blätter unter dem Regen. Der Schatten war jetzt auf der – Willenbacher zählte kurz durch – sechsten von acht Gerüstetagen verschwunden.

Dann meinte er plötzlich so etwas wie einen Schrei zu hören. Was sollte er tun? Die Kollegen vom Grab zu Hilfe holen? Bis er sich dahin durchgeschlagen und seine eher vage Befürchtung erklärt hatte, wäre vielleicht schon – ja, was? Noch angestrengter starrte der Obermeister hinauf. Konnte er denn so ein Gerüst überhaupt hochklettern? Die nassen Metallstangen sahen wenig einladend aus. Sie waren schon von einem leichten Rostschleier bedeckt. Leitern gab es auch nicht, die waren wohl alle weggesperrt oder hochgeklappt. Wie waren Kußler und der Schwarze dort hinaufgekommen? Über die Treppe im Innern des Turms vielleicht? Willenbacher trat auf den Bauzaun zu, hinter dem sich Geräte und ein Schuttcontainer befanden. Es sah nicht aus, als wäre heute hier gearbeitet worden. *Schlechtwetter.* Willenbacher seufzte und zwängte sich missmutig zwischen zwei Zaunelementen hindurch. Ein Betonmischer stand nun vor ihm. Dann sah er den Durchgang ins Innere des Turms, ein schwarzes türloses Loch. Er trat ein. Schüttelte sich, doch die Nässe hing längst in seiner Kleidung. Hier drin war es kühl und dunkel, aus kleinen Fenstern drang nur schwaches Licht herab. Eine Wendeltreppe aus Sandstein führte nach oben.

Willenbacher fröstelte und fuhr sich mit der Hand durch die nassen Haare. Dann nahm er die Stufen doppelt.

Droben auf der offenen Plattform war es windig, die schwarzen Baumwipfel schwankten unter ihm, vielleicht zwei, drei oder sogar mehr Meter, und Willenbacher wünschte kurz, er wäre doch am Gerüst von unten hochgestiegen. Dann müsste er jetzt nicht in dieser Höhe herumturnen. Besser noch, er hätte sich gar nicht erst auf dies Abenteuer eingelassen. Doch jetzt, wusste er, würde er da runterkraxeln, also tat er es am besten gleich, ohne lange zu zögern. Suchend blickte er über die Brüstung des Turms. Die oberste Ebene der Einrüstung lag noch bequem erreichbar etwa einen Meter unterhalb. Von den beiden Personen sah und hörte er nichts, dafür peitschte ihm hier der Regen ins Gesicht. Und die Holzbohlen, welche die Laufflächen der Einrüstung bildeten, waren teilweise gesprungen und auf jeden Fall glitschig und schmierig vom Regen und Baudreck. Da wollte er drauf?

Dann sah Willenbacher die zurückgeschlagene Klappe zwischen den Dielen, davor ein einfaches Loch im Boden der obersten Gerüstetage. Nicht verlockend, aber besser, als außen an den nassen Metallstangen hinabzuklettern. Mit Todesverachtung schwang sich der Obermeister über die Brüstung des Turms.

Er benutzte das Loch vor der Klappe, sprang etwa zweieinhalb Meter hinunter und landete unsanft auf seinem Hosenboden, dankte aber Gott, dass er überhaupt die schmalen Planken getroffen hatte. Nun war er auf der siebten Ebene, Nordseite. Unter ihm, allerdings auf der Westseite, mussten sie sein. Also eine Ecke weiter. Und tatsächlich: »Bleib stehen!«, das wehte dort der Wind heran.

Dann kam eine Antwort, die Willenbacher nicht verstand, er beugte sich weit über die Metallstange, die hier als Geländer diente, sah Regen, Gerüst, dann die Ahnung eines schwarzen Schattens, eine Schulter vielleicht, die sich kurz ins Blickfeld geschoben hatte? Sie waren unter ihm. Hatten sie ihn gehört? Wo war die nächste Klappe? Dort vorn. Willenbacher schlich hin, spähte hinunter, nichts. Er überwand sich und legte sich auf die schmierige Bohle. Spähte durch das Loch. Da waren sie. Oder vielmehr, eine Person, Willenbacher sah nur einen schwarzen Rücken. Hörte: »... dann bist du aber so was von tot.«

Auweia. Der Obermeister rappelte sich auf. Das hieß für ihn, er musste wirklich runter. Nur nicht durch die Klappe. Denn da würde man ihn sehen.

Er schlich um den rechteckigen Turm herum zur Ostseite, hier sollte er unbemerkt bleiben. Dann blickte er hinunter, das war ein Fehler. Sehr tief unten konnte er nun die Autos der Kollegen durch den Regen und den kahlen Wald erkennen. Er brauchte eine Stelle, an der die horizontalen Stangen eng genug beieinander waren, sodass er mit den Füßen Halt finden konnte, wenn er hinabstieg. Doch die Abstände waren von hier oben schwierig einzuschätzen, der Wind zerrte an dem Gestänge, der ganz Turm schien zu schwanken. Dort vorne war eine Stelle mit drei Querstangen. Die musste er nehmen. Eine bessere gab es nicht.

* * *

Er oder ich, dachte Ella. *Er oder ich,* mehr durfte sie nicht denken. Wie sie hier herunter gekommen war, wie sie ihre Brille aufbehalten hatte, wusste sie nicht genau, Tatsache war, dass sie es geschafft hatte. Und nun war es ganz einfach: *er oder ich.* Sie sah Thomas vor sich, seine nassen, gut geschnittenen Haare, seine schwarze Lederjacke, die er heute trug, die helle Haut, den dunklen blauen Blick. Es war ein Blick zum Niederknien. Intelligent. Entschlossen. Intensiv. *Aufregend!* Bei diesem Blick wusste sie, dass sie ihn töten musste.

Denn er würde keine Gnade kennen.

Schießen! Endlich schießen, wozu sonst hatte sie die alte Smith & Wesson die ganzen beiden Jahre mit sich herumgetragen? Für eine Situation wie diese! Schieß!

Sie zögerte. Ihr Finger lag schwer um den Abzug. Er musste sterben. Bloß nicht anfangen zu reden! Es war so schon schwierig genug, das Innerste zusammenzuballen und kalt und fest zu werden. Ja, er musste sterben. Schade um ihn, er war schön, aber so war die Welt nun mal. Sie schluckte. Die Bildzeitung hatte gelogen, wie immer, die Marsstrahlen hatten nur Unglück gebracht. Kein Glück in der Liebe für sie, kein Haus, keinen BMW, keine Arbeit im Büro. All das würde es nicht mehr geben. *Thomas* würde es nicht mehr geben.

»Los, da vor«, sagte sie grimmig.

* * *

Gott, war das Metall der Gerüststäbe kalt, richtig gemein, es schnitt in die Handflächen, waren da Schneeflocken zwischen den Regentropfen? Und Eis um die Stangen, rutschte er etwa ab? Eine Schrecksekunde lang hing Willenbacher in der Luft, zappelte mit den Füßen, dann fand er Halt. Bloß nicht runter gucken. Er tat es natürlich doch. Ihn schwindelte. Seine nassen Schuhsohlen glitten über rutschiges Metall, vorsichtig hangelte er sich an dem angrenzenden senkrechten Gerüstteil hinab. Er glaubte mehrmals, dass er es nicht überleben würde. Hatte Höhenangst. Trotzdem erreichte er irgendwie Level sechs.

Und als er dann endlich halbwegs sicher auf den Holzbohlen der angestrebten Ebene stand, überkam ihn fast so etwas wie Euphorie. Er war ein Held. Das war filmreif gewesen, eines Bruce Willis oder Pierce Brosnan würdig, das hier war Polizeiarbeit, wie sie im Buche stand, so sah sein abenteuerliches Leben aus. Behutsam ging er die Holzbalken entlang, richtig beschwingt, sein Schritt war weich wie der eines Panthers, das Adrenalin hatte genau den richtigen Pegel erreicht, um ihn aufmerksam und gleichzeitig schnell sein zu lassen, dort war die Ecke des Turms, dahinter mussten sie sein, eine Waffe hatte er zwar nicht –

Aber Ella Coressel hatte eine.

»Weiter«, sagte sie, ihre Stimme hörte sich hart und schneidig an, »na los. Da vor.«

Sie war schwarz gekleidet, die Sachen klebten ihr am Körper, man sah ihre athletische Figur. Mit dem rasierten Kopf und der scharfen Falte auf der Stirn hätte sie ohne weiteres als Mann durchgehen können. Ihr schönes Gesicht war verzerrt vor Konzentration, die Brille verbarg die Richtung ihres Blicks. In der Hand hielt sie eine kleine silbrige Waffe mit einer hübschen Trommel, ein Revolver, sah Willenbacher, wahrscheinlich ein amerikanisches Modell. Kußler stand mit dem Rücken zu ihm, unruhig, er trat etwas zurück. Er hat Angst, und er sucht einen Ausweg, dachte Willenbacher.

Aber der würde nicht leicht zu finden sein, denn Ella Coressel sah entschlossen aus. Die Frau wusste, erkannte Willenbacher, wie man eine Schusswaffe benutzte, die konnte das richtige Gesicht dazu machen. Ohne das waren weder Waffe noch Drohung etwas wert. Sie wirkte beherzt. Und wütend. Angestrengt. Thomas Kußler wich weiter zurück. Coressel war am Zug. Sie ging ihm langsam nach, ganz hatte sie die Situation aber doch nicht im Griff, Kußlers Hände waren hinter seinem Rücken, und sie war zu nah an ihm dran, fast in Griffweite, Willenbacher hoffte zu Gott, dass es nicht zu einem Handgemenge mit geladener Waffe käme. Was sollte er tun? Er konnte Kußler nicht überholen oder Coressel von der Seite anspringen. Er konnte nur –

Von hinten kommen.

Von Kußler gesehen zu werden, war ja nicht schlimm, vielleicht konnten sie die junge Frau gemeinsam überwältigen. Widerstrebend verließ Willenbacher seinen Sichtposten und betete, dass nichts passierte, bis er um den Turm herum war.

Es ging schnell. Von der anderen Ecke aus gesehen war das Paar weiter weg, nun sah er nur noch Coressels schwarze Rückseite. »Aufmachen«, herrschte sie Kußler an. Offenbar waren sie an eine der Klappen gelangt. Langsam trat Willenbacher um die Ecke herum. In dem Moment, als er schutzlos auf einer Seite mit den beiden Gegnern stand, klopfte sein Herz plötzlich in harten, bösen Schlägen. Hoffentlich, dachte er, kann Kußler sich beherrschen. Hoffentlich gibt er Coressel nicht unabsichtlich ein Zeichen. Hoffentlich schießt sie mir keine Kugel in den Bauch. Er ging näher, Schritt für Schritt. Hielt den Blick auf das Paar gerichtet, auf Kußler, der immer noch unbeweglich stand. Hatte plötzlich Blickkontakt zu ihm.

Und der Architekt schaltete. Schnell. Er sah weg. Wieder zurück zu Willenbacher. Senkte kurz die Lider. Und blickte dann der Frau mit dem Revolver ins Gesicht.

»Ella«, hörte Willenbacher ihn sagen, »lass uns gemeinsam runtergehen.«

»Aufmachen!«, wiederholte sie.

»Komm«, sagte Kußler, »ich glaube nicht, dass du mich töten willst.«

»Ich sag's nicht noch mal.« Coressels Stimme zitterte jetzt ein wenig.

»Ella«, das klang eindringlich, aber nicht zu sehr, Spitze, dachte Willenbacher, lenk sie ab. »Ich kenne den Grund für dein Handeln. Du bist nicht reich, ich weiß, wie das ist. Du musst wahrscheinlich dein Studium selbst finanzieren. Du hast das Geld gebraucht.«

Sie schwieg und ging einen Schritt vor, Kußler wich zurück. Zwei Schritte waren das für Willenbacher, er kam immer näher heran.

»Du hast bezahlte Studienarbeiten für andere Studenten gemacht«, sprach Kußler weiter. Man sah, wie es in ihm arbeitete. »Was hast du dafür bekommen?«

»Ha!«, machte Coressel, ihre Stimme brach fast dabei. »Für einen BMW hätte es nicht gereicht.«

Kußler zog die Brauen zusammen. »Der gefällt dir, der BMW, nicht? Mein Haus gefällt dir auch. Und mein Büro. *Ich* gefalle dir! – Du wirst mich nicht erschießen.«

»Probier's aus«, rief sie. »Und jetzt mach die Klappe auf, verdammt!«

Kußler starrte die junge Frau an. »Ihr beiden, du und der Mattheis, ihr hattet einen Deal. Nur, du warst im Nachteil. Lino Mattheis war nämlich ein bisschen leichtsinniger als du. Dem wäre eine Exmatrikulation vielleicht sogar zupass gekommen, der hatte gar keine große Lust, Architekt zu werden. Du aber *bist* eine Architektin. Du durftest nicht zulassen, dass –«

Ella hob ohne weitere Vorwarnung die Pistole und schoss in die Luft. Es krachte unheimlich laut. Jetzt ist wenigstens bald Hilfe da, dachte Willenbacher. Sie richtete die Waffe wieder auf Kußler. »Mach die Klappe auf.«

Er war sehr blass geworden, plötzlich sah Willenbacher ganz deutlich die Sommersprossen in seinem Gesicht. Langsam bückte sich der Architekt und hob den Holzdeckel, klappte ihn hoch, krachend fiel das Teil rückwärts auf die Bohlen. Nein, dachte Willenbacher, nein, Mann, hättest du doch das Loch zwischen euch gebracht! Fast überdeutlich sah der Obermeister, was jetzt

kommen musste. Ein Handgemenge. *Spring!,* dachte Willenbacher, machte Kußler Zeichen, runter mit dir, aber der Mann
dachte nicht daran. Vielleicht sah er Willenbacher auch gar nicht,
er blickte die junge Frau allzu konzentriert an. Und sagte schnell
und böse: »Du wirst nie Architektin sein. Gleich bist du unten,
dann bist du raus aus allem.«

Damit hatte er Coressel. Sie ließ die Waffe sinken, wenige Zentimeter nur, Willenbacher sah es, Kußler ebenfalls, und dann ging
alles viel zu schnell, Willenbacher war noch zu weit weg, der
Architekt aber hieb der jungen Frau gegen den rechten Arm, wo
sie die Waffe hielt, sie taumelte, ließ aber nicht los. Kußler packte
sie, drängte sie mit seinem Körper gegen die einzelne Stange, die
hier vor dem Fall schützte, sodass das Gerüst schwankte, drückte
der jungen Frau dann eine Hand auf den Kopf; zwang sie hinab.
Sie fällt runter, dachte Willenbacher, das Gerüst hält sie nicht, sie
fallen beide, was machen die da?!

Coressel schoss. Es knallte. Plötzlich war sie frei.

Kußler hatte sich halb erhoben, hielt seine Rechte hoch, ganz
erstaunt, sah einen Moment die blutende Hand an und kippte
nach links. Stürzte durch die Klappe, die er selbst geöffnet hatte.
Man hört den Aufprall eine Etage tiefer. Das Gerüst schwankte
noch. Dann ein Stöhnen.

Und schließlich hörte Willenbacher von unten schwache Stimmen, Bettinas Stimme, die rief: »Will? Was ist da los?! Lebst du
noch?«

Coressel kniete benommen an der Stange. Sie sah nicht mehr
halb so sicher aus wie noch vor fünf Minuten, im Gegenteil, sie
zitterte heftig und atmete laut. Mit drei Schritten war Willenbacher bei ihr, entwand ihr die Waffe, eine sehr leichte kleine Smith
& Wesson mit Alurahmen, Airweight, achtunddreißiger Kaliber.
Hübsches Stück. Sie war ganz warm und roch nach Schmauch.
»Ja!«, brüllte er nach unten in den Regen. »Wir kommen jetzt
runter.«

8

Regen. Er roch jetzt anders, nach Frost, metallisch, und er war mit Einbruch der Dunkelheit heftiger geworden. Plötzliche brutale Böen jagten über die Baumwipfel, ein kalter Sturm, der die Dinge nass und schwer machte und alles, was er nicht ganz niederdrücken konnte, verbog, Bäume, Menschen, der ganze gepeinigte Wald duckte sich unter den Schauern, selbst die bonbonfarbene Bushaltestelle, an der Bettina vorbeimusste, schien verblasst, war nur ein fahler rosa Streifen Licht zwischen den Einsatzfahrzeugen und dem Krankenwagen, in dem Thomas Kußler lag.

Nein, saß. Also ging es ihm einigermaßen. Er war in eine graue Decke gewickelt, die Hand verbunden, blass, neben sich eine unberührte Tasse mit trübem Tee, der nach Pfefferminz roch. Den Kopf hielt er gesenkt, blickte unverwandt auf seine verletzte Hand. Ein sehr dicker Sanitäter und Willenbacher waren bei ihm und füllten den Wagen fast gänzlich aus. Gerüche nach Desinfektionsmitteln, feuchten Textilien und nassem Metall umgaben sie.

»Sollen wir los?«, fragte der ebenfalls bleiche Willenbacher.

»Gleich.« Bettina schlug die Tür hinter sich zu. Verirrte Regentropfen suchten sich ihre Plätze in dem überfüllten Wagen, sie rieb sich mit der Hand übers Gesicht, doch das verteilte die Nässe nur. Der Sanitäter reichte ihr wortlos ein Papierhandtuch. »Danke.« Sie trocknete ihr Gesicht ab.

»Was ist mit unserem heiteren Beisammensein mit den Aktzeichnern?«, fragte Willenbacher. »Hast du es abgesagt?«

Sie schüttelte den Kopf. »Findet statt.«

»Oh.«

»Dr. Leonhardt will auch was von seinem Ermittlungserfolg haben. Wir machen eine richtige Galavorstellung, großes Haus. Mit der gesamten ersten Besetzung, Sagan-Nory, von Stauff, Härting, sogar der Silberstein hat sich hierher in die Hinterpfalz bemüht.«

»Herr mein Heiland«, sagte Willenbacher. Er war ziemlich hinüber, fand Bettina. Zwar war er nicht verletzt, steckte aber immer
noch in den nassen Klamotten, hatte keine Decke um sich, keinen
Tee in der Hand, und seine Augen glänzten fiebrig, das Adrenalin hatte sich wohl noch nicht ganz abgebaut. »Sei so gut, Will«,
sagte sie und drängte sich an ihm vorbei, hin zu Kußler, »geh
rüber an die Uni und lass dir vom Hartmann was Trockenes zum
Anziehen geben. Der hat bestimmt was da. Denn der Leonhardt
lässt uns nicht heim, bevor wir alle unseren Auftritt absolviert
haben.«

Willenbacher nieste als Antwort, da fing es schon an.

»Na los.«

»Was ist mit Ella Coressel?«

»Befragt und drüben. Die warten alle nur auf uns.«

Willenbacher warf einen Blick auf Kußler. »Und er – der soll
doch ins Krankenhaus?«

Bettina sah ihren Kollegen an. »Gib mir zehn Minuten.«

»Du bleibst hier?«

»Will!«

»Und was sage ich dem Leonhardt?«

»Wenn er möchte, kann er ohne mich anfangen.«

Als Willenbacher im düsteren Regen verschwunden war, sah
Bettina den Sanitäter an. »Bitte. Können Sie nicht auch kurz –?«

Er zuckte die breiten Achseln und hob die Brauen. »Sie wissen –«

»Bitte.«

»Er hat auch einen Schock und wahrscheinlich eine Gehirn-
erschütterung, also –«

»Jetzt gehen Sie schon.«

»Ich setze mich vorne in den Wagen«, sagte der Sanitäter. Es
klang drohend. Als er sich an Bettina vorbeidrückte, streiften sie
seine breiten Schultern. »Denken Sie dran, ich kann hier nicht
ewig stehen. Das ist ein Krankenwagen und kein mobiles Ein-
satzbüro. Wenn ich gerufen werde –«

Dann schreib ich dir eine Entschuldigung, dachte Bettina. »Ja, schon klar«, sagte sie laut und schob den Mann zur Tür. Der Regen hämmerte dumpf auf das Metalldach des Wagens, durch die beschlagenen Scheiben in der Tür sah man undeutlich, wie Tropfen am Glas zerplatzten und das Wasser dickflüssig herabrann. Bald würde es schneien, doch der Herbst war noch nicht ganz um, ein Rest Leben vom langen Sommer hielt sich noch in den letzten schwarzgrauen Blättern draußen an den Bäumen. Aber heute Nacht, wusste Bettina, würden auch die runterkommen.

Der Sanitäter öffnete die Tür. Niederschlag und Kälte stoben herein, er sah ein letztes Mal verdrießlich zurück und sprang hinaus in das Unwetter, krach, schlug die Tür ins Schloss.

Endlich allein, dachte Bettina und sah Kußler an. Er blickte nicht auf.

Sie ließ sich Zeit, ganz so, als wäre sie jetzt wirklich allein mit diesem Mann, allein in einem kleinen weißen grell erleuchteten Räumchen unter einem schwarzen, wogenden Meer aus Wald, als säße nicht hinter der dünnen Wand zum Fahrerhaus ein ungeduldiger dicker Mensch, als wartete nicht dreihundert Meter weiter ein ganzer Saal auf sie. Sie zog ihre nasse Jacke aus, schüttelte die Haare, nahm sich einen Pappbecher, pumpte aus der großen silbrigen Thermoskanne etwas Tee hinein und klappte sich einen Sitz herunter, sodass sie gegenüber von Kußler Platz nehmen konnte. Es war eng, er saß nah, zitterte leicht unter seiner Decke.

»Trinken Sie was«, sagte Bettina und hielt ihm ihren Becher hin. »Ihr Tee ist ja schon kalt.«

Kopfschütteln.

Bettina betrachtete das hübsche Gesicht, die dunklen Augen mit den langen Wimpern, die bläulichen Lippen. »Zigarette?«

Er schniefte und sah seine Hand an. »Die kann ich nicht halten.«

»Oh.« Bettina nippte an ihrem Tee. »Also Ella, die fanden Sie sympathisch, das sagten Sie gestern noch.«

Die Frau vor ihm, die fand er sympathisch, gerade jetzt, er sah sie nicht an, wusste sowieso, wie sie aussah, dunkle, rote, nasse Haare, gerade Nase, blasse Haut mit einem lila Schimmer, blassgoldene Sommersprossen. Es war der falsche Zeitpunkt, es ihr zu sagen. Wahrscheinlich gab es für so etwas überhaupt keinen richtigen Zeitpunkt, nie. Bei niemandem. Zum Schluss fand man sich doch immer nur zurückgeworfen, war wieder dem eigenen Spiegelbild, in einer anderen Facette eben, aufgesessen. »Ich finde Sie immer noch zauberhaft«, sagte er dennoch, sah auf, ihr Blick flackerte leicht. Sie schluckte. Sie verstand? Aber näher konnte er nicht heran. Sein Kopf schmerzte, der weiße Raum um ihn war beklemmend, erinnerte ihn an die Zelle von gestern.

Langsam schüttelte sie den Kopf, holte sich eine Zigarette heraus, zündete sie an und sagte dann betont nüchtern: »Und ich hab mich die ganze Zeit so mit dieser blöden Inszenierungskiste herumgeplagt. Der Mord um des schönen Todes willen … Der Profiler hat mich ganz verrückt gemacht mit seinen Blut- und Leidenschaftstheorien.« Sie sah ihn grimmig an und blies den Rauch knapp an seinem Gesicht vorbei, er roch scharf und kräftig und verführerisch.

»Darf ich?«, fragte er und wies mit dem Kinn auf die Zigarette in ihrer Hand.

Sie senkte die Lider, verzog den Mund und hielt sie ihm hin, seine Lippen streiften ihre Hand, kühl, sie war kühl, er sog, er musste hier raus. Ruhig bleiben, dachte er. Sie nahm die Zigarette wieder fort, er lächelte schmerzlich, ruhig bleiben.

»Aber Sie sind doch hier unter Architekten«, sagte er dann mit etwas bitterer Selbstironie. »Da hätten Sie Ihren Profiler mal aufklären sollen, dass kein Architekt, der sein Geld wert ist, etwas allein um der Schönheit willen tut. Vielleicht damals in der Renaissance, aber heutzutage wird Schönheit über optimale Funktionserfüllung erzeugt. Will sagen, dann, wenn alles klappt und gut geht und passt, entsteht die Schönheit von ganz allein –« Er brach ab.

»Aber geklappt«, versetzte die Polizistin mit einem Blick auf die Handschelle, mit der seine linke Hand an eine in die Metallwand eingelassene Stange gekettet war, »hat es dann doch nicht ganz, Herr Kußler.« Sie hielt die Augen niedergeschlagen, wirkte jung und verletzlich, nicht, als könnte sie ihm großen Widerstand entgegensetzen. Doch dann sah sie auf, und ihr Blick war klar und fest. »Auch das liegt in der Natur der Dinge. Mord ist nicht schön.«

Dass er gewalttätig war, wusste sie nun, dass er sie dennoch so rühren könnte, hätte sie nicht gedacht. Dabei hatte sie selbst ihm etwas von sympathischen Mördern erzählt. Bettina sagte sich, dass sie sich zusammenreißen musste. Erstens, weil sie hier schon wieder einen Alleingang in einer Grauzone unternahm und mit dem Mann zusammen in einem Krankenwagen unter dem alles verhüllenden Regen ziemlich schutzlos war, zweitens, weil er sie so flehentlich ansah, dass sie es kaum verkraften konnte. Sei auf der Hut, dachte sie. Sei bloß auf der Hut. Das Gefühl, dass er ihr, *gerade ihr* nichts tun würde, selbst wenn er könnte, war wahrscheinlich das Gefährlichste von allem.

»Es hat von Anfang an unecht ausgesehen«, sagte sie. »Es war nie wirklich schön. Selbst wenn man zynischerweise davon absieht, dass Menschen sterben mussten. Schon in dem Moment, als ich Florentine Ausammas gefunden habe, dachte ich, da führt uns einer ein Stück auf.«

Kußler presste die Lippen aufeinander, sein Gesicht war plötzlich abweisend, dunkle Haare, blanke Augen, in diesem Licht wie uralte Silbertaler, ein waschechter Kelte, hatte von Stauff gesagt, nicht aus dieser Zeit, unter einer Eibe geboren. Und es ging schnell bei ihm mit den Gefühlen, vielleicht war dies das Geheimnis seines Reizes. »Dann bin ich auf Ihre Beweisführung gespannt, Frau Kommissarin«, sagte er. »Vielleicht wird die ja besser.«

»Die ist ganz einfach«, sagte Bettina. »Sie haben Lino Mattheis getötet, weil Ihr Starentwurf für den Friedhof von ihm stammte. Er hat bei Ihnen in einer gewöhnlichen Entwurfsaufgabe eine Hochzeitskapelle gemacht, die Sie gut benotet haben. Sie hat Ihnen gefallen. Er hat Ihnen, wie es üblich ist, Pläne und Modelle geliefert. Und als Sie den Wettbewerbsentwurf für den Friedhof machen wollten, haben Sie sich daran erinnert. Die Zeit für diesen Wettbewerb war sehr knapp. Vor einem Jahr kam das Flugzeug herunter, jetzt steht schon die Halle im Rohbau. Auf einen Friedhof kann eine Stadt eben nicht lange verzichten. Und Sie waren ein Einmannbüro, die Teilnahme überstieg Ihre Kapazitäten bei weitem. Sie wussten aber, dass diese Kapelle von Herrn Mattheis, die Ihnen gefiel, in Ihr Konzept passen würde. Modelle und Pläne waren schon vorhanden und sicher leicht zu ändern: Hochzeiten und Todesfälle sind liturgisch ähnlich. Vielleicht war in Herrn Mattheis' Plan für die Körbe vor den Fenstern kein Flugzeugschrott vorgesehen –«

»Farbiges Glas«, sagte Kußler.

Es geht ganz leicht, dachte Bettina fast beunruhigt. Er antwortet einfach. Dabei sollte er sich wehren. War das der Schock? Oder plante er etwas?

Kußler blickte wieder auf seine Hand.

»Sie haben Herrn Mattheis' Entwurf gestohlen.«

»Nein.«

»Kommen Sie, Herr Kußler, eben gerade haben Sie es doch schon zugegeben. Farbiges Glas. Sie haben eine Arbeit, die ein Student im Rahmen des Studiums bei Ihnen angefertigt hat, zu Ihrem Supererfolgsentwurf für den Friedhof umgemodelt. Geklaut eben.«

Er schüttelte den Kopf.

Sie trank etwas von dem Tee, er schmeckte fade, war aber wenigstens heiß. Sie behielt den Pappbecher zwischen den Händen. »Das Spiel«, sagte sie leise, »ist aus.«

Er sah sie an. »Darf ich noch mal?« Sein Blick wanderte zu der Zigarette, die sie zwischen zwei Finger geklemmt hatte.

Bettina stellte den Tee ab. Sie wusste, dass es ein Fehler war. Trotzdem zündete sie eine neue am alten Stummel an, drückte den auf dem Boden aus und hielt ihm die frische Zigarette hin.

Er küsste sie auf die Hand, sehr zart. Bettina hielt die Luft an. Die Zigarette fiel zu Boden.

Und schon lag seine verbundene Hand auf ihrem Arm. Seine

Augen waren dunkel. »Ich könnte Sie dazu bringen, mich frei-
zulassen«, sagte er, den Kopf höchstens zehn Zentimeter von
ihrem entfernt. Bettina hatte die Fäuste geballt. Abwehrbereit.
Seine Hand wog schwer.

»Kann sein«, sagte sie mit erzwungener Ruhe.

Er sah sie an, rauchblau, nahm die verbundene Hand von ihrem
Arm.

Bettina lehnte sich rasch ein wenig zurück. Wieder einmal hatte
sie keine Waffe dabei. Hatte sie nie. Sie dachte an den bulligen
Sanitäter vorne und atmete durch. »Jedenfalls haben Sie Herrn
Mattheis' Entwurf benutzt«, sagte sie rasch.

»Ich habe ihn Lino abgekauft«, antwortete Kußler gepresst.

»*Gekauft?* – Wieso haben Sie ihn dann getötet?« Bettina trat
die Zigarette mit der Stiefelspitze aus.

»Ich wollte«, sagte Kußler jetzt mit gesenktem Kopf, »Lino
einstellen. Als freien Mitarbeiter, um den Friedhofswettbewerb
für mich zu bearbeiten. Wegen diesem guten Entwurf, den er
schon hatte. Es sollte ganz fair sein. Ich wollte ihm Geld und
Arbeit dafür geben, so wie es sich gehört. – Im Grunde«, er
lachte trocken auf, »wäre das Ding ganz leicht nachzumachen
gewesen.«

»Und bei aller Fairness Ihrerseits – der Herr Mattheis hatte
schon ein Modell fertig.«

Wieder lachte er kurz, ohne aufzusehen. »Ja, und die Pläne
auf CD, die mussten nur noch geändert und ins Gesamtkonzept
eingebunden werden. Nur so konnte ich überhaupt an diesem
Wettbewerb teilnehmen, das stimmt.«

»Wann war das?«

»Vor einem guten Dreivierteljahr, zwei Monate, nachdem die
Herkules runtergekommen ist.«

»Was hat Herr Mattheis zu Ihrem Anliegen gesagt?«

Kußler atmete durch. »Am Telefon war er geschmeichelt, dann
war er einen Tag lang bei mir im Büro, und schon hatte er keine
Lust mehr. Deswegen habe ich ihm seine Sachen einfach abgekauft. Tausend Euro.«

»Das ist nicht viel.«

Kußler sah auf. »Damals war es ein guter Preis. Die Sachen wären bei ihm bloß verstaubt. Lino hat auch nicht groß gehandelt. Er hat keine Sekunde geglaubt, dass ich gewinnen könnte. Das habe nicht mal ich selbst. Niemand hat geglaubt, dass einer aus der Region gewinnen würde. Das Büro von Linos Vater zum Beispiel hat gar nicht erst am Wettbewerb teilgenommen.«

»Wieso?«

»Es war einfach klar, wenn die ganzen Italiener Vorschläge einreichen und sogar das Büro Moneo einen Mitarbeiter zum Ortstermin aufs Gelände schickt, dann teilen die den Kuchen unter sich auf. Ich habe es nur aus Verzweiflung versucht – ich stand finanziell unter Druck, aber das wissen Sie ja.«

»Ihre Finanzen kennen wir«, bestätigte Bettina und zog sich noch ein Stück weiter zurück, beide Füße fest auf dem Boden.

»Ich konnte mir einfach keine noch so kleine Chance entgehen lassen. – Und es war auch eine schöne Aufgabe, aber Lino hat sich für die Arbeit überhaupt nicht interessiert. Während der Zeit, als er bei mir war, hat er nur von seinen Urlaubsplänen gesprochen. Kapstadt. Surfen.«

»Dann aber haben Sie gewonnen.«

Sein Kopf sank tiefer. »Ja.«

»Und dann?«

»Dann«, sagte Kußler, »stand jeden Tag etwas darüber in der Zeitung. Lino hat es natürlich mitbekommen. Er rief mich an und fuhr zu mir raus.«

»Sie wollten nicht teilen.«

Kußler schüttelte den Kopf. »Ich musste nicht teilen. Ich hatte diesen Entwurf gekauft und großzügig bezahlt – ohne Vertrag allerdings.«

»Dumm«, sagte Bettina.

Er blickte auf, drohend, sie rutschte noch ein bisschen weiter zurück.

»Herr Mattheis wollte einen größeren Anteil?«, fragte sie schnell.

»Lino«, sagte Kußler finster, »wollte den ganzen Auftrag.«

Ziemlich lässig hatte er da in Thomas' schönem Haus gestanden, der Herr Architektensohn, und mit seinen schnellen Augen alles gemustert, den hübschen Mund ironisch verzogen, *Besseres gewöhnt*. Und war umhergetänzelt mit seinen leichten Schritten, nicht nervös, sondern verächtlich, hier hält mich nichts, sagte sein Gebaren, ich seh mich nur um. »Komm, Thomas«, hatte er dann gesagt, »das schaffst du eh nicht allein. Du brauchst einen Partner. Wahrscheinlich hast du nicht mal den ganzen Auftrag, stimmt's? Du hast den Zuschlag für die ersten Leistungsphasen, höchstens. Die geben doch nie und nimmer einem einzelnen unbekannten Architekten das ganze Paket. Nicht bei dem brisanten Projekt.«

Er hatte Recht gehabt. Dabei konnte der Mann keinen Stift gerade in der Hand halten –

Thomas zerrte ein wenig an seiner Handschelle. »Lino«, sagte er zu der rothaarigen Polizistin, »hat zwar noch studiert, aber trotzdem war *er* der Bonze mit dem großen Büro. Er wusste, dass die Gemeinden sich gern absichern. Die Stadtväter haben meinen Entwurf in einer Art Euphorie ausgewählt, als sie selbst noch ganz frisch im Amt waren, aber tatsächlich war es ihnen nicht geheuer, dass ich so unerfahren war. Lino wusste, wie so was läuft, und spekulierte darauf, dass mir sowieso nahe gelegt würde, mir einen größeren, erfahreneren Partner zu suchen. Er hat mir eine Art Mini-Teilhaberschaft im Büro seines Vaters angeboten, wenn ich den Auftrag mitbringe.«

Boll runzelte die Stirn. Sie saß jetzt ganz gegen die Wand gepresst, hatte sich zurückgezogen, den Teebecher als Schutzschild vor sich, manchmal blitzten ihre Augen grün auf, aber das konnten auch nur Reflexe sein. Sie würde ihn nicht verstehen, dachte Thomas. Sie würde –

»Eine Mini-Teilhaberschaft?«

»Ein Witz, das wäre der Bauleiterjob gewesen. Überwachung der Baustelle. Alles andere, die Ausführungspläne, die Änderungen und Ausschreibungen und so weiter, den Teil, der das Geld bringt, hätte das Büro gänzlich übernommen.«

Konzentriert nippte die Kommissarin an ihrem Tee. »Wie konnte Herr Mattheis glauben, dass Sie darauf eingehen würden?«

Lino hatte spöttisch die Möbel betrachtet. »Och«, hatte er gesagt, »alles stilecht aus den Zwanzigern, hm?« Und hatte Thomas auf die Schulter geklopft. »Linientreu, alter Freund. Linientreu.«

Dann hatte er die Bronzefigur genommen, die auf Thomas' Schreibtisch stand. Eine weibliche Figurine, eine kleine Sirene mit einem Fischschwanz.

»Weißt du, ich kann ja nicht viel. Ich werde nie der Super-stararchitekt. Ich bin zu doof.«

Das hatte Lino ganz freundlich und sehr überheblich gesagt, aus seiner sorglosen Position heraus, kokett: Ich habe keine Lust, ich kann auch nichts dafür. Und hatte gleich darauf Thomas die Figur in die Hand gedrückt, räum das bitte auf, Kußler, zu Hause muss ich das auch nicht, so bin ich's gewöhnt.

»Aber das hier«, hatte Lino weiter gesagt, herumlaufend, alles berührend wie in einem Kaufhaus, »ist *mein* Entwurf. Den ich fürs Studium gemacht habe. Das kann ich beweisen. Du hast ihn mir geklaut, alter Freund. Das war nicht nett. Ich will ihn zurück. – Und wenn du mir nicht gibst, was sowieso mir gehört, dann mach ich dich rund, ich krieg das in jede Zeitung, ins Fern-sehen, wohin ich will, das ist ein Knaller.«

Und hatte sich richtig, von Herzen, gefreut.

»Er hätte beweisen können, dass er die Arbeit bei mir fürs Stu-dium gemacht hat«, sagte Thomas leise, seine Hand schmerzte, sein immer noch feuchtes Hemd war klamm unter der Decke, die weißen Wände des Krankenwagens waren viel zu nah, alles war eng, eine Zelle. Unter ihm auf dem hellen Plastikbodenbelag sah er die zertretene Zigarette. Er biss sich auf die Lippen.

»Aber Sie hatten keinen Beweis, dass Sie die Sachen gekauft hatten«, hörte er die Kommissarin sagen, ihre feste rauchige Stimme allein hatte schon etwas Begehrenswertes, er musste sie gar nicht ansehen, es war verrückt, sentimental, dieses Verlangen, das er plötzlich hatte, sicher nur aus dem Umstand geboren, dass er sie jetzt, als Häftling, als Mörder, nie, niemals haben konnte.

»Nein«, sagte er zu der Zigarette am Boden.

»Was haben Sie getan?«

Er hatte die kleine Bronze in der Hand gehabt, die hatte er selbst vor Jahren an der Uni gemacht, die Sirene, die Wasserfrau, *ein jedes Weib hat doch seinen Fischschwanz*. Und Lino hatte weitergesprochen, gedroht, gelacht: »Nette Hütte, was hat denn das Bild da gekostet, das schwarze, sieht teuer aus, bei uns wirst du es gut haben, alter Freund, ich rufe gleich mal den Anwalt an.« Er hatte sein Handy rausgeholt. Und Thomas hatte die Hand mit der Bronze gehoben. Die Bronze, die jetzt irgendwo in dem Teich vor seinem Haus lag, wo sie hingehörte, eine Nixe im Wasser.

Kußler sagte nichts. Sein Kopf war tief gesenkt, seine Hand hielt er jetzt verkrampft, sicher hatte er Schmerzen.

»Sie haben Lino erschlagen.«

Nichts.

»Womit?«

Keine Reaktion.

»Dann hatten Sie die Idee, ihn hier auf dem Gelände zu bestatten. Sehr versteckt, im dichtesten Gestrüpp, eigentlich unauffindbar. Sie haben sich trotzdem noch abgesichert, haben ihn mit Zement bedeckt, haben eine Art Kunstwerk erschaffen, weil Sie wussten, dass Skulpturen auf dem Gelände gebaut wurden und bleiben sollten. Sie wollten nicht, dass dieses Grab gefunden wird. Und wenn, dann wollten Sie, dass es aussah, als hätte da einer eine Arbeit gemacht.«

Nun schüttelte Kußler den Kopf. »Glauben Sie mir, dass ich keine Sekunde an dieses blöde Loos-Zitat gedacht habe? Dass ich nie von alleine darauf gekommen wäre?«

»Sie sind halt ein Naturtalent«, sagte Bettina trocken.

Er sah auf.

»Als Architekt«, setzte sie hinzu. »Was haben Sie mit Herrn Mattheis' Auto gemacht?«

»Nach Straßburg gefahren und dort in eine von diesen Trabantenstädten gestellt, ohne Nummernschilder.«

»Dann wollten Sie wahrscheinlich an die Pläne von der Hochzeitskapelle, die noch in seinem Besitz waren.«

»Ich war bei ihm.«

»Sie sind eingebrochen.«

»Ich habe sein Surfbrett mitgenommen, aber die Pläne habe ich nicht gefunden. Die habe ich erst gestern aus seiner Arbeitswohnung geholt.«

»Wieso erst gestern?«

»Ich wusste gar nichts von dieser Zweitwohnung. Erst Ella hat es mir verraten, sie hat mir erzählt, dass Florentine eine Zeit lang darin gelebt hat. Ich hatte eine Adressenliste mit Florentines Lautringer Adresse. Da habe ich es probiert.«

»Und Sie sind fündig geworden.« Bettina stieß wieder Rauch aus. »Dass die Pläne so lange irgendwo herumflogen, hat Ihnen sicher Kopfzerbrechen bereitet.«

Er sah sie an. »Im Grunde wäre es schwierig gewesen, eine Verbindung herzustellen, wenn man nicht wusste, worum es ging. Es hat mich beunruhigt, aber sehr besorgt war ich nicht. Viel mehr hat mich gewundert, das niemand nach Lino gesucht hat.«

»Ja«, sagte Bettina. Der beliebte Lino. »Aber wie hat Frau Ausammas es geschafft, Ihnen auf die Schliche zu kommen? Sie war in Herrn Mattheis' Arbeitsraum. Was hat sie da gesehen?« Diese Frage, merkte Bettina sofort, war zu direkt gewesen. Kußler zog sich zurück, überhaupt hatte sie den Eindruck, dass er begann, sachlicher über seine Situation nachzudenken.

»Sagen Sie es mir«, antwortete er.

»Sie hat diese Pläne gefunden und einen Zeitungsausschnitt, auf dem Sie drauf sind, Herr Kußler. Vielleicht auch noch ein Foto von einem Modell, unsere Zeugen haben so etwas erwähnt. Sie hatte einen geübten Blick und erkannte die brisante Ähnlichkeit.«

Er zuckte die Achseln. »Wieso fragen Sie mich?«

Weil ich es von dir hören will, dachte Bettina. Laut sagte sie: »Und Frau Ausammas nahm die Sachen mit und legte sie Ihnen bei Ihrem Gespräch kurz vor dem Aktkurs vor.«

Kußler sah sie nachdenklich an.

»Was wollte sie?«, fragte Bettina. »Eine Mitgliedschaft in Ihrem Verein?«

»Ja«, antwortete er.

»Das glauben Sie doch selber nicht.«

»Doch. Sie wusste nicht, was sie da tat. Sie dachte keine Sekunde, dass Lino tot war. Sie wollte sich nur einen kleinen Vorteil erpressen. Aber sie hätte es noch am gleichen Abend Papa Sagan-Nory erzählt. Dann wäre es ein offenes Geheimnis gewesen.«

»Ein peinliches Gerücht, das Sie, sobald Lino vermisst worden wäre, vernichtet hätte. Wenn Sie etwas dagegen unternehmen wollten«, sagte Bettina wie zu sich selbst, »dann in diesem Moment.«

Kußler rieb sich mit dem Handgelenk über die Stirn, es war eine Art resignierte Zustimmung, dann beugte er sich vor. »Frau Boll.«

Bettina sah, wie die Kette der Handschelle sich spannte.

»Was tun wir beide hier eigentlich? Wieso sitzen Sie allein mit mir herum? Ich sollte längst im Krankenhaus sein. Oder in meiner Zelle. – Und wo ist Ihr Kassettenrekorder?« Nun war wieder etwas von dem rauchigen Ring in seinen blauen Augen zu sehen.

Bettina sah weg. Diese Frage hätte sie lieber umgangen.

»Sie –«

Nun musste sie ihn doch anschauen. Augenkontakt war notwendig, um zu sehen, was der Inhaftierte vorhatte.

»Sie könnten mich freilassen.«

»Sie würden nicht weit kommen.«

»Ich könnte Sie mitnehmen.«

Bettina lächelte. »Glauben Sie mir –«

»Geben Sie mir noch eine Zigarette?«

»Nein.« Bettina schüttelte den Kopf. »Nein.«

»In die Hand.« Er wies auf die angekettete Linke. »Es wird schon gehen.«

Du Hund, dachte Bettina. Und zündete eine Zigarette an.

Die ist wegen meiner schönen blauen Augen hier, dachte Thomas in dem Moment. Das ist ein Privatgespräch. Er lächelte beinahe. Das kann ich jederzeit leugnen. Und sonst haben sie nicht viel. Die Aussage von Ella, die wiegt schwer. Aber Ellas Waffe, das hatte er aus den Gesprächen der Polizisten vorhin herausgehört, war nicht legal. Das war ein Punkt, der sie vor Gericht zutiefst unglaubwürdig machen würde. Sie hatte ihn verletzt, auch das sprach gegen sie. Das Gespräch mit ihr hingegen und was er versucht hatte, mit ihr zu tun, das konnte nicht nachgewiesen werden, da stand Wort gegen Wort. Außerdem war Ella so sehr in diese Hochzeitskapellen-Friedhofsgeschichte verstrickt, dass ihr ein findiger Anwalt vielleicht wirklich die Schuld an Linos Tod anhängen konnte.

Und Florentines Mord würde ihm niemals jemand nachweisen können, das war einfach zu glatt gegangen, eine spontane brillante Idee, sofort umgesetzt, ohne Schnörkel, die Gunst der Stunde und die vorhandenen Materialien genutzt, den *genius loci*, gewissermaßen, wie das ein guter Architekt eben tat, ein *Naturtalent*, Frau Boll.

Sie reichte ihm die brennende Zigarette, beugte sich zu ihm hinüber, unvorsichtig, vertrauensvoll, reizend. Ihre Haare rochen verregnet, ihr Pullover, sah er, war auch noch etwas feucht, der Sturm heulte um das Auto, eine kleine weiße Zelle, ein U-Boot unter den Regenmassen.

»Vielleicht haut mein Anwalt mich raus«, sagte er.

»Glaube ich nicht.« Sie saß wieder, blickte fast unbekümmert, lächelte. Rauchte selber. Langsam füllte der Raum sich mit Qualm.

»Was tun Sie hier mit mir?«, fragte er wieder.

»Ich – fand Sie sympathisch. Ich will wissen, warum Sie es getan haben.«

Er beugte sich über seine Hand und zog.

»Aus Gier?«, fragte sie. »Aus Rechthaberei? Aus Wut?«

Er stieß den Rauch aus. »Sie finden mich immer noch sympathisch.«

Sie sah ihn kühl an. »Warum haben Sie Ella Coressel angegriffen?«, fragte sie.

Bettina zwang sich, an die armselig magere Leiche der Ausammas zu denken, an den kahlen, schmierigen Schädel, der einst Lino Mattheis' schöner Kopf gewesen war. Denn sie fand den Verdächtigen tatsächlich sympathisch, ja sie hatte immer noch Schwierigkeiten, das alles überhaupt mit Kußler in Verbindung zu bringen. Aber zum Glück, dachte sie, ist es nicht meine Aufgabe, die Mörder auch noch persönlich zu hassen. »Sie mögen Ella, das haben Sie selbst gesagt.«

»Ja.«

»Sie haben sie angerufen, ihr gesagt, Sie hätten einen Verdacht, und um den zu erhärten, bräuchten Sie ein Foto von dem Grab aus der Vogelperspektive. Vom Turm runter.«

»Ja.«

»Das hat Ella Ihnen geglaubt?«

»Ich kann sehr überzeugend sein.«

»Ja. – Sie sind ihr hinterhergegangen. Sie haben versucht, sie runterzustoßen, doch sie besitzt eine Waffe.«

»Eine illegale.« Er blickte auf seine zerschossene Hand.

»Aber das«, sagte Bettina, »wird der Richter ihr nachsehen. Sie wurde vor zwei Jahren in einer Unterführung überfallen. Und sie hat zwar keinen Waffenschein, kann aber verantwortungsvoll damit umgehen.«

»Na –«

»Sie hätte Sie auch einfach erschießen können«, sagte Bettina. »Das wäre das Klügste gewesen. Sie sind gefährlich.«

Er schwieg.

»Warum haben Sie Frau Coressel eingestellt?«

Er lachte trocken auf. »Sie hat sich so forsch beworben, auf dem Wochenmarkt zwischen Oliven und Tomaten, das hat mir einfach gefallen, das hat mich an mich selbst erinnert, als ich noch –«

»Als Sie noch arm waren.«

»Ja.«

»Es ist das Geld, nicht?«, fragte Bettina über ihren Zigarettenrauch hinweg.

Er blickte kurz und abschätzig.

»Wann haben Sie beschlossen, sie zu töten?«

»Ich wusste«, sagte er, »dass sie mit Lino zu tun hatte. Ich war ja schon in seinem Haus gewesen. Das war auch Ellas Adresse, die stand auf unserer Liste für die Teilnehmer am Skulpturenpark. Da, wo ich auch Florentines Adresse herhatte.«

»Ergiebig, diese Liste«, sagte Bettina.

Er beugte sich wieder zu seiner Hand hinab. »Im Gefängnis fangen alle an zu rauchen, nicht?«, sagte er, als er sich wieder aufgerichtet hatte.

»Ich weiß nicht«, versetzte Bettina. »Ich war noch nicht drin. – Wann haben Sie Ellas Tod beschlossen?«, fragte sie erneut.

»Ich wusste ja nicht«, stieß er plötzlich heftig hervor, »dass *sie* diese blöde Hochzeitskapelle gemacht hatte! Der ganze Entwurf war von Lino selbst schon gekauft! Und *das* nicht zu merken war schreiend dumm von mir! Er war kein Architekt, das hat man ihm auf hundert Meter angesehen –«

»Wann?«, herrschte Bettina, jetzt ebenfalls laut.

»Und ich dachte, sie mag *mich*, dabei wollte sie nur bei ihrem Entwurf sein!«

Sentimental, dachte Bettina. »Sie mag Sie«, sagte sie müde.

Er sah sie an. Senkte den Blick. »Erstens«, erklärte er dann, »hat Ella die Rolle mit Linos Plänen spazieren gefahren, die ich aus Linos Wohnung mitgebracht habe und nicht mehr rechtzeitig vernichten konnte, weil Ihr feiner Dr. Leonhardt mir vor meiner Haustür aufgelauert hat. Das war übrigens das Einzige, was er außer seinen Briefen bei mir im Haus hätte finden können. Ich hab es ihm noch unter die Nase gehalten und gesagt: ›Wollen Sie reinsehen?‹« Wieder lachte er trocken. »Wenn Ella da drauf geguckt hätte, wäre sie sicher auch ins

Grübeln gekommen, denn die Pläne waren für die Arbeit im Büro längst nicht mehr nötig. Ob sie es getan hatte, konnte ich sie aber schlecht fragen. Außerdem hat sie mir durch die Blume verraten, dass die Aussegnungshalle von ihr ist. Vorhin, als ich heimgekommen bin, ist mir das aufgegangen. Ich habe noch mal über ihr Einstellungsgespräch nachgedacht. Da hat sie es zwar nicht direkt gesagt, klar, denn wenn die ganze Arbeit von ihr war und sie von Lino womöglich noch Geld genommen hat, war das so illegal wie ihre Waffe, aber sie hat eine Andeutung gemacht.«

»Was für eine?«

»Bei ihrer Einstellung habe ich ihr das Modell der Aussegnungshalle gezeigt. Dabei hat sie etwas gesagt, das sie gar nicht wissen konnte.«

»Was?«

»Sie sagte, dass in der ursprünglichen Planung für den Friedhof die Stahlkörbe außen unverglast vorgesehen gewesen wären. Das stimmte aber nicht. So war es ausschließlich viel früher in Linos Plänen und Modellen für die Hochzeitskapelle.« Er schüttelte den Kopf. »Vorhin sah ich dann die alten Fotos an, die ihr die Kollegen hingestellt hatten, und da fiel mir diese komische Aussage wieder ein.« Er beugte sich über seine Hand, um sie nicht ansehen zu müssen, das Gefühl hatte Bettina zumindest. »Ich erkannte, dass sie von der Hochzeitskapelle gewusst hat. Und wenn sie das wusste …«

Bettina trat ihre Zigarette auf dem Boden aus. »Ella Coressel war die ganze Zeit klar, von wem der Starentwurf für den Friedhof ist: von ihr selber. Selbstverständlich hat sie keinem davon erzählt, weil das ein Grund zur Exmatrikulation gewesen wäre. Zu der Zeit, als Mattheis verschwand, war sie auf Exkursion, konnte ihm also nicht als Ratgeberin für die Verhandlungen mit Ihnen dienen, und als sie wiederkam, war sie nicht sonderlich überrascht, dass er nicht da war, weil er ja sowieso in Urlaub fahren wollte.«

Kußler blickte sie aufrichtig an. »Um Ella hätte es mir wirklich Leid getan«, sagte er. »Aber sie hätte einen schönen Tod gehabt. Vom Gerüst gefallen, wie Carlo Scarpa. Ein Archi-tektentod.« Damit beugte er sich wieder über die angekettete Hand.

Und in dem Moment sah Bettina die andere Seite, den Mör-der. *Ein schöner Tod.* Das Trugbild, dem er aufsaß. Mit dem er sich jetzt, am Ende, doch noch rechtfertigte, seine wahre Haltung verriet. Wie grausam war dieser Satz, wenn man die Bilder dazu im Kopf hatte, die Leichen, das Blut, die kalten Körper, die ihre Schönheit schnell verloren, Säfte zogen, sich gegen nichts mehr wehren konnten, nicht gegen den Raub ihrer Würde, gegen Ekel und Verwesung. Das musste er doch auch und zuerst gesehen haben. – Ein Zufall, dass Kußlers Opfer alle in der Blüte ihrer Jugend gestanden hatten? Pygmalion, dachte Bettina. Das perfekte Bild, das erhalten werden sollte. Kein Platz für warme, lebende Wesen, die ihre Fehler hatten, aber es hätten besser machen können, am nächsten Tag.

Sie stand auf. »Ja, Herr Kußler, das war nett, aber jetzt muss ich zu meinem Galaauftritt. Die Massen warten schon auf mich.« Damit klopfte sie gegen die Wand der Fahrerkabine.

»Ich werde«, sagte Kußler in einem ganz neuen Ton, rasch und überzeugt, »nicht ins Gefängnis gehen.«

Scheiße, dachte Bettina. Was kommt jetzt? Sie drehte sich um, stieß dabei den Teebecher um, der am Boden stand, starrte den Mann an.

Er saß da, immer noch hübsch, blauäugig, sympathisch. Ein leiser Funke flog wieder. »Ich werde«, sagte er, »nichts von dem, was ich eben gesagt habe, zugeben. Sie haben keinen einzigen handfesten Beweis gegen mich.«

»Ellas Aussage«, hielt Bettina ihm entgegen.

»Ich bin glaubwürdiger. Ich war nicht die Person mit der Waffe. Ich war das Opfer.«

»Die Pläne, die wir in Ihrem Auto gefunden haben«, versetzte Bettina. Es polterte an der Tür.

»Genau genommen war Ella damit unterwegs.«

»Dass Ihr Starentwurf geklaut ist«, sagte Bettina, »das wird auch so einige interessieren.«

»Das ist aber kein Mord.« Kußlers blaue Augen funkelten. »Vielleicht können wir mal miteinander essen gehen? Wenn das alles vorbei ist?«

Bettina verschränkte die Arme. »Wir werden die Waffe, die Sie benutzt haben, um Herrn Mattheis zu töten, bei Ihnen finden.«

»Nein.«

»Wir sind besser als unser Ruf.«

Wieder rumpelte es an der Tür, jemand fluchte.

Kußler lächelte. »Nehmen Sie nur Florentine«, sagte er. »Die habe ich nicht ermordet. Wie sollte ich das getan haben? Das können Sie mir nie nachweisen.«

Die Tür flog mit einem Krach auf und Willenbacher platzte herein. »Scheiße, Tina«, rief er, »wo bleibst du bloß? Der Leonhardt wird dich lynchen.« Er schnupperte und sah den vergossenen Tee auf dem Boden. »Was habt ihr gemacht? – Die Party ist ein Haus weiter.« Er grinste kurz. »Und die ist nicht von Pappe. Eine richtige römische Orgie.«

»Was?«

»Du wirst schon sehen.«

»Hm«, machte Bettina, »aber sie verkraftet noch einen Überraschungsgast, oder?« Sie sah Kußler an.

Willenbacher runzelte die Stirn. »Du weißt genau, er soll eigentlich längst verarztet unten in der Stadt in seiner Zelle sein. Dass er überhaupt noch da ist, also echt!«

»Der Leonhardt«, sagte Bettina, »hat sicher nichts dagegen, das Gesicht von Herrn Kußler zu sehen, wenn wir ihm zeigen, wie er Florentine Ausammas ermordet hat.«

* * *

Eine römische Orgie. Kollege Willenbacher hatte tatsächlich nicht zu viel versprochen, dachte Bettina, als sie neben Thomas Kußler in den Aktsaal trat. Der Raum war nicht wiederzuerkennen, ganz von süßem Duft erfüllt, das Podest in der Mitte über und über mit weißen, schwach rötlich überhauchten Rosenblättern bedeckt, ihr matter Schimmer hatte sogar die Lichtfarbe geändert, oder schien das nur so? Jedenfalls wirkten die vielen Menschen, die in dem Saal warteten, selbst rosig und von heller Stimmung. Ein Blütentraum.

Sofort ergriff so etwas wie Melancholie von Bettina Besitz, sie blieb in dem Durchgang stehen und zwang so auch Thomas Kußler zum Warten. Ich immer mit meinem Glück in der Liebe, dachte sie, da stehe ich nun Seite an Seite mit einem schönen Mann vor einem Raum voller Rosen, die Gesellschaft erwartet uns schon, bald werden wir gemeinsam vor dieses Podest treten ...

Es musste die Handfessel sein, die sie an Kußler kettete, das übte eine ganz merkwürdige Wirkung auf sie aus. Selten hatte sie sich so sehr als Teil eines Paars gefühlt wie auf dem kurzen Weg vom Krankenwagen hierher, es war fast unheimlich, wie spontan sie mit Kußler einen Gleichschritt gefunden hatte, wie sehr ihre Bewegungen zueinander zu passen schienen, wie wenig die Handschellen störten. Wie sie nun hier standen, die zwei Hauptpersonen, beide nicht allzu erbaut von der Aufmerksamkeit, die sie erhielten, alle Augen mit einem Mal auf sie gerichtet, gleich würde der Tanz beginnen. Kußler schien unvermittelt näher zu rücken. Eine kleine Bewegung ging durch den Raum, Rosenblätter stoben auf, es war so –

Dann sah Bettina plötzlich Ella Coressel neben dem Podest, die mit einer tiefen Falte auf der hübschen Stirn Kußler durch ihre Brille anstarrte, befangen, anscheinend bemüht, Gefühle zurückzuhalten oder sich ihrer überhaupt erst klar zu werden, und in dem Moment kam Bettina sich völlig idiotisch vor. Sie zwang die Polizistin in sich hervor. »Was ist denn hier passiert?«, fragte sie Willenbacher schroff.

»Professor Sagan-Norys Nachruf auf seine Freundin.« Der kleine Kollege stand drei Schritt entfernt, mit verschränkten Armen, in viel zu großen, schmuddeligen Klamotten.

»Sollte der Saal nicht unberührt bleiben bis heute Abend?«

Willenbacher zuckte gelassen wie kaum je die Achseln, nach seinem Abenteuer am Turm würde er wahrscheinlich erst mal vierzehn Tage lang zu cool sein für diese Welt. Rosen sind halt

Rosen, sagte die Geste, auch an unpassendem Ort, da kann man nix machen.

Und dann war schlagartig keine Zeit mehr für Gespräche, dann stürmte alle Welt auf sie ein, wurde ihr Kußler von der Hand losgemacht und an einen anderen gekettet, kamen Dr. Leonhardt, Silberstein, Härting, sogar Strack und noch einige andere Lautringer Kollegen auf sie zu, wollten wissen, was denn nun sei, Rekonstruktion? Kußler doch der Mörder?

Nicht, dass es da je irgendwelche Zweifel gab, Frau Boll!

Sie schaffte es, fast vierzig Studenten dazu zu bringen, ihre Staffeleien und Böcke wieder ungefähr so aufzustellen, wie sie gestanden hatten, und die Leute dann loszuwerden, bis auf die vier, die während des Gießens im Saal gewesen waren. Trotzdem platzte der Raum immer noch fast aus den Nähten, da waren noch ein gutes Dutzend Polizisten, die gesamte Belegschaft des Fachgebiets Werken, alle am Fall direkt Beteiligten, Professor Sagan-Nory geisterte irgendwo im Hintergrund herum. Überall lagen nun helle, duftende kleine Partikel, von leichtesten Bewegungen aufgewirbelt. Ein Alptraum für die Spurensicherung. Das war keine Rekonstruktion, das hatte was von einem Theaterstück.

»Was soll's«, sagte Willenbacher großzügig und zerrieb verträumt ein paar Blütenblätter unter seiner Nase, »das passt, der ganze Fall war schließlich so.«

Bettina verschränkte die Arme. »Du wärst normalerweise der Erste mit Schaufel und Besen, um das Zeug wegzukehren.« Sie stand mit ihrem Kollegen in der Mitte des Raums, erwartungsvoll angeblickt von einem Saal voller Menschen. Es würde ihr kaum etwas übrig bleiben, als vor den Leuten zu sprechen, nichts, dachte sie grimmig, tu ich lieber.

»Komm«, war Willenbachers Antwort, »jetzt brauchen wir wenigstens niemanden, der Florentine Ausammas' Rolle übernimmt.«

Tatsächlich erreichte der lockere weiße Berg dort auf dem Podest nicht ganz die Höhe einer liegenden menschlichen

Gestalt, aber mit etwas gutem Willen konnte man es sich vorstellen. Bettina zuckte nur die Achseln, was sollte sie dagegen tun? Sie sah sich um, Thomas Kußler hing finsteren Blicks am Arm eines sehr bulligen Polizisten, auf der gegenüberliegenden Seite des Raums saß Ella Coressel, erschöpft und etwas abgesondert. Wenigstens trug sie jetzt trockene Sachen, vielleicht war sie zwischendurch nach Hause gefahren worden. Die junge Frau hatte darauf bestanden, an dieser Veranstaltung teilzunehmen, wirkte jedoch arg mitgenommen. Bei ihr sollte jemand sein, dachte Bettina, statt bei Kußler. Es war schon eigenartig, wie sicher Kußler im Gegensatz zu seinem letzten Beinahe-Opfer aussah. Er ignorierte die Frau, die er fast getötet hätte, sie jedoch wirkte verstört und verletzt und konnte kaum den Blick von ihm wenden.

Bettina rieb sich die Stirn. Ella Coressel war kein *Beinahe-Opfer*. Sie war ein echtes.

»So, Frau Boll, geht's jetzt endlich los?«, rief Härting ihr aus der Reihe der Wartenden zu.

»Jawohl.« Sie rückte ein wenig von dem Podest ab. »Bei Florentine Ausammas' Tod gab es von Anfang an ein untrügliches Zeichen, dass nur Thomas Kußler der Mörder gewesen sein konnte.« Sie blickte Willenbacher an, er lächelte, Härting und Dr. Leonhardt schwiegen, nur der Profiler Silberstein konnte sich ein kleines »Hört, hört!« nicht verkneifen. Bettina warf ihm einen kalten Blick zu. »Wir sind nicht drauf gekommen, weil der Mord so inszeniert aussah. Inszenieren heißt planen. Das ist der große Irrtum, dem wir aufgesessen sind.« Sie drehte sich halb zu dem Podest, allein durch diese Bewegung wirbelte sie Rosenblätter auf, deren Duft schwer und betäubend über dem großen weißen Holzkasten hing, auf dem Ausammas gelegen hatte. »Wir dachten«, fuhr sie fort, »der Mörder hätte sich vorbereitet. Wir glaubten zum Beispiel, hier drunter wäre freigeräumt worden, um ein Versteck zu schaffen. Das aber war nur Zufall. Nichts an diesem Abend war planbar. Kein Mensch konnte wissen, wann das Gießen überhaupt stattfinden würde, schon die Temperatur des Metalls hängt von mehreren unsicheren Faktoren ab. Dann waren fünfzig Leute im Raum, was die tun würden, war genauso wenig vorauszusehen wie das Verhalten von Frau Ausammas. Ein Täter mit Zeit zum Nachdenken hätte spätestens nach einer Viertelstunde verworfen, das Modell auf dem Podest zu erstechen, egal wie *schön* ihm das vielleicht vorgekommen wäre. – Die Situation, die wir vorfanden, bedeutete etwas ganz anderes: dass der Täter verzweifelt war. Er kann erst ganz unmittelbar zuvor erkannt haben, dass er Frau Ausammas schnellstens töten musste. Das bedeutete, dass er wahrscheinlich sehr kurz vor ihrem Tod ein Privatgespräch mit ihr geführt hat.« Sie sah Kußler an, er blickte kühl zurück. »Herr Kußler ist praktisch der Einzige, auf den das zutrifft. *Das* hätte uns sofort zu denken geben müssen.« Sie verstummte. Coressel, sah Bettina, sank immer mehr auf ihrem Stuhl zusammen. Sie stieß Willenbacher an. »Du bist dran.« Dann ging sie und stellte sich neben die junge Frau. Die sah nicht auf, rappelte sich aber tatsächlich etwas hoch.

»Das Motiv fehlte natürlich«, übernahm der Kollege, »deswegen konnten wir uns Herrn Kußler als Täter trotz allem nicht vorstellen. Auch für den Mord an Lino Mattheis nicht. Für mich persönlich war er bis ganz zum Schluss, sogar noch bis er versuchte, Frau Coressel vor meinen Augen vom Winterturm zu stoßen, ein Unschuldiger. Selbst das habe ich nicht gleich verstanden. Er hat mich gesehen – ich habe ihm noch Zeichen gegeben! – und hat Frau Coressel, die sich ganz auf ihn und die Waffe konzentrieren musste, in ein Gespräch verwickelt, in dem er ihr sehr raffiniert häppchenweise die Schuld zuschob. Für mich wirkte das so, als hätte *sie* all diese Verbrechen angezettelt. Sie war die mit der Waffe. – Und sie sah wirklich aus, als wollte sie ihn umbringen.«

»Stimmt ja auch«, rief Coressel, nein, spuckte sie aus. Kußler lächelte, mehr Antwort gab er nicht. Das, sagte seine Haltung, wird alles mein Anwalt erledigen. Dann hob er seine verbundene Hand. Etwas dunkles Blut war durch die Mullbinden gedrungen. Er erstarrte. Fast befriedigt registrierte Bettina, wie er in der Bewegung erstarrte.

»Kußlers Plan«, fuhr Willenbacher fort, »sah so aus: Er wollte Frau Coressel auf den Turm locken und dann runterstoßen. Denn er hatte kurz zuvor erraten, dass sie die eigentliche Urheberin seines Friedhofsentwurfs ist.«

Ein Raunen ging durch die Reihen der Architekten. Ella Coressel sah auf, ihr Gesicht sollte wohl Bescheidenheit ausdrücken, konnte aber ein inneres Strahlen nicht verbergen. Wenigstens ein bisschen Genugtuung für dich, dachte Bettina und schaute auf den rasierten Kopf hinab.

»Das war peinlich für Herrn Kußler«, sagte Willenbacher. »Schlimmer allerdings war, dass er ursprünglich geglaubt hatte, der Entwurf sei von Lino Mattheis, und auch den schon getötet hatte. Genauso wie Florentine Ausammas, die ihn erpressen wollte. Nun konnte er schlecht Frau Coressel am Leben lassen. *Sie* in die Falle zu locken war ganz einfach für ihn. Frau Coressel war seine Angestellte, die ihm vertraute und seinen Anweisungen folgte. Doch ganz offensichtlich war sie nicht so leicht zu überwältigen. Sie war bewaffnet.« Willenbacher blickte die junge Frau kurz an. »Frau Coressel hat dann das Unmögliche geschafft, nämlich den Spieß umzudrehen und ihren hochgefährlichen Angreifer unter Kontrolle zu bekommen. Sie stand auf dem Gerüst –«

»Er *hat* mich runtergestoßen«, sagte Coressel da, etwas verschnupft, aber klar. »Er hat gesagt, er bräuchte ein Foto von – egal. Es war dumm von mir, das zu glauben.« Sie nieste. »Als er oben auf der Plattform des Turms ankam, stand ich schon auf dem Gerüst. Ich habe Fotos gemacht, und ich –« Sichtlich angespannt atmete sie durch. »Er kam ran, und kurz bevor er mich gestoßen hat, wusste ich es. Irgendwie. Ich konnte mich noch drehen und bin nur auf die Planken gefallen. Da hat er mich getreten.« Tränen standen in ihren Augen. »Er wollte mich einfach runtertreten.«

Kußler sah die junge Frau an, blau, dunkel, fast weich. Sie schoss einen zornigen Blick zurück.

»Und dann?«, fragte Silberstein.

»Ich konnte mich festhalten, irgendwo am Gestänge, dann bin

ich runtergesprungen auf die zweitoberste Ebene vom Gerüst.«
Sie schluckte. »Er kam mir nach. Bis dahin hatte ich meinen –
Revolver gezogen, aber«, sie seufzte unwillkürlich, »nach oben
und zur Treppe konnte ich nicht zurück.«

»Sie waren sehr tapfer«, sagte Bettina warm. »Sie haben es
geschafft, mitsamt dem Mörder noch eine weitere Etage runter-
zukommen.«

Coressel schüttelte den Kopf. »Ich weiß kaum noch, wie.«
Sie sah Kußler an, jetzt endlich ein wenig triumphierend. »Ich
hab ihn zu allem gezwungen. Klappe aufmachen, runterspringen,
Abstand halten – irgendwie hat es funktioniert.«

»Sie waren gut. – Dann ist mein Kollege gekommen und hielt
Sie für die Täterin.«

»Und das war ziemlich dumm von mir«, sagte Willenbacher
zwanglos. Held, der er war, konnte er solche kleinen Nach-
lässigkeiten zugeben. Lächelnd sah er sich im Saal um. »Klar.
Dann hätte sie Kußler ja gleich erschossen. Oder ihn gezwungen runterzuspringen. Oder sie hätte ihn nach oben geführt, um
es dort zu tun. Aber Frau Coressel wollte nach unten. Zu Fuß.
Da konnte sie nur das Opfer sein.«

Jemand hatte ein Fenster geöffnet und so einen leichten Zug und
etwas Bewegung in den Raum gebracht. Die schlaffen Rosenblätter wurden noch einmal gelockert, ein paar wieder aufgewirbelt, die klare Luft sog den inzwischen dumpfig-süßen Geruch
aus dem Raum und brachte Erfrischung. Ella Coressel war aufgestanden und wurde von den Architekten mit Fragen bestürmt:
Der Friedhof war von ihr?

Dr. Leonhardt trat zu Bettina. »Frau Boll«, sagte er, »gute
Arbeit. Wirklich.«

»Danke.«

»Sie haben es halt auf Ihre Art bewiesen. Dass er es war.«

Bettina blickt dem Vorgesetzten gerade in die grauen Augen.
»Auf die einzig mögliche Art.«

Dr. Leonhardt seufzte. »Wie auch immer. – Ich werde unsere
kleinen Meinungsverschiedenheiten einfach vergessen. Sie sind

eben so. Das muss an Ihren Haaren liegen. Die Roten sind immer störrisch.«

»*Bitte?*«

Willenbacher, der nun wieder neben ihr stand, grinste von einem Ohr zum anderen. »Meine Rede«, sagte er halblaut und ziemlich dreist.

»Und jetzt, wo wir genügend Zeit haben, um Herrn Kußlers Haus gründlich zu durchsuchen, finden wir vielleicht sogar noch –«

»Ihre alte Brieffreundin?«, fragte Bettina bissig. Willenbacher runzelte die Stirn, doch sie zuckte nur die Achseln. Sie war eben so.

Dr. Leonhardt blieb gelassen. »Eine Spur von Valerie. – Und jetzt, Frau Boll, verraten Sie uns endlich, wie er es gemacht hat?«

»Kein Problem.«

Willenbacher hatte sich nach hinten ins Büro begeben. Ingenieur Knerr und die beiden Studentinnen, die während des Gießens im Aktsaal geblieben waren, nahmen ihre Plätze hinter den hohen Staffeleien ein. Bettinas Herz begann zu klopfen. Ob sie auch wirklich richtig lag? Wenn sie jetzt am Ende feststellte, dass sie sich geirrt hatte –? Nein, beruhigte sie sich. Sie *musste* Recht haben. Es gab sonst keine Möglichkeit.

»Der Mord an Frau Ausammas«, sagte sie mit dennoch leicht zitternder Stimme, »ist während des Gießens geschehen.« Sie blickte die Leute an, die nun dicht gedrängt an den Rändern des Raums standen. »Davon sind wir sofort ausgegangen, alles andere wäre kaum durchführbar gewesen. Deshalb stellen wir heute Abend nur diese Situation nach. – Sie müssen sich jetzt vorstellen, der Saal sei leer bis auf die drei Zeichner und das Modell.« Und die Rosen, setzte sie in Gedanken hinzu. Sie wandte sich an Knerr. »Bitte tun Sie, was Sie an dem Abend getan haben. Achten Sie bitte genau darauf, was passiert, und wenn etwas anders ist, auch nur eine Kleinigkeit, sagen Sie es sofort.«

Knerr, dem Schweiß auf der Stirn stand, tunkte folgsam seinen Pinsel in Farbe. Auch die beiden Studentinnen hantierten mit Malutensilien.

»Das«, sagte Bettina, »haben die drei eine ganze Weile gemacht. Dann kam Frau Abdallah. – Bitte.«

Die schwarz gekleidete Muslimin trat vor, sie lächelte dunkel, ging durch den Wald an Staffeleien hin zu dem Platz, an dem ihre Sachen lagen, kramte darin herum, begab sich dann zum Waschbecken und ließ Wasser laufen. Kurz darauf drehte sie es wieder ab und verließ den Raum.

»Okay«, sagte Bettina. Und jetzt –«

»Moment«, rief Knerr.

»Ja bitte?«

»Sie hat sich die Nase geputzt und gehustet«, sagte der Ingenieur.

»Es hat länger gedauert«, fügte eine der Studentinnen hinzu. »Ich glaube, sie ist auch anders gelaufen.«

»Gut, wir machen es ganz genau.« Bettina hob die Stimme. »Frau Abdallah, kommen Sie noch mal. Bitte versuchen Sie sich an alles zu erinnern, auch an das Husten. – Los.«

Wieder ging die schwarz verschleierte Gestalt durch den Saal, diesmal hustend mit einem Taschentuch vor der Nase. Der lange Rock wirbelte Rosenblätter auf.

»War es das?«, fragte Bettina dann.

Die drei Leute hinter den Staffeleien sahen sich an. »Schon besser«, sagte Knerr zögernd.

»Hm«, machte Bettina. »Sehen Sie, *genau* das wollte ich hören.« Sie stemmte die Hände in die Hüften. »Und ich verrate Ihnen jetzt was: Frau Abdallah ist an dem bewussten Abend nicht erkältet gewesen. Nicht die Spur.«

Eine kleine unschlüssige Pause entstand, dann blickten die Leute die dunkel verhüllte Person an. Genau betrachtet sah sie gedrungener aus als vorher. Sie ließ das Taschentuch sinken. Unter dem schwarzen Schleier kam Willenbachers Gesicht zum Vorschein.

Er grinste verlegen. Abdallah, ebenfalls im schwarzen Gewand, trat aus dem Hintergrund neben ihn und lächelte vage. Willenbacher sah an sich hinab, zupfte an dem schwarzen Stoff herum und sagte zu Thomas Kußler, der in unmittelbarer Nähe stand: »Mein Geschmack ist es ja nicht, aber Ihnen steht das bestimmt ganz hervorragend.«

Kußler machte eine Bewegung, als wollte er die Arme verschränken, und zuckte sichtlich zusammen, als er die Handschelle spürte, die ihn an den Polizisten fesselte.

»Sie haben gerade alle«, sagte Bettina laut, »meinen Kollegen Willenbacher für Frau Abdallah gehalten, und am Freitagabend ist den drei Zeichnern hier im Raum ein ähnlicher Irrtum mit Herrn Kußler passiert.«

Die beiden Studentinnen standen zusammen und schüttelten die Köpfe, Knerr starrte entgeistert den kleinen Obermeister an.

»Ich kann mich«, sagte Bettina jetzt etwas leiser, »noch erinnern, was passierte, als ich Herrn Kußler zum ersten Mal sah. Und zwar hängte diese junge Dame genau in dem Moment, als ich mit Ihnen, Herr Kußler, an der Garderobe stand, dort ihren langen schwarzen Mantel auf.« Sie schaute den Architekten an. »Ich sah es und Sie haben es auch gesehen.«

Er verzog keine Miene.

Willenbacher hatte inzwischen den Schleier, einen breiten schwarzen Schal, abgenommen und knöpfte den Mantel auf. Der bestand aus eher dünnem Stoff, war wohl selbst genäht, mit blusigen Ärmeln, bodenlang, ein großer Unterschied zu Abdallahs Kleid bestand tatsächlich nicht.

»Der Plan«, fuhr Bettina fort, »Ihr Modell in dieser Verkleidung zu ermorden, muss Ihnen spontan gekommen sein, Herr Kußler, als Sie Frau Abdallahs langen schwarzen Mantel gesehen haben, die ideale Verkleidung. Hier sahen Sie eine winzige Chance, Frau Ausammas zum Schweigen zu bringen. Die mussten Sie nutzen. Zu Beginn des Gießens sind Sie Ihren Studenten und allen Gästen in die Gießerei gefolgt. Dort haben Sie sich hinten an der Tür herumgedrückt. Sowie Sie aber unbeobachtet waren, haben Sie den Raum wieder verlassen. In der Garderobe nahmen Sie dann Frau Abdallahs Mantel.«

Willenbacher hatte das lange schwarze Teil nun abgelegt und reichte es der Muslimin, die es mit züchtig niedergeschlagenen Augen entgegennahm.

»Dazu holten Sie sich irgendeinen der unendlich vielen schwarzen Schals, mit denen die Garderoben bei den Architekten überladen sind. Der wurde Ihr Schleier. Sie haben sich ein Taschentuch vor die Nase gehalten und ein bisschen gehustet, als Sie den Aktsaal betraten. So konnte man Ihr Gesicht nicht sehen. Ohnehin rechneten Sie nicht damit, dass man auf Sie achten würde. Als Dozent fürs Aktzeichnen wussten Sie, mit was für Leuten Sie es zu tun hatten. Die konzentrierten sich auf ihre Arbeiten und nicht auf die Umgebung oder auch nur das Modell. Sie konnten ganz unbehelligt durch den Saal wandern und das Messer an sich bringen. Dann haben Sie Florentine Ausammas erstochen.«

Bewegung ging durch den Saal. Jemand schnaubte auf und stürzte nach vorn, in Richtung des Täters. Sagan-Nory. Er war schnell, sagte nichts, hatte die Fäuste geballt, sah unglaublich entschlossen aus.

Doch für sein Vorhaben waren zu viele Polizisten im Raum. Einem von ihnen versetzte der Herr Professor noch einen sauberen Kinnhaken, dann konnte er überwältigt werden. An den Mörder seiner Geliebten war er nicht mal auf drei Meter herangekommen. Es dauerte einen Moment, bis er aus dem Saal gebracht war, der geschlagene Beamte hielt sich stöhnend die Kinnlade. Große Unruhe entstand. Alle sprachen und liefen durcheinander, Rosenblätter flogen. Aus dem Hintergrund schob sich eine dicke Gestalt heran, auffallend weiß gekleidet, mit grimmigem Gesicht, ein Handy ans Ohr geklemmt. Es war der Sanitäter, der immer noch auf Kußler wartete.

»Nach der Tat«, sagte Bettina und sorgte damit unerwartet schnell wieder für Ruhe, »mussten Sie noch für Ablenkung sorgen. Sie brachten die Kleidungsstücke zurück in die Garderobe, schlossen die Toilette von außen ab und gingen wieder in die Gießerei. Dort hatte keiner Ihr Fehlen bemerkt. Nun mussten Sie nur noch dafür sorgen, dass Frau Abdallah einen Grund hatte, in den Aktsaal zu gehen. Dazu haben Sie Schamottepampe benutzt. Ihr Werkzeug war vielleicht einer von diesen schwarzen Gipsbechern oder eine Kelle, oder sogar die bloße Hand – je nachdem, wie nah Sie an Frau Abdallah dran waren und wie weit die wiederum von den Schamottebütten entfernt stand. Es wurde immer noch gegossen, die Aufmerksamkeit der Umstehenden war abgelenkt, und Frau Abdallahs Kleidung bietet eine große Angriffsfläche. Sie schafften es, den schwarzen Rock der Dame zu beschmutzen und sie dann unauffällig darauf aufmerksam zu machen.«

»Es war so«, meldete sich Abdallah mit schöner dunkler Stimme zu Wort. »Plötzlich sind ein paar Leute von mir abgerückt und haben mich angeguckt. Daran habe ich es gemerkt, dass mein Kleid schmutzig war. Und er«, sie wies auf Kußler, es wirkte anklagend, »war dabei.«

Der böse Blick, dachte Bettina. Er hat sie einfach intensiv angeschaut, das reichte schon, um auch die Umstehenden aufmerksam zu machen. Laut sagte sie: »Frau Abdallah wollte dann raus zur Toilette, um sich zu säubern. Doch die war verschlossen. Also ist sie zum Aktsaal weitergegangen. Dort wurde sie von den verbliebenen Zeichnern mit halbem Ohr und Auge bemerkt – sodass später deren und Frau Abdallahs Aussagen zusammenpassten. Sie, Herr Kußler, waren im Raum herumgelaufen, die Zeichner hatten eine schwarze Frau gesehen. Wie oft und wo lang, daran erinnerten sie sich nicht ohne die Hilfe der Rekonstruktion. Zum Schluss musste Kußler nur noch die Tür wieder unauffällig aufsperren, was kein großes Problem gewesen sein dürfte. Und das war's.«

»Moment jetzt mal.« Der dicke Sanitäter, immer noch das Handy am Ohr, drängte sich vor. »Ich hab hier am Telefon eine Type, die es ziemlich ernst meint.« Er wies mit dem Kinn auf Thomas Kußler. »Ist für ihn. Sein Handy. Darf er rangehen?«

»Bitte«, entschied Bettina.

Der Sanitäter drückte Kußler den Apparat in die Hand, die in der Schelle steckte. Der Architekt musste ein wenig daran zerren, denn der Polizist an der Kette folgte nicht sofort seiner

Bewegung. Schließlich klappte das Zusammenspiel, und Kußler sagte: »Hallo? – Oh.« Er machte eine längere Pause und warf Bettina einen Blick zu, den die überhaupt nicht deuten konnte. »Ja. – Natürlich. Klar. Ich – wir werden sehen. Bis dann.«

Er drückte auf den Ausknopf. Senkte den Kopf. Und blickte dann plötzlich auf, Dr. Leonhardt ins Gesicht. »Haben Sie morgen Zeit?«, fragte er.

»Für Sie den ganzen Tag«, erklärte der Kriminalrat jovial.

»Dann«, sagte Thomas Kußler und schloss kurz die Augen, »fahren Sie doch mal nach Frankfurt. Zum Flughafen. Die Maschine aus Peking.«

Dr. Leonhardt starrte den Architekten an, das Lächeln schwand aus seinem Gesicht.

»Meine Frau ist von ihrer Reise zurück«, sagte Kußler. »Sie war noch in Nepal und wünscht morgen abgeholt zu werden. Vielleicht können Sie das übernehmen.« Grimmig hob er die Hand in der Schelle. »*Ich* bin ja dank Ihrer gemeinschaftlichen Bemühungen verhindert.«

* * *

Der nächste Tag war strahlend weiß und kalt – ein Wintertag. Innerhalb einer Nacht war die Welt eine andere geworden, überzuckert, verschneit, wunderbar hell. Sogar der sonst so graue, weite Platz vor der Lautringer Polizeidienststelle vermochte etwas von dem Schimmer einzufangen. Die Kreuzungen waren mit einer festen, hellen Masse bedeckt, unter jedem Schritt knirschte es, die Autos fuhren langsamer, die struppigen Büsche der kleinen Grünanlage sahen unter ihrem Schneekleid fast festlich aus. Und das Wetter hatte noch einen weiteren Vorteil: Es hielt Leute wie Härting und Silberstein von der Fahrt nach Lautringen ab.

»Wir werden die Einzigen sein«, sagte Willenbacher beschwingt, als er seinen Twingo abschloss. »Der Härting zittert ja schon bei drei Schneeflocken, der fährt bei so einem Wetter niemals in die Hinterpfälzer Wildnis. Silberstein können wir eh abhaken. Und ich glaube, der Leonhardt ist tatsächlich nach Frankfurt.«

»Frau Ötting wird mit ihm fertig werden.« Bettina drückte sanft die Beifahrertür zu und atmete zufrieden die klare Luft ein. Der Fall war gelöst, sie hatte einen halben Vormittag mit ihren Kindern verbracht, am Wochenende würde sie unerreichbar sein, und bis zu ihrem Termin mit Glass und seinem Mandanten Kußler hatten sie noch fast eine Dreiviertelstunde. Also gab es noch reichlich Zeit für eine nette Tasse Kaffee, vielleicht hatten die hier ja sogar irgendwo einen Süßwarenautomaten.

Willenbacher wandte sich von seinem Auto ab und dem dunkelbraun verkleideten Polizeigebäude zu, sogar dieses schien in der Winterwelt etwas heller oder zumindest doch sauberer zu sein. Bettinas kleiner Kollege klappte seinen Kragen hoch und sagte: »Bin gleich wieder da, ich muss nur oben den Schal und meinen Drehbleistift holen, die hab ich vergessen, dabei sind das Geschenke von Annette.«

»Ich bleib so lange unten«, erklärte Bettina. »Vielleicht haben sie im Geschäftszimmer eine Kaffeemaschine.«

»Für mich mit viel Milch«, bestellte Willenbacher. »Bis gleich.«

»Okay.« Gut gelaunt wand sich Bettina ihren bunt geringelten Schal um den Hals und steckte ihre kalten Hände in die Jackentaschen. Sie mochte Schnee, und sie mochte es, wenn die Luft so kalt war, dass man den Atem sehen konnte. Nur langsam folgte sie ihrem Kollegen in die Dienststelle. Rechts war das Geschäftszimmer, ein quadratischer, gut geheizter Raum mit einem langen Tresen, nicht zu freundlich, aber ordentlich. Viel war nicht los, zwei Beamte in Uniform hockten hinter Computern, zwei, drei Bürger warteten in einer Schlange, und bei der Wand stand noch ein Grüppchen Zivile. Einer davon nickte Bettina zu, sie grüßte zurück und beschloss gleich, den Mann um Kaffee anzugehen, wenn sie den Weg hinter den Tresen gefunden hatte. Doch dann hörte sie, wie eine schmeichelnde Stimme sagte: »Nein, wirklich, ich wollte diese Plakate nicht *stehlen,* ich –«

Bettina sah näher hin. Die Frau, die das gesagt hatte, beugte sich eifrig über den Tresen. Attraktiv war sie, in ein altmodisches, sehr kleidsames Gabardinekostüm gewandet, den Mantel hübsch über dem Arm, frivole kleine Lederhandschuhe in der Linken, die brünetten halblangen Haare tief an der Seite gescheitelt. Sie kam Bettina bekannt vor, trotzdem dauerte es einen Moment, bis sie herausgatte, wer es war: Anita Eckstein. In was anderem als einem Morgenmantel, dachte Bettina boshaft, war die schwer zu erkennen.

»Hören Sie«, sagte die Eckstein jetzt, und es klang beschwörend. »Erstens *war* ich es nicht, die die Plakate gestohlen hat, und zweitens ...« hier beugte sie sich bis fast zum Ohr des Beamten hinab, der vor ihr saß, und flüsterte weiter. Sie sah sehr hübsch dabei aus, fand Bettina, hob sogar ein bisschen das linke Bein, wie bei einem Kuss. Die Frau gab sich Mühe.

Doch ohne Erfolg. Der Kollege, an den die Anstrengungen der jungen Frau gerichtet waren, sah streng und etwas blässlich aus. Seine Finger schwebten knapp über der Computertastatur, Schreibmaschinengrundstellung, ganz exakt, dazu saß er sehr aufrecht, steif, sein Adamsapfel hüpfte hinter der festgezurrten Dienstkrawatte. Dass die Verdächtige, die er sich da vorgeladen hatte, so vertraulich wurde, schien ihm gar nicht zu behagen. Er musterte sie kühl und sagte: »Das hätten Sie sich halt eher überlegen müssen. – Jetzt brauchen wir erst mal die genauen Personalien. – Ihren Ausweis, bitte.«

Eckstein sank etwas zurück, die Ellenbogen auf den Tresen gestützt. Mit einer kleinen gezierten Geste knetete sie ihre Stirn, dann nahm sie ihre Handtasche und kramte darin herum. Der Beamte wartete schweigend. Bettina kannte ihn nicht, er war wohl an den Kußler-Ermittlungen nicht beteiligt gewesen, ein junger Mann, höchstens fünfundzwanzig. Jünger als ich, dachte Bettina plötzlich erstaunt, jünger als die Eckstein. Zwar in Uniform, aber er sah nicht aus, als würde er darin alt werden, der war bestimmt längst für einen Kriminalerposten vorgemerkt. Und seine Miene war schrecklich unnachgiebig. Wie er wohl mit einem Verbrechensschauplatz voller Rosen umgehen würde?

Beim Anblick dieses jungen Mannes kam Bettina der gestrige Abend fast unwirklich vor.

Nun legte die Frau im Kostüm eine Plastikkarte vor ihn hin. Er nahm den Ausweis, richtete ihn parallel zu seiner Tastatur auf dem Tisch aus und begann zu tippen. Eckstein blickte auf, sah Bettina und lächelte vage, konnte sie offenbar nicht richtig einordnen. Sie hatten sich ja auch nur einmal gesehen, da war die Frau gerade aufgestanden. Jetzt sah sie anders aus, gar nicht liederlich, sehr hübsch sogar, hatte sie sich nur für diese Vernehmung so aufgebrezelt?

»Also gut«, sagte der Beamte, nachdem er aus dem Perso abgeschrieben hatte, was der hergab, »Sie waren an dem Plakatdiebstahl beteiligt. Zwölf Kunstwerke, Wert rund fünftausend Euro. Wir haben Zeugenaussagen, die das bestätigen. – Wie haben Sie es gemacht?«

Bei den fünftausend Euro musste Eckstein schlucken. Sie beugte sich wieder vor. »Hören Sie –«

Versuch es erst gar nicht, sagte der Blick des Kollegen. »Eine Vorstrafe«, sagte er nicht ohne gewisse Befriedigung, »ist halt die Konsequenz einer Straftat. So ist das im Leben. – Also wieso haben Sie diese Plakate gestohlen?« Härting, dachte Bettina plötzlich. Das wird mal einer wie Härting.

Eckstein senkte den Kopf. »Das war doch nicht gestohlen –«

»Sie haben die Vitrinen aufgemacht, die Poster rausgeholt und mitgenommen, oder?«

Die junge Frau schwieg. Bettina seufzte innerlich. *Nein,* dachte sie, nein, du mischst dich da nicht ein, das geht dich nichts mehr an.

»Wieso?«

Sie schüttelte den Kopf. »Es war so … eine Idee nur, die Nacht, wissen Sie, war – wir hatten gefeiert …« Sie sah dem Beamten ins Gesicht und brach ab.

»Nun«, sagte der mit einem winzigen gönnerhaften Lächeln, »lassen Sie es sich eine Lehre sein.« Er brachte seine Hände wieder in Schreibposition. »Möchten Sie noch was hinzufügen zu der Aussage?«

»Wir hatten ...«, sagte Eckstein und sah sich Hilfe suchend um, ihr Blick blieb an Bettina hängen.

Ihr hattet getrunken, dachte die. Ihr hattet einen netten Abend. Ihr habt mit eurer Aktion einen ganzen Künstlerverein stolz gemacht. Ihr habt uns Gelegenheit gegeben, den Kußler zu überwachen. Ihr habt diese ganze Geschichte überhaupt ins Rollen gebracht. Dank der Plakatdiebstähle konnten wir ein wirkliches Verbrechen aufklären. Bettina schüttelte den Kopf. Nein, dachte sie, nein, ich helf dir nicht, geklaut ist geklaut.

»Sie hatten auch etwas Pech, dass Sie an die Leute vom K 11 geraten sind«, sagte der Beamte da mit gesenkter Stimme. Und sah so aus, als fühlte er sich selbst schon ein bisschen dazugehörig. War *das* etwa der Nachwuchs für ihre Abteilung? Ein kleiner Härting?

»Diese junge Dame«, hörte Bettina sich sagen, »ist unschuldig.«

Der Kollege sah auf, die Hände immer noch hübsch ordentlich über der Tastatur, und musterte sie ein wenig verächtlich, vielleicht fand er ihren Schal zu bunt. »Wer sind *Sie* denn?«, fragte er.

»Boll vom K 11.«

Der junge Mann lief rot an, seine Hände zuckten vom Computer weg. »Oh«, machte er schwach. »Herzlichen Glückwunsch wegen – gestern Abend.«

»Danke. – Was haben Sie für ein Problem mit der Frau?«

Er blickte auf den Bildschirm, als müsste er es schnell noch mal nachlesen. »Sie hat die Plakate gestohlen. Das steht«, nun sah er fast anklagend aus, »in Ihren Berichten.«

»Die wir etwas voreilig an Sie weitergegeben haben«, sagte Bettina. *Was tat sie da?* »Frau Eckstein hat keinen Schaden angerichtet, im Gegenteil.« Sie warf der Studentin einen kurzen Blick zu, die lächelte vorsichtig.

»Aber«, traute der Kollege sich nun zu sagen, »sie hat die Plakate genommen, oder nicht?« Wieder blickte er auf den Bildschirm und sah dann auf, die Gewissenhaftigkeit in Person. »Was soll es denn sonst gewesen sein, wenn kein Diebstahl?« Fast triumphierend blickte er sie an. Eckstein senkte den Kopf.

Ja, was? *Wie hatte dieser Maler es noch ausgedrückt?*

»Das«, sagte Bettina zögernd, »war nur eine kunstpolitische Aktion, Herr Kollege.« Ja, das klang doch ganz gut. Sie wies auf Eckstein und grinste ihr aufmunternd zu. »Da ist eine junge sensible Architekturstudentin. Die hat sich angegriffen gefühlt von – arrivierten Kulturschaffenden, die Kunst – oder was auch immer – in Werbeflächen ausstellen. – Für sie war das ein echter Affront!«

Eckstein nickte klugerweise.

»Nehmen Sie zu Protokoll, Herr Kollege, die Frau Eckstein und die beiden anderen jungen Leute haben diese Plakate nur entfernt, um Zeichen zu setzen.« Bettina beugte sich über den Tresen und wies auf die Tastatur. »Die Leere als Waffe. – Na los, schreiben Sie schon!«

Folgsam begannen sich die Finger des Beamten zu bewegen, doch sein Gesicht sah ziemlich misstrauisch aus.

»Das war keine Straftat, sondern die schlichte Antwort auf ein Kunstevent«, schloss Bettina und dachte daran, wie Willenbacher immer von Wein und Lachshäppchen auf seinen *Polart*-Ausstellungen schwärmte. Ob er sie mal mitnahm? »Wir von der Polizei sind da bloß zwischen die Fronten geraten.«

»Wovon?«, fragte der Kollege. Auch Eckstein sah interessiert aus.

Bettina dachte kurz nach. Das Schöne an der Kunst war: Je kryptischer man sich ausdrückte, desto eher würde jemand anders eine Bedeutung darin finden.

»Von einem Dialog«, sagte sie fröhlich.

Danke

an Kriminaloberkommissar Herbert »Schnully« Walter
und Architektin Ana Bügler
für Informationen,

Schnully,
Dr. Dong-Hoon Lee,
Klaus Hartmann,
Jochen Ledig[1],
Andreas Fillibeck
und Michael Geib
für Gastauftritte,

alle weiteren Kollegen aus der Künstlerwerkgemeinschaft,

Regina Hubing, Romans super Tagesmutter,
die mit der Nabinger gar keine Ähnlichkeit hat,

meine Eltern Elisabeth und Franz Geier,
Evi, Anne und Schnully Walter
und meine Schwiegermutter Hannelore Münder
für Babysitting,

Peter
für die Idee zur letzten Szene,

und an meine Lektorin (»KÜRZEN!«)
und Freundin Ulrike Wand.

[1] Name von der Autorin geändert

Ulrikes Best Shots

Autorin: Es gab in dem Raum viele Staffeleien, Eisenböcke, anderes Werkmaterial …

Lektorin: *… die »es gab«-Formulierung klingt nicht gut in beschreibender Funktion. Absolut gebräuchlich wäre (dagegen) die Formulierung: Es gab Nudeln zu Mittag. Oder: Freitags abends gab es immer Prügel.*

Autorin: »Achten Sie auf Fässer, Kammern, Hügel im Garten, diese ganzen Sachen.«

Lektorin: *Nach über einem Jahr würde so ein Fass aber ziemlich stinken. Und eine Kammer geht aus demselben Grund auch nicht.*

Autorin: Nun wurde er rot, wie eine Kiste Tomaten.

Lektorin: *Dann würde er sich beige färben.*

Autorin: »Der vielleicht ein Mörder ist«, sagte eine andere in einem Rock.

Lektorin: *Damit es sich nicht so liest, als spräche sie aus einem Rock heraus, würde ich sie lieber über ihre Haarfarbe oder Ähnliches definieren*

Autorin: »Verdächtiger im Mordfall Nacktmodell gefasst«. Was für einen Unterschied so ein einzelnes N doch machte, dachte Bettina.

Lektorin: *Auch das »C« macht den Unterschied, insofern hinkt der Gedanke.*

Autorin: So schnell hatte Willenbacher noch selten einen Stift in der Hand gehabt.

Lektorin: *In diesem Buch schon, er protokolliert ja ständig ...*

Autorin: (Frau schaut in Zeitung und kommentiert eine Überschrift): »... Es ist ein Artikel dabei.«

Lektorin: *Das ist klar, wenn's ins der Zeitung steht.*

Autorin: Schamottebütte

Lektorin: *Bitte eingängiger, verständlicher, z.B.: Pampebehältnis*

Monika Geier

Wie könnt ihr schlafen

Ariadne Krimi 1110 · ISBN 3-88619-840-5

Mitten im tiefsten Grün des Pfälzerwaldes, abseits der großen Städte, scheint die Welt noch in Ordnung. Die Haustüren bleiben unverschlossen – man kennt sich. So auch in Kreimheim, einem kleinen Nest zwischen Kaiserslautern und Neustadt an der Weinstraße. Hinter den zugeklappten Fensterläden des verschlafenen Städtchens rumort es jedoch gewaltig.

Auf dem maroden, aber immer noch herrschaftlichen Anwesen der Familie Marquardt tauchen die Überreste einer Neugeborenenleiche auf. Bettina Boll, Kommissarin beim Ludwigshafener Morddezernat, wird aus dem Urlaub geholt und zur Lösung des Falls in die Hinterpfalz geschickt. Eigentlich ist ihre Blamage vorprogrammiert – denn besagte Kinderleiche liegt bereits seit rund 25 Jahren unter der Erde.

Für die Dörfler ist der Fall klar: Erstens gab es nur einen im Ort, der außerehelich schwängerte – Martin Marquardt, der Bruder des Bürgermeisters, der bei einem »tragischen Unfall« ums Leben kam. Zweitens gibt es nur eine Kreimheimerin, deren Ruf zweifelhaft genug ist: Malerin Klara Sorell, eine Zugezogene, gibt im Gemeindehaus Aktzeichenkurse. Also ist ihr auch ein Kindesmord zuzutrauen. Dorfmoral.

Während der zähen Ermittlungsarbeit und mühseligen Spurensuche in uralten Klatschgeschichten spitzt sich die Situation in Kreimheim zu …

Monika Geier seziert in ihrem Debüt die Doppelmoral des Landlebens hinter den Blumenkästen der Wohlanständigkeit. Ein spannender, kurzweiliger Krimi, aber Vorsicht: Kreimheim ist überall.

»Monika Geier verfügt über die Bösartigkeit aller guten Krimiautorinnen, über Witz und Raffinesse für wirklich subtile Plots. Ihre Bücher sind mehr als eine Entdeckung, sie sind eine Befreiung von schlecht gewordener Konvention.« *Die Zeit*

Monika Geier

Neapel sehen

Ariadne Krimi 1136 · ISBN 3-88619-866-9

Der Sommer treibt seltsame Blüten. Irrlich – eine kleine Gemeinde mitten in der malerischen Pfalz: Die mörderische Sommerhitze lässt die Einheimischen in Lethargie versinken. Doch dann findet die trügerische Beschaulichkeit ein jähes Ende. Im nahe gelegenen Steinbruch entdeckt man die zerschmetterte Leiche der Irrlicher Sportlehrerin Aurelie Loor. Ein Unfall? Die mit dem Fall betraute Kommissarin Bettina Boll und ihr Kollege Willenbacher von der Ludwigshafener Polizei haben Zweifel. Berechtigterweise: Schließlich war Aurelie Loor begeisterte Freeclimberin und die Wand im Steinbruch ein ›Spaziergang‹.

Boll und Willenbacher beginnen im Umfeld der Toten zu ermitteln. Schnell stoßen sie auf einen Sumpf menschlicher Abgründe und kaputter Existenzen. Gehässigen Klatsch gibt es reichlich: über die zwielichtigen Gestalten aus der benachbarten Containersiedlung (alles Kleinkriminelle und Huren!), die eigenbrötlerischen Bewohner vom Antoniushof (das Ergebnis jahrhundertelangen Inzests!) und natürlich über das Opfer selbst: Naturschützerin Aurelie Loor hat das ländliche Idyll gern aufgemischt und sogar in ihrem Freundeskreis zwiespältige Gefühle hervorgerufen.

Das zeigt sich schon bei der Zeugenbefragung von Katrina Klein und Wolfgang Antoni, die die Leiche entdeckt haben. Während Katrina, die Jugendliche aus der Containersiedlung, nichts als hingebungsvolle Begeisterung für die ältere Freundin empfindet, hält sich Wolfgang Antoni seltsam bedeckt. Anscheinend hatte der grobschlächtige Außenseiter vom Antoniushof mit seinen absonderlichen sexuellen Vorlieben eine abstruse Abhängigkeitsbeziehung zu der Toten …

Der zweite Krimi um Kommissarin Bettina Boll: Gewandt führt Monika Geier an die Abgründe menschlicher Alltagsschicksale. Mit dem ihr eigenen Scharfsinn und düsterem Humor zeichnet sie Psychogramme der Außenseiter und Randfiguren unserer Gesellschaft, die trotz all ihrer Absonderlichkeiten immer auch menschlich bleiben.

Dagmar Scharsich

Die gefrorene Charlotte

Ariadne Krimi 1048 · ISBN 3-88619-548-1

August 1989, die letzten Wochen der DDR, Ostberlin. Die stille Cora Ost bekommt zum dreißigsten Geburtstag von ihrer Tante sieben »Gefrorene Charlotten«, zarte Porzellanwesen aus der riesigen, kostbaren Puppensammlung. Dann droht der Sammlung Pfändung, Cora trifft einen Antiquitätenexperten, ein Mord geschieht! Zugleich spitzt sich um sie herum die Atmosphäre von politischem Unmut, bürokratischem Stellungskrieg und Verdächtigungen zu, bis niemand niemandem mehr trauen kann …

Ein geschichtlich brisanter, literarisch überragender Wendekrimi.

»Kriminelle Chronik der sterbenden DDR. Jenseits der spannenden Krimihandlung das ganze Aroma des historischen Sommers von '89, als das Volk der DDR seine Machthaber zum Teufel jagte.« *Basler Zeitung*

»Von einer erstaunlichen schriftstellerischen Meisterschaft: Die Autorin brilliert mit einem Feuerwerk von zugleich volksnahen und umwerfend originellen Metaphern in allerbester Brecht'scher Tradition. – Eine rundum lohnende Lektüre.« *Stiftung Lesen*

»Ein dichter, radikal persönlicher Wenderoman.« *SFB*

»Mit Witz und treffsicheren Beschreibungen kunstvoll verwoben, schlüssig und gut geschrieben, vor allem aber derart spannend, dass es schon einige Selbstbeherrschung kostet, abends brav das Licht auszuschalten …« *ORB*

Dagmar Scharsich

Verbotene Stadt

Ariadne Krimi 1142 · ISBN 3-88619-872-3

Lilli ist 30. Ihr Leben ist in Ordnung. Sie ist Buchhändlerin, verheiratet mit einem erfolgreichen Buchhändler, hat zwei fünfjährige Kinder und ist gesund. Nun gut, manchmal gibt es Differenzen zwischen ihrem Mann und ihrer Mutter. Manchmal hat Lilli den Eindruck, ihre Mutter, Witwe seit fast 30 Jahren, würde sie noch immer nicht loslassen wollen. Manchmal hat Lilli Kopfschmerzen. Aber das sind alles nur winzige Schönheitsfehler.

Dann entschließt sich Lilli, nach Waldstadt zu gehen, eine kleine Stadt mit großer Vergangenheit in der Nähe von Berlin, in der gerade die erste Bücherstadt Deutschlands entstehen soll. Lilli will dort eine eigene Buchhandlung eröffnen. Und jetzt bekommen all diese Kleinigkeiten ein anderes Gesicht. Ihre Mutter wird plötzlich ängstlich, will Lilli ständig in ihrer Nähe wissen, ihre Kontrollanrufe nehmen unheimliche Ausmaße an. Auf einen Blumenstrauß und einen silbernen Schmuck, die als anonymes Geschenk an ihrer Wohnungstür hängen, reagiert die Mutter hysterisch. Manchmal scheint es Lilli, als würde sich ein Mann in der Nähe ihrer Mutter aufhalten. Es wächst eine Atmosphäre aus seltsamen Ereignissen und angespannten Erwartungen. Und in der ehemals »verbotenen Stadt« eskalieren die Folgen einer Vorgeschichte, von der Lilli nicht die leiseste Ahnung hat.

Mit ruhiger Hand entwirft Dagmar Scharsich das weite Panorama von Lillis Leben und spitzt es in unnachgiebig sich steigerndem Tempo zu einem Thriller-Szenario von klaustrophobischer Enge zu.

Val McDermid bei Ariadne

Die Lindsay-Gordon-Serie

Die kesse, trinkfeste Schottin Lindsay Gordon ist Val McDermids erste Krimiheldin. Als politisch engagierte Journalistin steckt sie ihre Nase gern in Wespennnester und legt sich, ungeachtet persönlicher Risiken, mit Gott und der Welt an. Ihr Highlander-Temperament sowie ihre Schwäche für schöne Frauen und gerechte Kämpfe machen »Flash« Gordons Leben zur Achterbahnfahrt.

Val McDermid über Lindsay Gordon:

»Lindsay wurde für mich die Schwester, die ich nie hatte. Stur, ungeduldig, willensstark, intelligent, loyal, stürmisch, witzig und manchmal grell, mit einer seltsamen Mischung aus Zynismus und Idealismus, hat sie alle notwendigen Eigenschaften für meine hartnäckige Amateurdetektivin. Ich kenne sie wie mich selbst, so gut, dass ich nie zweimal über ihre Handlungen und Reaktionen nachdenken muss.«

Die Krimis mit Lindsay Gordon in chronologischer Reihenfolge:

Val McDermid bei Ariadne

Die Kate-Brannigan-Serie

Kate Brannigan hat eine Privatdetektei, Spezialgebiet Wirtschaftskriminalität, im multikulturellen englischen Manchester. Sie ist eine moderne Großstadtdetektivin und ermittelt in allen denkbaren Szenen und Konstellationen.

Val McDermid über Kate Brannigan:

»Nach den Gordon-Krimis, die trotz ihrer radikalen Oberfläche in der gemütlichen klassisch-englischen Krimitradition wurzeln, beschloss ich mich an einem anderen Subgenre zu versuchen: dem hart gesottenen Schnüfflerkrimi amerikanischer Fasson. So wurde Kate Brannigan geboren, um auf den wilden Straßen von Manchester zu wandeln. Brannigan trinkt Wodka mit Grapefruitsaft, fährt unauffällige kleine Flitzer mit hochgetunten Motoren, lebt in einem kleinen Wohnviertel in der Innenstadt mit dem Kerl, den sie liebt, gleich nebenan. Erfinderisch, zäh, schlagfertig, rechthaberisch, kühn, anpassungsfähig, technisch begabt, in beruflichen Dingen schlitzohrig und manipulierend, aber privat kompromisslos ehrlich, ist Brannigan eine Frau, die leidenschaftlich für Gerechtigkeit eintritt, aber nicht unbedingt für das Gesetz.«

J. M. Redmann

»Micky Knight ist der lonesome Cowboy in der Wüste der Stadt. Gerechtigkeitswahn, tiefe Sehnsucht nach Wärme, Liebe, Nähe, die Unfähigkeit, Menschen an sich heranzulassen, eine schwarze Vergangenheit, ungewisse Zukunft, ein beschissenes Jetzt sind die Stützpfeiler ihrer Persönlichkeit. Und natürlich überführt sie die Verbrecher unter Einsatz ihres Lebens und hat so diese dreckige Welt ein klein wenig sauberer gemacht.«
Lespress

Mississippi
Ariadne Krimi 1055 · ISBN 3-88619-555-4

Privatdetektivin Michele Knight hat Ebbe in der Kasse. Guter Zeitpunkt für eine neue, geschmackvoll verpackte Klientin, die ihr allerdings Schande einbrockt. Aber dass »Micky« sich mit der halben Südstaatenmafia anlegt, liegt wohl mehr an ihrer tollkühnen Mentalität …

Stirb, Jokaste!
Ariadne Krimi 1069 · ISBN 3-88619-569-4

Michele Knight, Spezialistin für gefährliches Leben und einen schlechten Ruf, versucht es mit Enthaltsamkeit. Eine ausschweifende Südstaaten-Gala mag nicht der ideale Rahmen für Mineralwasser sein, doch sie hat ihren Reiz – bis im Wald eine Leiche gefunden wird. Die Todesursache: eine verpfuschte Abtreibung! Und in der Stadt des Halbmonds erhält eine gewisse Frauenklinik widerliche Hassbriefe …

Sag niemals ja
Ariadne Krimi 1087 · ISBN 3-88619-587-2

Micky Knight ist mal wieder pleite. Sonst würde sie sich kaum darauf einlassen, für ein berüchtigtes blondes Biest Bodyguard zu spielen. Doch aus dem schnellen Job erwächst ein Fall, der Micky gewaltig an die Nieren geht: Die hart gesottene Schnüfflerin lässt sich aus biographischen Motiven auf eine gefährliche Scharade ein …

Stein der Waisen
Ariadne Krimi 1103 · ISBN 3-88619-833-2

In diesem Herbst finden in New Orleans mehrere Frauenmorde statt. Schaudernd erkennt Micky, dass eine ihrer Klientinnen die nächste Leiche sein kann! Auf der Jagd nach verlorenen Müttern und einem Serienkiller hetzt Micky Knight einem bittersüßen Finale entgegen.

Die Eva-Wylie-Trilogie von Liza Cody

Eva Wylie ist die »Londoner Killerqueen«: eine Profi-Catcherin mit Schandmaul und Dickschädel, die mit zwei bissigen Hunden auf einem Schrottplatz haust. Auf der Suche nach lukrativen Nebenjobs durchstöbert sie die düsteren Viertel Londons und rührt an gefährliche Geheimnisse ...

Was sie nicht umbringt
Ariadne Krimi 1128 · ISBN 3-88619-858-0

Eva sieht rot
Ariadne Krimi 1134 · ISBN 3-88619-864-2

Eva langt zu
Ariadne Krimi 1140 · ISBN 3-88619-870-7

Experten über die Großstadt-Stegosaura Eva Wylie:

»Sie ist ein Brecher, eine, die von ganz unten kommt, wo das ganze Elend, das Thatcherismus und Postthatcherismus angerichtet haben, voll eingeschlagen ist, wo es eiskalt ist und ums schiere Überleben geht. Liza Codys England ist planetenfern von dem ihrer gepflegt morden-lassenden Kolleginnen (allerlei Geschlechts). Radikale Neugier auf die niederen Bereiche menschlichen Lebens führt zu präziser Prosa: Cody hat mit der Stimme der hässlichen Catcherin ohne goldenes Herz eine neue Erzählsprache entwickelt: widerborstig und sentimental, düster und komisch und immer auf dem Punkt ...« *Thomas Wörtche, Der Freitag*

»Eine mitreißende, wunderbare Illusion, in die uns Evas Erfinderin Liza Cody hineinzieht. Dank ihrer genialen Beherrschung der Ich-Perspektive sind wir mitgefangen in den Selbstgesprächen dieser leidenschaftlichen Seele, teilen ihre überbordende Hoffnung auf Ruhm und Unabhängigkeit und wissen, dass sie jeden Moment kollabieren wird. Denn schon der kleinste Menschenkontakt löst bei Eva unkontrollierbare Eruptionen aus.« *Tobias Gohlis, Die Zeit*

»Wahrscheinlich ist sie als Kind einmal in den Zaubertrank gefallen. Warum sonst könnte die gelegentlich auch als ›das Kampfschwein‹ beschimpfte Eva Wylie als eine Art weiblicher Obelix in die Damen-Catch-Arena steigen? Der wohltrainierten Schwungmasse entsprechen Selbstbewusstsein und Mundwerk – alles Merkmale im XXXL-Format.« *Klaus-Peter Welter, Die Welt*

Adriana Stern

Hannah und die Anderen

Nachtbrenner 3013 · ISBN 3-88619-993-2

Hannah reißt aus. Im Fluchtgepäck ein Tagebuch voller Erlebnisse, Geschichten und Namen, die ihr Angst machen und sie verwirren. Warum musste sie von zu Hause weg? Und wer sind diese Anderen, die behaupten, zu ihr zu gehören? – Es ist nicht das erste Mal, dass Hannah Dinge tut, die sie nicht versteht, böse Ahnungen hat, die durch nichts begründet scheinen, und Vorwürfe erhebt, die andere in Teufels Küche bringen …

Hautnah und spannend wie ein Krimi erzählt *Hannah und die Anderen* von der Selbstfindung eines multiplen Mädchens.

»Ein spannendes, trauriges und packendes Buch, mit dem Jugendliche und Erwachsene für das Thema multiple Persönlichkeit sensibilisiert werden. Kaufen!« *ekz-informationsdienst*

Pias Labyrinth

roman ariadne 4005 · ISBN 3-88619-479-5

Endstation Psychiatrie, denkt Pia, als sie ihre Sachen auspackt. Weiße Wände, endlos lange Flure und massenweise durchgeknallte Jugendliche. Sie liegt mit einem spindeldürren Mädchen zusammen in einem von ungefähr zwanzig Zimmern.
»Magersucht«, sagt die Dünne, ohne dass Pia irgendwas gefragt hätte.
»Und du?«
»Arbeiterkind«, sagt Pia.
»Das ist doch keine Diagnose!«

Vom Außenseiterdasein der fünfzehnjährigen Pia im Mädcheninternat bis zu ihrem Befreiungsschlag in der Studienzeit – mitreißend erzählt Adriana Stern die Geschichte einer unsicheren jungen Frau zwischen Sehnsüchten und Kompromissen, Introversion und Coming-out, Niederlage und neuer Hoffnung. – Nach dem Überraschungserfolg von Hannah und die Anderen legt Adriana Stern mit Pias Labyrinth einen packenden lesbischen Entwicklungsroman vor.

Katrin Kremmler

Blaubarts Handy

Ariadne Krimi 1131 · ISBN 3-88619-861-8

Ich lebe seit zwei Jahren in Budapest. Arbeite als »Assistentin« in einer internationalen Firma und promoviere. Ich habe mir hier ein kleines Leben zusammengebaut bestehend aus: a) meinem Job, b) meiner Diss, c) Szene. Der abenteuerliche Alltag einer studierenden lesbischen Böromaus im wilden Osten.

Crime noir zwischen postsozialistischem Realismus und postkoitaler Romantik: Gabriella Müller hegt ein zärtliches Gefühl für verfallene Plattenbauten, Plastiktüten in kahlen Bäumen und verlebte Ungarinnen.

Als ehrenamtliche Telefonberaterin der Homo-Hotline bekommt Gabi die haarsträubendsten Geschichten zu hören – bis sie plötzlich zur unfreiwilligen Schlüsselfigur einer mörderischen Affäre wird …

Die Mär vom Blaubart ist völlig aus dem Leben gegriffen. Nur dass der kompromittierende Gegenstand hier in Ungarn kein goldener Schlüssel ist.
Es ist ein Handy.

Die Sirenen von Coogee Beach

Ariadne Krimi 1145 · ISBN 3-88619-875-8

Ich lebe seit einem Jahr in Sydney. Arbeite als »Assistentin« bei der Stadtplanungsbehörde und promoviere. Ich habe mir hier ein kleines Leben zusammengebaut bestehend aus: a) meinem Job, b) meiner Diss, c) Szene. Der abenteuerliche Alltag einer studierten lesbischen Büromaus in der aufregendsten Stadt der südlichen Hemisphäre.

Andrea Hönig wollte nichts als schöne Ferien in Australien mit den Gay Games in Sydney als krönendem Abschluss. Aber ihr Flieger heimwärts startet ohne sie: Andrea erwacht in einem fremden leeren Haus – und hat keinen Schimmer, weshalb sie betäubt und gefesselt dort zurückgelassen wurde …

Sirenen sind unwiderstehlich. Ihr Lied besingt, nach was die Reisende sich sehnt. Wenn du Glück hast, lassen sie dich mitspielen. Wenn du Pech hast, ist mit Schiffbruch zu rechnen. Solange sie singen, weißt du immerhin, woran du bist mit ihnen. Nur wenn sie schweigen, hast du ein Problem.

Martina Bick

Blutsbande
Ariadne Krimi 1130 · ISBN 3-88619-860-X

Hamburg verschwindet gerade im Winternebel, als in einer Baugrube im ruhigen Vorort Wellingsbüttel ein fast vollständig erhaltenes menschliches Skelett ausgebaggert wird. Die Gerichtsmedizin datiert den Tod des etwa 70-jährigen Mannes auf vier bis fünf Jahre vor dem Fund. Kriminalkommissarin Marie Maas stößt bei ihren Nachforschungen auf die Nichte des ehemaligen Grundstückseigners, die als Filmproduzentin in Mexiko-City lebt. Ein Glück für Maries Lebensgefährten Tomkin, der seit längerem erfolglos versucht, die reiseunlustige Kommissarin zu einem Mexiko-Urlaub zu überreden. Warum nicht zwei Fliegen mit einer Klappe schlagen, fragt sich Marie und begibt sich auf der Fährte des namenlosen Toten auf eine wilde Karibik-Odyssee.

»Marie Maas: koffeinsüchtig, Fernbeziehung, beruflich überengagiert, angenehm, unspektakulär und ganz hanseatisch-kühl. Sehr empfehlenswert.« *Rosige Zeiten*

»Handfeste, spannende Krimiunterhaltung, die in jeder Bibliothek gern gelesen wird.« *ekz*

Heute schön, morgen tot
Ariadne Krimi 1138 · ISBN 3-88619-868-5

Eine Hamburger Dozentin mit eingeschlagenem Schädel, am Tatort keine Einbruchspuren, nur der Laptop fehlt. Kriminalkommissarin Marie Maas kommt bei ihren Ermittlungen nicht weiter. Bis eine Spur sie schließlich zu einer früheren Freundin der Toten nach Flensburg führt.
Warum nicht bei der Gelegenheit ein paar entspannende Tage an der Förde verbringen? Doch statt gemütlicher Abendessen mit ihrem Lebensgefährten Tomkin erwartet Marie ein stürmisches Wochenende. Denn die Spuren ihres aktuellen Falls führen in die komplizierte NS-Vergangenheit des deutsch-dänischen Grenzgebiets …

Merle Kröger

Cut!

Ariadne Krimi 1146 · ISBN 3-88619-876-6

Ein altes Programmkino gibt seine letzte Vorstellung vor dem Abriss. Für die Betreiber endet eine Ära. Was nun? – Madita Junghans, die Norddeutsche mit den indischen Genen, hat keinen Plan. Ihr Freund Nick hingegen träumt von einer Karriere als Detektivpaar. Madita lässt sich überreden, in einem sehr privaten Fall einige Ermittlungen anzustellen. Die zwei verstricken sich in den losen Fäden eines dunklen Kapitels deutsch-indischer Geschichte, ohne die Zusammenhänge zu ahnen. Und dann gibt es Tote …

Mitreißend, augenzwinkernd und erfrischend subjektiv inszeniert Filmemacherin Merle Kröger Widersprüche und Brücken zwischen Kino und wirklichem Leben, Vergangenheit und Gegenwart – und lässt Hamburger Alltag und Bombays Traumfabrik »Bollywood« fulminant aufeinander prallen.

Petra Pfänder

Die blaue Katze

Ariadne Krimi 1148 · ISBN 3-88619-878-2

Die Dortmunder Psychiaterin Klara Keitz, spezialisiert auf Trauma-patienten und Missbrauch, freut sich auf die Ferien mit ihren andalusischen Freunden in Conil. Sie will dem spanischen Paar dabei helfen, ein schönes Haus zu finden. Die Digitalkamera griffbereit, besichtigt sie mit Freundin Camila eine abgelegene Villa, als ihr ein einsames Kind im Nachbargarten ins Auge fällt. Klara knipst drauflos – doch erst die heftige Reaktion der Hausbesitzerin und die kurz darauf folgende Einbruch in ihr Hotelzimmer bringen Klara und Camila zu der Überzeugung, dass hier etwas nicht stimmt. Ihre Nachforschungen fördern eine grauenvolle Vorgeschichte zutage …

Mit der bestmöglichen Mischung aus Suspense, Feinfühligkeit und Drastik legt Petra Pfänder als Debüt einen extrem fesselnden Frauenkrimi vor.